# MAKROEKONOMİK GÖSTERGELERİN ANALİZİ

**Editörler**
Zekeriya MIZIRAK
Tahsin KARABULUT

# MAKROEKONOMİK GÖSTERGELERİN ANALİZİ

**Editörler**
Zekeriya MIZIRAK
Tahsin KARABULUT

ÇİZGİ KİTABEVİ

Çizgi Kitabevi Yayınları: 808
İktisat

Genel Yayın Yönetmeni
Mahmut Arlı


**Ocak 2018**

**ISBN:** 978-605-196-083-8
**Yayıncı Sertifika No:**17536

**KÜTÜPHANE BİLGİ KARTI**
**- Cataloging in Publication Data (CIP) -**
MIZIRAK, Zekeriya - KARABULUT, Tahsin
MAKROEKONOMİK GÖSTERGELERİN ANALİZİ

Baskıya Hazırlık: Çizgi Kitabevi Yayınları
Tel: 0332 353 62 65- 66

Baskı: Sebat Ofset
Fevzi Çakmak Mh. Hacıbayram Cd. No: 57
Karatay/Konya - KTB. S. No: 16198

Cilt: Göksu Cilt

**ÇİZGİ KİTABEVİ**

Sahibiata Mah. M. Muzaffer Cad.
No:41/1 - Meram/Konya
Tel: 0332 353 62 65 - 66

Alemdar Mah. Çatalçeşme Sk.
No:42/2 - Cağaloğlu/İstanbul
Tel: 0212 514 82 93

www.cizgikitabevi.com
/ cizgikitabevi

# • İÇİNDEKİLER

# ÖNSÖZ

Ekonomi biliminin en temel ayrımı makroekonomi ve mikroekonomi şeklinde yapılmaktadır. Makroekonomi, ekonomilerin işleyişini bir bütün olarak ele almakta ve büyük ölçüde toplulaştırılmış verileri analiz etmektedir. Mikroekonomi, ekonomik faaliyetlerde yer alan karar birimlerinin davranışlarını incelemektedir.

David Hume, tarafından yayınlanan (1752) ve bir ekonomide para arzı, ticaret dengesi ve fiyat düzeyi arasındaki bağlantıların incelendiği "Ticaret Dengesi Üzerine" adlı çalışma makroekonomi alanında ilk eser olarak nitelendirilmektedir. 18. ve 19. yüzyılda özellikle para konusunda farklı çalışmalar yapılmış olmasına rağmen, makroekonomi 20. yüzyıla kadar ayrı bir disiplin olarak görülmemiştir. 1. Dünya Savaşı'ndan sonra hükümetlerin planlama çalışmalarında ekonomik verileri sistematik bir şekilde toplama ve analiz etme faaliyetlerine hız vermesi, ekonomik dalgalanmaların tekrarlanan olgular şeklinde ortaya çıkması ve özellikle 1929'da yaşanan Büyük Buhran makroekonominin ayrı bir disiplin olarak ele alınmasına katkı sağlamıştır.

Bütün ekonomilerde özellikle istatistiki verilerin elde edilmesine bağlı olarak; üretim, büyüme, istihdam, yatırım, harcama, borçlanma, bütçe ve kalkınma göstergelerinin analiz edilmesi makroekonominin en önemli konuları içerinde yer almasına neden olmuştur. Makroekonomik göstergelerin analiz edilmesi, hem ülke ekonomisinin fiili durumunu ortaya koymakta hem de uygulanması gereken ekonomi politikaları konusunda fikir vermektedir. Ekonomik hayattaki dalgalanmaların ve ekonomi politikalarındaki değişim ve dönüşümün daha iyi anlaşılabilmesi için makroekonomik göstergelerin yorumlanması son derece önemlidir. Ayrıca küreselleşmenin yoğun olarak yaşandığı bir ortamda ülkelerin gelişmişlik düzeylerinin karşılaştırmalı analizinin yapılması, bir ülkenin dış dünya ile olan ekonomik ilişkilerinin açıklanması da makroekonomik göstergelerin analiz edilmesi ile mümkün olmaktadır.

"Makroekonomik Göstergelerin Analizi" adlı bu eser öncelikle ekonomi konusunda eğitim alan öğrencilere, akademik çalışmalar yapan araştırmacılara ve konuya ilgi duyanlara yönelik olarak hazırlanmıştır. Kitabın teorik olarak işlenen makroekonomi derslerinde özellikle öğrenciler tarafından dile getirilen önemli bir açığı kapatacak yardımcı bir kaynak işlevi göreceğini umut etmekteyiz. Kitabın hazırlanmasında emeği geçen ve kitaba bölüm yazmak suretiyle katkı sağlayan hocalarımıza şükranlarımızı sunuyoruz.

Kitapta makroekonomik göstergelerin tamamının ele alınamamış olmasının bir eksik olduğunun farkındayız. Ele alınan ve eksik kalan konularla ilgili her türlü düzeltme, eleştiri ve önerilere açık olduğumuzu belirtmek isteriz.

Kitap içinde yer alan çalışmalar daha önce hiçbir yerde yayınlanmamıştır. Kitap içerisindeki çalışmalarda yer alan değerlendirmeler ve kaynakçada sorumluluk ilgili yazarlara, baskı ve kurguya ilişkin hata ve eksiklikler editörlere aittir. Kitabın yayınlanması konusunda her türlü desteklerinden dolayı Çizgi Kitabevi sahibi Ömer ARLI ve çalışanlarına teşekkürlerimizi sunuyoruz.

Öğrencilerimize, okuyucularımıza ve akademik camiaya yararlı olabilmesi dileğimizle…

**Doç Dr. Zekeriya MIZIRAK | Prof. Dr. Tahsin KARABULUT**

**Aralık 2017**

# I.

# BÖLÜM

# MİLLİ GELİR KAVRAMLARI ve MİLLİ GELİR GÖSTERGELERİNİN ANALİZİ

*Prof. Dr. Tahsin KARABULUT*

***Necmettin Erbakan Üniversitesi SBF İktisat Bölümü***

## GİRİŞ

Milli gelir büyüklüklerinin hesaplanması ve analiz edilmesi makroekonominin en önemli konularından birisidir. Ekonomik verilerin bir bütün olarak ele alınması ve boyutlarının analiz edilmesi milli gelir konuları içerisinde yer almaktadır. Milli gelir büyüklükleri ekonomiyi bir bütün olarak göstermekte ve bu göstergelerdeki değişim ekonominin performansı ile ilgili fikirler vermektedir. Milli gelir göstergeler birer istatistiki veri olmakla birlikte bu verilerin analiz edilebilmesi için ne anlama geldiğinin ve nasıl hesaplandığının bilinmesi gerekir. Ülke ekonomilerinin gerek statik gerekse dinamik karşılaştırılmasında ve gerekse karşılaştırmalı statik veya karşılaştırmalı dinamik analize tabi tutulmasında aynı ölçütlere göre milli gelir büyüklüklerinin hesaplanması gerekir.

Bu çerçevede elinizdeki çalışmanın bu bölümünde günümüzde ülkelere arası karşılaştırmalarda en yaygın kullanılan milli gelir göstergeleri olan *gayri safi yurtiçi hasıla, büyüme oranı ve kişi başına gelir* göstergeleri ve 2000-2016 döneminde ele alınan ülkelerin söz konusu göstergelerle ilgi performansı analiz edilmektedir. Üç bölümden oluşan çalışmanın bundan sonraki kısmı aşağıdaki şekilde organize edilmiştir.

Birinci bölümde, en temel milli gelir göstergeleri olan; gayri safi yurtiçi hasıla, gayri safi milli gelir, safi mili gelir, milli gelir, kişisel gelir, harcanabilir gelir, kişi başına gelir, büyüme hızı kavramaları ve bunların nasıl ölçüldüğüyle ilgili teorik bilgiler verilmektedir.

İkinci bölümde, 2000-2016 döneminde Türkiye ekonomisi ile ilgili milli gelir göstergeleri ve bu göstergelerdeki değişimler karşılaştırmalı olarak analiz edilmektedir.

Üçüncü bölümde, 2000-2016 döneminde G-20 ülkeleri ve dünyanın gayri safi yurtiçi hasıla, büyüme hızı ve kişi başına gelir göstergeleri analiz edilmiştir.

Sonuç bölümünde çalışmadan elde edilen bulgular özetlenmiştir.

### Milli Gelir Kavramları: Teorik Çerçeve

Makroekonomik analizde, ekonominin tamamını kapsayan kavramlara Ulusal hesaplar veya Milli Gelir (MG) kavramları denir. Çalışmanın bu bölümünde; MG büyüklüklerinin hesaplanmasında temel veri olarak kullanılan gayri safi yurtiçi hasıla (GSYİH) kavramı ve GSYİH'nın hesaplaması ile ilgili bilgiler verildikten sonra diğer MG kavramları ve hesaplanmaları ile ilgili temel bilgiler verilmiştir.

***Gayri Safi Yurtiçi Hasıla (GSYİH-GDP):*** Bir ülkede, belirli bir dönemde üretilen nihai mal ve hizmetlerin değerleri toplamı olarak tanımlanmaktadır. GSYİH, ulusal hesaplar bağlamında bütün dünyada en yaygın olarak kullanılan göstergedir( Şenses, 2017:203-205). GSYİH tanımı içindeki nihai kelimesi üretim zincirindeki son ürünün değerinin dikkate alındığını göstermektedir. Nihai ürünü üretmek için bir araya getirilen parçalar ayrı ayrı sayılmaz çünkü bu durumda çift kayıt hatasına düşülmüş olacaktır. Ayrıca GSYİH bir üretim ölçüsüdür fakat tüketicilere yapılan satışların bir ölçüsü değildir. Dolayısıyla üretilen herhangi bir şey tüketiciye satılmasa da GSYİH içinde sayılır (Acemoğlu vd., 2016:90). Genellikle yıllık veya üçer aylık dönemlerle hesaplanan GSYİH, cari dönemde üretilen mal ve hizmetlerin nihai tüketiciye sunulan fiyatları üzerinden hesaplanmaktadır. Bu hesaplamada öncelikle cari ve sabit fiyat esasına göre iki farklı ayrım yapılmaktadır. ***Cari fiyatlarla GSYİH;*** ilgili dönemin üretim miktarları aynı dönemin fiyatları ile değerlendirilerek yapılan hesaplamadır. Örneğin; 2016 yılında üretilen nihai mal ve hizmetler 2016 yılı fiyatları ile çarpılarak elde edilen değerlerin toplamı 2016 yılı cari fiyatları ile GSYİH değerine ulaşılır. ***Sabit fiyatlarla GSYİH;*** baz/temel yıl fiyatları kullanılarak yapılan hesaplamadır. Örneğin; baz yılının 1998 olması durumunda 2016 üretim miktarları 1998 yılı fiyatları ile çarpılarak elde edilen değerlerin toplanması sonucu sabit fiyatlarla 2016 yılı GSYİH değeri bulunmuş olur. Baz yılı uygulaması özellikle enflasyonun yüksek olduğu dönem veya ülkelerde fiyat artışlarından arındırılmış gerçekçi değerlerin bulunması açısından önemlidir.

GSYİH'nin ölçülmesinde üç faklı yöntem kullanılmaktadır. Bunlar; Üretim Yöntemi, Harcama Yöntemi ve Gelir Yöntemi.

***Üretim Yöntemiyle GSYİH,*** hesaplamasında ülke sınırları içerisinde bir dönemde üretilen nihai (tüketiciye sunulan) mal ve hizmetlerin değerleri toplamı dikkate alınır. Aynı zamanda *"Katma Değer Yöntemi"* de denilen bu hesaplamada hangi mal ya da hizmetlerin nihai olarak kabul edileceği konusunda çelişkiye düşmemek için üretimin her aşamasında ortaya çıkan katma değerlerin toplamının alınması da mümkündür. Katma değerlerin toplamının alınması hesaplamalarda çift kayıt hatasına düşülmesini önleyecektir. Ayrıca katma değerlerin toplamı nihai malın değerine eşit olmaktadır.

***Harcama Yöntemiyle GSYİH,*** ekonomideki karar birimlerinin bir dönemde yapmış oldukları harcamaları toplamının alınması ile yapılan hesaplamadır. Hanehalklarının nihai mal ve hizmetlere yaptıkları özel tüketim harcamaları ( C), firmaların; inşaat, makine teçhizat ve stok değişikliklerine yönelik yatırım harcamaları ( I), devletin nihai tüketim ve yatırım için yaptığı kamu harcamaları ( G) toplamına ihracat (X ) ile ithalatı (M) farkını ifade eden net ihracat (NX) eklenmesi sonucu GSYİH değerinin bulunmasıdır.

Cebirsel olarak ifade edecek olursak harcama yöntemine göre;

$$GSYİH = C + I + G + NX$$

***Gelir Yöntemiyle GSYİH***, hesaplama dönemindeki üretim sürecinde, üretim faktörlerinin üretime katılmaları karşılığında elde ettikleri gelirlerin toplamıdır. Kısaca üretim faktörleri (emek, toprak, sermaye, girişimci) sahiplerinin elde ettiği ücret/maaş, rant, faiz ve kar gelirlerine devletin elde ettiği vergi gelirlerinin ilave edilmesi ile bulunan değerdir.

Türkiye İstatistik Kurumun (TÜİK), gelir yöntemiyle GSYİH hesaplamalarında şu kalemleri kullanmaktadır; üretim ve ithalat vergileri, sübvansiyonlar (eksi), sabit sermaye tüketimi, işgücü ödemeleri ve işletme artığı ( Şenses, 2017:205).

***GSYİH'nın Ölçümünde Karşılaşılan Problemler***

Bir ekonominin büyüklüğü ile ilgili en önemli gösterge olmasının yanı sıra diğer MG büyüklüklerinin hesaplanmasında da temel veri olarak kullanılan GSYİH'nın ölçülmesinde bir takım sorunlarla karşılaşılmaktadır. Bu nedenle GSYİH rakamları analiz edilirken bu sorunlarında göz ardı edilmemesi gerekir. Söz konusu sorunları şu şekilde sıralamak mümkündür ( Yıldırım, 2013:52):

Bir kısım üretimin piyasaya çıkmaması; devlet tarafından üretilen mal ve hizmetlerin büyük çoğunluğunun piyasada bir fiyatının bulunmaması nedeniyle söz konusu mal ve hizmetler ancak maliyetleri üzerinden GSYİH'ya dahil edilebilmektedir.

- Ev kadınlarının ürettiği hizmetler, hanehalklarının kendi tüketimlerine yönelik üretimleri milli gelir hesaplarına dahil edilmemektedir.
- Üretilen malların kalitesindeki gelişmeler hesaba katılmamaktadır.
- Üretimin yol açtığı olumsuzluklar, negatif dışsallıklar, özellikle çevreye verdiği zararlar üretimin değerinden düşülmemektedir.
- Üretimin artmasıyla birlikte çalışma saatlerinin artmaması dolayısıyla boş zamanların artması refah düzeyini artırmasına rağmen bu durum milli gelir hesaplarına yansıtılamamaktadır.
- Gizli, yasadışı ve yeraltı ekonomisi faaliyetleri sonucunda oluşan üretim ile kaçakçılık faaliyetlerinden dolayı ortaya çıkan kazançlar hesaplamalara dahil edilememektedir.

## Diğer Milli Gelir Kavramları

***Gayri Safi Milli Hasıla (GSMH-GNP):*** Bir ülke vatandaşlarının bir dönemde elde ettikleri gelirlerin toplamıdır. GSMH hesaplanmasında GSYİH'ya net dış alem faktör gelirleri (dış alem faktör gelirleri- dış alem faktör giderleri) ilave edilir.

*GSMH= GSYİH+ Dış Alem Net Faktör Gelirleri*

GSYİH hesaplamasında ülke sınırları esası geçerli iken GSHM hesaplanmasında ülke vatandaşlığı esası geçerlidir. Günümüzde makroekonomik verilerin değerlendirilmesinde ve ülke ekonomilerinin karşılaştırılmasında daha çok GSYİH değerleri üzerinde durulmaktadır. Bu durumun en önemli nedenleri, küreselleşme ile birlikte ekonomik faaliyetlerin siyasal sınırları tanımaması, GSYİH'nin ölçülmesinin daha kolay olması ve ekonominin istihdam yaratma gücünü GSYİH'nin daha iyi temsil ediyor olmasıdır ( Yıldırım, 2014; 64).

Ulusal ekonominin boyutlarının ölçülmesi, performansının değerlendirilmesi ve uluslararası karşılaştırmalar yapılabilmesi açısından özellikle sabit fiyatlarla GSYİH önemli bir gösterge olmasına rağmen hesaplamalarda bazı hususların dikkate alınmaması/alınamamasının da göz ardı edilmemesi gerekir. GSYİH'nin ölçemediği; piyasalara yansımayan üretim, kayıt dışı ekonomi, yer altı ekonomisi, nüfustaki değişmeler, boş zaman, dışsallıklar, üretimin kalitesindeki artış gibi faktörlerin hesaplamalara dahil edilememesi önemli bir sorundur.

***Safi Milli Hasıla (SMH-NNP):*** Bir ekonomide belirli bir dönemde (genellikle bir yıl) üretilen nihai mal ve hizmetlerin net değerleri toplamı olarak ifade edilen bir kavramdır. SMH veya net milli hasılaya ulaşmak için GSMH'den sermayenin yıpranma payı olan amortismanların çıkarılması gerekir. Bu durumda;

***SMH= GSMH – Amortismanlar***

Böylece ülkenin net üretim değerine ulaşılmış olur. Çünkü GSMH'yi oluşturan mal ve hizmetlerin üretiminde, üretim faktörleri ile birlikte önceki yıllarda üretilmiş sermaye malları da kullanılmaktadır. Bu sermaye mallarının kullanılmasında yıpranma ve aşınma olacağından ekonominin üretim kapasitesinin korunması için bir pay (amortisman) ayrılması gerekecektir.

SMH, ekonominin cari dönemdeki gerçek üretim gücünü göstermesine rağmen, amortismanların tespit edilmesindeki güçlük nedeniyle özellikle uluslararası karşılaştırmalarda, SMH değil, GSMH esas alınmaktadır (Yıldırım, 2013:54).

***Milli Gelir (MG-NI):*** Bir ekonomide belirli bir dönemde üretim faktörlerinin üretimden aldıkları payların toplamıdır. Cebirsel olarak MG şu şekilde hesaplanır;

***MG = Ücretler + Karlar + Faiz + Rant***

veya;

***MG =GSMH–Amortismanlar–Dolaylı Vergiler + Sübvansiyonlar***

***Kişisel Gelir (KG- Y):*** Bir ekonomide belirli bir dönemde bireylerin ellerine geçen gelirlerin toplamıdır. Kişisel gelirin hesaplanmasında üretim faktörlerinin üretime katılmaları karşılığında üretimden elde ettikleri ücret, kar, faiz ve rant gelirleri esas alınmasına rağmen söz konusu gelirlerden yapılan kesintilerden dolayı bireylerin ellerine geçmeyen kısım çıkarılır ve bu gelirlere dahil olmadığı halde bireylerin elde ettikleri karşılıksız gelirler (transferler) ilave edilir. Cebirsel olarak;

***KG = MG- (Sigorta Primleri + Kurumlar Vergisi+ Dağıtılmayan Karlar) +Transferler***

***Harcanabilir Gelir (HG- $Y_d$):*** Bir ekonomide belirli bir dönemde kullanabilecekleri gelirlerin toplamıdır. Bireyler bu geliri istedikleri gibi harcayabilir ya da tasarruf edebilirler. Harcanabilir gelir, kişisel gelirden bu geliri elde edenlerin ödemek zorunda oldukları dolaysız vergileri gibi yasal ödemeler yapıldıktan sonra kalan kısımdır. Cebirsel olarak;

***HG = KG – Dolaysız Vergiler***

Harcanabilir gelirin bir kısmı özel tüketim harcamalarına ( C) kalan kısmı ise özel tasarruflara ( S) gider. Bu nedenle harcanabilir gelir, aynı zamanda özel tüketim harcamaları ile özel tasarrufların toplamından oluşur. Yani;

$$HG\ (Y_d) = C + S$$

Milli gelir büyüklükleri arasındaki ilişkiyi basit matematiksel akım tablosunda şu şekilde özetlemek mümkündür:

*Tablo 1: Milli Gelir Büyüklükleri*

| |
|---|
| **GSYİH** |
| (+) Dış alemden elde edilen faktör gelirleri |
| (- ) Dış alemden elde edilen faktör giderleri |
| **= GSMH** |
| ( -) Amortismanlar |
| **= SMH** |
| ( - ) [Dolaylı vergiler – Sübvansiyonlar] |
| **= Milli Gelir** |
| ( -) Dağıtılmayan karlar |
| ( -) Sigorta primleri |
| ( -) Kurumlar Vergisi |
| ( +) Transfer harcamaları |
| **= Kişisel Gelir** |
| ( -) Dolaysız vergiler |
| **= Harcanabilir Gelir = C + S** |

*Kaynak: Yıldırım vd,*

***Kişi Başına GSYİH (KBGSYİH):*** Bir ülkede ortalama olarak bir kişinin GSYİH'den aldığı paydır. KBGSYİH ülkelerin gelişmişlik düzeylerinin karşılaştırılması ile ilgili en önemli göstergelerden birisidir. KBGSYİH rakamının yükselmesi ülkedeki refah düzeyinin arttığına yönelik de önemli bir göstergedir.

TÜİK hesaplamalarında;

***KBGSİH = cari fiyatlarla GSYİH / yıl ortası toplam nüfus***

oranı TL olarak kişi başına GSYİH rakamını vermektedir. Elde edilen rakam söz konusu yılın ortalama dolar kuruna bölünerek dolar cinsinden kişi başına GSYİH elde edilir. Kişi başına GSYİH kavramı yerine **kişi başına gelir** kavramı da kullanılmaktadır, çünkü iki kavramda aynı rakamı göstermektedir. Bir Ülkenin vatandaşlarının ortalama geliri vurgulanmak istendiğinde çoğunlukla kişi başına gelir, ekonominin kişi başına ne kadar üretim yaptığı vurgulanmak istendiğinde ise; kişi başına GSYİH kullanılır ( Acemoğlu, vd., 2016:115).

***Büyüme Oranı:*** Ekonomik büyüme, bir ekonomide belirli bir dönemde üretim faktörlerinin üretimde meydana getirdiği gelir artışını ifade etmektedir. Diğer bir ifade ile bir ülkede belirli bir dönemde üretilen nihai mal ve hizmetlerin miktarındaki artış ekonomik büyüme olarak tanımlanmaktadır. Ekonomik büyüme genellikle iki şekilde ortaya çıkmaktadır. Birincisi potansiyel milli gelir düzeyinin altında olan yani eksik istihdam seviyesinde olan bir ekonomide atıl kaynakların üretime sevk edilmesi sonucunda tam istihdam seviyesine yaklaşılmasıdır. İkincisi ise ekonomiye yeni üretim faktörlerinin kazandırılması, üretim teknolojisinin geliştirilmesi, nüfus artışı gibi nedenlerle üretimin artırılarak ekonomik büyümenin sağlanmasıdır (Karaca, 2016:213-214).

Ülke ekonomilerinin performansı ve istikrarı ile ilgili önemli göstergelerden birisi olan büyüme oranının hesaplanmasında sabit fiyatlarla GSYİH esas alınmaktadır. Cebirsel olarak büyüme hızı şu şekilde hesaplanır;

***Büyüme Oranı= Hesaplanan yıl GSYİH - Bir önceki yıl GSYİH/***
***Bir önceki yıl GSYİH x 100***

Reel GSYİH'deki artış yani büyüme oranının pozitif çıkması ülke ekonomisinin geliştiğini gösterirken, negatif çıkması ekonominin daraldığını göstermektedir.

Ekonomik büyümenin temel kaynakları üretim faktörleri miktarındaki niceliksel artışlar ve teknolojik gelişme ile sağlanmaktadır (Mucuk, 2017:13).

Büyüme hızı ile nüfus artış oranı arasındaki farka ise, ***"net büyüme hızı"*** adı verilmektedir.

***Net Büyüme Hızı = Büyüme Hızı – Nüfus Artış Oranı***

Söz konusu oranın hesaplanması ekonominin gerçek performansının hesaplanması açısından son derece önemlidir. Çünkü bir ekonomide net büyümenin sağlanabilmesi büyüme hızının ülkedeki nüfus artış hızından daha yüksek olması ile mümkün olacaktır (Bocutoğlu, 2010:61).

## Türkiye Ekonomisinin Milli Gelir Göstergeleri

Türkiye ekonomisinde özellikle 24 Ocak 1980 Ekonomik İstikrar Kararları ile köklü değişikliklere gidilmiş, uygulamaya konulan strateji değişiklikleri ile birlikte Türkiye, rekabet kurallarının işlediği, özel sektörün ekonomide öncü rol oynadığı, liberal dış ticaret politikalarının uygulandığı, serbest piyasa kurallarının geçerli olduğu bir ülke konumuna gelmiştir. 2000 yılından sonra mali piyasalar başta olmak üzere, tarım, sosyal güvenlik, enerji, iletişim sektörlerinde önemli reformlar gerçekleştirmiş, ekonomik kurumların altyapıları güçlendirilmiş, özellikle uluslararası piyasalarda ortaya çıkabilecek dalgalanmalara karşı daha dayanıklı bir hale getirilmiştir (İncekara, 20015:19).

Milli gelir büyüklüklerine göre Türkiye; Dünyanın ilk 20, Avrupa'nın ilk 6 ekonomisi içinde yer almakta ve Dünyanın en güçlü ekonomilerine sahip ülkelerin temsil edildiği G-20'nin üyesidir.

Türkiye Ekonomisi ile ilgili MG büyüklükleri TÜİK tarafından hesaplanmakta ve istatistik göstergeleri olarak yayınlanmaktadır. Türkiye ekonomisi ile ilgili TÜİK ve IMF verilerinden elde edilen 2002-2016 dönemine ait GSYİH, kişi başı gelir ve büyüme oranları Tablo 2'de verilmiştir.

*Tablo 2: Türkiye Ekonomisi GSYİH, Kişi Başı Gelir ve Büyüme Oranları*

| Yıllar | GSYİH (Milyar TL) | GSYİH (Milyar $) | Kişi Başı Gelir ($) | Büyüme (%) |
|---|---|---|---|---|
| 2002 | 359 | 231 | 3.492 | 6,2 |
| 2003 | 468 | 305 | 4.565 | 5,3 |
| 2004 | 577 | 390 | 5.775 | 9,4 |
| 2005 | 674 | 482 | 7.036 | 8,4 |
| 2006 | 789 | 526 | 7.597 | 6,9 |
| 2007 | 881 | 649 | 9.247 | 4,7 |
| 2008 | 995 | 742 | 10.444 | 0,7 |
| 2009 | 999 | 617 | 8.561 | -4,8 |
| 2010 | 1.160 | 732 | 10.079 | 9,2 |
| 2011 | 1.395 | 774 | 10.444 | 8,8 |
| 2012 | 1.570 | 786 | 10.497 | 2,2 |
| 2013 | 1.810 | 823 | 10.822 | 4,2 |
| 2014 | 2.045 | 800 | 10.404 | 2,9 |
| 2015 | 2.338 | 856 | 10.877 | 6,1 |
| 2016 | 2.591 | 852 | 10.800 | 2,9 |
| 2002 – 2016 | Ortalama | | | 4,8 |

*Kaynak: TÜİK ve IMF verileri*

*Şekil 1: Gayri Safi Yurtiçi Hasıla 2002-2016 (milyar $)*

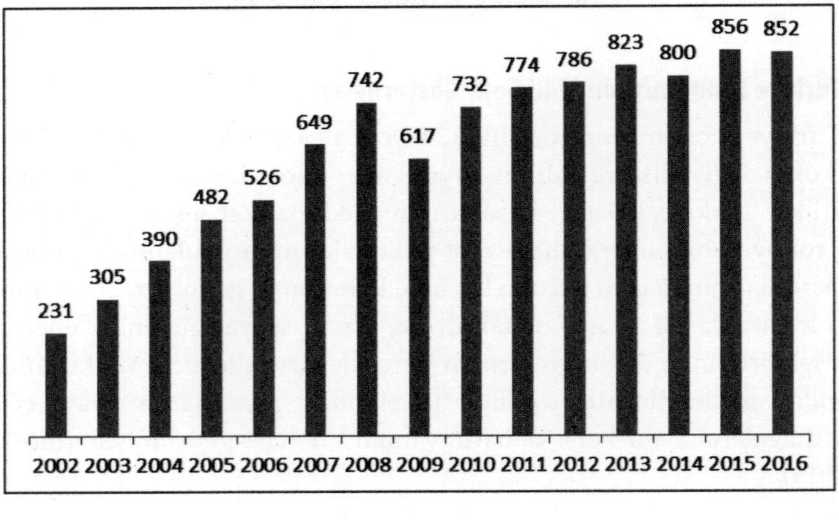

Türkiye 2002-2016 döneminde GSYİH'sını 3,6 kat, kişi başına gelirini yaklaşık 3 kat artırmış. Ortalama olarak yüzde 4,8 oranında bir büyüme oranı yakalamıştır. 2002 yılında 359 milyar TL olan GSYİH takip eden yıllarda sürekli artış göstererek 2016 yılında 2.591 milyar TL seviyesine çıkmıştır. Dolar bazında ise 2002 yılında 231 milyar USD olan GSYİH, 2016 yılında 852 milyar USD seviyesin de gerçekleşmiştir.

Ülke ekonomilerinin gelişmişlik düzeyleri ile ilgili en önemli göstergelerden birisi olan kişi başı gelir düzeyi açısından bakıldığında 2002 yılında 3.492 USD olan kişi başı gelir, ekonominin daralma gösterdiği 2009 yılı hariç 2015 yılına kadar sürekli artış göstermiş ve 10.877 USD ile en yüksek seviyesine ulaşmıştır. 2016 yılında 10.800 USD olarak gerçekleşen kişi başı gelir 2002 yılına göre yaklaşık 3 kat artış göstermiştir.

*Şekil 2: Türkiye'de Kişi Başı Gelir 2002-2016 ($)*

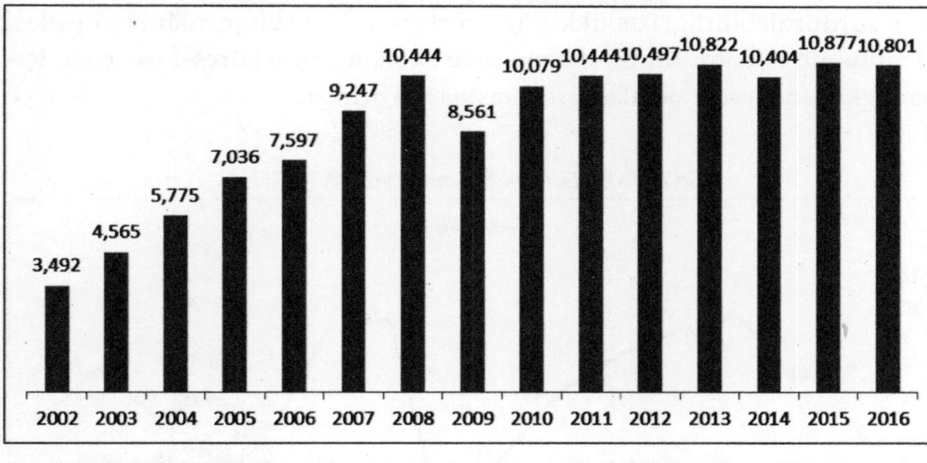


Bir ülke ekonomisinin performansını ölçmek amacıyla kullanılan en önemli göstergelerden birisi büyüme hızıdır. Ulusal ekonomilerin hem toplam arzı hem de toplam talebindeki gelişmelerinin birlikte sonucunu gösteren büyüme hızı özellikle Türkiye gibi yüksek nüfus artış hızına ve yüksek işsizlik oranına sahip olan gelişmekte olan ülkeler açısından kritik öneme sahiptir.

Türkiye 2001 yılında tarihinin en büyük ekonomik krizlerinden birisini yaşamış, buna karşılık krizden çıkışı oldukça hızlı gerçekleşmiştir. Krizden çıkış amacıyla 2001 ve 2002 yıllarında uygulanan istikrar politikalarının belirlenmesinde ve ekonomik programın yapımında IMF 'in önemli katkıları olmuştur (Eğilmez, 2015:259). 2001 yılı krizinden sonra uygulamaya konulan

*"Güçlü Ekonomiye Geçiş Programı"* çerçevesinde alınan tedbirler neticesinde 2002 yılından itibaren ekonomide yakalanan ivme sonucunda özellikle 2004-2006 döneminde yıllık ortalama % 8,2 büyüme oranı ile dünyada Çin'den sonra en yüksek büyüme oranına ulaşan ikinci ülke konumuna gelmiştir.

2008 yılında başlayan ve II. Dünya Savaşından sonra yaşanan en derin küresel ekonomik kriz olarak adlandırılan, başta ABD olmak üzere gelişmiş ülkeleri etkisi altına alan, daha sonra ticaret ve sermaye bağlantılarının etkisiyle gelişmekte olan ülkeleri de etkileyen, dünya ticaret hacminde ve gelirinde daralmaya neden olan ( Aldan, Üngör, 2012:179-196). *"Küresel Finansal Kriz"* in etkisi ile düşmeye başlayan büyüme oranı 2009 yılında negatif çıkmış ve Türkiye ekonomisin 2009 reel GSYİH'si bir önceki yıla göre % 4,8 oranında küçülmüştür. 2010 yılından itibaren tekrar pozitif değerlere ulaşan büyüme oranı 2016 yılında % 2,9 olarak gerçekleşmiş olmasına rağmen *Orta Vadeli Kalkınma Planı*'nda hedeflenen % 5 oranının altında kalmış ve potansiyel büyüme oranına ulaşılamamıştır.

Türkiye ekonomisinde 2004-2006 yılında yakalanan yüksek büyüme hızının sürdürülebilirliği özellikle küresel ekonomideki olumsuzlukların etkisi ile mümkün olmamıştır. Bu durum ülke ekonomisinin küresel ekonomi içerisindeki hedeflerine de ulaşılamamasına yol açmıştır.

*Şekil 3: Türkiye Ekonomisi Büyüme Oranları (2002-2016)*

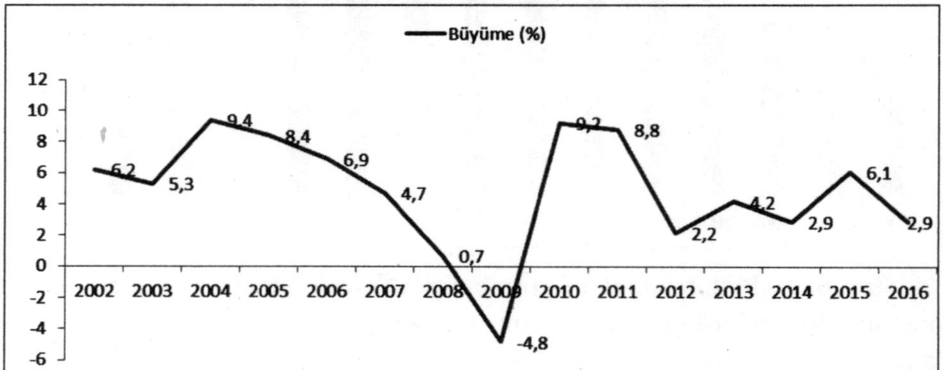


Türkiye'nin özellikle 2002 yılından itibaren göstermiş olduğu ekonomik başarısını gelecek yıllarda da devam ettirebilmesi artık dış açık vererek büyümenin sağlanması ile pek mümkün görülmemektedir. Çünkü böyle bir büyüme modeli ile cari açık sorunu kronik hale gelmektedir. Bir model değişikliği ile iç üretimin artırılarak hem cari açığın kapatılması hem de büyümenin sağlanması gerekmektedir. Sürdürülebilir bir büyüme ancak "dış rekabete açık yerli üretim modeli" ile gerçekleştirilebilir (Eğilmez, 2016:53).

Ekonomilerin gelişmişlik düzeylerinin analiz edilmesi açısından gayri safi milli hasılanın ana iktisadi faaliyet kolları olarak nitelendirdiğimiz tarım, sanayi ve hizmetler faaliyet kollarına göre dağılımı da son derece önemli bir göstergedir. Gelişmiş ülkelerde GSMH içesinde tarım sektörünün payı düşük iken sanayi sektörünün payı daha yüksek olmasına karşılık geri kalmış veya gelişmekte olan ülkelerde sanayi sektörünün payı düşük tarım sektörünün payı ise gelişmiş ülkelere göre daha yüksektir.

Tablo 3'de Türkiye ekonomisi GSMH'nin ana iktisadi faaliyet kollarına göre dağılımı görülmektedir.

*Tablo 3: Gayri Safi Milli Hasılanın Ana İktisadi Faaliyet Kollarına Dağılımı 2002-2013 (%)*

| Yıllar | Tarım | Sanayi | İmalat Sanayi | Hizmetler |
|---|---|---|---|---|
| 2002 | 13,6 | 28,5 | 23,6 | 57,9 |
| 2003 | 12,5 | 29,3 | 24,8 | 58,2 |
| 2004 | 12,2 | 31,2 | 24,9 | 58,5 |
| 2005 | 11,5 | 31,5 | 25,0 | 59,4 |
| 2006 | 11,1 | 32,3 | 25,1 | 59,6 |
| 2007 | 8,9 | 33,1 | 23,7 | 58,0 |
| 2008 | 9,3 | 32,5 | 23,6 | 58,2 |
| 2009 | 10,1 | 31,2 | 23,0 | 58,7 |
| 2010 | 9,8 | 31,9 | 23,2 | 59,1 |
| 2011 | 9,5 | 32,4 | 23,8 | 58,7 |
| 2012 | 9,3 | 32,8 | 24,1 | 57,9 |
| 2013 | 9,2 | 32,7 | 24,0 | 58,1 |

Kaynak: TÜİK verileri

*Şekil 4: GSYİH Sektörel Dağılımı 2002-2013 (%)*

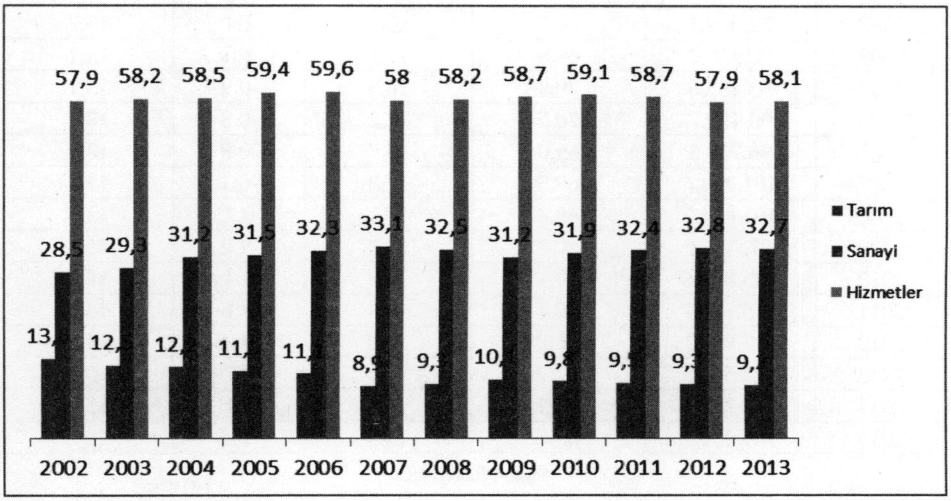

2002 yılında % 13,6 olan tarım sektörünün GSYİH içerisindeki payı 2009 yılı hariç diğer yıllarda sürekli gerileyerek 2013 yılında % 9,2 oranına düşmüş olmasına rağmen söz konusu oran gelişmiş ülkelere göre çok yüksek bir seviyededir. Sanayi sektörünün GSYİH içerisindeki payı ise 2002 yılında % 28,5 iken, 2013 yılında % 32,7 seviyesine yükselmiş olmasına rağmen bu oran gelişmiş ekonomilere göre düşük bir seviyededir. Hizmetler sektörünün GSYİH içerisindeki payı ise 2013 yılında % 58,1 olarak gerçekleşmiştir. Özellikle 2002 yılından itibaren sanayi sektörünün tarım sektörüne göre daha hızlı bir büyüme hızı göstermesi, ekonominin tarım sektöründen sanayi ve hizmetler sektörüne doğru bir kayma gösterdiğini ortaya koymaktadır ( Erdem, vd., 2009: 354).

2002-2015 döneminde Türkiye ekonomisinde reel gayri safi yurt içi hasılanın harcama kategorilerine göre dağılımı tablo 4'de verilmiştir.

Tablo 4'e göre; 2002 yılında % 66,7 oranında olan tüketim harcamaları 2004 yılında % 70,9 ve 2009 yılında % 70,7 oranı ile en yüksek seviyesine ulaşmış, 2015 yılında % 66,4 olarak gerçekleşmiştir. 2002 yılında % 15,2 oranında olan özel yatırım harcamaları 2012 yılında % 19,9 ile en yüksek seviyeye ulaşmış, 2015 yılında ise % 18,3 olarak gerçekleşmiştir. Ele alınan dönemde stok değişmeleri % 1,4 ile % -2,2 arasında değişim göstermiştir. Kamu harcamalarının GSYİH içerisindeki payının yaklaşık % 13 ile % 16 arasında değişen oranlarda gerçekleştiği görülmektedir.

*Tablo 4: Reel Gayri Safi Yurtiçi Hasılanın Harcama Kategorilerine Göre Dağılımı 2002-2015*

| Yıllar | Reel GSYİH (milyon TL) | Tüketim harcamaları (%) | Özel yatırımlar (%) | Stok değişimi (%) | Kamu harcamaları (%) |
|---|---|---|---|---|---|
| 2002 | 72.519,8 | 66,7 | 15,2 | 1,4 | 15,7 |
| 2003 | 76.338,2 | 69,8 | 15,1 | 1,0 | 14,1 |
| 2004 | 83.485,6 | 70,9 | 16,9 | -0,9 | 13,1 |
| 2005 | 90.499,7 | 70,5 | 17,2 | -0,8 | 13,1 |
| 2006 | 96.738,3 | 69,0 | 18,7 | -0,8 | 13,1 |
| 2007 | 101.254,6 | 69,5 | 17,3 | -0,1 | 13,3 |
| 2008 | 101.421,7 | 68,9 | 17,1 | 0,2 | 13,8 |
| 2009 | 97.003,1 | 70,7 | 16,2 | -2,2 | 15,3 |
| 2010 | 105.885,6 | 69,1 | 15,7 | 0,3 | 14,9 |
| 2011 | 115.174,7 | 68,4 | 17,4 | 0,1 | 14,1 |
| 2012 | 117.625,1 | 66,7 | 19,9 | -1,4 | 14,8 |
| 2013 | 122.556,5 | 67,2 | 17,1 | 0,1 | 15,6 |
| 2014 | 126.257,8 | 66,3 | 18,2 | 0,1 | 15,4 |
| 2015 | 131.289,1 | 66,4 | 18,3 | -0,4 | 15,7 |

*Kaynak: TÜİK verileri*

Tüketim harcamalarının yüksek olması ekonominin en önemli sorunlarından birisi olan tasarruf açığının ortaya çıkmasına neden olmakla birlikte yatırım harcamalarının daha düşük seviyede gerçekleşmesine ve ekonomide büyüme hedeflerine ulaşılamamasına yol açmaktadır. Ayrıca kamu harcamaları oranın yüksek olması ekonomide devletin ağırlığının daha fazla hissedilmesinin yanı sıra söz konusu harcamaların yol açtığı bütçe açıklarının finansmanı için kamu borçlanma gereğinin yüksel olması veya vergilerin artırılması gibi uygulamalar sonucu özel sektöre yönelik dışlama etkisini de beraberinde getirmektedir.

## G-20 Ülkeleri Mili Gelir Göstergelerinin Karşılaştırmalı Analizi

Bu bölümde G-20 üyesi ülkelerin MG büyüklükleri karşılaştırmalı olarak analiz edilecektir. Dünyanın en büyük ekonomileri arasında yer alan 19 ülke ve Avrupa Birliği'nden oluşan ve Group of 20 (20 Grubu) kavramının kısaltması olan G-20 ülkeleri: Almanya, Amerika Birleşik Devletleri, Arjantin, Avustralya, Brezilya, Çin, Endonezya, Fransa, Güney Afrika, Güney Kore, Hindistan, İngiltere, İtalya, Japonya, Kanada, Meksika, Rusya, Suudi Arabistan, Türkiye ve Avrupa Birliği'nden oluşmaktadır.

G-20'ye üye 19 ülke, dünya ülkeleri içerisinde ekonomik olarak en büyük ilk 31 ülke içerisinde yer almaktadır. İspanya, İsviçre, Norveç, İran, Tayvan ve Venezüella ekonomik olarak bazı üyelerden daha büyük olmalarına rağmen G-20'ye üye değildir. Birçok Avrupa Birliği ülkesi de, G-20'de bağımsız olarak değil sadece AB Komisyonu olarak temsil edilmektedir.

Tablo 5'de G-20 ülkeleri ve Dünyanın, 2000-2016 dönemi GSYİH rakamları verilmektedir. 2000 yılında dünyanın toplam GSYİH 33,543 milyar ABD doları iken, bu rakam 2005 yılında 47,385 milyar, 2010 yılında 65,906 milyar, 2015 yılında 74,509 milyar ve 2016 yılında 75,543 milyar ABD dolarına ulaşmıştır. Buna göre dünya ekonomisi 2000 yılından 2016 yılına kadar geçen 16 yıl içerisinde yaklaşık 2,3 kat büyüme göstermiştir.

Ele alınan dönemde birinci sırada yer alan ABD ekonomisi 2016 yılında 18,569 milyar $ GSYİH ile birinci sıradaki yerini korurken, 2000 yılında altıncı sırada olan Çin, 2010 yılında ikinci sıraya yükselmiş ve 2016 yılında 11,199 milyar $ GSYİH ile yine ikinci sırada yer almıştır. Üçüncü sırada yer alan Japonya ise 2000-2005 dönemine göre bir basamak gerilemiştir. Aynı şekilde 2000-2010 döneminde üçüncü sırada üçüncü sırada yer alan Almanya ekonomisi 2010 yılından itibaren bir basamak gerileyerek dördüncü sırada yer almıştır. 2000 yılında 272 milyar $ GSYİH ile G-20 ülkeleri içerisinde 15. sırada yer alan Türkiye ekonomisi 2016 yılında 857 milyar $ GSYİH ile bir basamak gerileyerek 16. sırada yer almıştır.

*Tablo 5: G 20 Ülkeleri ve Dünya GSYİH (Milyar ABD $)*

| | 2000 | | 2005 | | 2010 | | 2015 | | 2016 | |
|---|---|---|---|---|---|---|---|---|---|---|
| **Ülkeler** | **GS-YİH** | **Sıra** | **GSYİH** | **Sıra** | **GSYİH** | **Sıra** | **GSYİH** | **Sıra** | **GSYİH** | **Sıra** |
| **ABD** | 10,284 | 1 | 13,093 | 1 | 14,964 | 1 | 18,036 | 1 | 18,569 | 1 |
| **Almanya** | 1,949 | 3 | 2,861 | 3 | 3,417 | 4 | 3,363 | 4 | 3,466 | 4 |
| **Arjantin** | 284 | 14 | 198 | 19 | 423 | 18 | 584 | 18 | 545 | 18 |
| **Avustralya** | 415 | 13 | 693 | 14 | 1,142 | 12 | 1,345 | 13 | 1,204 | 13 |
| **Birl. Krallık** | 1,635 | 4 | 2,508 | 4 | 2,429 | 6 | 2,861 | 5 | 2,618 | 5 |
| **Brezilya** | 655 | 10 | 891 | 10 | 2,208 | 7 | 1,803 | 9 | 1,796 | 9 |
| **Çin** | 1,211 | 6 | 2,285 | 5 | 6,100 | 2 | 11,064 | 2 | 11,199 | 2 |
| **Endonezya** | 165 | 18 | 285 | 17 | 755 | 16 | 861 | 15 | 932 | 15 |
| **Fransa** | 1,368 | 5 | 2,203 | 6 | 2,646 | 5 | 2,433 | 6 | 2,465 | 6 |
| **G. Afrika** | 136 | 19 | 257 | 18 | 375 | 19 | 317 | 19 | 294 | 19 |
| **Güney Kore** | 561 | 11 | 898 | 9 | 1,094 | 13 | 1,382 | 11 | 1,411 | 11 |
| **Hindistan** | 462 | 12 | 808 | 12 | 1,656 | 9 | 2,111 | 7 | 2,263 | 7 |
| **İtalya** | 1,141 | 7 | 1,852 | 7 | 2,125 | 8 | 1,824 | 8 | 1,849 | 8 |
| **Japonya** | 4,887 | 2 | 4,755 | 2 | 5,700 | 3 | 4,383 | 3 | 4,939 | 3 |
| **Kanada** | 743 | 8 | 1,169 | 8 | 1,613 | 10 | 1,552 | 10 | 1,529 | 10 |
| **Meksika** | 683 | 9 | 866 | 11 | 1,051 | 14 | 1,151 | 14 | 1,045 | 14 |
| **S.Arabistan** | 189 | 17 | 328 | 16 | 528 | 17 | 654 | 17 | 646 | 17 |
| **Rusya** | 259 | 16 | 764 | 13 | 1,524 | 11 | 1,365 | 12 | 1,283 | 12 |
| Türkiye | 272 | 15 | 501 | 15 | 771 | 15 | 859 | 16 | 857 | 16 |
| **AB** | 8,899 | - | 14,426 | - | 16,977 | - | 16,334 | - | 16,397 | - |
| **Diğer Ülkeler** | 3.438 | - | 5.168 | - | 9.025 | - | 10.708 | - | 10.634 | - |
| **Dünya** | **33,543** | **-** | **47,385** | **-** | **65,906** | **-** | **74,509** | **-** | **75,543** | **-** |

*Kaynak: Dünya Bankası, (http://databank.worldbank.org )*

*Tablo 6: GSYİH Ülkelere Göre Dağılımı (%)*

| **Ülkeler** | **2000** | **2005** | **2010** | **2015** | **2016** |
|---|---|---|---|---|---|
| **ABD** | 30,66 | 27,63 | 22,71 | 24,21 | 24,58 |
| **Almanya** | 5,81 | 6,04 | 5,18 | 4,51 | 4,59 |
| **Arjantin** | 0,85 | 0,42 | 0,64 | 0,78 | 0,72 |
| **Avustralya** | 1,24 | 1,46 | 1,73 | 1,81 | 1,59 |
| **Birleşik Krallık** | 4,87 | 5,29 | 3,69 | 3,84 | 3,47 |
| **Brezilya** | 1,95 | 1,88 | 3,35 | 2,42 | 2,38 |
| **Çin** | 3,61 | 4,82 | 9,26 | 14,85 | 14,82 |
| **Endonezya** | 0,49 | 0,60 | 1,15 | 1,16 | 1,23 |
| **Fransa** | 4,08 | 4,65 | 4,01 | 3,27 | 3,26 |
| **Güney Afrika** | 0,41 | 0,54 | 0,57 | 0,43 | 0,39 |
| **Güney Kore** | 1,67 | 1,90 | 1,66 | 1,85 | 1,87 |
| **Hindistan** | 1,38 | 1,71 | 2,51 | 2,83 | 3,00 |

| | | | | | |
|---|---|---|---|---|---|
| **İtalya** | 3,40 | 3,91 | 3,22 | 2,45 | 2,45 |
| **Japonya** | 14,57 | 10,03 | 8,65 | 5,88 | 6,54 |
| **Kanada** | 2,22 | 2,47 | 2,45 | 2,08 | 2,02 |
| **Meksika** | 2,04 | 1,83 | 1,59 | 1,54 | 1,38 |
| **Suudi Arabistan** | 0,56 | 0,69 | 0,80 | 0,88 | 0,86 |
| **Rusya** | 0,77 | 1,61 | 2,31 | 1,83 | 1,70 |
| **Türkiye** | **0,81** | **1,06** | **1,18** | **1,15** | **1,13** |
| **AB** | 26,53 | 30,44 | 25,76 | 21,92 | 21,71 |
| **Diğer Ülkeler** | 10,24 | 10,91 | 13,69 | 14,37 | 14,08 |
| **Dünya** | **100** | **100** | **100** | **100** | **100** |

*Kaynak: Dünya Bankası, (http://databank.worldbank.org - 06.11.2017)*

Tablo 6'da GSYİH'nın ülkelere göre dağılım oranları verilmiştir. 2000 yılında Dünya GSYİH'sının yaklaşık % 89,76'sı, G-20 ülkeleri ve G-20 içerisinde yer almayan AB ülkelerine ait iken, bu durum takip eden yıllarda diğer ülkeler lehine gelişme göstermiştir. Diğer ülkelerin 2016 yılında dünya GSYİH içerisindeki payı % 14,08 iken, G-20 ve AB ülkelerinin toplam payı % 75,02 olmuştur. Ele alınan dönemde; ABD'nin payının %30,66'dan 24,58'e, Japonya'nın payının % 14,57'den % 6,54'e AB'nin payının % 30,44'den % 21,71'e düşmesi, buna karşılık özellikle Çin'in payının % 3.61'den % 14,82'ye yükselmesi dikkat çekmektedir. Aynı şekilde Türkiye'nin, 2000 yılında Dünya GSYİH içerisindeki % 0,81 olan payı, 2016 yılında % 1,13 seviyesine yükselmiştir.

Bu sonuçlara göre 2000'li yıllardan itibaren özellikle de 2008 krizi sonrasında gelişmiş ekonomilerin Dünya GSYİH içerisindeki payı azalırken, Çin başta olmak üzere gelişmekte olan ülkelerin payının arttığını söyleyebiliriz. Bu gelişmeye rağmen dünya ekonomisi ile ilgili en önemli olumsuz göstergelerden birisi de dünya nüfusunun dağılımı ile küresel GSYİH'nın dağılımı arasındaki dengesizliktir. Gelişmiş ülkeler (37 ülke) dünya nüfusunun % 14,7'sini temsil ederken, küresel GSYİH'nın % 42,9'u bu ekonomilerde sağlanmaktadır. Gelişmekte olan 152 ülkede dünya nüfusunun % 85,3'ü barınmakta iken dünya GSYİH'nın % 57,1'i bu ülkelere aittir (İncekara, 2016:13).

Tablo 7'de Ülkelerin büyüme oranları verilmiştir. 2000 yılında % 4,09 olan dünya ekonomisi büyüme oranı, 2005 yılında % 3,34, 2010 yılında % 2,53, 2015 yılında % 2,59 ve 2016 yılında % 1,61 oranına gerilemiştir ki bu durum 2008 küresel krizinden sonra dünya ekonomisindeki daralmanın bir sonucudur. Özellikle gelişmiş ülkelerin büyüme hızının düşmesi böyle bir sonuçla karşılaşılmasına neden olmuştur. Buna karşılık Çin, Hindistan, Endonezya ve Türkiye gibi gelişmekte olan ülkelerin büyüme hızının yüksek olması dikkat çekmektedir. Türkiye ekonomisi ele alınan dönem itibariye AB ve Dünya ortalamasından daha yüksek bir büyüme hızı göstermiş olmakla birlikte 2016 yılında ulaşılan büyüme hızı hedeflenen büyüme hızının altında kalmıştır.

2008-2009 krizi üzerinden 7 sene geçmiş olmasına rağmen dünya ekonomisinin henüz yaşanan krizin etkilerini atlatabildiğini söylemek mümkün değildir. Dünyada önde gelen bir çok Merkez Bankasının ekonominin canlanabilmesi için piyasaya bugüne kadar görülmemiş miktarda para sürmesi ve ucuz likidite sağlamasının piyasalarda yeterli etkiyi oluşturmadığı ile ilgili en önemli göstergelerden birisi gerçekleşen büyüme oranlarının potansiyel büyüme oranının altında kalmasıdır (İncekara, 2016:10).

*Tablo 7: Ülkelerin Büyüme Oranları (%)*

| Ülkeler | 2000 | 2005 | 2010 | 2015 | 2016 |
|---|---|---|---|---|---|
| **ABD** | 4,09 | 3,34 | 2,53 | 2,59 | 1,61 |
| **Almanya** | 2,96 | 0,70 | 4,07 | 1,72 | 1,86 |
| **Arjantin** | -0,78 | 8,85 | 10,12 | 2,64 | -2,29 |
| **Avustralya** | 3,86 | 3,20 | 2,00 | 2,42 | 2,76 |
| **Birleşik Krallık** | 3,74 | 2,97 | 1,91 | 2,19 | 1,80 |
| **Brezilya** | 4,11 | 3,2 | 7,52 | -3,77 | -3,59 |
| **Çin** | 8,49 | 11,4 | 10,63 | 6,90 | 6,69 |
| **Endonezya** | 4,92 | 5,69 | 6,22 | 4,87 | 5,01 |
| **Fransa** | 3,87 | 1,60 | 1,96 | 1,06 | 1,18 |
| **Güney Afrika** | 4,15 | 5,27 | 3,03 | 1,29 | 0,27 |
| **Güney Kore** | 8,92 | 3,92 | 6,49 | 2,79 | 2,82 |
| **Hindistan** | 3,84 | 9,28 | 10,26 | 8,01 | 7,10 |
| **İtalya** | 3,71 | 0,94 | 1,67 | 0,78 | 0,88 |
| **Japonya** | 2,77 | 1,66 | 4,19 | 1,21 | 0,99 |
| **Kanada** | 5,18 | 3,20 | 3,08 | 0,94 | 1,46 |
| **Meksika** | 5,29 | 3,03 | 5,11 | 2,62 | 2,30 |
| **Suudi Arabistan** | 5,62 | 5,57 | 5,03 | 4,10 | 1,74 |
| **Rusya** | 9,99 | 6,37 | 4,50 | -2,82 | -0,22 |
| **Türkiye** | **6,64** | **9,00** | **8,48** | **6,05** | **2,87** |
| **AB** | 3,88 | 2,08 | 2,15 | 2,20 | 1,87 |
| **Diğer Ülkeler** | 4,39 | 3,84 | 4,32 | 2,73 | 2,43 |
| **Dünya** | 4,09 | 3,34 | 2,53 | 2,59 | 1,61 |

*Kaynak: Dünya Bankası, (http://databank.worldbank.org )*

Ülkelerin gelişmişlik düzeylerinin karşılaştırılmasında ve makroekonomik performansın ölçülmesinde kullanılan en önemli göstergelerden birisi de kişi başına gelirdir. Tablo 8'de ülkelerin kişi başına gelirleri verilmiştir.

Dünyanın kişi başı gelir ortalaması 2000 yılında 5.482 $ iken, 2005 yılında 7.271 $ ve 2010 yılında 9.509 $ seviyesine yükselmiştir. 2010 yılından sonra büyüme hızındaki yavaşlama ile birlikte kişi başına düşen gelirdeki artış hızı da yavaşlamıştır. 2016 yılında 10.150 $ seviyesine çıkan kişi başına gelir geçen onaltı yıllık sürede yaklaşık 1,8 kat artış göstermiştir.

*Tablo 8: Ülkelerin Kişi Başına Gelirleri (USD)*

| Ülkeler | 2000 | 2005 | 2010 | 2015 | 2016 |
|---|---|---|---|---|---|
| ABD | 36.449 | 44.307 | 48.373 | 56.207 | 57.466 |
| Almanya | 23.718 | 34.696 | 41.785 | 41.176 | 41.936 |
| Arjantin | 7.669 | 5.076 | 10.276 | 13.467 | 12.449 |
| Avustralya | 21.690 | 34.016 | 51.874 | 56.554 | 49.927 |
| Birleşik Krallık | 27.769 | 41.524 | 38.709 | 43.929 | 39.899 |
| Brezilya | 3.739 | 4.770 | 11.224 | 8.757 | 8.649 |
| Çin | 959 | 1.753 | 4.560 | 8.069 | 8.123 |
| Endonezya | 780 | 1.260 | 3.113 | 3.336 | 3.570 |
| Fransa | 22.465 | 34.879 | 40.703 | 36.526 | 36.854 |
| Güney Afrika | 3.037 | 5.414 | 7.362 | 5.769 | 5.273 |
| Güney Kore | 11.947 | 18.639 | 22.086 | 27.105 | 27.538 |
| Hindistan | 438 | 707 | 1.345 | 1.613 | 1.709 |
| İtalya | 20.051 | 31.959 | 35.849 | 30.049 | 30.527 |
| Japonya | 38.532 | 37.217 | 44.507 | 34.474 | 38.894 |
| Kanada | 24.124 | 36.189 | 47.447 | 43.315 | 42.157 |
| Meksika | 6.720 | 7.986 | 8.959 | 9.143 | 8.201 |
| Suudi Arabistan | 9.126 | 13.739 | 19.259 | 20.732 | 20.028 |
| Rusya | 1.771 | 5.323 | 10.674 | 9.329 | 8.748 |
| **Türkiye** | **4.316** | **7.384** | **10.672** | **10.979** | **10.787** |
| AB | 18.229 | 29.079 | 33.658 | 32.047 | 32.058 |
| Dünya | 5.482 | 7.271 | 9.509 | 10.130 | 10.150 |

*Kaynak: Dünya Bankası, (http://databank.worldbank.org )*

2000 yılında G-20 ülkeleri içerisinde kişi başına geliri en yüksek olan ülke Japonya iken takip eden yıllarda bu ülkenin yerini ABD almıştır. Kişi başına gelir seviyesine göre 2016 yılında G-20 ülkeleri içerisinde ABD birinci sırada yer alırken bu ülkeyi sırasıyla Avusturalya, Kanada, Almanya, Birleşik Krallık, Japonya ve Fransa takip etmektedir.

Çin'in ekonomik büyümesinin yanı sıra kişi başına gelire seviyesindeki artışı da dikkat çekmektedir. G-20 ülkeleri içerisinde 16. sırada yer almasına rağmen Çin'in kişi başına gelir onaltı yıllık süreçte 959 $'dan 8.649 $ seviyesine yükselerek yaklaşık 9 kat artış göstermiştir.

Türkiye'nin kişi başına geliri 2000 yılında 4.316 $ ve 2005 yılında 7.384 $ ile dünya ortalamasının altında gerçekleşirken, 2010 yılında 10.672, 2015 yılında 10.979 ve 2016 yılında 10.787 $ seviyesi ile dünya ortalamasının üzerine çıkmış, fakat AB ortalamasının yaklaşık 1/3 seviyesine ancak ulaşabilmiştir. Türkiye'de kişi başına gelir 2000 yılında 2016 yılına kadar geçen onaltı yıllık süreçte yaklaşık 2,5 kat artmış, ülke sıralamasında G-20 ülkeleri içerisinde 12. sırada, dünya da ise 64. sırada yer almıştır.

## SONUÇ

Ülke ekonomilerini bir bütün olarak ele alan ve ekonomik faaliyetleri topluləştırılmış bir şekilde analiz eden makroekonominin en önemli konularından birisi milli gelir analizleridir. Ekonominin büyüklüğünün ve ekonomideki gelişmenin görülebilmesi için milli muhasebe sistemi ile hesaplanan değerlerin kullanılması gerekir. Ayrıca ülke ekonomilerinin karşılaştırılmasında da kullanılan en önemli ölçütler milli gelir büyüklükleridir.

Milli gelir büyüklerinin hesaplanmasında önce bir ekonomide bir yıllık süreçte üretilen nihai mal ve hizmetlerin toplamını oluşturan gayri safi yurtiçi hasıla hesaplanır. Üretim, gelir ve harcama yöntemi olmak üzere üç farklı yönteme göre hesaplanan GSYİH rakamından hareketle diğer milli muhasebe kavramları olan gayri safi milli gelir, safi milli gelir, milli gelir, kişisel gelir ve harcanabilir gelir hesaplaması yapılmaktadır. Ayrıca ülke ekonomisindeki gelişmeyi gösteren büyüme oranı ile ekonomik gelişmişlik düzeyinin en önemli göstergelerinden birisi olan kişi başına gelir kavramı da milli muhasebe sistemi içerisinde hesaplanmaktadır. Söz konusu bu kavramaların ülke ekonomileri ile ilgili makroekonomik değerlendirilmelerin yapılabilmesi için mutlaka bilinmesi gerekir.

Türkiye 2002-2016 döneminde GSYİH'sını 3,6 kat, kişi başına gelirini yaklaşık 3 kat artırmış. Ortalama olarak yüzde 4,8 oranında bir büyüme oranı yakalamıştır. 2002 yılında 359 milyar TL olan GSYİH takip eden yıllarda sürekli artış göstererek 2016 yılında 2.591 milyar TL seviyesine çıkmıştır. Dolar bazında ise 2002 yılında 231 milyar $ olan GSYİH, 2016 yılında 852 milyar $ seviyesin de gerçekleşmiştir. Ayrıca 2002 yılında 3.492 $ olan kişi başı gelir, ekonominin daralma gösterdiği 2009 yılı hariç 2015 yılına kadar sürekli artış göstermiş ve 10.877 $ ile en yüksek seviyesine ulaşmıştır. 2016 yılında 10.800 $ olarak gerçekleşen kişi başı gelir 2002 yılına göre yaklaşık 3 kat artış göstermiştir.

GSYİH'nın sektörel dağılımına göre; 2002 yılında % 13,6 olan tarım sektörünün GSYİH içerisindeki payı 2009 yılı hariç diğer yıllarda sürekli gerileyerek 2013 yılında % 9,2 oranına düşmüş olmasına rağmen söz konusu oran gelişmiş ülkelere göre çok yüksek bir seviyededir. Sanayi sektörünün GSYİH içerisindeki payı ise 2002 yılında % 28,5 iken, 2013 yılında % 32,7 seviyesine yükselmiş olmasına rağmen bu oran gelişmiş ekonomilere göre düşük bir seviyededir. Hizmetler sektörünün GSYİH içerisindeki payı ise 2013 yılında % 58,1 olarak gerçekleşmiştir.

Harcama yöntemine göre GSYİH'nın dağılımına göre; 2002 yılında % 66,7 oranında olan tüketim harcamaları 2004 yılında % 70,9 ve 2009 yılında % 70,7 oranı ile en yüksek seviyesine ulaşmış, 2015 yılında % 66,4 olarak gerçekleşmiştir. 2002 yılında % 15,2 oranında olan özel yatırım harcamaları 2012 yılında % 19,9 ile en yüksek seviyeye ulaşmış, 2015 yılında ise % 18,3 olarak gerçekleşmiştir. Ele alınan dönemde stok değişmeleri % 1,4 ile % -2,2 arasında değişim göstermiş, kamu harcamalarının GSYİH içerisindeki payı yaklaşık % 13 ile % 16 arasında değişen oranlarda gerçekleşmiştir.

Dünya ekonomisi ile ilgili 2000-2016 dönemi GSYİH verilerine göre; 2000 yılında 33,543 milyar $ olan dünyanın toplam GSYİH'si, 2016 yılında 75,543 milyar $ seviyesine ulaşmış ve dünya ekonomisi 2000 yılından 2016 yılına kadar geçen 16 yıl içerisinde yaklaşık 2,3 kat büyüme göstermiştir. ABD ekonomisi 2016 yılında 18,569 milyar $ GSYİH ile birinci sıradaki yerini korurken, 2000 yılında altıncı sırada olan Çin, 2010 yılında ikinci sıraya yükselmiş ve 2016 yılında 11,199 milyar $ GSYİH ile yine ikinci sıradaki yerini korumuştur. Bu ülkeyi Japonya ve Almanya takip etmektedir. Türkiye ekonomisi 2016 yılında 857 milyar $ GSYİH ile 16. sırada yer almaktadır.

Dünya ekonomisinin büyüme hızı 2000 yılında % 4,09, 2005 yılında % 3,34, 2010 yılında % 2,53, 2015 yılında % 2,59 ve 2016 yılında % 1,61 oranına gerilemiştir. Bu durum özellikle 2008 küresel krizinden sonra dünya ekonomisindeki daralmanın bir sonucudur. Özellikle gelişmiş ülkelerin büyüme hızının düşmesi böyle bir sonuçla karşılaşılmasına neden olur iken, Çin, Hindistan, Endonezya ve Türkiye gibi gelişmekte olan ülkelerin büyüme hızının yüksek olması dikkat çekmektedir. Türkiye ekonomisi ele alınan dönem itibariye AB ve Dünya ortalamasından daha yüksek bir büyüme hızına ulaşmıştır.

Dünyanın kişi başı gelir ortalaması 2000 yılında 5.482 $ iken, 2016 yılında 10.150 $ seviyesine ulaşmış ve onaltı yıllık sürede yaklaşık 1,8 kat artış göstermiştir. Kişi başı gelirdeki değişmede özellikle Çin, Rusya, Türkiye gibi gelişmekte olan ülkelerin gösterdiği performans dikkat çekmektedir. Türkiye 2016 yılında 10.787 $ kişi başı gelirle dünya ortalamasının üzerinde bir seviyeye çıkmış olmasına rağmen AB ortalamasının yaklaşık 1/3 seviyesine ancak ulaşabilmiş, G-20 ülkeleri içerisinde 12. sırada, dünya da ise 64. sırada yer almaktadır.

## KAYNAKÇA


Acemoğlu, D., Laibson, D., List, J. A., (2016), **Makroekonomi**, Beta Basım Yayım, İstanbul.

Aldan, A., Üngör, M., (2012), ***"Milli Gelir, Yurtiçi Hasıla ve Dış Ticaret Hadleri Üzerine Bir İnceleme"***, ODTÜ Gelişme Dergisi, (Ağustos), 179-196, Ankara.

Bocutoğlu, E., (2010), **Makro İktisat Teori ve Politikalar**, Murathan Yayınevi, Trabzon.

Deardorff, A., V., (2008), ***"Dünya Ekonomisi ve Dünya Ticaret Sistemi Nereye Gidiyor?"***, Uluslararası Ekonomi ve Dış Ticaret Politikaları, 3 (1-2), s:7-24.

Dornbusch, R., Fıscher, S., Startz, R., (2016), **Makroiktisat**, 12. Basımdan Çeviri (Çev: Salih Ak), Literatür Yayıncılık, İstanbul.

Erdem, E., Şanlıoğlu, Ö., İlgün, M. F., (2009). **Türkiye'de Hükümetlerin Makro Ekonomik Performansı (1950-2007)**, Detay Yayıncılık, Ankara.

Eğilmez, M., Kumcu, E., (2004), **Ekonomi Politikası Teori ve Türkiye Uygulaması,** Remzi Kitabevi, 20. Baskı, İstanbul.

Eğilmez, M., (2014), Örneklerle Kolay Ekonomi, Remzi Kitabevi, 14. Baskı, İstanbul.

Eşkinat, R., Kutlu, E., (2014), **Dünya Ekonomisi**, Nisan Kitabevi, Eskişehir.

İncekara, A. (2015), ***"Türkiye Ekonomisi"*** İktisadi Araştırmalar Vakfı, İstanbul.

İncekara, A. (2016), ***"Dünya ve Türkiye Ekonomisi"*** İktisadi

Araştırmalar Vakfı, İstanbul.

Karaca., C., (2016), **Türkiye'nin Güncel Ekonomik Mali Sorunları ve Politikaları,** Ekin Yayıncılık, Bursa.

Mucuk, M., (2017), **Makro İktisat Teori ve Türkiye Uygulaması**, Billur Yayınevi, 3. Baskı, Konya.

Şenses F., (2017) **İktisada (Farklı Bir) Giriş**, İletişim Yayınları, İstanbul.

Yıldırım K., vd.(2014), **Makro İktisada Giriş**, Nisan Kitabevi, 10. Baskı, Eskişehir.

Yıldırım, K., Karaman, D., Taşdemir, M., (2013), **Makro Ekonomi,** Seçkin Yayıncılık, 11. Baskı, Ankara.

www.tüik.gov.tr

www.worldbank.org

# II.

# BÖLÜM

## REFAH GÖSTERGELERİ: BEŞERİ GELİŞME ENDEKSİ

*Prof. Dr. Mustafa ACAR*

***Necmettin Erbakan Üniversitesi SBF İktisat Bölümü***

## GİRİŞ

Her insan anlamlı bir hayat yaşamak, hayattan zevk almak, dünya nimetlerinden yararlanmak ve çocuklarına iyi bir gelecek hazırlamak ister. Beslenme ve barınma gibi temel ihtiyaçlarımızı karşılamanın yanısıra, iyi bir eğitim almayı, gelişmiş sağlık hizmetlerine kolayca erişebilmeyi arzu ederiz. İşte bütün bu olguları içine alan en sade ve doğrudan kavram, *refah*tır.

*Refah* (welfare), nesnel ve öznel şartları bakımından tek tek kişilerin veya birlikte yaşayan bir topluluğun beslenme, barınma, sağlık, eğitim ve güvenlik başta olmak üzere ihtiyaç ve isteklerini iyi düzeyde karşılayabilme durumu" olarak tanımlanmaktadır (Demir ve Acar, 2005: 345). Türkçe'de refah kavramının muadili olarak "gönenç" kavramı da kullanılmaktadır. Refah göstergeleri yüksek toplumlar müreffeh, refaha ermiş toplumlardır.

Günümüz dünyasında ülkeler arasında adı konmamış bir gelişme, kalkınma ve refah düzeyini yükseltme yarışından söz edilebilir. Bu çerçevede refah kavramıyla yakından ilişkili bir diğer kavram, *refah devleti* kavramıdır. Refah devleti, "bütün vatandaşlarına en azından asgari yaşam standardının gereklerini temin etmeye ve fırsat eşitliğini korumaya yönelik ciddi sorumluluklar yüklenen, tam istihdamın sağlanması; kamu harcamalarının eğitim, sağlık, konut, işsizlere ve kimsesizlere yardım, altyapı gibi yatırım alanlarına kaydırılması için bilinçli politikalar üreten ve uygulayan devlet" olarak tanımlanabilir (Demir ve Acar, 2005: 346). Her ne kadar ölçüsüz kamu harcamalarının yarattığı yüksek kamu açıkları, aşırı büyük devlet, verimsizlik ve yozlaşma gibi sorunlar yüzünden 20. Yüzyılın sonlarında biraz gözden düşmüş olsa da, refah devleti halen iktisadi ve siyasi tartışmalarda sık müracaat edilen önemli bir kavramdır.

Atalarımız "hiç kimse ayranım ekşi demez" demişler. Belki istisnalar hariç, kimse içinde olduğu perişan vaziyeti kabul etmek, ya da vaziyetini perişan olarak nitelemek istemez. Hemen herkes kendi durumunu iyi göstermek, biraz övünmek, başkalarından üstünlüğüyle gurur duyma eğilimindedir. Hele milliyetçi duyguların kabarık, yabancı düşmanlığının revaçta olduğu toplumlarda bu ölçüsüz övünme ve gerçeklerden kaçma tavrı daha da belirgindir. Böyle durumlarda ayaklarımızın yere değmesi ve gerçeklerle yüzleşmek için rakamların hakemliğine başvurmak önemlidir. Atalarımız "gidemediğin yer senin değildir" demişler; anlam olarak buna akraba bir İngiliz özdeyişi de "ölçemediğin şeyi kontrol edemezsin" der. Ölçmek rakamların hakemliğine başvurmaktır. Rakamların hakemliği, realiteyi görmek ve içinde bulunduğumuz durumu değiştirmek amacıyla ciddi bir gayret içine girmek bakımından en sağlıklı yoldur.

Bu çerçevede elinizdeki çalışmanın bu bölümünde günümüzde ülkeler arası karşılaştırmalarda en yaygın kullanılan refah göstergesi olan *beşeri gelişme* ya da *insani kalkınma* endeksi irdelenmekte ve son çeyrek yüzyılda ülkelerin refah performansı analiz edilmektedir. Çalışmanın bundan sonraki kısmı aşağıdaki şekilde organize edilmiştir.

İzleyen bölümde, en temel refah göstergesi olarak Beşeri Gelişme Endeksi tanıtılmakta, endeksi oluşturan bileşenler ve bunların nasıl ölçüldüğüyle ilgili teorik bilgiler verilmektedir.

Üçüncü bölümde, son çeyrek yüzyıllık dönemde beşeri gelişme yönünden ülkelerin gösterdiği performans karşılaştırmalı olarak analiz edilmektedir.

Sonuç bölümünde çalışmadan elde edilen bulgular ve okuyucunun akılda tutması tavsiye edilen önemli hususlar özetlenmektedir.

## Beşeri Gelişme/İnsani Kalkınma Endeksi: Teorik Çerçeve

*Beşeri Gelişme Endeksi*, yahut Türkçe literatürde yer yer kullanılan diğer adıyla *İnsani Kalkınma Endeksi* (İngilizcesi: Human Development Index: HDI) beşeri gelişme düzeyini, başka bir deyişle ülkelerin eriştiği refah seviyesini gösteren bileşik bir endekstir. Endeksin beşeri gelişmenin üç temel boyutundaki ortalama performansı ölçen üç önemli bileşeni vardır: yaşam beklentisi (uzun ve sağlıklı yaşam), yahut doğuşta beklenen ortalama ömür (life expectancy), eğitim (bilgi) ve kişi başına gelir (iyi bir yaşam standardı). Endeksin anahtar değişkenleri olan üç temel bileşen şu şekilde tanımlanmaktadır:

*Doğuşta yaşam beklentisi* (ortalama ömür): doğduğu sıradaki yaşa özgü ölüm oranları konusundaki halihazır örüntü hayatı boyunca değişmediği takdirde, yeni doğan bir bebeğin kaç yıl yaşayacağına ilişkin beklenti.

*Beklenen eğitim* (okulda geçirilmesi beklenen yıl): yaşa özgü okul kayıt oranları değişmediği takdirde okul çağındaki bir çocuğun kaç yıl eğitim almasının beklendiği. *Ortalama eğitim süresi*: her bir okulda resmi kalma süresi kullanılarak eğitime erişim düzeylerinden dönüştürülmüş, 25 yaş ve üzeri nüfusun aldığı ortalama eğitim süresi.

*Kişi başına düşen gayrisafi milli gelir* (gross national income: GNI): bir ekonominin üretim ve faktör sahipliği sayesinde meydana getirdiği toplam gelirden dış dünyanın sahip olduğu faktörlere yapılan ödemeler düşüldükten sonra kalan kısmının Satınalma Gücü Paritesi (SGP) kuruyla hesaplanmış dolar cinsinden değerinin nüfusa bölünmesiyle elde edilen değer.[1]

[1] İstatistiksel Ek, http://hdr.undp.org/sites/default/files/hdr_2015_statistical_annex.pdf (erişim tarihi: 05.08.2016)

HDI performansı bağlamında ülkeler dört kategoriye ayrılarak sıralanmaktadır: Çok Yüksek, Yüksek, Orta, ve Düşük Beşeri Gelişme. Ülkelerin performansı hesaplanırken, bileşenlerden *yaşam beklentisi*nin daha uzun olması, *eğitim düzeyi*nin daha yüksek olması, ve *kişi başına geliri*n yüksek olması, o ülkeye daha yüksek puan kazandırmaktadır.

HDI ilk defa Pakistanlı iktisatçı *Mahbub ul-Haq* ve Hindistanlı iktisatçı *Amartya Sen* tarafından geliştirilmiş olup, insanların hayatlarında olmak istedikleri şeyi olup olamadıkları, yapmak istedikleri şeyi yapıp yapamadıklarını ölçme kaygısından hareketle ortaya konmuş bir endekstir (WP, 2016). 1990 yılından beri Birleşmiş Milletler (BM) Kalkınma Programı (United Nations Development Programme: UNDP) tarafından düzenli olarak yayımlanmaktadır.

Endeksle beraber her yıl çeşitli temalarla hazırlanıp yayımlanan Beşeri Gelişme Raporları uluslararası gelişme konusunda dünyadaki en iyi on kaynaktan biri kabul edilmektedir. Beşeri Gelişme Ofisi tarafından her yıl beş farklı endeks yayımlanmaktadır: Beşeri Gelişme Endeksi (HDI), Eşitsizlik Düzeltmeli Beşeri Gelişme Endeksi (IHDI), Cinsiyet Gelişme Endeksi (GDI), Cinsiyet Eşitsizlik Endeksi (GII), ve Çokboyutlu Yoksulluk Endeksi (MPI). Bu endeksler ve buraya dâhil öteki beşeri gelişme göstergeleri çeşitli kamusal uluslararası kaynaklarca sağlanmakta olup, yıllık raporun hazırlandığı sırada sözkonusu göstergelerle ilgili olarak eldeki en iyi istatistikleri temsil etmektedir. Sadece iktisadi gelişmeye değil de, -daha kapsamlı bir olgu olarak- bir ülkenin beşeri gelişmesine bakmak isteyenler için bu endeksler idealdir (The Guardian, 2016).

Bu bağlamda en son 14 Aralık 2015'te yayımlanmış olan 2015 Raporu 188 ülkeyi kapsamaktadır; kişi başına gelir rakamları 2011 fiyatlarıyla hesaplanmış Dolar cinsinden SGP rakamlarıdır; ülkelerin 2014 yılı verileri kullanılarak hesaplanmıştır.

Verilerin ve raporun yayımlandığı BM web sayfasında (http://hdr.undp.org/en/countries) son derece kullanıcı dostu interaktif bir harita bulunmaktadır. Harita üzerinde gezinirken herhangi bir ülkenin üzerine gidildiğinde, o ülkenin yukarıda sözü edilen beş endeks cinsinden puanları ekrana yansımaktadır. Buradan istenen herhangi bir ülkeye gidip o ülkenin beşeri gelişme performansı bakımından daha detaylı bilgi edinmek mümkündür.

## HDI: Ülkeler Arası Karşılaştırma

BM Kalkınma Programı UNDP tarafından 1990 yılından bu yana düzenli olarak yayımlanan HDI endeksinin Aralık 2015 tarihli son versiyonu alt bileşenleriyle birlikte Tablo 1'de verilmiştir.

*Tablo 1: Beşeri Gelişme Endeksi ve Bileşenleri (2015)*

| | | Beşeri Gelişme Endeksi (HDI) | Doğuşta yaşam beklentisi | Beklenen eğitim süresi | Ortalama eğitim süresi | Gayrisafi milli gelir (GNI) (kb) |
|---|---|---|---|---|---|---|
| HDI sırası | Ülke | Değer | (yıl) | (yıl) | (yıl) | (2011 SGP $) |
| | | 2014 | 2014 | 2014 | 2014 | 2014 |
| | ÇOK YÜKSEK BEŞERİ GELİŞME | | | | | |
| 1 | Norveç | 0,944 | 81,6 | 17,5 | 12,6 | 64.992 |
| 2 | Avustralya | 0,935 | 82,4 | 20,2 | 13,0 | 42.261 |
| 3 | İsviçre | 0,930 | 83,0 | 15,8 | 12,8 | 56.431 |
| 4 | Danimarka | 0,923 | 80,2 | 18,7 | 12,7 | 44.025 |
| 5 | Hollanda | 0,922 | 81,6 | 17,9 | 11,9 | 45.435 |
| 6 | Almanya | 0,916 | 80,9 | 16,5 | 13,1 | 43.919 |
| 6 | İrlanda | 0,916 | 80,9 | 18,6 | 12,2 | 39.568 |
| 8 | ABD | 0,915 | 79,1 | 16,5 | 12,9 | 52.947 |
| 9 | Kanada | 0,913 | 82,0 | 15,9 | 13,0 | 42.155 |
| 9 | Yeni Zelanda | 0,913 | 81,8 | 19,2 | 12,5 | 32.689 |
| 11 | Singapur | 0,912 | 83,0 | 15,4 | 10,6 | 76.628 |
| 12 | Hong Kong, Çin | 0,910 | 84,0 | 15,6 | 11,2 | 53.959 |
| 13 | Liechtenstein | 0,908 | 80,0 | 15,0 | 11,8 | 79.851 |
| 14 | İsveç | 0,907 | 82,2 | 15,8 | 12,1 | 45.636 |
| 14 | Birleşik Krallık | 0,907 | 80,7 | 16,2 | 13,1 | 39.267 |
| 16 | İzlanda | 0,899 | 82,6 | 19,0 | 10,6 | 35.182 |
| 17 | G. Kore | 0,898 | 81,9 | 16,9 | 11,9 | 33.890 |
| 18 | İsrail | 0,894 | 82,4 | 16,0 | 12,5 | 30.676 |
| 19 | Lüksemburg | 0,892 | 81,7 | 13,9 | 11,7 | 58.711 |
| 20 | Japonya | 0,891 | 83,5 | 15,3 | 11,5 | 36.927 |
| 21 | Belçika | 0,890 | 80,8 | 16,3 | 11,3 | 41.187 |
| 22 | Fransa | 0,888 | 82,2 | 16,0 | 11,1 | 38.056 |
| 23 | Avusturya | 0,885 | 81,4 | 15,7 | 10,8 | 43.869 |
| 24 | Finlandiya | 0,883 | 80,8 | 17,1 | 10,3 | 38.695 |
| 25 | Slovenya | 0,880 | 80,4 | 16,8 | 11,9 | 27.852 |
| 26 | İspanya | 0,876 | 82,6 | 17,3 | 9,6 | 32.045 |
| 27 | İtalya | 0,873 | 83,1 | 16,0 | 10,1 | 33.030 |
| 28 | Çek Cumhuriyeti | 0,870 | 78,6 | 16,4 | 12,3 | 26.660 |
| 29 | Yunanistan | 0,865 | 80,9 | 17,6 | 10,3 | 24.524 |
| 30 | Estonya | 0,861 | 76,8 | 16,5 | 12,5 | 25.214 |
| 31 | Brunei Darüsselam | 0,856 | 78,8 | 14,5 | 8,8 | 72.570 |

| | | | | | | |
|---|---|---|---|---|---|---|
| 32 | Kıbrıs | 0,850 | 80,2 | 14,0 | 11,6 | 28.633 |
| 32 | Katar | 0,850 | 78,2 | 13,8 | 9,1 | 123.124 |
| 34 | Andorra | 0,845 | 81,3 | 13,5 | 9,6 | 43.978 |
| 35 | Slovakya | 0,844 | 76,3 | 15,1 | 12,2 | 25.845 |
| 36 | Polonya | 0,843 | 77,4 | 15,5 | 11,8 | 23.177 |
| 37 | Litvanya | 0,839 | 73,3 | 16,4 | 12,4 | 24.500 |
| 37 | Malta | 0,839 | 80,6 | 14,4 | 10,3 | 27.930 |
| 39 | Suudi Arabistan | 0,837 | 74,3 | 16,3 | 8,7 | 52.821 |
| 40 | Arjantin | 0,836 | 76,3 | 17,9 | 9,8 | 22.050 |
| 41 | BAE | 0,835 | 77,0 | 13,3 | 9,5 | 60.868 |
| 42 | Şili | 0,832 | 81,7 | 15,2 | 9,8 | 21.290 |
| 43 | Portekiz | 0,830 | 80,9 | 16,3 | 8,2 | 25.757 |
| 44 | Macaristan | 0,828 | 75,2 | 15,4 | 11,6 | 22.916 |
| 45 | Bahreyn | 0,824 | 76,6 | 14,4 | 9,4 | 38.599 |
| 46 | Latviya | 0,819 | 74,2 | 15,2 | 11,5 | 22.281 |
| 47 | Hırvatistan | 0,818 | 77,3 | 14,8 | 11,0 | 19.409 |
| 48 | Kuveyt | 0,816 | 74,4 | 14,7 | 7,2 | 83.961 |
| 49 | Karadağ | 0,802 | 76,2 | 15,2 | 11,2 | 14.558 |
| | YÜKSEK BEŞERİ GELİŞME | | | | | |
| 50 | Belarus | 0,798 | 71,3 | 15,7 | 12,0 | 16.676 |
| 50 | Rusya Federasyonu | 0,798 | 70,1 | 14,7 | 12,0 | 22.352 |
| 52 | Umman | 0,793 | 76,8 | 13,6 | 8,0 | 34.858 |
| 52 | Romanya | 0,793 | 74,7 | 14,2 | 10,8 | 18.108 |
| 52 | Uruguay | 0,793 | 77,2 | 15,5 | 8,5 | 19.283 |
| 55 | Bahamalar | 0,790 | 75,4 | 12,6 | 10,9 | 21.336 |
| 56 | Kazakistan | 0,788 | 69,4 | 15,0 | 11,4 | 20.867 |
| 57 | Barbados | 0,785 | 75,6 | 15,4 | 10,5 | 12.488 |
| 58 | Antigua ve Barbuda | 0,783 | 76,1 | 14,0 | 9,2 | 20.070 |
| 59 | Bulgaristan | 0,782 | 74,2 | 14,4 | 10,6 | 15.596 |
| 60 | Palau | 0,780 | 72,7 | 13,7 | 12,3 | 13.496 |
| 60 | Panama | 0,780 | 77,6 | 13,3 | 9,3 | 18.192 |
| 62 | Malezya | 0,779 | 74,7 | 12,7 | 10,0 | 22.762 |
| 63 | Moritus | 0,777 | 74,4 | 15,6 | 8,5 | 17.470 |
| 64 | Seychelles | 0,772 | 73,1 | 13,4 | 9,4 | 23.300 |
| 64 | Trinidad & Tobago | 0,772 | 70,4 | 12,3 | 10,9 | 26.090 |
| 66 | Sırbistan | 0,771 | 74,9 | 14,4 | 10,5 | 12.190 |
| 67 | Küba | 0,769 | 79,4 | 13,8 | 11,5 | 7.301 |
| 67 | Lübnan | 0,769 | 79,3 | 13,8 | 7,9 | 16.509 |
| 69 | Costa Rica | 0,766 | 79,4 | 13,9 | 8,4 | 13.413 |
| 69 | İran | 0,766 | 75,4 | 15,1 | 8,2 | 15.440 |
| 71 | Venezuela | 0,762 | 74,2 | 14,2 | 8,9 | 16.159 |
| 72 | Türkiye | 0,761 | 75,3 | 14,5 | 7,6 | 18.677 |
| 73 | Sri Lanka | 0,757 | 74,9 | 13,7 | 10,8 | 9.779 |
| 74 | Meksika | 0,756 | 76,8 | 13,1 | 8,5 | 16.056 |
| 75 | Brezilya | 0,755 | 74,5 | 15,2 | 7,7 | 15.175 |
| 76 | Gürcistan | 0,754 | 74,9 | 13,8 | 12,1 | 7.164 |
| 77 | Saint Kitts & Nevis | 0,752 | 73,8 | 12,9 | 8,4 | 20.805 |

| | | | | | | |
|---|---|---|---|---|---|---|
| 78 | Azerbaycan | 0,751 | 70,8 | 11,9 | 11,2 | 16.428 |
| 79 | Grenada | 0,750 | 73,4 | 15,8 | 8,6 | 10.939 |
| 80 | Ürdün | 0,748 | 74,0 | 13,5 | 9,9 | 11.365 |
| 81 | Makedonya | 0,747 | 75,4 | 13,4 | 9,3 | 11.780 |
| 81 | Ukrayna | 0,747 | 71,0 | 15,1 | 11,3 | 8.178 |
| 83 | Cezayir | 0,736 | 74,8 | 14,0 | 7,6 | 13.054 |
| 84 | Peru | 0,734 | 74,6 | 13,1 | 9,0 | 11.015 |
| 85 | Arnavutluk | 0,733 | 77,8 | 11,8 | 9,3 | 9.943 |
| 85 | Ermenistan | 0,733 | 74,7 | 12,3 | 10,9 | 8.124 |
| 85 | Bosna Hersek | 0,733 | 76,5 | 13,6 | 8,3 | 9.638 |
| 88 | Ekvador | 0,732 | 75,9 | 14,2 | 7,6 | 10.605 |
| 89 | Saint Lucia | 0,729 | 75,1 | 12,6 | 9,3 | 9.765 |
| 90 | Çin | 0,727 | 75,8 | 13,1 | 7,5 | 12.547 |
| 90 | Fiji | 0,727 | 70,0 | 15,7 | 9,9 | 7.493 |
| 90 | Moğolistan | 0,727 | 69,4 | 14,6 | 9,3 | 10.729 |
| 93 | Tayland | 0,726 | 74,4 | 13,5 | 7,3 | 13.323 |
| 94 | Dominica | 0,724 | 77,8 | 12,7 | 7,9 | 9.994 |
| 94 | Libya | 0,724 | 71,6 | 14,0 | 7,3 | 14.911 |
| 96 | Tunus | 0,721 | 74,8 | 14,6 | 6,8 | 10.404 |
| 97 | Kolombia | 0,720 | 74,0 | 13,5 | 7,3 | 12.040 |
| 97 | St Vincent& Grenad. | 0,720 | 72,9 | 13,4 | 8,6 | 9.937 |
| 99 | Jamaika | 0,719 | 75,7 | 12,4 | 9,7 | 7.415 |
| 100 | Tonga | 0,717 | 72,8 | 14,7 | 10,7 | 5.069 |
| 101 | Belize | 0,715 | 70,0 | 13,6 | 10,5 | 7.614 |
| 101 | Dominik Cumhuriyeti | 0,715 | 73,5 | 13,1 | 7,6 | 11.883 |
| 103 | Surinam | 0,714 | 71,1 | 12,7 | 7,7 | 15.617 |
| 104 | Maldivler | 0,706 | 76,8 | 13,0 | 5,8 | 12.328 |
| 105 | Samoa | 0,702 | 73,4 | 12,9 | 10,3 | 5.327 |
| | ORTA BEŞERİ GELİŞME | | | | | |
| 106 | Botswana | 0,698 | 64,5 | 12,5 | 8,9 | 16.646 |
| 107 | Moldova | 0,693 | 71,6 | 11,9 | 11,2 | 5.223 |
| 108 | Mısır | 0,690 | 71,1 | 13,5 | 6,6 | 10.512 |
| 109 | Türkmenistan | 0,688 | 65,6 | 10,8 | 9,9 | 13.066 |
| 110 | Gabon | 0,684 | 64,4 | 12,5 | 7,8 | 16.367 |
| 110 | Endonezya | 0,684 | 68,9 | 13,0 | 7,6 | 9.788 |
| 112 | Paraguay | 0,679 | 72,9 | 11,9 | 7,7 | 7.643 |
| 113 | Filistin | 0,677 | 72,9 | 13,0 | 8,9 | 4.699 |
| 114 | Özbekistan | 0,675 | 68,4 | 11,5 | 10,9 | 5.567 |
| 115 | Filipinler | 0,668 | 68,2 | 11,3 | 8,9 | 7.915 |
| 116 | El Salvador | 0,666 | 73,0 | 12,3 | 6,5 | 7.349 |
| 116 | G. Afrika | 0,666 | 57,4 | 13,6 | 9,9 | 12.122 |
| 116 | Viet Nam | 0,666 | 75,8 | 11,9 | 7,5 | 5.092 |
| 119 | Bolivya | 0,662 | 68,3 | 13,2 | 8,2 | 5.760 |
| 120 | Kırgızistan | 0,655 | 70,6 | 12,5 | 10,6 | 3.044 |
| 121 | Irak | 0,654 | 69,4 | 10,1 | 6,4 | 14.003 |
| 122 | Cabo Verde | 0,646 | 73,3 | 13,5 | 4,7 | 6.094 |
| 123 | Micronesya | 0,640 | 69,1 | 11,7 | 9,7 | 3.432 |
| 124 | Guyana | 0,636 | 66,4 | 10,3 | 8,5 | 6.522 |
| 125 | Nikaragua | 0,631 | 74,9 | 11,5 | 6,0 | 4.457 |

| | | | | | | |
|---|---|---|---|---|---|---|
| 126 | Fas | 0,628 | 74,0 | 11,6 | 4,4 | 6.850 |
| 126 | Namibya | 0,628 | 64,8 | 11,3 | 6,2 | 9.418 |
| 128 | Guatemala | 0,627 | 71,8 | 10,7 | 5,6 | 6.929 |
| 129 | Tacikistan | 0,624 | 69,4 | 11,2 | 10,4 | 2.517 |
| 130 | Hindistan | 0,609 | 68,0 | 11,7 | 5,4 | 5.497 |
| 131 | Honduras | 0,606 | 73,1 | 11,1 | 5,5 | 3.938 |
| 132 | Butan | 0,605 | 69,5 | 12,6 | 3,0 | 7.176 |
| 133 | Timor-Leste | 0,595 | 68,2 | 11,7 | 4,4 | 5.363 |
| 134 | Suriye | 0,594 | 69,6 | 12,3 | 6,3 | 2.728 |
| 134 | Vanuatu | 0,594 | 71,9 | 10,6 | 6,8 | 2.803 |
| 136 | Kongo | 0,591 | 62,3 | 11,1 | 6,1 | 6.012 |
| 137 | Kiribati | 0,590 | 66,0 | 12,3 | 7,8 | 2.434 |
| 138 | Ekvator Ginesi | 0,587 | 57,6 | 9,0 | 5,5 | 21.056 |
| 139 | Zambiya | 0,586 | 60,1 | 13,5 | 6,6 | 3.734 |
| 140 | Gana | 0,579 | 61,4 | 11,5 | 7,0 | 3.852 |
| 141 | Lao | 0,575 | 66,2 | 10,6 | 5,0 | 4.680 |
| 142 | Bangladeş | 0,570 | 71,6 | 10,0 | 5,1 | 3.191 |
| 143 | Kamboçya | 0,555 | 68,4 | 10,9 | 4,4 | 2.949 |
| 143 | Sao Tome & Principe | 0,555 | 66,5 | 11,3 | 4,7 | 2.918 |
| | DÜŞÜK BEŞERİ GELİŞME | | | | | |
| 145 | Kenya | 0,548 | 61,6 | 11,0 | 6,3 | 2.762 |
| 145 | Nepal | 0,548 | 69,6 | 12,4 | 3,3 | 2.311 |
| 147 | Pakistan | 0,538 | 66,2 | 7,8 | 4,7 | 4.866 |
| 148 | Miyanmar | 0,536 | 65,9 | 8,6 | 4,1 | 4.608 |
| 149 | Angola | 0,532 | 52,3 | 11,4 | 4,7 | 6.822 |
| 150 | Swaziland | 0,531 | 49,0 | 11,3 | 7,1 | 5.542 |
| 151 | Tanzanya | 0,521 | 65,0 | 9,2 | 5,1 | 2.411 |
| 152 | Nijerya | 0,514 | 52,8 | 9,0 | 5,9 | 5.341 |
| 153 | Kamerun | 0,512 | 55,5 | 10,4 | 6,0 | 2.803 |
| 154 | Madagaskar | 0,510 | 65,1 | 10,3 | 6,0 | 1.328 |
| 155 | Zimbabwe | 0,509 | 57,5 | 10,9 | 7,3 | 1.615 |
| 156 | Moritanya | 0,506 | 63,1 | 8,5 | 3,8 | 3.560 |
| 156 | Solomon Adaları | 0,506 | 67,9 | 9,2 | 5,0 | 1.540 |
| 158 | Papua Yeni Gine | 0,505 | 62,6 | 9,9 | 4,0 | 2.463 |
| 159 | Komoros | 0,503 | 63,3 | 11,5 | 4,6 | 1.456 |
| 160 | Yemen | 0,498 | 63,8 | 9,2 | 2,6 | 3.519 |
| 161 | Lesotho | 0,497 | 49,8 | 11,1 | 5,9 | 3.306 |
| 162 | Togo | 0,484 | 59,7 | 12,2 | 4,5 | 1.228 |
| 163 | Haiti | 0,483 | 62,8 | 8,7 | 4,9 | 1.669 |
| 163 | Rwanda | 0,483 | 64,2 | 10,3 | 3,7 | 1.458 |
| 163 | Uganda | 0,483 | 58,5 | 9,8 | 5,4 | 1.613 |
| 166 | Benin | 0,480 | 59,6 | 11,1 | 3,3 | 1.767 |
| 167 | Sudan | 0,479 | 63,5 | 7,0 | 3,1 | 3.809 |
| 168 | Djibouti | 0,470 | 62,0 | 6,4 | 3,8 | 3.276 |
| 169 | Güney Sudan | 0,467 | 55,7 | 7,6 | 5,4 | 2.332 |
| 170 | Senegal | 0,466 | 66,5 | 7,9 | 2,5 | 2.188 |
| 171 | Afganistan | 0,465 | 60,4 | 9,3 | 3,2 | 1.885 |

| | | | | | | |
|---|---|---|---|---|---|---|
| 172 | Fildişi Sahili | 0,462 | 51,5 | 8,9 | 4,3 | 3.171 |
| 173 | Malawi | 0,445 | 62,8 | 10,8 | 4,3 | 747 |
| 174 | Etiyopya | 0,442 | 64,1 | 8,5 | 2,4 | 1.428 |
| 175 | Gambia | 0,441 | 60,2 | 8,8 | 2,8 | 1.507 |
| 176 | Kongo | 0,433 | 58,7 | 9,8 | 6,0 | 680 |
| 177 | Liberya | 0,430 | 60,9 | 9,5 | 4,1 | 805 |
| 178 | Guinea-Bissau | 0,420 | 55,2 | 9,0 | 2,8 | 1.362 |
| 179 | Mali | 0,419 | 58,0 | 8,4 | 2,0 | 1.583 |
| 180 | Mozambik | 0,416 | 55,1 | 9,3 | 3,2 | 1.123 |
| 181 | Sierra Leone | 0,413 | 50,9 | 8,6 | 3,1 | 1.780 |
| 182 | Gine | 0,411 | 58,8 | 8,7 | 2,4 | 1.096 |
| 183 | Burkina Faso | 0,402 | 58,7 | 7,8 | 1,4 | 1.591 |
| 184 | Burundi | 0,400 | 56,7 | 10,1 | 2,7 | 758 |
| 185 | Çad | 0,392 | 51,6 | 7,4 | 1,9 | 2.085 |
| 186 | Eritre | 0,391 | 63,7 | 4,1 | 3,9 | 1.130 |
| 187 | Orta Afrika Cumhuriyeti | 0,350 | 50,7 | 7,2 | 4,2 | 581 |
| 188 | Nijer | 0,348 | 61,4 | 5,4 | 1,5 | 908 |
| | | | | | | |
| | **Beşeri Gelişme (BG) Grupları** | | | | | |
| | Çok yüksek BG | 0,896 | 80,5 | 16,4 | 11,8 | 41.584 |
| | Yüksek BG | 0,744 | 75,1 | 13,6 | 8,2 | 13.961 |
| | Orta BG | 0,630 | 68,6 | 11,8 | 6,2 | 6.353 |
| | Düşük BG | 0,505 | 60,6 | 9,0 | 4,5 | 3.085 |
| | | | | | | |
| | **Gelişmekte olan ülkeler** | 0,660 | 69,8 | 11,7 | 6,8 | 9.071 |
| | | | | | | |
| | **Bölgeler** | | | | | |
| | Arap devletleri | 0,686 | 70,6 | 12,0 | 6,4 | 15.722 |
| | Doğu Asya ve Pasifik | 0,710 | 74,0 | 12,7 | 7,5 | 11.449 |
| | Avrupa ve Orta Asya | 0,748 | 72,3 | 13,6 | 10,0 | 12.791 |
| | Latin Amerika ve Caribbean | 0,748 | 75,0 | 14,0 | 8,2 | 14.242 |
| | Güney Asya | 0,607 | 68,4 | 11,2 | 5,5 | 5.605 |
| | Sahra-altı Afrika | 0,518 | 58,5 | 9,6 | 5,2 | 3.363 |
| | | | | | | |
| | **En azgelişmiş ülkeler** | 0,502 | 63,3 | 9,3 | 4,1 | 2.387 |
| | **Gel. olan küçük ada ülkeleri** | 0,660 | 70,1 | 11,4 | 7,9 | 6.991 |
| | | | | | | |
| | **OECD** | 0,880 | 80,2 | 15,8 | 11,5 | 37.658 |
| | | | | | | |
| | **Dünya** | 0,711 | 71,5 | 12,2 | 7,9 | 14.301 |

*Kaynak: http://hdr.undp.org/sites/default/files/hdr_2015_statistical_annex.pdf (erişim tarihi: 05.09.2016)*

Tablo 1'in incelenmesinden, şu hususlar dikkatimizi çekmektedir: HDI dünya ortalaması 0,711 olup gelişmekte olan ülkeler ortalaması (0,660) bunun altındadır. En üst konumdaki çok yüksek beşeri gelişme düzeyindeki ülkelerin ortalama puanı yüzde 90'a yaklaşmakta (0,896) olup düşük beşeri gelişme grubunun performansının 2 katı civarındadır. Avrupa ve Orta Asya'nın performansı Latin Amerika ile aynıdır (0,748). Bu iki grubun yanısıra Doğu Asya ve Pasifik bölgesinin (0,710) de gerisinde kalan Arap devletlerinin performansı (0,686), Güney Asya (0,607) ile Sahra-Altı Afrika'nın (0,518) üzerindedir. OECD'nin ortalama performansı (0,880) yüksek beşeri gelişme kategorisi (0,744) ile çok yüksek beşeri gelişme kategorisinin (0,896) arasında yer almaktadır.[2]

Tablo 1'de de görüldüğü üzere 2015 Beşeri Gelişme Endeksi'ne göre Norveç en yüksek beşeri gelişme düzeyine sahip ülke konumundadır. Bu ülkeyi Avustralya ve İsviçre takip etmekte, ilk onda dört AB üyesi ülke (Danimarka, Hollanda, Almanya, İrlanda) bulunmaktadır. ABD 8., G. Kore 17. ve Japonya 20. sırada yer almakta, ilk 30'un 17'sini AB ülkeleri oluşturmaktadır. Müslüman ülkelerden performansı en yüksek olan Brunei Darüsselam ancak 31. sırada kendisine yer bulabilmiştir.

Çok yüksek beşeri gelişme düzeyi olarak kabul edilen ilk 50 ülke arasında 26'sı AB üyesi olup, bu kategoride Brunei Darüsselam'ın yanısıra Katar (31.), S. Arabistan (39.), BAE (41.), Bahreyn (45.) ve Kuveyt (48.) olmak üzere 5 Müslüman ülke daha bulunmaktadır. Türkiye'nin 0,76 puanla 72. Sırada bulunduğu 50-105. sırayı (0,7-0,8 puan) kapsayan Orta Beşeri Gelişme kategorisinde Malezya (62.) ve İran (69.) gibi Müslüman ülkelerin yanısıra, Rusya (50.), Meksika (74.), Brezilya (75.) ve Çin (90.) gibi yükselen ekonomilerin de yer aldığı dikkati çekmektedir.

Çoğunluğu yoksul Afrika ülkelerinden meydana gelen ve 0,55 altı puan alan ülkeleri kapsayan Düşük Beşeri Gelişme kategorisinde Pakistan, Yemen, Tanzanya ve Sudan gibi Müslüman ülkeler dikkati çekmektedir.

### *Beşeri Gelişme Endeksi ve Müslüman Ülkeler*

Tablo-2'de 2015 yılı Beşeri Gelişme Endeksi kapsamında İslam İşbirliği Teşkilatı (OIC) üyesi Müslüman ülkelerin durumu verilmiştir.

---

[2] http://hdr.undp.org/sites/default/files/hdr_2015_statistical_annex.pdf

*Tablo-2: Beşeri Gelişme Endeksi ve Müslüman Ülkeler (2015)*

| | OIC Sıralaması | Genel Sıralama | Genel Endeks Puanı | Yaşam Beklentisi (yıl) | Beklenen Eğitim Süresi (yıl) | Ortalama Eğitim Süresi (yıl) | Kişi Başına GSMG (SGP/$) |
|---|---|---|---|---|---|---|---|
| *ÇOK YÜKSEK BEŞERİ GELİŞME DÜZEYİ* | | | | | | | |
| Brunei | 1 | 31 | 0,856 | 78,8 | 14,5 | 8,8 | 72.570 |
| Katar | 2 | 32 | 0,850 | 78,2 | 13,8 | 9,1 | 123.124 |
| Suudi Arabistan | 3 | 39 | 0,837 | 74,3 | 16,3 | 8,7 | 52.821 |
| Birleşik Arap Emir. | 4 | 41 | 0,835 | 77,0 | 13,3 | 9,5 | 60.868 |
| Bahreyn | 5 | 45 | 0,824 | 76,6 | 14,4 | 9,4 | 38.599 |
| Kuveyt | 6 | 48 | 0,816 | 74,4 | 14,7 | 7,2 | 83.961 |
| *YÜKSEK BEŞERİ GELİŞME DÜZEYİ* | | | | | | | |
| Umman | 7 | 52 | 0,793 | 76,8 | 13,6 | 8,0 | 34.858 |
| Kazakistan | 8 | 56 | 0,788 | 69,4 | 15,0 | 11,4 | 20.867 |
| Malezya | 9 | 62 | 0,779 | 74,7 | 12,7 | 10,0 | 22.762 |
| Lübnan | 10 | 67 | 0,769 | 79,3 | 13,8 | 7,9 | 16.509 |
| İran | 11 | 69 | 0,766 | 75,4 | 15,1 | 8,2 | 15.440 |
| Türkiye | 12 | 72 | 0,761 | 75,3 | 14,5 | 7,6 | 18.677 |
| *ORTA DÜZEY BEŞERİ GELİŞME* | | | | | | | |
| Mısır | 21 | 108 | 0,690 | 71,10 | 13,5 | 6,6 | 10.512 |
| Türkmenistan | 22 | 109 | 0,688 | 65,60 | 10,8 | 9,9 | 13.066 |
| Gabon | 23 | 110 | 0,684 | 64,40 | 12,5 | 7,8 | 16.367 |
| Endonezya | 24 | 110 | 0,684 | 68,90 | 13,0 | 7,6 | 9.788 |
| Filistin | 25 | 113 | 0,677 | 72,90 | 13,0 | 8,9 | 4.699 |
| Özbekistan | 26 | 114 | 0,675 | 68,40 | 11,5 | 10,9 | 5.567 |
| *DÜŞÜK BEŞERİ GELİŞME* | | | | | | | |
| Afganistan | 45 | 171 | 0,465 | 60,4 | 9,3 | 3,2 | 1.885 |
| Fildişi Sahili | 46 | 172 | 0,462 | 51,5 | 8,9 | 4,3 | 3.171 |
| Gambiya | 47 | 175 | 0,441 | 60,2 | 8,8 | 2,8 | 1.507 |
| Gine-Bissau | 48 | 178 | 0,420 | 55,2 | 9,0 | 2,8 | 1.362 |
| Mali | 49 | 179 | 0,419 | 58,0 | 8,4 | 2,0 | 1.583 |
| Mozambik | 50 | 180 | 0,416 | 55,1 | 9,3 | 3,2 | 1.123 |

*Kaynak: BM, 2015a.*

Buna göre 2015 yılı genel endeks sıralamasında en üst sırada yer alan OIC üyesi ülkenin Brunei Darüsselam olduğu, bu ülkeyi sırasıyla Katar ve Suudi Arabistan'ın izlediği görülmektedir. Müslüman ülkelerin 6'sı "çok yüksek beşeri gelişme" kategorisine girerken, 14'ü "yüksek beşeri gelişme," 13'ü "orta beşeri gelişme" ve nihayet 23'ü de "düşük beşeri gelişme" kategorisinde yer almıştır.

Müslüman ülkelerin beşeri gelişmişlik düzeyi bağlamında dikkati çeken ilk nokta, OIC ülkeleri arasında performansı en yüksek olan Brunei'nin genel sıralamada ancak 31. sırada yer almasıdır. 188 ülke arasında ilk 50'ye girebilen Müslüman ülke sayısı sadece 6'dır. 2000'li yıllarda hızlı bir gelişme göstererek iktisadi anlamda dikkati çeken bir başarı hikâyesine imza atmış olan

Türkiye, HDI endeksinde ancak 72. sırada yer alabilmiştir. 57 OIC ülkesinden 36'sı (yaklaşık üçte ikisi) 108 ve daha alt sıralarda yer almakta, 12'si ise en düşük insani gelişme düzeyinde, 170 ve daha alt sıralarda bulunmaktadır (Acar ve Gömleksiz, 2016).

Tablo-2'de görüldüğü üzere, OIC ülkeleri içerisinde doğuşta yaşam beklentisinin en yüksek olduğu ülke 78,8 yıl ile Brunei'dir. Bu ülkeyi sırasıyla Katar ve Suudi Arabistan izlemektedir. OIC ülkelerinde eğitimde beklenen sürenin en fazla olduğu ilk üç ülke ise sırasıyla S. Arabistan, İran ve Kazakistan'dır. Eğitimde geçirilen ortalama sürenin en uzun olduğu ülkeler arasında ilk sıralarda 11,4 yıl ile Kazakistan, 10,9 yıl ile Özbekistan ve 10 yıl ile Malezya gelmektedir. Satınalma gücüne uyarlanmış kişi başına milli gelirin en yüksek olduğu ülke yaklaşık 123 bin Dolar ile Katar olurken, bu ülkeyi sırasıyla 84 bin Dolar ile Kuveyt, 73 bin Dolar ile Brunei ve 61 bin Dolar ile BAE izlemektedir.

Şekil-1'de Beşeri Gelişme Endeksi 2015 verileri kullanılarak OIC ve AB üyesi ülkelerin alt endeks bileşenlerindeki performans ortalamalarına yer verilmiştir (Acar ve Gömleksiz, 2016). Buna göre doğuşta yaşam beklentisi ya da ortalama ömür AB-28 üyesi ülkelerde 79,3 yıl iken, OIC ülkelerinde bu rakam 67,2 yıldır. Bu kapsamda eğitimde beklenen süre AB genelinde ortalama 16 yıl, OIC ülkelerinde ise ortalama 11,2 yıldır. Benzer şekilde, eğitimde geçirilen ortalama süre AB üyesi ülkelerde ortalama 11,4 yıl olarak hesaplanırken, bu süre OIC üyesi ülkelerde ortalama 6,3 yıldır. Son olarak SGP cinsinden kişi başına milli gelire bakıldığında, AB'de kişi başına gelirin OIC üyesi ülkelerdeki ortalama kişi başına gelirden yaklaşık 2,2 kat fazla olduğu görülmektedir.

*Şekil-1: Beşeri Gelişme Endeksi 2015 Alt Bileşenleri Kapsamında OIC ve AB Ülkeleri*

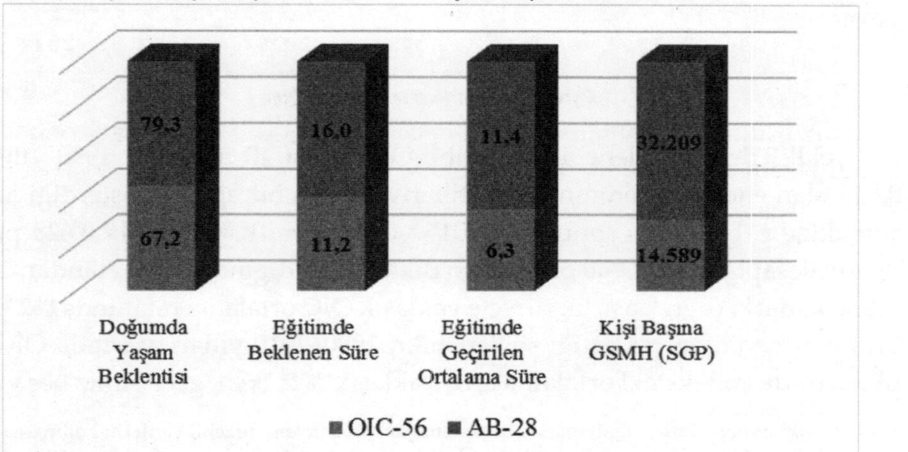


*Kaynak: BM, 2015a; (Acar ve Gömleksiz, 2016).*

Bir diğer husus, ülkelerin gerek tek tek, gerekse grup olarak son çeyrek yüzyıldaki performanslarının nasıl bir seyir izlediğidir. Tablo 1'de yer alan ülke ve ülke gruplarının 1990-2014 döneminde HDI performanslarındaki gelişim bölümün sonunda yer alan Ek 1'de ayrıntılı olarak verilmiştir. Ek 1'in incelenmesinden de anlaşılabileceği gibi, son 25 yıllık dönemde dünyada genel olarak refah düzeyi artmış, istisnasız her ülkenin ve ülke gruplarının HDI performansı yükselmiştir. Savaşlara, iç çatışmalara, hegemonya ve iktidar hırsına yenik düşen insanoğlunun hemcinslerine yaşattığı acılara rağmen, kişi başına gelirin, eğitim ve sağlık olanaklarının geride bıraktığımız çeyrek yüzyılda tüm yeryüzü ölçeğinde artmış olması olumlu bir husustur. İdeolojik ve zihniyetsel nedenlerle girişilen bu tür yıkımların azaltılabilmesi, daha barışçı ve paylaşımcı ideolojik, siyasi ve dini yaklaşımların benimsenmesi halinde bu tablonun daha da iyileşmesi gayet mümkündür.

OIC üyesi 40 Müslüman ülke ile AB ülkelerinin 1990-2014 döneminde HDI performanslarının izlediği seyir Şekil 2'de karşılaştırmalı olarak verilmiştir.

*Şekil-2: Beşeri Gelişme Endeksi Kapsamında OIC ve AB Ülkeleri (1990-2014)*

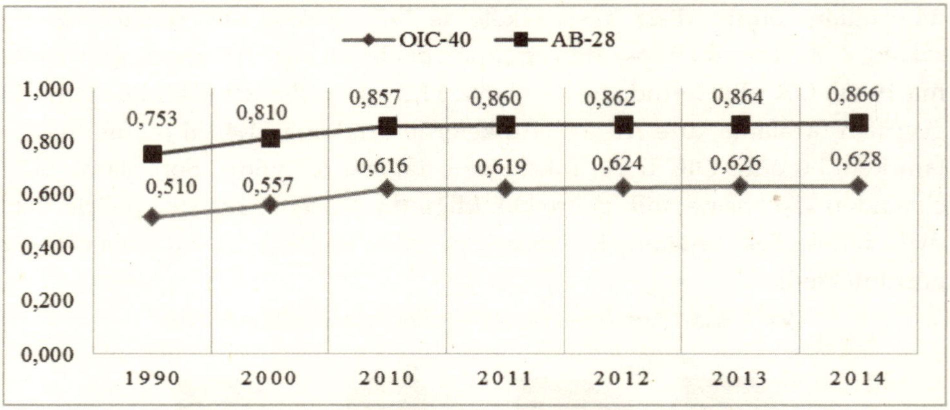


*Kaynak: BM, 2015a; (Acar ve Gömleksiz, 2016).*

Şekil 2'den de izlenebileceği gibi, OIC üyesi 40 ülkenin,[3] 1990 yılında 0,510 olan endeks puanının yıllar itibariyle artan bir eğilim gösterdiği anlaşılmaktadır. Dönemin sonu olan 2015 yılı endeksi kapsamında 0,628 puan olarak hesaplanan OIC-40 ortalaması dikkate alındığında, 1990 yılından 2014 yılına kadarki çeyrek asırlık süreçte yaklaşık OIC ortalama refahında %23'lük bir iyileşmenin gerçekleştiği söylenebilir. 1990–2010 yılları arasında OIC-40 ülkelerinde endeksteki ortalama artış yaklaşık %21 iken, geçtiğimiz beş yıllık

[3] 57 OIC ülkesinden 17'siyle ilgili olarak, hesaplamalar için gereken düzenli verilerin bulunamaması da, Müslüman dünyanın içinde bulunduğu sıkıntılı durumla ilgili başlı başına fikir vericidir (Acar ve Gömleksiz, 2016).

süreçte bu artış yavaşlayarak %2'nin altında gerçekleşmiştir. Yine söz konusu dönemdeki genel endeks ortalamaları göz önüne alındığında, OIC ve AB üyesi ülkeler arasındaki farkın değişmediği, AB'nin ortalama olarak OIC'den gözle görülür derecede daha yüksek bir performansa sahip olduğu görülmektedir.

## SONUÇ

Refah temel ihtiyaçlarımızın karşılanmasının ötesinde hayattan beklentilerimiz, dünya nimetlerinden daha fazla istifade etmemiz, sağlık, eğitim ve çocuklarımıza daha iyi bir gelecek hazırlayabilme imkânlarımızla ilgili bir kavramdır. Bu bağlamda refah göstergeleri de iktisadi gelişmişliğin göstergesi sayılan kişi başına gelirin yanısıra, sağlık ve eğitimle ilgili durumumuzu yansıtan göstergelerdir. Şans eseri, bütün bunları aynı anda içeren bir endeks elimizde mevcuttur: BM Beşeri Gelişme Endeksi (HDI).

HDI, satınalma gücü paritesiyle (yani, ülkeler arasındaki fiyat düzeyi farklılıklarını dikkate alarak, fiyatları eşitleyerek) hesaplanmış kişi başına gelirin yanısıra, doğuşta yaşam beklentisi (ortalama ömür), beklenen eğitim süresi ve eğitimde geçen ortalama süre gibi iktisadi ve sosyal göstergeleri içeren bileşik bir endeks olup, çok önemli bir refah göstergesidir. BM Kalkınma Programı (UNDP) tarafından 1990 yılından itibaren son çeyrek asırdır düzenli olarak hesaplanmakta ve yayımlanmaktadır. HDI günümüzde ülkeler arasındaki refah düzeyi karşılaştırmalarında en yaygın şekilde kullanılan ve itibar edilen refah göstergesidir.

BM 2015 Beşeri Gelişme Raporu ve HDI Endeksi incelendiğinde genel olarak dünyadaki bütün ülkelerin gerek tek tek, gerekse "çok yüksek, yüksek, orta ve düşük beşeri gelişme" şeklinde tanımlanmış farklı kategoriler bazında HDI performansının son 25 yıl boyunca arttığı görülmektedir.

2014 verileri esas alınarak hesaplanmış 2015 performansına göre Norveç dünyanın HDI performansı en yüksek, en müreffeh ülkesi olarak görünmektedir.[4] Norveç'i Avustralya ve İsviçre izlemektedir. İlk 30'un 17'sini, ilk 50'nin 26'sını AB üyesi ülkeler oluşturmaktadır. Türkiye 188 ülke arasında 72. sırada bulunmakta, Brezilya, Rusya, Çin, Meksika gibi yükselen ekonomilerle birlikte aynı grupta, "yüksek beşeri gelişme düzeyi" kategorisinde yer almaktadır.

---

[4] Norveç halkının yapılan referandumda AB'ye üyelik başvurusunu iki defa reddetmiş olmasının sebebi hikmeti bu çarpıcı olguda aranmalıdır. İktisadi gelişme, sağlık ve eğitim açısından Norveç'in AB'den alabileceği bir şey yoktur. Türkiye'nin neden 60 yıldır AB kapısında üyelik için beklediğiyle ilgili tartışmalara bir de bu acı gerçeğin ışığından bakmakta yarar vardır.

OIC üyesi Müslüman ülkelerin HDI performansı ne yazık ki pek iç açıcı değildir. Performansı en yüksek ilk 30 ülke arasında maalesef Müslüman ülke yoktur. 30-40 arasında 3 (Brunei, Katar, S. Arabistan), 40-50 arasında da yine 3 (BAE, Bahreyn, Kuveyt) Müslüman ülke yer almaktadır. Bunların tamamının petrol zengini küçük ülkeler olduğuna dikkat çekilmelidir. 57 OIC ülkesinden üçte ikisi, toplam 188 ülke içinde 108 ve daha alt sıralarda yer almakta, bunlardan 12'si ise en düşük beşeri gelişme düzeyinde, 170 ve daha alt sıralarda bulunmaktadır.

İslam dünyasının geri kalmışlığı konusunda yapılan tartışmalarda ne yazık ki "sömürgecilik, emperyalizm, İslam düşmanı Batı" gibi kavramlar üzerinden yürüyen kestirmeci, indirgemeci, özcü ve komplocu yaklaşımlar pek revaçtadır. Hele son yıllarda Türkiye ve Ortadoğu'da yaşanan iç çatışma ve terör olaylarıyla da irtibatlandırılarak bu yaklaşım çok taraftar toplamaktadır. Oysa Batının Ortadoğu'yu bir numaralı sömürme gerekçesi petroldür; ironik bir şekilde, petrol zengini ülkelerin HDI performansı en yüksek Müslüman ülkeler arasında bulunması, İslam dünyasının geri kalmışlığı ve refah düzeyi düşüklüğünün petrol ve Batı sömürüsüne indirgenemeyecek bir olgu olduğunu açıkça ortaya koymaktadır. Batılı sömürgecilerden hiç biri Müslüman ülkelere "kız çocuklarınızı okutmayın" da dememekte, "eğitim süreniz düşük olsun, sağlık koşullarınız kötü olsun, kamu otoritesi altyapı yapmasın, yolsuzluk had safhada olsun, halkın rızasına dayanmayan keyfi yönetim egemen olsun, hukuk devleti olmasın..." gibi baskılar da yapmamaktadır.

O halde geri kalmışlıktan kurtulmak, yabancıların iç işlerimize karışmasını engellemek, dünya nimetlerinden daha fazla istifade etmek ve refah düzeyimizi artırmak istiyorsak yapmamız gereken şey, içi boş ideolojik sloganlarla oyalanmak, komplo teorileriyle sorumluluğu üzerimizden atan, faturayı başkalarına kesen yaklaşımların aldatıcı kafa konforuna sığınmak değildir. Farklı bir yaklaşım denemek, ülkemizde, bölgemizde ve coğrafyamızda bir insanın birim zamanda ürettiği iş miktarını (verimliliği) artırmanın, sağlık ve eğitim koşullarını iyileştirmenin, kız çocuklarımızı okutmanın, altyapı yatırımlarını hızlandırmanın, sağlam bir hukuk sistemi tesis ederek her türlü keyfi yönetimi, yolsuzlukları ve yozlaşmaları asgariye indirmenin, vatandaşlarımızı trafik kurallarına daha iyi uyan ve vergisini daha gönüllü ödeyen vatandaşlar haline getirmenin yollarını aramak durumundayız.

## KAYNAKÇA

Acar, M. ve M. Gömleksiz (2016), "İslam Dünyasının Gelişme, Rekabet ve Ekonomik Özgürlük Performansı: Uluslararası Endekslerde OIC'nin Yeri," 1. Uluslararası Sosyal Bilimler ve Müslümanlar Kongresi'ne Sunulmuş Tebliğ, Konya, 5-7 Mayıs 2016.

BM HDR, interaktif harita, http://hdr.undp.org/en/countries (erişim tarihi: 05.08.2016)

Demir, Ömer ve Mustafa Acar (2005), **Sosyal Bilimler Sözlüğü**, 6. Baskı, Ankara: Adres Yayınları.

HDR 2015, **Human Development Report 2015**: Work for Human Development, http://report.hdr.undp.org/

BM (2015a). **Human Development Report 2015**, http://hdr.undp.org/en/2015-report, (22.03.2016).

**The Guardian** (2016), https://www.theguardian.com/global-development-professionals-network/2016/mar/16/the-top-10-sources-of-data-for-international-development-research (erişim tarihi: 05.08.2016)

**Statistical Annex**, Human Development Report, 2015 http://hdr.undp.org/sites/default/files/hdr_2015_statistical_annex.pdf (erişim tarihi: 05.09.2016) [BM Beşeri Gelişme Raporu İstatistiksel Eki]

WP (2016), **Wikipedia, The Free Encyclopedia**, https://en.wikipedia.org/wiki/Human_Development_Index (erişim tarihi: 05.08.2016)

# Ek 1: 1990-2014 Döneminde HDI Performansının Gelişimi[5]

TABLE 2

## Human Development Index trends, 1990–2014

| | Human Development Index (HDI) | | | | | | | HDI rank | | Average annual HDI growth | | | |
|---|---|---|---|---|---|---|---|---|---|---|---|---|---|
| | Value | | | | | | | | Change | (%) | | | |
| HDI rank | 1990 | 2000 | 2010 | 2011 | 2012 | 2013 | 2014 | 2013 | 2009–2014ª | 1990–2000 | 2000–2010 | 2010–2014 | 1990–2014 |
| **VERY HIGH HUMAN DEVELOPMENT** | | | | | | | | | | | | | |
| 1 Norway | 0.849 | 0.917 | 0.940 | 0.941 | 0.942 | 0.942 | 0.944 | 1 | 0 | 0.77 | 0.25 | 0.11 | 0.44 |
| 2 Australia | 0.865 | 0.898 | 0.927 | 0.930 | 0.932 | 0.933 | 0.935 | 2 | 0 | 0.36 | 0.33 | 0.20 | 0.32 |
| 3 Switzerland | 0.831 | 0.888 | 0.924 | 0.925 | 0.927 | 0.928 | 0.930 | 3 | 0 | 0.67 | 0.40 | 0.14 | 0.47 |
| 4 Denmark | 0.799 | 0.862 | 0.908 | 0.920 | 0.921 | 0.923 | 0.923 | 4 | 1 | 0.76 | 0.53 | 0.41 | 0.61 |
| 5 Netherlands | 0.829 | 0.877 | 0.909 | 0.919 | 0.920 | 0.920 | 0.922 | 5 | 0 | 0.56 | 0.36 | 0.34 | 0.44 |
| 6 Germany | 0.801 | 0.855 | 0.906 | 0.911 | 0.915 | 0.915 | 0.916 | 6 | 3 | 0.66 | 0.58 | 0.26 | 0.56 |
| 6 Ireland | 0.770 | 0.861 | 0.908 | 0.909 | 0.910 | 0.912 | 0.916 | 8 | –2 | 1.12 | 0.54 | 0.21 | 0.72 |
| 8 United States | 0.859 | 0.883 | 0.909 | 0.911 | 0.912 | 0.913 | 0.915 | 7 | –3 | 0.28 | 0.28 | 0.18 | 0.26 |
| 9 Canada | 0.849 | 0.867 | 0.903 | 0.909 | 0.910 | 0.912 | 0.913 | 8 | 1 | 0.22 | 0.41 | 0.28 | 0.31 |
| 9 New Zealand | 0.820 | 0.874 | 0.905 | 0.907 | 0.909 | 0.911 | 0.913 | 10 | –1 | 0.64 | 0.35 | 0.24 | 0.45 |
| 11 Singapore | 0.718 | 0.819 | 0.897 | 0.903 | 0.905 | 0.909 | 0.912 | 11 | 11 | 1.33 | 0.92 | 0.41 | 1.00 |
| 12 Hong Kong, China (SAR) | 0.781 | 0.825 | 0.898 | 0.902 | 0.906 | 0.908 | 0.910 | 12 | 2 | 0.55 | 0.85 | 0.32 | 0.64 |
| 13 Liechtenstein | .. | .. | 0.902 | 0.903 | 0.906 | 0.907 | 0.908 | 13 | –2 | .. | .. | 0.14 | .. |
| 14 Sweden | 0.815 | 0.897 | 0.901 | 0.903 | 0.904 | 0.905 | 0.907 | 14 | –1 | 0.96 | 0.04 | 0.16 | 0.45 |
| 14 United Kingdom | 0.773 | 0.865 | 0.906 | 0.901 | 0.901 | 0.902 | 0.907 | 15 | –2 | 1.13 | 0.46 | 0.02 | 0.67 |
| 16 Iceland | 0.802 | 0.859 | 0.892 | 0.896 | 0.897 | 0.899 | 0.899 | 16 | –1 | 0.69 | 0.38 | 0.20 | 0.48 |
| 17 Korea (Republic of) | 0.731 | 0.821 | 0.886 | 0.891 | 0.893 | 0.895 | 0.898 | 17 | 0 | 1.16 | 0.77 | 0.33 | 0.86 |
| 18 Israel | 0.785 | 0.850 | 0.883 | 0.888 | 0.890 | 0.893 | 0.894 | 18 | 1 | 0.80 | 0.38 | 0.31 | 0.54 |
| 19 Luxembourg | 0.779 | 0.851 | 0.886 | 0.888 | 0.888 | 0.890 | 0.892 | 19 | –3 | 0.88 | 0.41 | 0.16 | 0.56 |
| 20 Japan | 0.814 | 0.857 | 0.884 | 0.886 | 0.888 | 0.890 | 0.891 | 19 | –3 | 0.51 | 0.31 | 0.18 | 0.37 |
| 21 Belgium | 0.806 | 0.874 | 0.883 | 0.886 | 0.889 | 0.888 | 0.890 | 21 | –2 | 0.81 | 0.10 | 0.21 | 0.41 |
| 22 France | 0.779 | 0.848 | 0.881 | 0.884 | 0.886 | 0.887 | 0.888 | 22 | –1 | 0.85 | 0.38 | 0.20 | 0.55 |
| 23 Austria | 0.794 | 0.836 | 0.879 | 0.881 | 0.884 | 0.884 | 0.885 | 23 | 1 | 0.53 | 0.50 | 0.17 | 0.46 |
| 24 Finland | 0.783 | 0.857 | 0.878 | 0.881 | 0.882 | 0.882 | 0.883 | 24 | –1 | 0.90 | 0.25 | 0.13 | 0.50 |
| 25 Slovenia | 0.766 | 0.824 | 0.876 | 0.877 | 0.878 | 0.878 | 0.880 | 25 | –1 | 0.73 | 0.61 | 0.13 | 0.58 |
| 26 Spain | 0.756 | 0.827 | 0.867 | 0.870 | 0.874 | 0.874 | 0.876 | 26 | 2 | 0.90 | 0.47 | 0.27 | 0.62 |
| 27 Italy | 0.766 | 0.829 | 0.869 | 0.873 | 0.872 | 0.873 | 0.873 | 27 | –1 | 0.79 | 0.47 | 0.13 | 0.55 |
| 28 Czech Republic | 0.761 | 0.821 | 0.863 | 0.866 | 0.867 | 0.868 | 0.870 | 28 | 0 | 0.76 | 0.50 | 0.21 | 0.56 |
| 29 Greece | 0.759 | 0.799 | 0.866 | 0.864 | 0.865 | 0.863 | 0.865 | 29 | –2 | 0.51 | 0.81 | –0.04 | 0.55 |
| 30 Estonia | 0.726 | 0.780 | 0.838 | 0.849 | 0.855 | 0.859 | 0.861 | 30 | 3 | 0.73 | 0.71 | 0.69 | 0.71 |
| 31 Brunei Darussalam | 0.782 | 0.819 | 0.843 | 0.847 | 0.852 | 0.852 | 0.856 | 31 | 1 | 0.46 | 0.29 | 0.37 | 0.38 |
| 32 Cyprus | 0.733 | 0.800 | 0.848 | 0.852 | 0.852 | 0.850 | 0.850 | 32 | –2 | 0.87 | 0.59 | 0.04 | 0.62 |
| 32 Qatar | 0.754 | 0.809 | 0.844 | 0.841 | 0.848 | 0.849 | 0.850 | 33 | –1 | 0.71 | 0.42 | 0.18 | 0.50 |
| 34 Andorra | .. | .. | 0.823 | 0.821 | 0.844 | 0.844 | 0.845 | 34 | .. | .. | .. | 0.66 | .. |
| 35 Slovakia | 0.738 | 0.763 | 0.827 | 0.832 | 0.836 | 0.839 | 0.844 | 36 | 3 | 0.34 | 0.82 | 0.48 | 0.56 |
| 36 Poland | 0.713 | 0.786 | 0.829 | 0.833 | 0.838 | 0.840 | 0.843 | 35 | 1 | 0.99 | 0.53 | 0.41 | 0.70 |
| 37 Lithuania | 0.730 | 0.754 | 0.827 | 0.831 | 0.833 | 0.837 | 0.839 | 37 | –1 | 0.32 | 0.93 | 0.38 | 0.58 |
| 37 Malta | 0.729 | 0.766 | 0.824 | 0.822 | 0.830 | 0.837 | 0.839 | 37 | 4 | 0.49 | 0.74 | 0.45 | 0.59 |
| 39 Saudi Arabia | 0.690 | 0.744 | 0.805 | 0.816 | 0.826 | 0.836 | 0.837 | 39 | 10 | 0.76 | 0.79 | 1.00 | 0.81 |
| 40 Argentina | 0.705 | 0.762 | 0.811 | 0.818 | 0.831 | 0.833 | 0.836 | 40 | 7 | 0.78 | 0.62 | 0.75 | 0.71 |
| 41 United Arab Emirates | 0.726 | 0.797 | 0.828 | 0.829 | 0.831 | 0.833 | 0.835 | 40 | –6 | 0.94 | 0.39 | 0.21 | 0.59 |
| 42 Chile | 0.699 | 0.752 | 0.814 | 0.821 | 0.827 | 0.830 | 0.832 | 42 | 2 | 0.74 | 0.79 | 0.56 | 0.73 |
| 43 Portugal | 0.710 | 0.782 | 0.819 | 0.825 | 0.827 | 0.828 | 0.830 | 43 | 0 | 0.97 | 0.47 | 0.33 | 0.65 |
| 44 Hungary | 0.703 | 0.769 | 0.821 | 0.823 | 0.823 | 0.825 | 0.828 | 44 | –4 | 0.90 | 0.67 | 0.21 | 0.69 |
| 45 Bahrain | 0.746 | 0.794 | 0.819 | 0.817 | 0.819 | 0.821 | 0.824 | 45 | –6 | 0.62 | 0.32 | 0.14 | 0.41 |
| 46 Latvia | 0.692 | 0.727 | 0.811 | 0.812 | 0.813 | 0.816 | 0.819 | 47 | –5 | 0.49 | 1.09 | 0.25 | 0.70 |
| 47 Croatia | 0.670 | 0.749 | 0.807 | 0.814 | 0.817 | 0.817 | 0.818 | 46 | –1 | 1.12 | 0.75 | 0.32 | 0.83 |
| 48 Kuwait | 0.715 | 0.804 | 0.809 | 0.812 | 0.815 | 0.816 | 0.816 | 47 | –3 | 1.18 | 0.06 | 0.23 | 0.55 |
| 49 Montenegro | .. | .. | 0.792 | 0.798 | 0.798 | 0.801 | 0.802 | 49 | 1 | .. | .. | 0.32 | .. |
| **HIGH HUMAN DEVELOPMENT** | | | | | | | | | | | | | |
| 50 Belarus | .. | 0.683 | 0.786 | 0.793 | 0.796 | 0.796 | 0.798 | 51 | 4 | .. | 1.41 | 0.39 | .. |
| 50 Russian Federation | 0.729 | 0.717 | 0.783 | 0.790 | 0.795 | 0.797 | 0.798 | 50 | 8 | –0.17 | 0.88 | 0.47 | 0.38 |
| 52 Oman | .. | .. | 0.795 | 0.793 | 0.793 | 0.792 | 0.793 | 52 | –4 | .. | .. | –0.06 | .. |
| 52 Romania | 0.703 | 0.706 | 0.784 | 0.786 | 0.788 | 0.791 | 0.793 | 53 | –1 | 0.04 | 1.06 | 0.26 | 0.50 |
| 52 Uruguay | 0.692 | 0.742 | 0.780 | 0.784 | 0.788 | 0.790 | 0.793 | 54 | 4 | 0.70 | 0.50 | 0.40 | 0.57 |
| 55 Bahamas | .. | 0.778 | 0.774 | 0.778 | 0.783 | 0.786 | 0.790 | 55 | 2 | .. | –0.06 | 0.51 | .. |
| 56 Kazakhstan | 0.690 | 0.679 | 0.766 | 0.772 | 0.778 | 0.785 | 0.788 | 56 | 6 | –0.15 | 1.20 | 0.73 | 0.56 |
| 57 Barbados | 0.716 | 0.753 | 0.780 | 0.786 | 0.793 | 0.785 | 0.785 | 56 | –3 | 0.50 | 0.36 | 0.18 | 0.39 |
| 58 Antigua and Barbuda | .. | .. | 0.782 | 0.778 | 0.781 | 0.781 | 0.783 | 58 | –6 | .. | .. | 0.03 | .. |
| 59 Bulgaria | 0.695 | 0.713 | 0.773 | 0.775 | 0.778 | 0.779 | 0.782 | 59 | 0 | 0.26 | 0.81 | 0.29 | 0.49 |
| 60 Palau | .. | 0.743 | 0.767 | 0.770 | 0.775 | 0.775 | 0.780 | 62 | 0 | .. | 0.31 | 0.44 | .. |
| 60 Panama | 0.656 | 0.714 | 0.761 | 0.758 | 0.772 | 0.777 | 0.780 | 60 | 4 | 0.85 | 0.64 | 0.61 | 0.72 |
| 62 Malaysia | 0.641 | 0.723 | 0.769 | 0.772 | 0.774 | 0.777 | 0.779 | 60 | 1 | 1.21 | 0.62 | 0.32 | 0.82 |

[5] http://hdr.undp.org/sites/default/files/hdr_2015_statistical_annex.pdf, pp.212-215.

| | | | | | | | | | | | | | |
|---|---|---|---|---|---|---|---|---|---|---|---|---|---|
| 63 Mauritius | 0.619 | 0.674 | 0.756 | 0.762 | 0.772 | 0.775 | 0.777 | 62 | 6 | 0.86 | 1.15 | 0.68 | 0.95 |
| 64 Seychelles | .. | 0.715 | 0.743 | 0.752 | 0.761 | 0.767 | 0.772 | 68 | 8 | .. | 0.39 | 0.97 | .. |
| 64 Trinidad and Tobago | 0.673 | 0.717 | 0.772 | 0.767 | 0.769 | 0.771 | 0.772 | 64 | –4 | 0.63 | 0.74 | 0.01 | 0.57 |
| 66 Serbia | 0.714 | 0.710 | 0.757 | 0.761 | 0.762 | 0.771 | 0.771 | 64 | –1 | –0.05 | 0.65 | 0.45 | 0.32 |
| 67 Cuba | 0.675 | 0.685 | 0.778 | 0.776 | 0.772 | 0.768 | 0.769 | 66 | –14 | 0.15 | 1.28 | –0.28 | 0.54 |
| 67 Lebanon | .. | .. | 0.756 | 0.761 | 0.761 | 0.768 | 0.769 | 66 | 1 | .. | .. | 0.43 | .. |
| 69 Costa Rica | 0.652 | 0.704 | 0.750 | 0.756 | 0.761 | 0.764 | 0.766 | 69 | 1 | 0.77 | 0.64 | 0.52 | 0.67 |
| 69 Iran (Islamic Republic of) | 0.567 | 0.665 | 0.743 | 0.751 | 0.764 | 0.764 | 0.766 | 69 | 7 | 1.62 | 1.11 | 0.74 | 1.26 |
| 71 Venezuela (Bolivarian Republic of) | 0.635 | 0.673 | 0.757 | 0.761 | 0.764 | 0.764 | 0.762 | 69 | –4 | 0.59 | 1.17 | 0.18 | 0.76 |
| 72 Turkey | 0.576 | 0.653 | 0.738 | 0.751 | 0.756 | 0.759 | 0.761 | 72 | 16 | 1.26 | 1.23 | 0.79 | 1.17 |
| 73 Sri Lanka | 0.620 | 0.679 | 0.738 | 0.743 | 0.749 | 0.752 | 0.757 | 74 | 5 | 0.91 | 0.85 | 0.62 | 0.83 |
| 74 Mexico | 0.648 | 0.699 | 0.746 | 0.748 | 0.754 | 0.755 | 0.756 | 73 | –2 | 0.77 | 0.65 | 0.35 | 0.65 |
| 75 Brazil | 0.608 | 0.683 | 0.737 | 0.742 | 0.746 | 0.752 | 0.755 | 74 | 3 | 1.18 | 0.76 | 0.60 | 0.91 |
| 76 Georgia | .. | 0.672 | 0.735 | 0.740 | 0.747 | 0.750 | 0.754 | 76 | 4 | .. | 0.89 | 0.65 | .. |
| 77 Saint Kitts and Nevis | .. | .. | 0.739 | 0.741 | 0.743 | 0.747 | 0.752 | 79 | .. | .. | .. | 0.44 | .. |
| 78 Azerbaijan | .. | 0.640 | 0.741 | 0.742 | 0.745 | 0.749 | 0.751 | 77 | –2 | .. | 1.46 | 0.36 | .. |
| 79 Grenada | .. | .. | 0.737 | 0.739 | 0.740 | 0.742 | 0.750 | 82 | .. | .. | .. | 0.43 | .. |
| 80 Jordan | 0.623 | 0.705 | 0.743 | 0.743 | 0.746 | 0.748 | 0.748 | 78 | –8 | 1.25 | 0.53 | 0.17 | 0.77 |
| 81 The former Yugoslav Republic of Macedonia | .. | .. | 0.738 | 0.742 | 0.743 | 0.744 | 0.747 | 81 | –2 | .. | .. | 0.31 | .. |
| 81 Ukraine | 0.705 | 0.668 | 0.732 | 0.738 | 0.743 | 0.746 | 0.747 | 80 | 2 | –0.54 | 0.92 | 0.51 | 0.24 |
| 83 Algeria | 0.574 | 0.640 | 0.725 | 0.730 | 0.732 | 0.734 | 0.736 | 84 | 4 | 1.09 | 1.26 | 0.35 | 1.04 |
| 84 Peru | 0.613 | 0.677 | 0.718 | 0.722 | 0.728 | 0.732 | 0.734 | 85 | 15 | 1.00 | 0.58 | 0.57 | 0.75 |
| 85 Albania | 0.624 | 0.656 | 0.722 | 0.728 | 0.729 | 0.732 | 0.733 | 85 | 2 | 0.50 | 0.96 | 0.35 | 0.67 |
| 85 Armenia | 0.632 | 0.648 | 0.721 | 0.723 | 0.728 | 0.731 | 0.733 | 87 | 1 | 0.24 | 1.08 | 0.41 | 0.62 |
| 85 Bosnia and Herzegovina | .. | .. | 0.710 | 0.724 | 0.726 | 0.729 | 0.733 | 89 | 2 | .. | .. | 0.78 | .. |
| 88 Ecuador | 0.645 | 0.674 | 0.717 | 0.723 | 0.727 | 0.730 | 0.732 | 88 | 5 | 0.45 | 0.61 | 0.52 | 0.53 |
| 89 Saint Lucia | .. | 0.683 | 0.730 | 0.730 | 0.730 | 0.729 | 0.729 | 89 | –6 | .. | 0.66 | –0.02 | .. |
| 90 China | 0.501 | 0.588 | 0.699 | 0.707 | 0.718 | 0.723 | 0.727 | 93 | 13 | 1.62 | 1.74 | 1.02 | 1.57 |
| 90 Fiji | 0.631 | 0.678 | 0.717 | 0.720 | 0.722 | 0.724 | 0.727 | 91 | 1 | 0.72 | 0.56 | 0.36 | 0.59 |
| 90 Mongolia | 0.578 | 0.589 | 0.695 | 0.706 | 0.714 | 0.722 | 0.727 | 95 | 14 | 0.18 | 1.68 | 1.11 | 0.96 |
| 93 Thailand | 0.572 | 0.648 | 0.716 | 0.721 | 0.723 | 0.724 | 0.726 | 91 | 3 | 1.25 | 1.00 | 0.35 | 1.00 |
| 94 Dominica | .. | 0.694 | 0.723 | 0.723 | 0.723 | 0.723 | 0.724 | 93 | –10 | .. | 0.41 | 0.03 | .. |
| 94 Libya | 0.679 | 0.731 | 0.756 | 0.711 | 0.745 | 0.738 | 0.724 | 83 | –27 | 0.75 | 0.34 | –1.07 | 0.27 |
| 96 Tunisia | 0.567 | 0.654 | 0.714 | 0.715 | 0.719 | 0.720 | 0.721 | 96 | –1 | 1.43 | 0.88 | 0.26 | 1.00 |
| 97 Colombia | 0.596 | 0.654 | 0.706 | 0.713 | 0.715 | 0.718 | 0.720 | 97 | 3 | 0.93 | 0.76 | 0.50 | 0.79 |
| 97 Saint Vincent and the Grenadines | .. | 0.674 | 0.711 | 0.713 | 0.715 | 0.717 | 0.720 | 98 | –5 | .. | 0.55 | 0.30 | .. |
| 99 Jamaica | 0.671 | 0.700 | 0.727 | 0.727 | 0.723 | 0.717 | 0.719 | 98 | –23 | 0.42 | 0.38 | –0.30 | 0.28 |
| 100 Tonga | 0.650 | 0.671 | 0.713 | 0.716 | 0.717 | 0.716 | 0.717 | 100 | –4 | 0.32 | 0.60 | 0.14 | 0.41 |
| 101 Belize | 0.644 | 0.683 | 0.709 | 0.711 | 0.716 | 0.715 | 0.715 | 101 | –7 | 0.59 | 0.38 | 0.19 | 0.43 |
| 101 Dominican Republic | 0.596 | 0.655 | 0.701 | 0.704 | 0.708 | 0.711 | 0.715 | 103 | 0 | 0.95 | 0.68 | 0.50 | 0.76 |
| 103 Suriname | .. | .. | 0.707 | 0.709 | 0.711 | 0.713 | 0.714 | 102 | –5 | .. | .. | 0.24 | .. |
| 104 Maldives | .. | 0.603 | 0.683 | 0.690 | 0.695 | 0.703 | 0.706 | 104 | 2 | .. | 1.25 | 0.86 | .. |
| 105 Samoa | 0.621 | 0.649 | 0.696 | 0.698 | 0.700 | 0.701 | 0.702 | 105 | –3 | 0.45 | 0.70 | 0.21 | 0.52 |
| **MEDIUM HUMAN DEVELOPMENT** | | | | | | | | | | | | | |
| 106 Botswana | 0.584 | 0.561 | 0.681 | 0.688 | 0.691 | 0.696 | 0.698 | 106 | 1 | –0.41 | 1.96 | 0.61 | 0.74 |
| 107 Moldova (Republic of) | 0.652 | 0.597 | 0.672 | 0.679 | 0.683 | 0.690 | 0.693 | 107 | 2 | –0.87 | 1.19 | 0.78 | 0.26 |
| 108 Egypt | 0.546 | 0.622 | 0.681 | 0.682 | 0.688 | 0.689 | 0.690 | 108 | –3 | 1.31 | 0.90 | 0.33 | 0.98 |
| 109 Turkmenistan | .. | .. | 0.666 | 0.671 | 0.677 | 0.682 | 0.688 | 109 | .. | .. | .. | 0.80 | .. |
| 110 Gabon | 0.620 | 0.632 | 0.663 | 0.668 | 0.673 | 0.679 | 0.684 | 111 | 1 | 0.20 | 0.48 | 0.76 | 0.41 |
| 110 Indonesia | 0.531 | 0.606 | 0.665 | 0.671 | 0.678 | 0.681 | 0.684 | 110 | 3 | 1.34 | 0.92 | 0.71 | 1.06 |
| 112 Paraguay | 0.579 | 0.623 | 0.668 | 0.671 | 0.669 | 0.677 | 0.679 | 113 | –1 | 0.74 | 0.70 | 0.41 | 0.67 |
| 113 Palestine, State of | .. | .. | 0.670 | 0.675 | 0.685 | 0.679 | 0.677 | 111 | –4 | .. | .. | 0.29 | .. |
| 114 Uzbekistan | .. | 0.594 | 0.655 | 0.661 | 0.668 | 0.672 | 0.675 | 114 | 0 | .. | 0.98 | 0.77 | .. |
| 115 Philippines | 0.586 | 0.623 | 0.654 | 0.653 | 0.657 | 0.664 | 0.668 | 115 | –1 | 0.61 | 0.50 | 0.52 | 0.55 |
| 116 El Salvador | 0.522 | 0.603 | 0.653 | 0.658 | 0.662 | 0.664 | 0.666 | 115 | 0 | 1.46 | 0.79 | 0.50 | 1.02 |
| 116 South Africa | 0.621 | 0.632 | 0.643 | 0.651 | 0.659 | 0.663 | 0.666 | 117 | 4 | 0.17 | 0.18 | 0.87 | 0.29 |
| 116 Viet Nam | 0.475 | 0.575 | 0.653 | 0.657 | 0.660 | 0.663 | 0.666 | 117 | 1 | 1.92 | 1.29 | 0.47 | 1.41 |
| 119 Bolivia (Plurinational State of) | 0.536 | 0.603 | 0.641 | 0.647 | 0.654 | 0.658 | 0.662 | 119 | 2 | 1.19 | 0.61 | 0.79 | 0.88 |
| 120 Kyrgyzstan | 0.615 | 0.593 | 0.634 | 0.639 | 0.645 | 0.652 | 0.655 | 121 | 3 | –0.37 | 0.68 | 0.84 | 0.26 |
| 121 Iraq | 0.572 | 0.606 | 0.645 | 0.648 | 0.654 | 0.657 | 0.654 | 120 | –2 | 0.58 | 0.62 | 0.34 | 0.56 |
| 122 Cabo Verde | .. | 0.572 | 0.629 | 0.637 | 0.639 | 0.643 | 0.646 | 122 | 2 | .. | 0.96 | 0.66 | .. |
| 123 Micronesia (Federated States of) | .. | 0.603 | 0.638 | 0.640 | 0.641 | 0.639 | 0.640 | 123 | –2 | .. | 0.56 | 0.06 | .. |
| 124 Guyana | 0.542 | 0.602 | 0.624 | 0.630 | 0.629 | 0.634 | 0.636 | 124 | 1 | 1.05 | 0.36 | 0.47 | 0.66 |
| 125 Nicaragua | 0.495 | 0.565 | 0.619 | 0.623 | 0.625 | 0.628 | 0.631 | 125 | 1 | 1.34 | 0.91 | 0.51 | 1.02 |
| 126 Morocco | 0.457 | 0.528 | 0.611 | 0.621 | 0.623 | 0.626 | 0.628 | 126 | 5 | 1.44 | 1.48 | 0.69 | 1.33 |
| 126 Namibia | 0.578 | 0.556 | 0.610 | 0.616 | 0.620 | 0.625 | 0.628 | 128 | 3 | –0.39 | 0.94 | 0.70 | 0.35 |
| 128 Guatemala | 0.483 | 0.552 | 0.611 | 0.617 | 0.624 | 0.626 | 0.627 | 126 | 0 | 1.35 | 1.03 | 0.65 | 1.10 |
| 129 Tajikistan | 0.616 | 0.535 | 0.608 | 0.612 | 0.617 | 0.621 | 0.624 | 129 | 1 | –1.39 | 1.28 | 0.68 | 0.06 |
| 130 India | 0.428 | 0.496 | 0.586 | 0.597 | 0.600 | 0.604 | 0.609 | 131 | 6 | 1.49 | 1.67 | 0.97 | 1.48 |
| 131 Honduras | 0.507 | 0.557 | 0.610 | 0.612 | 0.607 | 0.604 | 0.606 | 131 | –4 | 0.95 | 0.91 | –0.16 | 0.75 |
| 132 Bhutan | .. | .. | 0.573 | 0.582 | 0.589 | 0.595 | 0.605 | 134 | .. | .. | .. | 1.39 | .. |
| 133 Timor-Leste | .. | 0.468 | 0.600 | 0.611 | 0.604 | 0.601 | 0.595 | 133 | 1 | .. | 2.51 | –0.22 | .. |
| 134 Syrian Arab Republic | 0.553 | 0.586 | 0.639 | 0.635 | 0.623 | 0.608 | 0.594 | 130 | –15 | 0.58 | 0.88 | –1.82 | 0.30 |
| 134 Vanuatu | .. | .. | 0.589 | 0.590 | 0.590 | 0.592 | 0.594 | 135 | 1 | .. | .. | 0.19 | .. |
| 136 Congo | 0.534 | 0.489 | 0.554 | 0.560 | 0.575 | 0.582 | 0.591 | 138 | 2 | –0.87 | 1.25 | 1.61 | 0.42 |
| 137 Kiribati | .. | .. | 0.588 | 0.585 | 0.587 | 0.588 | 0.590 | 136 | –1 | .. | .. | 0.09 | .. |
| 138 Equatorial Guinea | .. | 0.526 | 0.591 | 0.590 | 0.584 | 0.584 | 0.587 | 137 | –5 | .. | 1.18 | –0.18 | .. |
| 139 Zambia | 0.403 | 0.433 | 0.555 | 0.565 | 0.576 | 0.580 | 0.586 | 139 | 1 | 0.71 | 2.52 | 1.36 | 1.57 |
| 140 Ghana | 0.456 | 0.485 | 0.554 | 0.566 | 0.572 | 0.577 | 0.579 | 140 | –2 | 0.63 | 1.33 | 1.13 | 1.00 |
| 141 Lao People's Democratic Republic | 0.397 | 0.462 | 0.539 | 0.552 | 0.562 | 0.570 | 0.575 | 141 | 2 | 1.51 | 1.56 | 1.62 | 1.55 |
| 142 Bangladesh | 0.386 | 0.468 | 0.546 | 0.559 | 0.563 | 0.567 | 0.570 | 142 | 0 | 1.94 | 1.57 | 1.07 | 1.64 |
| 143 Cambodia | 0.364 | 0.419 | 0.536 | 0.541 | 0.546 | 0.550 | 0.555 | 144 | 1 | 1.40 | 2.50 | 0.87 | 1.77 |
| 143 Sao Tome and Principe | 0.455 | 0.491 | 0.544 | 0.548 | 0.552 | 0.553 | 0.555 | 143 | –2 | 0.76 | 1.02 | 0.52 | 0.83 |
| **LOW HUMAN DEVELOPMENT** | | | | | | | | | | | | | |
| 145 Kenya | 0.473 | 0.447 | 0.529 | 0.535 | 0.539 | 0.544 | 0.548 | 145 | 0 | –0.58 | 1.70 | 0.92 | 0.82 |
| 145 Nepal | 0.384 | 0.451 | 0.531 | 0.536 | 0.540 | 0.543 | 0.548 | 146 | 3 | 1.62 | 1.64 | 0.78 | 1.49 |
| 147 Pakistan | 0.399 | 0.444 | 0.522 | 0.527 | 0.532 | 0.536 | 0.538 | 147 | 0 | 1.07 | 1.62 | 0.79 | 1.25 |
| 148 Myanmar | 0.352 | 0.425 | 0.520 | 0.524 | 0.528 | 0.531 | 0.536 | 148 | 1 | 1.90 | 2.03 | 0.72 | 1.76 |
| 149 Angola | .. | 0.390 | 0.509 | 0.521 | 0.524 | 0.530 | 0.532 | 149 | 1 | .. | 2.70 | 1.11 | .. |
| 150 Swaziland | 0.536 | 0.496 | 0.525 | 0.528 | 0.529 | 0.530 | 0.531 | 149 | –5 | –0.78 | 0.57 | 0.28 | –0.04 |
| 151 Tanzania (United Republic of) | 0.369 | 0.392 | 0.500 | 0.506 | 0.510 | 0.516 | 0.521 | 151 | 2 | 0.60 | 2.46 | 1.05 | 1.44 |
| 152 Nigeria | .. | .. | 0.493 | 0.499 | 0.505 | 0.510 | 0.514 | 152 | 2 | .. | .. | 1.06 | .. |

| | | | | | | | | | | | | | | |
|---|---|---|---|---|---|---|---|---|---|---|---|---|---|---|
| 153 Cameroon | 0.443 | 0.437 | 0.486 | 0.496 | 0.501 | 0.507 | 0.512 | 154 | 6 | −0.13 | 1.07 | 1.32 | 0.61 |
| 154 Madagascar | .. | 0.456 | 0.504 | 0.505 | 0.507 | 0.508 | 0.510 | 153 | −4 | .. | 1.02 | 0.27 | .. |
| 155 Zimbabwe | 0.499 | 0.428 | 0.461 | 0.474 | 0.491 | 0.501 | 0.509 | 158 | 12 | −1.53 | 0.75 | 2.60 | 0.08 |
| 156 Mauritania | 0.373 | 0.442 | 0.488 | 0.489 | 0.498 | 0.504 | 0.506 | 156 | 1 | 1.71 | 0.98 | 0.92 | 1.28 |
| 156 Solomon Islands | .. | 0.446 | 0.494 | 0.501 | 0.504 | 0.505 | 0.506 | 155 | −2 | .. | 1.02 | 0.57 | .. |
| 158 Papua New Guinea | 0.353 | 0.424 | 0.493 | 0.497 | 0.501 | 0.503 | 0.505 | 157 | −2 | 1.87 | 1.51 | 0.60 | 1.51 |
| 159 Comoros | .. | .. | 0.488 | 0.493 | 0.499 | 0.501 | 0.503 | 158 | −1 | .. | .. | 0.75 | .. |
| 160 Yemen | 0.400 | 0.441 | 0.496 | 0.495 | 0.496 | 0.498 | 0.498 | 160 | −8 | 0.99 | 1.19 | 0.08 | 0.92 |
| 161 Lesotho | 0.493 | 0.443 | 0.472 | 0.480 | 0.484 | 0.494 | 0.497 | 161 | 1 | −1.05 | 0.62 | 1.30 | 0.03 |
| 162 Togo | 0.404 | 0.426 | 0.459 | 0.468 | 0.470 | 0.473 | 0.484 | 167 | 3 | 0.52 | 0.76 | 1.29 | 0.75 |
| 163 Haiti | 0.417 | 0.442 | 0.471 | 0.475 | 0.479 | 0.481 | 0.483 | 162 | −3 | 0.58 | 0.62 | 0.67 | 0.61 |
| 163 Rwanda | 0.244 | 0.333 | 0.453 | 0.464 | 0.476 | 0.479 | 0.483 | 163 | 5 | 3.16 | 3.13 | 1.61 | 2.89 |
| 163 Uganda | 0.308 | 0.393 | 0.473 | 0.473 | 0.476 | 0.478 | 0.483 | 164 | −2 | 2.47 | 1.86 | 0.51 | 1.89 |
| 166 Benin | 0.344 | 0.392 | 0.468 | 0.473 | 0.475 | 0.477 | 0.480 | 165 | −2 | 1.33 | 1.78 | 0.64 | 1.40 |
| 167 Sudan | 0.331 | 0.400 | 0.465 | 0.466 | 0.476 | 0.477 | 0.479 | 165 | −5 | 1.90 | 1.52 | 0.74 | 1.56 |
| 168 Djibouti | .. | 0.365 | 0.453 | 0.462 | 0.465 | 0.468 | 0.470 | 168 | 0 | .. | 2.17 | 0.97 | .. |
| 169 South Sudan | .. | .. | 0.470 | 0.458 | 0.457 | 0.461 | 0.467 | 171 | .. | .. | .. | −0.15 | .. |
| 170 Senegal | 0.367 | 0.380 | 0.456 | 0.458 | 0.461 | 0.463 | 0.466 | 170 | −3 | 0.36 | 1.83 | 0.55 | 1.00 |
| 171 Afghanistan | 0.297 | 0.334 | 0.448 | 0.456 | 0.463 | 0.464 | 0.465 | 169 | 0 | 1.20 | 2.97 | 0.97 | 1.89 |
| 172 Côte d'Ivoire | 0.389 | 0.398 | 0.444 | 0.445 | 0.452 | 0.458 | 0.462 | 172 | 0 | 0.23 | 1.12 | 0.98 | 0.72 |
| 173 Malawi | 0.284 | 0.340 | 0.420 | 0.429 | 0.433 | 0.439 | 0.445 | 174 | 2 | 1.83 | 2.14 | 1.49 | 1.90 |
| 174 Ethiopia | .. | 0.284 | 0.412 | 0.423 | 0.429 | 0.436 | 0.442 | 175 | 2 | .. | 3.78 | 1.78 | .. |
| 175 Gambia | 0.330 | 0.384 | 0.441 | 0.437 | 0.440 | 0.442 | 0.441 | 173 | −2 | 1.55 | 1.38 | −0.02 | 1.22 |
| 176 Congo(Democratic Republic of the) | 0.355 | 0.329 | 0.408 | 0.418 | 0.423 | 0.430 | 0.433 | 176 | 3 | −0.77 | 2.18 | 1.52 | 0.83 |
| 177 Liberia | .. | 0.359 | 0.405 | 0.414 | 0.419 | 0.424 | 0.430 | 177 | 1 | .. | 1.20 | 1.50 | .. |
| 178 Guinea-Bissau | .. | .. | 0.413 | 0.417 | 0.417 | 0.418 | 0.420 | 178 | −4 | .. | .. | 0.42 | .. |
| 179 Mali | 0.233 | 0.313 | 0.409 | 0.415 | 0.414 | 0.416 | 0.419 | 179 | −3 | 2.97 | 2.73 | 0.61 | 2.47 |
| 180 Mozambique | 0.218 | 0.300 | 0.401 | 0.405 | 0.408 | 0.413 | 0.416 | 180 | 0 | 3.25 | 2.96 | 0.94 | 2.74 |
| 181 Sierra Leone | 0.262 | 0.299 | 0.388 | 0.394 | 0.397 | 0.408 | 0.413 | 182 | 0 | 1.32 | 2.63 | 1.59 | 1.91 |
| 182 Guinea | .. | 0.323 | 0.388 | 0.399 | 0.409 | 0.411 | 0.411 | 181 | 1 | .. | 1.83 | 1.50 | .. |
| 183 Burkina Faso | .. | .. | 0.378 | 0.385 | 0.393 | 0.396 | 0.402 | 184 | 2 | .. | .. | 1.58 | .. |
| 184 Burundi | 0.295 | 0.301 | 0.390 | 0.392 | 0.395 | 0.397 | 0.400 | 183 | 0 | 0.20 | 2.62 | 0.66 | 1.28 |
| 185 Chad | .. | 0.332 | 0.371 | 0.382 | 0.386 | 0.388 | 0.392 | 186 | 1 | .. | 1.12 | 1.37 | .. |
| 186 Eritrea | .. | .. | 0.381 | 0.386 | 0.390 | 0.390 | 0.391 | 185 | −5 | .. | .. | 0.62 | .. |
| 187 Central African Republic | 0.314 | 0.310 | 0.362 | 0.368 | 0.373 | 0.348 | 0.350 | 187 | 0 | −0.14 | 1.58 | −0.84 | 0.45 |
| 188 Niger | 0.214 | 0.257 | 0.326 | 0.333 | 0.342 | 0.345 | 0.348 | 188 | 0 | 1.85 | 2.40 | 1.69 | 2.05 |
| **Human development groups** | | | | | | | | | | | | | |
| Very high human development | 0.801 | 0.851 | 0.887 | 0.890 | 0.893 | 0.895 | 0.896 | — | — | 0.61 | 0.42 | 0.26 | 0.47 |
| High human development | 0.592 | 0.642 | 0.723 | 0.730 | 0.737 | 0.741 | 0.744 | — | — | 0.81 | 1.20 | 0.71 | 0.95 |
| Medium human development | 0.473 | 0.537 | 0.611 | 0.619 | 0.623 | 0.627 | 0.630 | — | — | 1.28 | 1.29 | 0.78 | 1.20 |
| Low human development | 0.368 | 0.404 | 0.487 | 0.492 | 0.497 | 0.502 | 0.505 | — | — | 0.92 | 1.90 | 0.92 | 1.32 |
| **Developing countries** | 0.513 | 0.568 | 0.642 | 0.649 | 0.654 | 0.658 | 0.660 | — | — | 1.02 | 1.23 | 0.70 | 1.06 |
| **Regions** | | | | | | | | | | | | | |
| Arab States | 0.553 | 0.613 | 0.676 | 0.679 | 0.684 | 0.686 | 0.686 | — | — | 1.02 | 0.99 | 0.38 | 0.90 |
| East Asia and the Pacific | 0.516 | 0.593 | 0.686 | 0.693 | 0.702 | 0.707 | 0.710 | — | — | 1.39 | 1.48 | 0.87 | 1.34 |
| Europe and Central Asia | 0.651 | 0.665 | 0.731 | 0.739 | 0.743 | 0.746 | 0.748 | — | — | 0.22 | 0.94 | 0.59 | 0.58 |
| Latin America and the Caribbean | 0.625 | 0.684 | 0.734 | 0.738 | 0.743 | 0.745 | 0.748 | — | — | 0.91 | 0.70 | 0.47 | 0.75 |
| South Asia | 0.437 | 0.503 | 0.586 | 0.596 | 0.599 | 0.603 | 0.607 | — | — | 1.42 | 1.55 | 0.86 | 1.38 |
| Sub-Saharan Africa | 0.400 | 0.422 | 0.499 | 0.505 | 0.510 | 0.514 | 0.518 | — | — | 0.54 | 1.68 | 0.94 | 1.08 |
| **Least developed countries** | 0.348 | 0.399 | 0.484 | 0.491 | 0.495 | 0.499 | 0.502 | — | — | 1.39 | 1.95 | 0.92 | 1.54 |
| **Small island developing states** | 0.574 | 0.607 | 0.656 | 0.658 | 0.658 | 0.658 | 0.660 | — | — | 0.56 | 0.79 | 0.13 | 0.59 |
| **Organisation for Economic Co-operation and Development** | 0.785 | 0.834 | 0.872 | 0.875 | 0.877 | 0.879 | 0.880 | — | — | 0.61 | 0.44 | 0.24 | 0.48 |
| **World** | **0.597** | **0.641** | **0.697** | **0.703** | **0.707** | **0.709** | **0.711** | — | — | **0.71** | **0.85** | **0.47** | **0.73** |

# III.

# BÖLÜM

# İÇ BORÇLARIN GELİŞİMİ ve SÜRDÜRÜLEBİLİRLİĞİ

*Prof. Dr. Erşan SEVER - Yrd. Doç. Dr. Arif İĞDELİ*

***Aksaray Üniversitesi İİBF İktisat Bölümü***

## GİRİŞ

Kamu kesiminin hizmetlerini sunmak maksadıyla kullanmış olduğu kaynaklar içerisinde en rasyonel olanı kuşkusuz vergilerdir. Bununla birlikte kamu kesimi ekonomik ve politik nedenlerden dolayı bazı durumlarda harcamalarını vergi alımı yerine para basma ya da borçlanma yolunu tercih ederek de finanse edebilmektedir. Kamu kesimi fonlama ihtiyacının borçlanılarak karşılanması durumunda, iç borçlanma veya dış borçlanma yolu seçilebileceği gibi her iki yöntemin eş anlı şekilde kullanımı da söz konusu olabilmektedir.

Borçlanmanın ekonomik dengelere etkisi, borçlanmanın şekli ve kullanım durumuna göre değişim göstermektedir. Ekonomik realitenin gerektirdiği şekilde kaynakların tahsis edilmesi gelecek dönem için makroekonomik istikrar açısından sorun oluşturmazken, tersi durumlarda ise giderek artan kamu finansman ihtiyacı ilerleyen süreçlerde ciddi ekonomik sıkıntıların kapılarını aralayabilmektedir. Kamu finansman ihtiyacına bağlı olarak iç borçların yükselmesi piyasada likidite daralması meydana getirir ve bunun doğal sonucu olarak da faizlerde yükselme meydana gelir. Yükselen faizler bir taraftan özel kesimin fon kullanım imkanlarını kısıtlayarak yatırımlarını olumsuz etkilerken diğer taraftan da var olan fonların kamu borçlanma enstrümanlarına yönelmesi nedeniyle rant ekonomisinin doğmasına neden olur. Risksiz kazançların varlığında yatırımların düşmesi üretimi düşürür ve enflasyonist eğilimleri tetikler. Bu durumda artan borç yüküne bağlı olarak faiz oranlarının daha da yükselmesi beraberinde ülkenin borç-faiz sarmalına girmesine neden olabilmektedir. Bu noktada gerek iç borçların gerekse dış borçların sürdürülebilir düzeyde bulunması makroekonomik dengeler açısından önem arz etmektedir.

Bu bağlamda Türkiye'de iç borçların gelişimi ve sürdürülebilirlik durumu ekonomik istikrarın sağlanması ve sürdürülmesi bakımından üzerinde durulması gereken bir husustur. Buna yönelik olarak araştırmada ilk olarak iç borçlanma kavramı üzerinde durulmuş ve iç borçlanmanın niçin yapıldığı konusu ele alınmıştır. Ardından iç borçlanmanın iktisadi dengeler üzerindeki etkisi konusuna değinildikten sonra iç borçların sürdürülebilirliği teorik ve Türkiye pratiğinde incelenmeye çalışılmıştır.

### İç Borçlanma Kavramı

Borçlanma, ekonomik birimlerin ihtiyaçlarını karşılamak maksadıyla para ve benzeri varlıkları belirli bir zaman dilimi için geri ödemek üzere ödünç alması şeklinde tanımlanmaktadır. Burada ödünç alan birim hane halkı olabileceği gibi firma ya da devlet de olabilmektedir. Borçlanan birim devlet olunca bu borcun ismi kamu borcu olarak ifade edilmektedir. Kamu kesimi finansman ihtiyacını iki şekilde karşılama imkânına sahip olabilmektedir. Bunlardan ilki iç borçlanma ikincisi ise dış borçlanmadır.

İç borçlanma kavramsal olarak üç şekilde ifade edilmektedir. Bunlardan birincisi borçlanılan para birimi, ikincisi alacaklının milliyeti ve üçüncüsü ise piyasanın milliyetidir. Daha açık bir ifade ile borçlanma akdinin dayandığı mevzuat ve ihracın yapıldığı yerdir. Bununla birlikte günümüzde borçlanma ayırımında daha çok borcun gerçekleştirildiği piyasanın milliyeti üzerinde durulmaktadır. Piyasanın milliyeti ile üzerinden borçlanılan para biriminin milliyeti çok az istisna olmak kaydıyla genellikle örtüşmektedir (Yılmaz ve Cural, 2010: 2).

Buchanan kamu borçlanmasını, borç verenlerin fonları hükümete transfer yaptıkları ve hükümetin borçlanmanın meydana gelmesi sonrasındaki süreçte sırasıyla hükümet gelirleri üzerindeki hakları temsil eden belirli araçları borç verene transferini gerçekleştirdiği iki taraflı bir çeşit değişim aşaması şeklinde tanımlamıştır (Buchanan, 1987; 1044). Bu doğrultuda kamu iç borçları, bütçe kalemleri içerisinde yer alan hizmetlerin finansmanını gerçekleştirmede yurt içi kaynaklardan sağlanan, aynı zamanda alınması ve ödenmesi sürecinde ülkenin toplam kaynaklarında herhangi bir değişim meydana getirmeyen kamu borçlanması şekli olarak ifade edilebilir (Eker ve Meriç, 2000:85).

Kamu borçlanması içerisinde ciddi boyutlarda bulunan iç borçlar, dış borçlara nazaran daha çok başvurulan bir yöntemdir. Burada iç borçlar yurt içi piyasalardan sağlandığından vadeleri ve ödeme şartlarına ilişkin ortamlar dış borçlara nazaran daha kolay tespit edilebilmektedir. Merkez bankası, ticari bankalar ve özel kişi ve kurumlar kamu iç borçlanmasının gerçekleştirildiği ana kuruluşlar içerisinde bulunmaktadır. Bununla birlikte gelişmekte olan ülkelerde tasarruf düzeylerinin düşük seviyede bulunmasından dolayı ticari bankalar en önemli iç borç kaynağı konumundadırlar. İç borçlanma işlemi devlet adına hazine tarafından gerçekleştirilmektedir. Devletin her bir borçlanma işlemi mutlak surette bazı maliyetleri de içinde barındırmaktadır. Bu nedenle hazinenin borçlanma tercihleri, maliyetlerin ve risklerin minimize edilmesi noktasında önem arz etmektedir (Beaugrand v.d., 2002: 7).

## İç Borçlanmanın Nedenleri

Günümüz koşullarında gelişmiş ve gelişmekte olan ülke ayırımı yapılmaksızın tüm ülkelerin iç borçlanmaya gittiklerini söyleyebiliriz. Bazı noktalarda iç borçlanmaya başvurma nedenleri örtüşürken, bazı noktalarda ise örtüşmeyebilmektedir. Hatta bir ülkenin iç borçlanma yapma nedenleri ile bir başka ülkenin iç borçlanma yapma sebepleri de uyuşmayabilmektedir.

Bununla birlikte kamu iç borçlanmasında belirleyici unsurlardan birisi ekonomi yönetiminde hâkim olan ideolojik düşüncedir. Örneğin, klasik ekonomik düşüncenin etkili olduğu bir ekonomik yapıda kamu borçlanması savaş, olağanüstü bayındırlık faaliyetleri gibi koşullarda ve oldukça kısıtlı bir biçimde gerçekleşebilmektedir. Öte yandan müdahaleci bir devlet anlayışının yön verdiği iktisadi ortamda ise kamu borçlanması ekonomik gereksinimlerin yanında sosyo-ekonomik istikrarı sağlayacak maliye politikalarının temel enstrümanlarından biri olarak kabul edilmektedir (Demir ve Sever, 2008: 172).

Kamunun iç borçlanma yapma nedenleri içerisinde yatırımların artırılması ve ekonomik gelişmenin hızlandırılması hedefi literatürde genel kabul gören yaklaşımlar içerisinde bulunmaktadır. Kalkınma teorileri gelişmekte olan ülkelerin geri kalma nedenlerini, ilgili ülkelerin ekonomik yapılarındaki uyumsuzluğa bağlamaktadırlar. Bu ülkelerde tasarruf ve yatırımların arzu edilen seviyede bulunmaması, gelir seviyesinin düşüklüğü, verimsizlik, üretimde emek yoğun teknolojiler ve tarım ağırlıklı ekonomik yapının bulunması ilgili ülkelerin kısır döngüye girmelerine sebep olmaktadır. Bu durumdan kurtulmanın yollarından biriside ilgili ülkelerdeki kısıtlı düzeyde bulunan iç tasarrufları daha etkin kullanmaktan geçmektedir. Etkin kullanılan kaynakların ekonomide çarpan mekanizması aracılığıyla büyümeye pozitif yönde katkı sunmaktadır. Burada iki önemli husus ön plana çıkmaktadır. Birincisi iç tasarrufların tüketim yerine katma değeri yüksek alanlarda kullanılması sürecinde kamu kurumlarının alternatifler içerisinde en optimal tercihi yapmasıdır. İkinci husus ise kamu kesimi ile özel kesimin ödünç verilebilir fonlar piyasasında birbirine rakip konumunda bulunmamaları gerekmektedir (Şen, Yardımcıoğlu ve Kar, 2007: 230).

Tasarruf eğiliminin zayıf seviyede bulunduğu çoğu azgelişmiş ülkede devletin iç borçlanmaya başvurma gerekçeleri içerisinde rasyonaliteden uzak gerçekleştirilen popülist politikaların rolü yadsınamayacak düzeydedir. İlgili ülkelerde kamu harcamalarını denetleyen mekanizmaların tam manasıyla işlerlik kazandırılmaması da harcamalarda rasyonaliteden uzaklaşmaya katkı sunan unsurlar arasında sayılmaktadır. Bunun yanında gelişmekte olan ülkelerdeki politik istikrarsızlıklara bağlı olarak meydana gelen ekonomik krizler de kamunun iç borçlanma yükünü tetikleyici etki meydana getirmektedir. Diğer taraftan yolsuzluklar ve politik yozlaşma ile birlikte devlet yapılanmasının hantallığı da bütçe açıklarını yükselterek, borçlanmayı kaçınılmaz boyutlara taşıyabilmektedir (İnce, 1996: 25).

Gelişmekte olan ülkelerde kamu iç borçlanmaları daha çok organizasyon bozuklukları ve politik yozlaşma temeline dayalı olarak gerçekleşirken gelişmiş ülkelerde daha çok ekonomik koşullardan dolayı iç borçlanmaya gidilmektedir. Gelişmiş ülkelerdeki iç borç politikası, diğer ekonomik ve politik araçlarla birlikte kullanıldığında toplam talep seviyesini etkilemek amacıyla kullanılabilir. Bu bağlamda, talep-çekici enflasyon gözlendiğinde, iç borçlanma suretiyle bireylerin hazine bonolarını satın alması sonrasında malları satın alma eğilimi azaltılmaktadır. Bu hedefe ulaşmak için devlet iç borçlanma senetleri faiz oranları yükseltilmektedir. Ayrıca, devletin garantisi ile birlikte, diğer vergi muafiyetleri de sağlanmaktadır. Sonuç olarak tüketim seviyesi düşürülmekte ve enflasyon eğilimi de kontrol altına alınmaktadır (Erdoğan, 2011: 231).

Öte yandan kamunun vergileme yerine borçlanma seçeneğini uygulaması konusu literatürde kapsamlı bir biçimde tartışma konusu durumundadır. Bazı yaklaşımlar borçlanma sayesinde büyük çaplı yatırımların finansman yükünün kuşaklar arasında dağıtılabileceğini ifade ederlerken, diğer bazı yaklaşımlar ise kısa sürede vergi gelirlerinin artırılmasının veya azaltılmasının gerekli olduğu durumlarda bu artış veya azalışlarının yol açacağı belirsizliklerin ancak borçlanma yoluyla hafifletilebileceği iddia etmişlerdir (Demir ve Sever, 2008: 172).

Bunların dışında devlet doğal afetler ya da savaş gibi olağanüstü durumlarda da iç borçlanma yolunu tercih edebilmektedir. Savaşların finansmanı hem gelişmiş hem de gelişmekte olan ekonomiler için borçlanma nedenleri arasındadır. Savaşlar yanında güvenlik ihtiyacının giderek yükselmesi doğal olarak savunma harcamalarının da hacmini genişletmektedir. Devletin olabilecek savaşa hazırlanması ya da savaş ihtimalinin belirmesi durumunda kamusal finansman ihtiyacı karşılamak için vergi yoluna başvurulması çok zaman alacağından, devlet böylesi bir durumda büyük miktarlardaki tahvilleri cebren ya da rıza ile hızlı bir şekilde satışını gerçekleştirerek ihtiyaç duyduğu finansal desteği temin edebilmektedir (Şen, Yardımcıoğlu ve Kar, 2007: 231).

## Devlet İç Borçlanmasının Etkileri

Kamu iç borçlanmalarının ekonomik büyüklüklere etkileri borçlanmanın büyüklüğü, vadesi, faiz oranı, borçların kullanım alanı ve borç alınan kesime göre değişiklik gösterebilmektedir.

*Ekonomik Büyüme ve Kalkınmaya Etkisi:* Kamu borçluluğunun hem kısa hem de uzun vadede ekonomik büyümeye etkisi hakkında çok miktarda çalışma bulunmaktadır. Geleneksel görüş, kamu borcunun kısa vadede toplam talep ve çıktıyı tetikleyerek büyüme üzerinde olumlu bir etkisi olabileceğini kabul etmektedir. Fakat uzun vadede, bu pozitif etki, sermayenin ve çıktıların yoğunlaşması nedeniyle olumsuz bir etkiye evirilebilmektedir (Elmendorf ve Mankiw, 1998).

Hükümetler tarafından borç olarak toplanan fonların yatırımlarda kullanılması durumunda toplam yatırım hacminde bir değişiklik söz konusu olmamakta; yatırımlar özel sektör vasıtasıyla gerçekleşmeyip, hükümetler tarafından yapılmış olmaktadır. Hükümetlerin borç olarak elde ettikleri kaynakları kullanmayıp, ellerinde tutmaları durumunda emisyon hacmi düşmekte, dolayısıyla da ekonomide daraltıcı etkiler görülebilmektedir. Diğer taraftan kamu yatırımlarının üretken alanlara yönlendirilememesi halinde üretim hacmi genişlememekte ve popülist eğilimler belirginleşmektedir (Çoban, Doğanalp ve Uysal, 2009: 249).

Burada ekonomik büyüme ve kalkınmaya borçlanma vasıtası ile istikamet kazandırılması için borçlanmayla birlikte ortaya çıkan ilave fonların öncelikle üretken yatımlara kanalize edilmesi icap etmektedir. Borçlanmanın kronikleşen bütçe açıklarının kapatılması ya da kamu tüketim harcamalarının finansmanında kullanılmak üzere yapılması durumunda, borçlanma; büyüme ve kalkınma üzerinde beklenilen olumlu etkiyi yapmaktan uzak kalmaktadır.

Gelişmiş ve gelişmekte olan ülkelerin borç yapılarına bakıldığında görülen temel farklıklardan bir tanesi de burada görünmektedir. İlgili ülke gruplarında borçlanmanın milli gelire oranı birbirine yakın düzeylerde iken, söz konusu borçlanmanın etkileri çok farklı şekilde cereyan etmektedir. Burada gelişmiş ülkelerin borçlanmaları ile gelişmekte olan ülkelerin borçlanmalarındaki önceliklerin ve tercihlerin birbirinden oldukça farklı olması ilgili sonucun en önemli nedeni olarak gösterilmektedir. Gelişmiş ülkeler borçlanma yoluyla elde ettikleri ilave kaynakları çoğu zaman fiziki ve beşeri sermayeyi geliştirerek donanımlarının artırılmasında ve teknolojinin yenilenmesinde kullanmaktadırlar. Fakat gelişmekte olan ekonomiler ise borçlanmayla elde ettikleri kaynakları yoğun olarak kamu açıklarının ve kamu tüketim harcamalarının finansmanında kullanmaktadırlar.

Gelişmekte olan ülkeler bunu hem hâlihazırdaki yatırımların finansmanında kullanılabilecek kısıtlı kaynakları tüketmek suretiyle hem de maliyetine gelecek kuşakların katlanacağı biçimde gelecek dönemlerin fonlarını şimdiden kullanmakta ve borçlanmayı ekonomik ve sosyal bakımdan oldukça maliyetli hale getirmektedirler. Borçlanmanın yoğun olarak tüketim harcamalarının finansmanında ve mevcut borçların çevrilebilmesinde kullanılması durumunda bir yandan kamunun borç yükü artarken, diğer yandan da gerek özel yatırımlar için kullanılacak gerekse yeni kamu borçlanmaları için kullanılacak fonların maliyet boyutunda artış yaşanmaktadır (Demir ve Sever, 2008: 178)

İlgili ülke grupları incelendiğinde borç yapılarında da farklılık göze çarpmaktadır. Gelişmiş ülkeler siyasi istikrarın ekonomiye yansımalarının da etkisi ve avantajıyla uzun vade ve düşük faizle borçlanabilirlerken gelişmekte olan ülkeler düşük tasarruf düzeylerinin getirdiği handikap yanında bir de siyasi istikrarsızlıklara bağlı olarak gelişen olumsuz beklentilerin etkisiyle kısa vadeli ve yüksek faizle borç bulabilmektedirler (Demir ve Sever, 2008: 179).

Kamu finansmanında yüksek oranlarda iç borçlanmaya başvurulması belirli kesimlere fon aktarımı oluşturmaktadır. Reel faizlerin normalin üzerinde seyrettiği iç borçlanma, borç verenlerin lehine önemli düzeyde reel getiri meydana getirirken, iç borçların en büyük alıcısı durumundaki bankaların toplamış oldukları mevduatın bir taraftan kredi şeklinde kullanımını azaltmakta, diğer taraftan da oluşan yüksek kredi faizleri nedeniyle yatırımlar üzerinde negatif etki oluşturmaktadır. Bunun sonucu asıl görevi küçük tasarrufları birleştirerek büyük fonlar oluşturmak ve bunu müteşebbislere kredi olarak kullandırmak olan finansal kesim bu asli görevinden uzaklaşmakta, dolayısıyla da yatırımların finansmanına, işsizliğin çözümüne, ekonominin büyümesine ve üretimin artışına gerekli katkıyı sunamamaktadır. Öte yandan yüksek faiz oranları, hem bankaların hem de özel sektörün yatırım yapmak yerine kamuya borç vererek risksiz ve yüksek getiri elde etmeye imkân tanıyan kaynaklara yönlendirmektedir. Dolayısıyla özel sektör firmaları rekabet ortamından uzaklaşarak üretim ve yatırım yapma yerine rant ekonomisine yönelerek yüksek kazanç seviyesine ulaşabilmektedirler (Bakkal ve Gürdal, 2007: 167).

*Faiz Oranına Etkisi:* kamu iç borçlanmanın faiz oranları üzerindeki etkisi o ekonominin içinde bulunduğu yapı ile doğrudan ilişkilidir. Burada ülkenin dışa açıklığı, finansal piyasaların hacmi ve devletin borçlanma düzeyinin etkisi bulunmaktadır. Finansal piyasaları sığ ve tasarruf düzeyinin düşük olduğu ülkelerde kamu iç borçlanmasının faiz oranı üzerindeki etkisi yüksek olmaktadır. Çünkü genel olarak gelişmekte olan ülkelerde tüketim eğilimi yüksek, tasarruf eğilimi düşük seviyededir. Düşük tasarruf seviyesinin varlığında hane halkı, firmalar ve devlet tarafından gerçekleştirilen fon talebinin tamamını karşılamak hemen hemen imkânsız boyut kazanmaktadır. Bu durumda bir taraftan faiz oranları yükselirken diğer taraftan da fonların daha çok risk unsurunun en az düzeyde olduğu kamu ihtiyacını karşılamaya yöneldikleri görülmektedir.

Öte yandan finansal piyasaların hacim kazandığı ve ekonominin dışa açıklık seviyesinin yüksek düzeyde bulunduğu ülkelerde ise artan fon ihtiyacını karşılamanın maliyeti daha düşük seviyede olabilmektedir. Dışa açıklık seviyesinin yüksek olduğu ülkelerde fon ihtiyacından dolayı bir miktar artan faiz oranları, yurt dışı sermaye sahipleri için cazip ortamları oluşturmaktadır. Dışa açıklık diğer taraftan bankacılık kesiminin yurtdışı piyasadan fon bulmasının da önünü açmaktadır. Bu durumda kamu iç borçlanmasından dolayı yurt dışı fonların ülkeye girişinin çoğalması kaynak sıkıntısının daha düşük maliyetlerle çözümlenmesinin önünü açmaktadır. Finansman ihtiyacının bu şekilde karşılanması esasında iç borçların dolaylı biçimde dış borca dönüşümünü de ifade etmektedir.

Kamu ve bankacılık kesiminin finansman ihtiyacının dolaylı biçimde yurt dışı fonlardan karşılanması başlangıçta ülke ekonomisi açısından sorun oluşturmayabilmektedir. Fakat iktisadi gözlemler uzun vadede bu ülkelerin çok ciddi ekonomik sıkıntı yaşadıklarını göstermektedir. Kamu kesiminin finansman ihtiyacını karşılamada kullanılan yurt dışı fonlar genel olarak kısa vadeli yapıda bulunmaktadırlar. Kısa vadeli gelen bu fonların ülkeye girişi ile birlikte yurt içi piyasada döviz miktarı bollaşmaktadır. Döviz miktarının bollaşması döviz kurları üzerinde baskı oluşturarak ulusal paranın dış değerini artırmasıyla ithal mallarının fiyatları ucuzlamakta ve ihracat malları ise göreceli olarak pahalı olmaktadır. Bu durumda cari işlemler dengesi olumsuz etkilenmektedir. Yükselen kamu açıklarına bağlı olarak fon talebinin artması sonrasında cari işlemler dengesinin de açık vermesi durumu ikiz açık ile ifade edilmektedir. Kamunun borçlanma ihtiyacına bağlı olarak giriş yapan sıcak para niteliğindeki kaynaklar aynı zamanda ekonomik büyümenin de tüketim esasına dayalı ve geçici nitelikte olmasına zemin hazırlamaktadır.

Öte yandan Ricardocu Denklik Hipotezine göre ise bütçe açıkları reel faiz, yatırım miktarı veya cari işlemler dengesi için herhangi bir sorun oluşturmamaktadır (Kouassi v.d., 2004: 504). Çünkü iktisadi aktörler tüketim ve tasarruf kararlarında uzun vadeli ve rasyonel davranış sergileyebilmektedirler. Burada bütçe açığının veya yoğun kamu harcamalarının borçlanma ile finanse edildiği durumda ekonomik birimler bu borçların ödenebilmesi için gelecekte daha fazla vergi ödeneceğini öngörürler ve bugün tüketim yapmaktan ziyade tasarruf yapmayı tercih ederler. Artan borçların tasarrufların hacim kazanması ile massedilmesi faiz oranları üzerinde baskı oluşturmayacağı için özel yatırımlar da ciddi oranda etkilenmeyecektir (Bahmani-Oskooee, 1999: 639)

Bu bağlamda empirik araştırmalarda genel olarak piyasaların hacim kazanmış olduğu gelişmiş ekonomilerde ikiz açık hipotezinin geçerlilik düzeyine ilişkin düşük oranda bulgulara ulaşılmıştır. Bununla birlikte gelişmekte olan ekonomiler açısından ikiz açık hipotezinin geçerliliğine yönelik güçlü kanıtlar elde edilmiştir.

*İç Borçlanmanın Enflasyon Üzerine Etkisi:* Kamu kesimi iç borçlanmasının enflasyon üzerindeki etkisi iç borçlanma kaynaklarının içeriğine bağlı olarak değişebilmektedir. Eğer finansman merkez bankası veya ticari bankalar sistemi aracılığıyla gerçekleşiyorsa, açığın finansmanı ile para hacmi veya parasal taban arasında doğrudan ilişki kurmak anlamlıdır (Bakkal ve Gürdal: 2008: 162). Özellikle merkez bankasının tam bağımsız olmadığı ekonomilerde mevcut siyasi irade merkez bankası kaynaklarına yoğun olarak müracaat etmektedir. Bu konuda yapılan bir araştırmada, 12 ülkedeki merkez bankası kanunları incelenmiş ve merkez bankasının bağımsız olduğu ekonomilerde enflasyon oranının söz konusu ülkelere göre daha düşük düzeyde kaldığı neticesine ulaşılmıştır (Demir ve Sever, 2008: 183).

Bunun yanında özel birikim sahiplerinden borçlanmanın enflasyon üzerindeki etkisi devletin borçlanma yoluyla topladığı kaynakları kullanma biçimine göre şekillenmektedir. Borç olarak aldığı bu fonları yatırım amaçlı, tüketim amaçlı, eski borçlarını ödeme amaçlı kullanabilir ya da hiç kullanmayabilir. Her bir kullanım şeklinin ekonomik etkileri ise farklı olmaktadır. Devletin topladığı kaynakları hiç kullanmaması halinde piyasadaki para miktarı ve tüketim harcamaları azalmaktadır. Dolayısıyla enflasyonist eğilimler de tersine dönmektedir. Devletin borçlandığı fonları rutin harcamalarında kullanması durumunda, ücret, rant ve kar gibi gelirlerin sahipleri tüketim malları istemlerini arttıracağından enflasyonist süreci artırabilmektedir. Borçlanma ile sağlanan kaynakların yatırımlara transferi halinde ise, eğer yapılan yatırım üretken olmayan özellikte ise, böylesi durumda üretimde bir yükseliş gerçekleşmezken, tüketimde artış meydana gelmektedir. Tüketimdeki bu artış fiyatların yükselmesine neden olabilmektedir. Son olarak elde edilen fonlar geçmiş dönem borçların ödenmesinde kullanılıyorsa ve eski borç anapara ya da faiz tutarları yeni borç tutarından fazla ise emisyon hacmi genişleyeceğinden tüketim artacak, bu durum fiyatların yükselmesi sonucunu doğurmaktadır (Bakkal ve Gürdal: 2008: 162).

Öte yandan yandan kamu borçlanması faiz oranlarını yükselttiği oranda üretim maliyetlerini de yükseltmektedir. Üretim maliyetlerindeki artış ise kaçınılmaz biçimde nihai ürün fiyatlarını etkileyerek maliyet enflasyonun doğmasına sebep olacaktır. Borçlanmanın sonucu olarak ortaya çıkabilen enflasyon, faiz oranlarının yükselmesine sebebiyet vererek kamu borçlanmasını artıran bir borçlanma nedenine de evrilebilmektedir. Zira yüksek enflasyon gelecek süreç ile ilgili beklenti ve öngörülerdeki belirsizlikleri artırarak yatırım maliyetlerini artırmaktadır (Demir ve Sever, 2008: 184).

*Gelir Dağılımına Etkisi:* Kamu borçlanmaları sonrasında sağlanan fonların sosyal nitelikli verimli alanlarda kullanılması ile birlikte gelir artışları özellikle düşük gelir grubundaki bireylerin bu süreçten olumlu etkilenmesine kapı aralayabilir. Fakat özellikle gelişmekte olan ekonomilerde kamu borçlanmaları daha çok popülist uygulamalar sonrasında meydana gelen açıkların kapatılmasında kullanıldığından, fonların gelir dağılımına etkisi negatif yönlü cereyan etmektedir.

Kamu borçlarının giderek hacim kazanmasının akabinde kamu borçlanma senetlerinin piyasaya sunulması sonrasında yüksek düzeyde reel faiz ödemeleri gelir dağılımı üzerinde negatif etki meydana getirmektedir. Çünkü gelişmekte olan ülkelerde sermaye piyasasını teşvik amaçlı uygulamalar çerçevesinde tahvil kazançları genellikle vergi ve resimlerden muaftırlar. Aynı zamanda bu kişiler yüksek oranlı reel faiz getirisi de elde etmektedirler. Genellikle vergi ödemesi yapan birimler alt ve orta gelir grubundaki mükelleflerdir. Fakat bu gruptakilerin kamu borçlanma senedi alma oranları oldukça düşük seviyededir. Bununla birlikte devletin borçlanma senetlerini satın alan kesim çoğunlukla üst gelir grubundan oluşmaktadır. Bu durumda devletin borçlanma senedi ihracı sonrasında alt gelir grubundan üst gelir grubuna gelir transferi olacağından gelir dağılımı adaleti bu noktada olumsuz olarak etkilenmektedir (Eker, 1994:142).

## İç borçlanmanın Sınırı ve Sürdürülebilirliği

İç borçlanmanın sınırı, borçlanma düzeyi ve bu borçlanmanın oransal olarak hangi değere kadar yapılabileceği hususunu içermektedir. Bu hususta iki yaklaşımın varlığından bahsedebiliriz. Birinci görüş borçlanmanın belirli sınırlar dahilinde yapılabileceği düşüncesindedir. Klasik iktisadi yaklaşım ve günümüzdeki bazı iktisatçılar bu görüşü benimsemektedirler. İkinci düşünce kamu harcamalarında sınır kavramını benimseme eğilimi duymamaktadır. Bu yaklaşımı benimseyen iktisatçılar ekonominin kendi dinamikleri çerçevesinde kısıtlayıcı mekanizmaların devreye girerek iç borçlanmayı durduracağını düşünmektedirler.

Kamu iç borçlanmasında sayısal bir telaffuz edilmemekle birlikte GSYH, vergi oranı, kamu harcamaları, kamu açıkları, faiz oranları ve banka mevduatları sınırı belirlemede kullanılan araçlardan bazılarını oluşturmaktadır. İç borçların GSYiH'ya oranındaki artış, kamuya borç verenlerin milli gelirden daha yüksek pay aldığını göstermektedir. Bu durumda gelir dağılımında dengesizlik artmıştır. Ayrıca belirli bir mali dönemde iç borçlanma ihtiyacının toplam bütçe gelirlerine oranı da önemlidir. Bu şekilde kamu kesiminin bütçesinin ne kadarlık kısmı normal şekilde (kamu geliri ile) karşılandığını, ne kadarlık kısmının diğer finansman yöntemleri ile giderildiğini görmemizi sağlamaktadır. Kamu sektörü borçlanma ihtiyacının yükselmesi gelecek dönemlerde daha yüksek faiz oranı ile borçlanılacağının göstergesi olmaktadır (Tekin, 1992: 25). Öte yandan sermaye piyasasının sığ vaziyette bulunması çoğu zaman kamu kesimi açıklarının finansmanında daha yüksek maliyetleri de beraberinde getirmektedir. Bu bakımdan bankaların mevduat hacimleri bütçe harcama kalemlerinin finansmanını karşılama maliyetleri üzerinde belirleyici olabilmektedir.

İçinde bulunduğumuz süreçte kamu borçlarından ziyade bu borçların sürdürülebilir düzeyde olup olmadıkları önem taşımaktadır. Gerek iç borçlanmada gerekse dış borçlanmada sürdürülebilir boyutta olan borçlar ekonomiler için sorun teşkil etmemektedir. Bununla birlikte sürdürülemez boyuta ulaşan borçlanma seviyelerinin özellikle makroekonomik dengeler üzerinde negatif etki yapmaktadır.

Esasında sürdürülebilirlik probleminin ortaya çıkmasının temel nedeni devletin borcun maliyetini geri ödeme gücünün giderek zayıflamasından kaynaklanmaktadır. Borçlar sürdürülemez boyuta ulaştığında vergilerin büyük kısmının borçların geri ödemelere transferine sebebiyet vermektedir. Bu durumda kamu hizmetlerinin olumsuz etkilenmesi yanında gelecek nesiller üzerine yük olarak transfer edilmektedir. Borçların sürdürülebilirliği üzerine genel bir çerçeveyi Keynes'in belirlediğini söyleyebiliriz. 1920'li yılların başında Fransa'nın karşı karşıya kaldığı kamu borcu çıkmazını aşması konusunda Keynes (1923), Fransız hükümetinin bütçe kısıtını sağlaması için sürdürülebilir politikaları uygulamaya başlaması gerektiğini dile getirmiştir. Borç stokunun sürdürülebilirliği, kamu borç stokunun milli gelire oranının uzun dönem bazında değişim göstermemesi şeklinde ifade bulmaktadır (Bal ve Özdemir, 2010: 88).

Bununla birlikte, kamu borcunun sürdürülebilirliği bir grup göstergedeki eşikleri karşılama yeteneği ile de değerlendirilmektedir. Son zamanlarda borç yükümlülüklerinin bileşimi ve borç servisinin maliyetlerinin milli gelire, sürdürebilir kazançlara ve kamu harcamalarına oranları olarak ifade edilmiştir. Yurt içi borçların sürdürülebilirliği konusunda öne sürülen önemli yaklaşımlardan birisi de IMF'e aittir. Eğer büyüme oranı %5-7 oranlarının üzerinde olursa yurt içi borçların milli gelire oranı %15-20 seviyesini altında bulunmalıdır. Sürdürülebilir gelirlerin genel olarak GSYİH'dan daha iyi bir payda olduğu, ancak oranlardaki kritik düzeylerin sayısal değerlerinin üzerinde konsensüs oluşmadığı gözlemlenmiştir. Kamu borcunun sürdürülebilirliğinin bir diğer önemli göstergesi ise, faiz oranının ve ekonominin büyüme oranının büyüklüğüdür. Bu yaklaşım, hükümetin borç kullandığı faiz oranının ekonominin büyüme oranından daha büyük olamayacağını düşünmektedir. Borçların GSYİH'ya oranının artması nedeniyle sürdürülemez bir borç ortaya çıkacaktır (Ryan ve Maana, 2014: 5).

Kamu borcunun yerli ve yabancı kaynaklara göre dağılımı da borç sürdürülebilirliğinin önemli bir belirleyicisidir. İç borcun daha büyük bir kısmı borç servis harcamasının ülke dışına ödenmesinden ziyade yerli ekonomide kalmasını sağlar. Buna ek olarak, kur riski en aza indirgenmiştir. Bununla birlikte, iç pazardan aşırı borçlanma, faiz oranlarının artırılabilmesi nedeniyle özel sektör borçlanmalarını da artırabilmektedir (Ryan ve Maana, 2014: 5).

Kamu borçlarının sürdürülebilmesi konusunda iki temel yaklaşımdan yararlanılmaktadır. Bunlardan birincisi statik analiz, diğeri ise dinamik analiz yöntemidir (Ulusoy ve Cural, 2006: 4).

## Statik Analiz Yöntemi

Statik analiz yöntemi de kendi içinde dört alt başlıkta ele alınmaktadır. Bunlar aşağıda ifade edilmiştir.

*İkiz Açıklar Yöntemi:* Burada kamu borçlanma ihtiyacındaki yükselme, döviz rezervleri ve net dış borç stoku arasındaki ilişki birlikte ele alınmaktadır. İkiz açıklar yöntemi serbest piyasa modeline erişim seviyesi yüksek olan ekonomiler için daha başarılı sonuçlar vermektedir (Ulusoy ve Cural, 2006: 4).

*Bütçe Kısıtı Yöntemi:* Malî tutarlılık ve borç ödeyebilme yeteneğinin sürekliliği, bir noktada mali politikaların içsel düzeyde ve gelecek döneme ilişkin makroekonomik amaçlar ile eş güdümlü olmasına bağlıdır. Bu uyum, bütçe kısıtı denklemi yardımıyla harcama ve finansman politikaları açısından en azından geçmişe yönelik ölçülebilir ve geleceğe ait ipuçlarını sunabilmektedir. Bu mantıktan hareketle oluşturulan model ve yöntemlere GBC (Devletin Bütçe Kısıtı) modelleri ve yöntemleri denilmektedir. Buna aynı zamanda Kamu Finansmanında Mali Tutarlılık ve Finanse Edilebilir Kamu Açığı Yöntemi adı verilmektedir (Ulusoy ve Cural, 2006: 4).

*Bugünkü Değer Yaklaşımı:* Kamu borç miktarının bugünkü ve gelecek dönemlerdeki değeri arasındaki fark faiz ödemelerini göstermektedir. İşte bu farkın faiz dışı fazla verilerek ayarlanması gerekmektedir. Bu şart kısa ve uzun vadede birlikte sağlanmalıdır. Bu yaklaşıma getirilen en büyük eleştiri, şartların devamlı olarak sağlandığı durumlarda dahi uzun vadede bekleyişlerin kötüleştiği herhangi bir dönemde, faiz oranlarının artması koşulu sağlamak için gereken faiz dışı fazla miktarını da artırmaktadır. Bu durumda özellikle vergi gelirlerinde düşmenin de beklendiği bir ortamda arzu edilen şartları gerçekleştirmek mümkün olmayabilir.

Bir başka eleştiri noktası da reel faiz hadlerinin uzun dönemler boyunca milli gelir yükselişinden daha fazla performans sergilemesi sonucu kamu borç stokunun milli gelirden daha hızlı büyüyebileceği ve bunun da borç stokunu sürdürülemez noktaya getireceği yönünde olmuştur (İnan, 2003: 17-18).

*Oransal Analiz Yöntemi:* Statik analiz yöntemleri içerisinde yer alan oransal analiz yönteminde sürdürülebilirlik amacıyla koşula eklenen değişkenler genellikle oransal olarak ele alınır. Burada amaç kamu borç stokunun milli gelire oranını sabit tutmak ise, bütün nominal büyüklükler milli gelire oran olarak ele alınır ve hedef değişken de milli gelire oranı ile tespit edilir (İnan, 2003: 18).

*Vergi Boşluğu Yaklaşımı:* Bu yaklaşımda hedef değişken olarak faiz dışı fazla kavramı yer almamaktadır. Kamu borç stokunun sürdürülebilirliğini sağlayacak olan hedef değişken ideal bir vergi geliri/milli gelir oranının tespit edilmesidir. Birinci evrede oran tespiti yapıldıktan sonra ikinci evrede gerçekleşen oranın tespit edilen ideal orandan sapma durumuna bakılır (İnan, 2003: 18).

## Dinamik Analiz

Dinamik analiz sürecinde ekonominin geçmiş dönem verilerinden yararlanılarak gelecek dönemde sergileyeceği performansa ilişkin öngörülerde bulunulmaktadır. Burada makroekonomik istikrar, iç ve dış borçlar, kamusal denge durumunda ilişkin öngörüler kısmi ve genel denge analizinden de yararlanılarak sunulmaktadır. Bu doğrultuda gelecek dönem zarfında kamu bütçesinin harcama ve gelirlerine ilişkin gelişmelerin de ne olacağı borçların sürdürülebilirliği konusu da önem arz eden hususlardan birisidir. İç ve dış borç faiz oranları ve döviz kurlarına ilişkin gelişmeler, borçların sürdürülebilirliğini gelecekte etkileyebilecek önemli faktörler arasında değerlendirilebilir. Esasında dinamik analizde kararların isabetlilik düzeyini artırmak çok yönlü çalışmayı ve beklenmeyen bazı durumları da dikkate almayı gerektirmektedir. Bu nedenle, ilgili yaklaşımın oldukça kapsamlı ve zor yönleri olduğundan uygulama sürecinin de sıkıntılı olduğunu söyleyebiliriz (Ulusoy ve Cural, 2006: 5).

## İç Borçların Gelişimi ve Sürdürülebilirliği

Literatürde borçlanmanın sürdürülebilirliği konusunda çok sayıda yöntemden bahsedilebilir. Fakat bunlar içerisinde en fazla tercih edilen yöntem oransal yöntemdir. Bununla birlikte hangi oranların sürdürülebilirlik için en uygun olduğu hususu tartışmalıdır. Burada her oran farklı anlamlar içermekte ve olaya farklı açılardan değerlendirme imkânı sunmaktadır(Ulusoy ve Cural, 2006: 5). Bu bağlamda Türkiye'de iç borçların gelişim süreci ve iç borçların sürdürülebilirliği hususundaki değerlendirmeler aşağıda sunulmuştur.

### *İç Borçlar ve İç Borç Gerçekleşmeleri*

Kamu borcunun finansmanında kullanılan iç borçlanmalar; tahvil ve hazine bonosu satışı, avans işlemleri ve borçların ertelenmesini ifade eden konsolide borçlar biçiminde yapılabilmektedir. 1990-2016 yılları arasında iç borçlanmanın gerçekleşme biçimleri aşağıdaki tabloda verilmiştir. Tablodan da izleneceği gibi 1996 yılına kadar farklı oranlarda da olsa iç borçlanma kalemlerinden hepsi kullanılmıştır. 1997 yılından sonraki yıllarda ise iç borçlanma devlet tahvili ya da hazine bonosu satışları ile yapılmıştır.

*Tablo 1: İç Borçlar ve İç Borç Gerçekleşmeleri*

| Yıllar | İç Borçlar (Milyar TL) | Tahvil (%) | Hazine Bonosu (%) | Avans (%) | Konsolide Borçlar (%) |
|---|---|---|---|---|---|
| 1990 | 57,1 | 32,8 | 9,5 | 5 | 52,5 |
| 1991 | 97,6 | 25,2 | 18,6 | 13,9 | 42,1 |
| 1992 | 194,2 | 44,4 | 21,7 | 15,9 | 17,8 |
| 1993 | 357,3 | 53,3 | 18 | 19,7 | 8,9 |
| 1994 | 799,3 | 29,9 | 38 | 15,2 | 16,6 |
| 1995 | 1361,0 | 37,6 | 46,3 | 14,1 | 19,9 |
| 1996 | 3149,0 | 39,7 | 48,5 | 11,7 | 12,2 |
| 1997 | 6283,4 | 56,8 | 37,7 | 5,3 | 0 |
| 1998 | 11612,9 | 49,7 | 50,2 | 0 | 0 |
| 1999 | 22920,1 | 85,8 | 14,1 | 0 | 0 |
| 2000 | 36420,6 | 94,3 | 5,6 | 0 | 0 |
| 2001 | 122157,2 | 83,6 | 16,3 | 0 | 0 |
| 2002 | 149869,7 | 75,2 | 24,7 | 0 | 0 |
| 2003 | 194386,7 | 86,9 | 13 | 0 | 0 |
| 2004 | 224482,9 | 86,5 | 13,4 | 0 | 0 |
| 2005 | 244781,8 | 92,7 | 7,2 | 0 | 0 |
| 2006 | 251470,0 | 96,2 | 3,8 | 0 | 0 |
| 2007 | 255310,0 | 97,6 | 2,4 | 0 | 0 |
| 2008 | 274827,3 | 94,9 | 5 | 0 | 0 |
| 2009 | 330004,6 | 95,6 | 4,4 | 0 | 0 |
| 2010 | 352841,1 | 97 | 2,8 | 0 | 0 |
| 2011 | 368778,4 | 100 | 0 | 0 | 0 |
| 2012 | 386541,7 | 99 | 1 | 0 | 0 |
| 2013 | 403006,9 | 100 | 0 | 0 | 0 |
| 2014 | 414648,5 | 100 | 0 | 0 | 0 |
| 2015 | 440124,3 | 100 | 0 | 0 | 0 |
| 2016 | 468644,3 | 99,8 | 0,2 | 0 | 0 |

*Kaynak: HM, Ekonomik Göstergeler www.hazine.gov.tr;*

*Kalkıma Bakanlığı, Ekonomik ve Sosyal Göstergeler, www.kalkinma.gov.tr.*

Öte yandan iç borçlanmada hazine bonosu kullanım miktarı 2000 yılına kadar ciddi oranları içerecek boyuttadır. On yıllık zaman dilimi iç iç borçlanmada hazine bonosu kullanımı ortalama %30,26 oranında gerçekleşmiştir. 2000 yılından sonra hazine bonosu kullanım eğilimi azaltma sürecine girmiştir. Öyle ki 2005 yılından itibaren %10 seviyesinin altında kalmış bazı yıllarda ise hazine bonosu kullanımına dahi gidilmemiştir. Devlet tahvilinin bir yıldan daha uzun süreli borçlanmaları ifade ettiğini dikkate aldığımızda, iç borçlanmada giderek vade sürelerinin daha uzun zaman dilimine doğru evirildiğini söyleyebiliriz.

### *Reel Büyüme ve Faiz Oranındaki Gelişmeler*

Borç yönetiminde etkinlik ve büyüme performansı açısından borçlanma vadelerinin mümkün olduğu kadar uzun ve faiz oranlarının da olabildiği kadar düşük seviyede gerçekleşmiş olması arzu edilmektedir. Bunun yanında uzun vadeli borçlanma; alınan borçların geri ödenmesi aşamasında sağladığı avantajlardan dolayı da kısa vadeli borçlanmalara göre daha az sorunlar meydana getirmektedir (Demir, 2009: 102).

*Tablo 2: Büyüme ve Faiz oranı Gerçekleşmeleri*

| Yıllar | Nom. Faiz Oranı (%) | İç Borç Vadesi (Gün) | Büyüme Oranı (%) | Enflasyon Oranı (TÜFE -%) | Reel Faiz Oranı (%) |
|---|---|---|---|---|---|
| 1990 | 54,0 | 236 | 9,3 | 60,41 | -7,35 |
| 1992 | 87,7 | 211 | 6 | 65,97 | 7,8 |
| 1994 | 164,4 | 119 | -5,5 | 125,49 | 9,96 |
| 1996 | 135,2 | 195 | 7 | 79,76 | 23,31 |
| 1998 | 122,5 | 233 | 3,1 | 69,73 | 23,87 |
| 1999 | 109,5 | 479 | -3,4 | 68,79 | 17,63 |
| 2000 | 38 | 410 | 6,6 | 39,03 | -3,47 |
| 2001 | 96,2 | 148 | -5,9 | 68,53 | 10,71 |
| 2002 | 63,8 | 252 | 6,4 | 29,75 | 21,32 |
| 2003 | 45,0 | 299 | 5,6 | 18,36 | 18,71 |
| 2004 | 25,7 | 372 | 9,6 | 9,32 | 12,6 |
| 2005 | 16,9 | 560 | 9,0 | 7,72 | 6,95 |
| 2006 | 18,2 | 756 | 7,1 | 9,65 | 6,16 |
| 2007 | 18,8 | 859 | 5,0 | 8,39 | 7,87 |
| 2008 | 19,3 | 810 | 0,8 | 10,06 | 6,61 |
| 2009 | 12,6 | 1005 | -4,7 | 6,53 | 4,56 |
| 2010 | 8,4 | 1170 | 8,5 | 6,4 | 1,13 |
| 2011 | 8,6 | 1136 | 11,1 | 10,45 | -2,41 |
| 2012 | 8,8 | 1407 | 4,8 | 6,16 | 1,64 |
| 2013 | 7,7 | 1927 | 8,5 | 7,4 | -0,47 |
| 2014 | 9,8 | 1942 | 5,2 | 8,17 | 0,59 |
| 2015 | 6,5 | 1948 | 6,0 | 8,81 | -2,71 |
| 2016 | 10,2 | 1963 | 2,9 | 8,53 | 0,63 |

*Kaynak: HM, Ekonomik Göstergeler www.hazine.gov.tr; Kalkıma Bakanlığı, Ekonomik ve Sosyal Göstergeler, www.kalkinma.gov.tr*

Devlet iç borçlanma senetlerine ilişkin faiz oranları, vade düzeyleri ve büyüme oranına ilişkin gelişmeler Tablo 2 ve Grafik 1 üzerinde gösterilmiştir. 1994 krizi öncesinde DİBS borçlanma vadesinde gün miktarı 200 gün civarında seyretmiştir. 1994 krizi sonrasında bir taraftan reel faiz oranlarında artış meydana gelirken diğer taraftan da iç borçlanma senetleri vade süresi de ortalama 119 gün seviyesine düşmüştür. Krize giren ekonomide doğal olarak büyüme oranında düşüş meydana gelmiş ve ekonomi %5,5 oranında küçülmüştür. 5 Nisan istikrar programı ile birlikte normalleşme sürecine yönelen iktisadi ortam sonrasında %164 seviyesine çıkan faiz oranlarında gerileme eğilimi görülse de 5 Nisan İstikrar programının tam manasıyla uygulanma ortamının oluşmaması nedeniyle faiz oranları ve sürelerinde arzu edilen seviyelerin gerisinde kaldığımızı söyleyebiliriz.

*Grafik 1: Büyüme ve Faiz Oranı Gerçekleşmeleri*

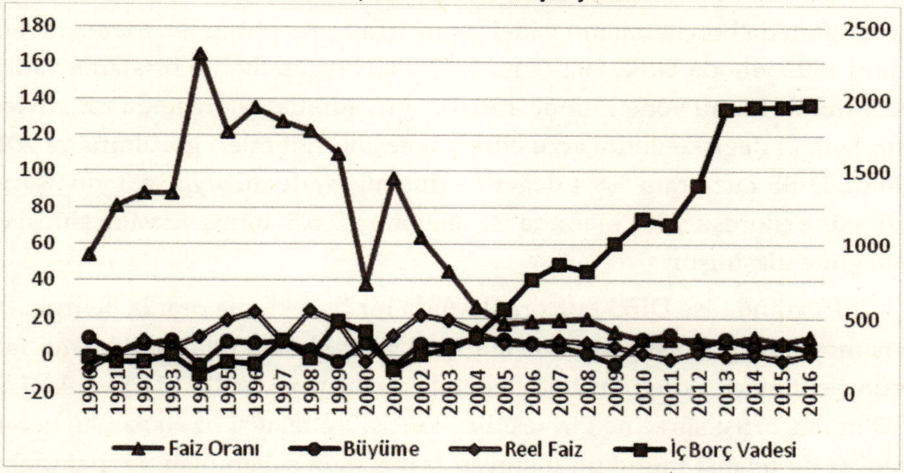


*Kaynak: HM, Ekonomik Göstergeler www.hazine.gov.tr; Kalkıma Bakanlığı, Ekonomik ve Sosyal Göstergeler, www.kalkinma.gov.tr*

Yukarıdaki grafikte devlet iç borçlanma senetleri faiz oranı ile borç vadeleri arasındaki ilişkinin ters yönlü olduğu gözlenmektedir. Yüksek faiz oranı aynı zamanda borç verme sürelerinin de daralmasına neden olmaktadır. 1990-2000 yılları arasında popülist politikalar ile birlikte kamu kaynaklarının ekonomik rasyonalitenin dışında kullanımı sonrasında giderek artan borçlanma ihtiyacı ilerleyen süreçte iktisadi krizlerin en önemli faktörlerinden birisi olmuştur. Artan kamu ihtiyacı yanında siyasi ve iktisadi düzeyde giderek belirginleşen belirsizlik ortamına bağlı olarak yükselen faizler aynı zamanda özel kesimin gelir kaynaklarının gerçekte piyasada faaliyet yürüttüğü alanların dışına çıkmasının gerekçesini meydana getirmiştir. İlgili dönemde özel kesimin toplam gelirleri içinde faaliyet dışı gelirleri kabul edilebilir düzeylerin çok üzerine çıkmıştır.

2000 yılında döviz kuru esasına dayalı olarak uygulama konulan istikrar programının nihayete erdiği Şubat 2001 krizi sonrasında Güçlü Ekonomiye Geçiş Programı ile birlikte kamu borç yönetiminde yeni bakış açısı oluşturulmuştur.

Borçların sürdürülemez boyut kazandığı ve temel kamu hizmetlerinin dahi finansmanında sıkıntıların yaşandığı iktisadi ve mali iklim kapsamlı bir istikrar programının kararlılıkla uygulanabilirliğini desteklemiştir. Ayrıca başta AB ve IMF olmak üzere bazı uluslararası camianın Türkiye'ye desteklerini bazı şartlara bağlı olarak sunmaları da uygulanan programa halkın katkısını artırmıştır (Demir, 2009: 222). Bunun yanında 2002 yılından itibaren iktisadi ve siyasi koşullarda belirsizlik ortamının azalması ve kamu kaynaklarının rasyonel ölçütler dikkate alınarak kullanma çabalarının yoğunluk kazanması, beraberinde bir taraftan faiz oranlarını aşağı doğru çekerken diğer taraftan da borçlanmanın vadelerinin artmasına zemin hazırlamıştır. Söz gelimi 2002 yılında DİBS faiz oranı %63,8 ve borçlanmanın ortalama vadesi 252 gündür. Kamu yönetiminde atılan doğru adımlar sonrasında zaman içerisinde ilgili değişkenlerde arzu edilen iyileşme eğilimleri görülmüş ve 2010 yılında DİBS faiz oranı %8,4 değerine düşmüş vade düzeyi ise 3 yılı aşarak 1170 güne çıkmıştır. 2015 yılında ise faiz oranı %6,5' inmiş ve vade süresi de 1948 güne ulaşmıştır.

2016 yılında ise DİBS faiz oranlarında bir önceki yıla oranla belirgin bir artış meydana gelmiştir. Bu artışta dışsal ve içsel bakımdan iki önemli faktörün belirleyici olduğunu ifade edebiliriz. Birincisi, ABD Merkez Bankası FED'in faiz artışı sürecine girmesidir. İkincisi ise telafisi uzun zaman gerektiren ya da telafisi mümkün olmayan travmalara sebep olan ve makroekonomik dengeleri olumsuz etkileyen 15 Temmuz darbe teşebbüsüdür. Darbe girişimi sonrasında ekonomi yönetiminin bu süreçten etkilenme düzeyini minimize edecek tedbirlere başvurmasına rağmen, ulusal ve uluslararası piyasalarda risk algılamasının yükselmesi faiz oranlarını artırmış ve 2016 yılında DİBS faiz oranları yıllık ortalama %10,24 oranına çıkmıştır.

Sonuç olarak 2001 krizi sonrasında oluşturulan mali disiplin ve gerçekleştirilen reformlar sonrasında risk algılamasının giderek azalması sonrasında içinde bulunduğumuz döneme kadar yıllık bazda ortalama DİBS faiz oranlarının düşmesi ile birlikte borçlanmada vade zamanının giderek uzaması, bir yönüyle kamu borç yönetiminde başarılı politikaların uygulandığını gösterirken, diğer yönüyle de borçların sürdürülebilirliği noktasında da risklerin minimize edildiğini vurgulamaktadır.

### *İç Borçlanmanın Oransal Gelişimi*

Kamu iç borçlanmasının sürdürülebilirlik düzeyini gözlemlemede çeşitli oransal değişkenlerden faydalanılmaktadır. Bunlardan iç borçlar/bütçe gelirleri, iç borç faiz ödemeleri/bütçe gelirleri, iç borç servisi/bütçe gelirleri ve iç borç çevirme oranı en çok izlenen bileşenlerdendir.

İç borç servisinin bütçe gelirlerine oranı, kamunun borçlarını yurt içi imkânlardan ödeyebilme yeteneğinin düzeyini ifade etmektedir. Oranın yükselmesi iç borç ödemelerinde kamunun sorun yaşayabileceğinin sinyalini vermektedir. Piyasanın fonksiyonunu yerine getirmediği olağan üstü durumlarda kamu kısmen ya da tamamen yükümlülük almak durumunda kalmaktadır. Johnson'a göre iç borç sevisi/bütçe gelirleri oranının %28-63 arasında bulunması sürdürülebilirlik ve ekonomik performans açısından sorunların olmadığını göstermektedir (Johnson, 2001: 21). Bununla birlikte kamunun gelir kaynakları ve diğer iktisadi dinamiklerin birlikte ele alınarak sürdürülebilirlik değerlendirmesi yapmak daha doğru bir yaklaşımdır (Ulusoy ve Cural, 2006: 14). Grafik 2'den izleneceği üzere ele alınan dönem bazında 1990 yılından itibaren giderek artış gösteren iç borç servisinin bütçe gelirlerine oranı 2001 krizinde %177 değeri ile maksimum seviyeye ulaşmıştır. 2001 yılından itibaren azalma sürecine giren söz konusu oranın 2011 yılında kabul edilebilir sınırlar içerisine girdiği ve 2011 yılında ilgili oranın %44,5 değerine düştüğü görülmektedir.

*Grafik 2: Bazı Oransal Gelişmeler (%)*

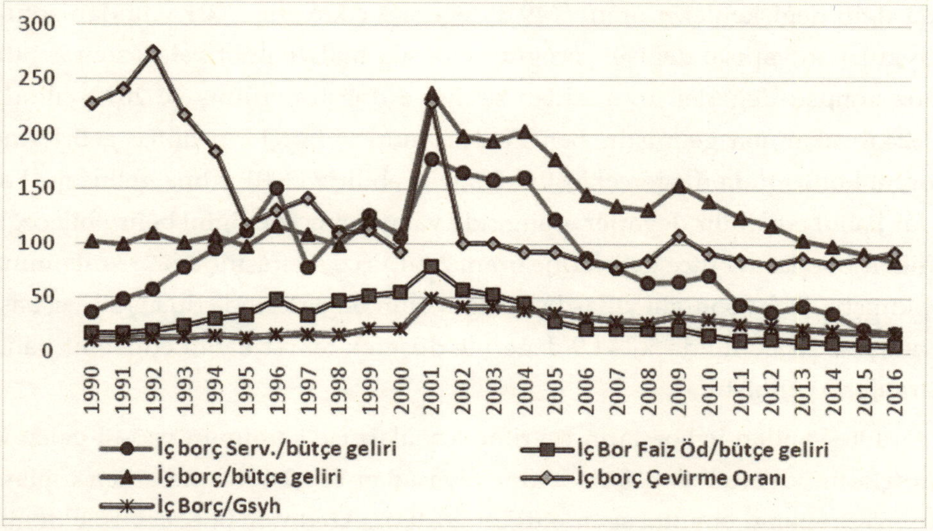


*Kaynak: HM, Ekonomik Göstergeler www.hazine.gov.tr; Kalkıma Bakanlığı, Ekonomik ve Sosyal Göstergeler, www.kalkinma.gov.tr*

İç borç faiz ödemelerin bütçe gelirlerine oranı, yurt içi borçlanmaların faizden kaynaklanan büyüklüğünü görmemize yardımcı olmaktadır. Bütçe gelirleri içerisinde faiz yükünün yüksek olması bütçe gelirlerinin rasyonel kullanımın dışına çıkıldığını ifade etmektedir. Grafikten görüleceği üzere 2001 yılı bütçedeki faiz yükünün seyri açısından kırılma noktasını oluşturmaktadır. 2001 yılına kadar genel olarak artış eğilimi gösteren bütçe gelirlerindeki faiz yükü, 2001 krizi ile birlikte yıllık bazda %78,5' değerine çıkmıştır. 2001 yılından itibaren de azalış sürecine girmiş ve 2016 yılında bu oran %6,75 değerine düşmüştür. Johnson ilgili değişkenlere yönelik oranların %4,6-6,8 aralığının eşik değerler olduğunu ifade etmiştir (Johnson, 2001: 21). Bu bağlamda ele alınan dönemler açısından Türkiye'de istenen seviyeye yalnızca 2016 yılında ulaşıldığı görülmektedir.

Bununla birlikte borçluluk durumu analizi iç borç miktarının gayri safi yurtiçi hasılaya oranı ve bütçe gelirlerine oranı ile de ölçülmektedir. İç borç miktarının bütçe gelirlerine oranı ulusal borçlar açısından kamunun geri ödeme durumunu görmemizi sağlamaktadır. Johnson iç borç miktarının gayri safi yurtiçi hasılaya oranı %20-25 ve iç borç miktarının bütçe gelirlerine oranının %92-167 aralıklarında bulunması halinde uygun düzeylerin yakalanmış olduğunu vurgulamıştır (Johnson, 2001: 21). Türkiye'de 1990 yılından 2001 yılına gelinceye kadar iç borçların gayri safi yurtiçi hasılaya oranı artmasına rağmen kabul edilebilir değerlerde kalmıştır. 2001 krizi sonrasında ilgili değişkenlerin oranı %49,8 değerine çıkmıştır. 2001 yılından sonra uygulanan yapısal değişim programı ve sıkı maliye politikaları sonrasında söz konusu değerler arzu edilen seviyeye doğru evrilmiş ve 2012 yılında %24,6 rakamına gelmiştir. Benzer durumun iç borçların bütçe gelirlerine oranı konusunda da gerçekleştiğini söyleyebiliriz. 2001 yılına gelinceye kadar kabul edilebilir değerler aralığında yatay seyir izlediğini belirtebileceğimiz iç borçların bütçe gelirlerine oranı 2001 krizi sonrasında %237 rakamına çıkmıştır. Daha sonraki yıllarda ise ilgili oran değerlerinde düşüş süreci başlamış ve 2006 yılında %144,9 değerine düşerek tekrar kabul edilebilir band aralığına gelmiştir.

Öte yandan iç borçların çevrilme oranları ise kamunun vadesi gelen iç borçların ödemesi sürecinde tekrar piyasadan borçlanma yaparken toplam borçların hangi boyutta seyir ettiğini göstermektedir. İç borç çevirme oranının 100'ün altında bulunması halinde hazinenin borç ödeme miktarının borçlanma miktarından büyük olduğunu ifade etmektedir. Böylesi bir durumda zamana bağlı olarak toplam borçlanma miktarı azalacak ve piyasada parasal gevşeme yaşanacağından, faiz oranlarında da düşüş meydana gelebilecektir. Türkiye ekonomisi bağlamında 1990 yılından 2000 yılına gelinceye kadar iç borçların çevrilme oranı %100 rakamının üzerindedir. 1990 yılında %227 olan bu rakam 2000 yılında %92 değerindedir. Daha sonraki yıllar içerisinde 2001 ve 2009 yılları için %100 rakamının aşıldığını söyleyebiliriz. 2001 yılında içsel unsurlar, 2009 yılında ise dışsal unsurlardan kaynaklanan krizin bu rakamların yükselmesindeki ana unsur olduğunu belirtebiliriz.

***Faiz Dışı Fazla Yaklaşımı***

İç borçların azaltılması ya da sürdürülebilir büyüklüğe ulaştırılması bağlamında faiz dışı fazlanın oluşturulması önemsenmektedir. Faiz dışı fazla verilmesi gelir artırıcı ve harcamaları daraltıcı uygulamaların faaliyete geçirilmesidir. Esasında bu uygulama IMF yaklaşımını ifade etmektedir. Diğer değişkenlerin sabit kaldığı durumda faiz dışı fazla yükseldikçe borçların artış hızı gerileyecektir. Bununla birlikte borçların azaltılması için faiz dışı fazla verme durumu gerekli olmakla birlikte yeterlilik noktasında kâfi değildir. Faiz dışı fazla yanında reel faiz oranı, reel büyüme seviyesi ve iç borç yükü miktarlarının milli gelire oranının da dikkate alınması daha uygun görünmektedir. İç borçların sürdürülebilirliğine ilişkin değişkenler arasındaki ilişki aşağıdaki şekilde yazılabilir (Şen, Yardımcıoğlu ve Kar, 2007: 259-263):

$$\left((r-g)b\right) \leq \left(\frac{FDF}{GSYH}\right)$$

Yukarıda sunulan denklemde FDF, faiz dışı fazla miktarını, r, reel faiz oranını g, reel büyüme oranını, b, iç borçların gayri safi yurt içi hasılaya oranını ve GSYH, gayri safi yurt içi hasılayı ifade etmektedir. Borçların sürdürülebilir konumda bulunması için denklemde sağ tarafın sol taftan büyük ya da en azından eşit düzeyde tutulması gerekmektedir.

*Tablo 3: İç Borçların Sürdürülebilirliği*

| Yıllar | Reel Faiz | Büyüme | İç Borç/GSYH | FDF | (r-g).b |
|---|---|---|---|---|---|
| 1990 | -0,073 | 0,093 | 0,108 | 0,005 | -0,01793 |
| 1991 | 0,007 | 0,009 | 0,115 | -0,015 | -0,00023 |
| 1992 | 0,078 | 0,060 | 0,132 | -0,006 | 0,002376 |
| 1993 | 0,045 | 0,080 | 0,134 | -0,009 | -0,00469 |
| 1994 | 0,099 | -0,055 | 0,154 | 0,038 | 0,023716 |
| 1995 | 0,191 | 0,072 | 0,13 | 0,033 | 0,01547 |
| 1996 | 0,233 | 0,070 | 0,159 | 0,017 | 0,025917 |
| 1997 | 0,077 | 0,075 | 0,162 | 0,001 | 0,000324 |
| 1998 | 0,239 | 0,031 | 0,161 | 0,043 | 0,033488 |
| 1999 | 0,176 | -0,034 | 0,214 | 0,018 | 0,04494 |
| 2000 | -0,035 | 0,066 | 0,213 | 0,053 | -0,02151 |
| 2001 | 0,107 | -0,06 | 0,498 | 0,064 | 0,083166 |
| 2002 | 0,213 | 0,064 | 0,417 | 0,043 | 0,062133 |
| 2003 | 0,187 | 0,056 | 0,415 | 0,052 | 0,054365 |
| 2004 | 0,126 | 0,096 | 0,389 | 0,061 | 0,01167 |
| 2005 | 0,069 | 0,09 | 0,363 | 0,081 | -0,00762 |
| 2006 | 0,062 | 0,071 | 0,319 | 0,054 | -0,00287 |
| 2007 | 0,079 | 0,05 | 0,29 | 0,041 | 0,00841 |
| 2008 | 0,066 | 0,008 | 0,276 | 0,035 | 0,016008 |
| 2009 | 0,046 | -0,047 | 0,33 | 0,001 | 0,03069 |
| 2010 | 0,011 | 0,085 | 0,304 | 0,008 | -0,0225 |
| 2011 | -0,024 | 0,111 | 0,264 | 0,019 | -0,03564 |
| 2012 | 0,016 | 0,048 | 0,246 | 0,013 | -0,00787 |
| 2013 | -0,005 | 0,085 | 0,223 | 0,020 | -0,02007 |
| 2014 | 0,006 | 0,052 | 0,203 | 0,015 | -0,00934 |
| 2015 | -0,027 | 0,06 | 0,188 | 0,015 | -0,01636 |
| 2016 | 0,006 | 0,029 | 0,18 | 0,009 | -0,00414 |

*Kaynak: HM, Ekonomik Göstergeler www.hazine.gov.tr; ve Kalkıma Bakanlığı, Ekonomik ve Sosyal Göstergeler, www.kalkinma.gov.tr verilerinden yararlanılarak hesaplanmıştır.*

Tablo 3'de sürdürülebilirlik göstergelerini oluşturan değişkenlerin 1990-2016 yılları arasındaki gelişimi sunulmuştur. Borçların sürdürebilirlik düzeyini artırmada en önemli unsur olan faiz dışı fazla düzeyinin yaklaşık ortalama %5,4 seviyesi ile 2000-2008 yılları arasında yüksek oranlarda seyrettiğini söyleyebiliriz. Öyle ki 2005 yılında faiz dışı fazlanın gayri safi yurtiçi hasılaya oranının zirve düzeye çıkarak %8 düzeyini aştığı görülmektedir.

*Grafik 3: Sürdürülebilirlik Göstergesi Gelişimi*

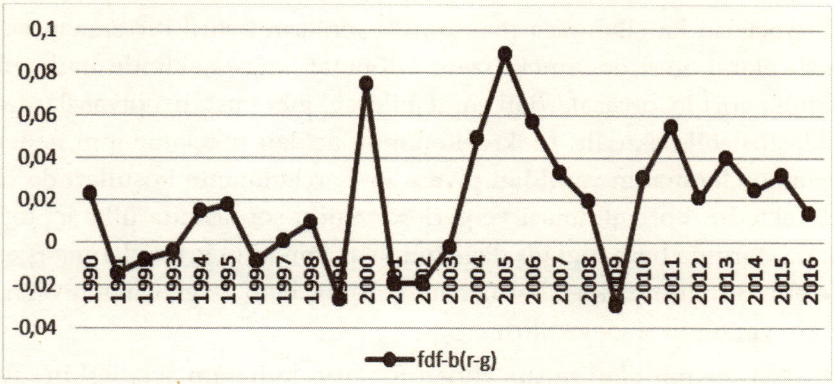


Yukarıdaki Grafik 3'de sürdürülebilirlik düzeyinin gelişimi gösterilmiştir. Grafikten de görüleceği üzere 2000 yılına gelinceye kadarki zaman diliminde 1991, 1992, 1993 ve 1999 yılları için sürdürülebilirlik göstergelerinin negatif değerler aldığı görülmektedir. 1990 yılından sonra üç yıl arka arkaya sürdürülebilirlik düzeyinin giderek zayıfladığını göstermektedir. Devamında yaşanan iktisadi kriz sorasında 5 Nisan istikrar paketi uygulamaya konulmuş ve borçların sürdürülebilirlik seviyesi iki yıl pozitif değer almıştır. Devamında 1996 yılında seçim ekonomisi uygulanması nedeniyle iç borçların sürdürülebilirlik değeri yine negatif olmuştur. Bunun yanında 1999 yılında Rusya krizinin etkisinden dolayı sürdürülebilirlik değeri olumsuz etkilenmiştir. 2000 yılından itibaren sürdürülebilirlik değerleri 2001 krizi ve onu takip eden iki yıl içerisinde düşük negatif değerler almıştır. Daha sonraki yıllarda küresel krizin etkisi ile birlikte 2009 yılında arzu edilmeyen değerlere ulaştığı görülmektedir. 2009 yılından sonraki yıllarda bütçe değerlerinde faiz dışı fazla verilmeye devam etmiş fakat önceki yılların altında seyretmiştir. 2010-2016 yılları aralığında faiz dışı fazla oranı ortalama bazda %1,4 olarak gerçekleşmiştir. Bununla birlikte büyüme ve faiz oranları değerlerinin arzu edilen yönde seyretmesi iç borçların sürdürülebilirlik değerinde olumsuz bir tablo ile karşılaşılmasına mani olmuştur.

Sonuç olarak 1990'lı yıllarda ekonomik ve siyasi istikrarsızlığın yoğun olarak yaşanması ve artan iç borçlardan dolayı iç borçlanmanın sürdürülebilirlik düzeylerinde on yıllık zaman dilimi içerisinde beş yıl istenmeyen değerler elde edilmiştir. 2009 küresel finansal krizinin etkisi değerlendirme dışı tutulursa 2001 krizi sonrasında tek parti iktidarının varlığında gerçekleşen siyasi istikrar ile birlikte, bir taraftan faiz dışı fazla verilerek mali baskınlık düzeyinde gerileme meydana gelmiştir. Diğer taraftan da yükselen büyüme ve düşme eğilimine giren faiz oranları akabinde sürdürülebilirlik parametrelerinin kabul edilebilir düzeylerde seyretmesini sağlamıştır diyebiliriz.

## SONUÇ

İhtiyaçların karşılanması maksadıyla fonların belirli bir zaman sürecine bağlı olarak geri ödenmek üzere ödünç alınması şeklinde ifade edilen borçlanma yurt içi piyasalardan yapılabileceği gibi yurt dışı piyasalardan da gerçekleştirilebilmektedir. Makroekonomik açıdan borçlanmanın nedenleri yanında borçlanmanın yapıldığı piyasa ve borçlanmanın koşulları da önem arz etmektedir. Borç alınması ve geri ödenmesi sonrasında ülke içi toplam varlık miktarında herhangi bir değişimin yaşanmadığı iç borçlanma işlemini içinde bulunduğumuz koşullarda hem gelişmiş hem de gelişmekte olan tüm ülkelerin yaptığını söyleyebiliriz.

Burada önemli olan husus alınan fonların kullanım şekilleridir. Temin edilen fonların alınış şekilleri de dikkate alınarak iktisaden doğru yerlerde kullanıldığı zaman sorun teşkil edecek bir durum söz konusu olmamaktadır. Başka bir ifade ile ülkenin beşeri ve fiziki sermayesinin nitelik kazanmasına ve teknolojik ilerlemenin gerçekleştirilmesine yönelik borçlanmaların ülkeler açısından sıkıntı doğurmayacağını ifade edebiliriz. Bununla birlikte borçlanmaların kurumsal yapılaşma sorunu ve yanlış politik tercihler nedeniyle artan kamu ihtiyaçlarının karşılanması doğrultusunda kullanılmasının ekonomik sonuçları da ağır olmaktadır.

Bu bağlamda ülkelerin iktisaden sorunlarla karşılaşmaması için borçlanma düzeylerinin nasıl ve hangi oranlarda olması gerektiği ekonomistlerin ilgi duyduğu konulardan birisi haline gelmiştir. Bazı ekonomistler borçlanmanın belirli limitler çerçevesinde yapılmasının uygunluğunu kabul ederlerken, diğer bazı iktisatçılar ise iktisadi dinamiklerin harekete geçmesi ile sınırlayıcı vasıtaların aktif görev alması sonrasında borçlanma eğilimlerinin kendiliğinden azalacağı görüşündedirler. Kamu iç borçlanmasının sürdürebilirliği statik ve dinamik analiz olmak üzere iki yöntemden yararlanılarak gerçekleştirilebilmektedir. Dinamik yöntemde hata payı düşmesine rağmen uygulamanın farklı birçok parametreyi dikkate yapılmasından dolayı zorlukları bulunmaktadır. Bu nedenle araştırmaların çoğunluğunda statik analiz yöntemi tercih edilmektedir.

Bu bilgiler ışığında yapılan bu araştırmada 1990-2016 yılları için Türkiye'de iç borçlanmanın gelişimi ve sürdürülebilirliği farklı değişkenler kullanılarak incelenmeye çalışılmıştır. 1990-2000 yılları arasında popülist politikaların doğal neticesi olarak kamu kaynaklarının ekonomik rasyonalitenin dışında kullanımı sonrasında giderek artan borçlanma ihtiyacı ilerleyen süreçte iktisadi krizlerin en önemli gerekçesi olmuştur. Artan kamu ihtiyacı ile birlikte siyasi ve iktisadi düzeyde giderek belirginleşen belirsizlik ortamında yükselen faizler aynı zamanda özel kesimin gelir kaynaklarının faaliyet dışı alanlardan temin etmesine zemin hazırlamıştır. Öte yandan yükselen faizlerden dolayı dışarıdan portföy türünden yatırım araçlarının ülkeye giriş yapması döviz kurları üzerinde baskı oluşturarak cari dengeyi arzu edilmeyen boyutlara taşımıştır. Bunun sonucunda ekonomide büyüme trendi de tüketim eksenli yapıya bürünmüş ve dış dengede sorunlar meydana gelmiştir. Sorunların sürdürülemez boyuta ulaştığı 1994 yılında 5 Nisan istikrar programı devreye sokulmuştur. 5 Nisan İstikrar Programı ile birlikte iç borçlanma sürdürülebilirlik değerlerinde bir miktar iyileşme görülmesine rağmen, programda öngörülen yapısal reformların pratiğe dökülememesi ve siyasi istikrarsızlığın meydana getirdiği seçim ekonomilerinden dolayı iç borçlanma düzeyinde artış devam etmiştir. Buna bağlı olarak faiz ve enflasyon oranları yüksek, iç borçlanma vadeleri de kısa süreli seyretmiştir. 1990-1999 yılları aralığında DİBS faiz oranları ortalama %109 ve borçlanma vadeleri ortalama 250 gün olmuştur. İlgili dönem için ortalama enflasyon oranı da ortalama %78,7 düzeyinde gerçekleşmiştir.

1990'lı yılların sonunda makroekonomik dengelerin istenmeyen büyüklüklere ulaşması nedeniyle 2000 yılında döviz kuru temelli istikrar programının uygulama süreci başarısızlıkla sonuçlanmıştır. 2001 yılının Şubat ayında meydana gelen krizin ardından uygulanan Güçlü Ekonomiye Geçiş Programı ve sonrasında ulaşılan siyasi istikrar ile birlikte ekonomik istikrar göstergelerinde iyileşmeler gözlemlenmiştir. 2002-2016 periyodunda DİBS ortalama faiz oranları %18,7 rakamına gerilemiş ve iç borçlanmanın ortalama geri ödeme süresi de 1094 güne çıkmıştır. Bunun yanında TÜFE bazlı enflasyon oranı ise %10,4 seviyesine inmiştir.

İç borçlanmanın oransal düzeylerdeki gelişmeleri incelendiğinde 1990 yılından itibaren giderek artış gösteren iç borç servisinin bütçe gelirlerine oranı 2001 krizinde %177 değeri ile en yüksek seviyeye çıkmıştır. 2001 yılından itibaren azalma eğilimi gösteren bu oranın 2011 yılında kabul edilebilir sınırlar içerisine girdiği ve 2011 yılında ilgili oranın %44,5 değerine düştüğü görülmektedir.

Öte yandan 1990 yılından 2001 yılına gelinceye kadar iç borçların gayri safi yurtiçi hasılaya oranı artmasına rağmen kabul edilebilir değerlerde kalmıştır. 2001 krizi sonrasında ilgili değişkenlerin oranı %49,8 değerine çıkmıştır. 2001 yılından sonra söz konusu değerler arzu edilen seviyeye yönelmiş ve 2012 yılında %24,6 rakamına düşmüştür. Bunun yanında iç borçların bütçe gelirlerine oranı değerleri 2001-2006 yılları aralığı haricinde istenilen seviyelerde bulunmaktadır. Buna mukabil bütçe üzerinde faiz yükünün ağırlığı

2013 yılına kadar çift haneli değerleri korumuştur. 2014 yılında faiz ödemelerinin bütçe gelirlerine ilişkin oranı %9,2 rakamına, 2016 yılında da % 6,7 rakamına inmiştir.

İç borçların düşürülmesi ya da sürdürülebilir büyüklüğe taşınması bağlamında faiz dışı fazla kavramı üzerinde durulmaktadır. Faiz dışı fazla yanında reel faiz oranları, reel büyüme oranı ve iç borçlanmanın büyüklüğündeki gelişmeleri de göz önünde bulundurmak daha doğru bir yaklaşım olmaktadır. Bu değişkenlerden yola çıkılarak oluşturulan denklemden elde edilen sonuçlara göre 1990 yılından 2000 yılına gelinceye kadar 1991, 1992, 1993 ve 1999 yılları için sürdürülebilirlik değerlerinde istenmeyen sonuçlar alınmıştır. 2001 krizi sonrasında ekonomik istikrarın sağlanması için tavizsiz bir uygulama alanı bulan program ve sağlanan siyasi istikrar ile birlikte gerçekleştirilen faiz dış fazla ile mali baskınlık değerlerinde düşüş yaşanmıştır. Bunun yanında yükselen büyüme ve düşme eğilimine giren faiz oranları sonrasında sürdürülebilirlik değerleri arzu edilen değerler çerçevesinde kalmayı sürdürmüştür. 2009 yılında küresel finansal krizin etkisiyle sürdürülebilirlik rasyosunda bozulma meydana gelmiş olmasına rağmen bu etkinin bir yıllık zaman dilimini kapsadığını ve daha sonraki yıllarda ise sıkıntı oluşturabilecek değerlere rastlanmadığı görülmektedir.

## KAYNAKÇA

BAHMANI-OSKOOEE, M., (1999), "Do Federal Budget Deficits Crowd Out or Crowd In Private Investment? **Journal of Policy Modeling,** 21 (5), 633–640

BAKKAL, S. ve GÜRDAL, T. (2007), "İç Borçlanmanın Türkiye Ekonomisi Üzerine Etkileri" **Akademik İncelemeler Dergisi**, 2 (2), 147-173.

BAL, H. ve ÖZDEMİR, P (2010), "Türkiye Ekonomisinde İç Borçlanmanın Yeri Ve Sürdürülebilirliliği", **Ç.Ü. Sosyal Bilimler Enstitüsü Dergisi**, 19 (1), 82-98

BEAUGRAND, P. LOKO, B. and MLACHILA M. (2002). "The Choice Between External and Domestic Debt in Financing Budget Deficits: The case of Central and West African Countries", **IMF Working Paper, No: 02/79**. https://www.imf.org/external/pubs/ft/wp/2002/wp0279.pdf

BUCHANAN, J. M. (1987), **Public Debt**, New Palgrave Dictionary of Economics. Vol. 5, 1044-1047

ÇOBAN, O., DOĞANALP, N. ve UYSAL, D. (2008), "Türkiye'de Kamu İç Borçlanmasının Makroekonomik Etkileri", **Selçuk Üniversitesi Sosyal Bilimler Enstitüsü Dergisi**, 20, 245-255.

DEMİR, M. (2009), **Türkiye'de Kamu Borçlarının Gelişimi ve Sürdürülebilirliği**, Çizgi Kitabevi Yayınları, Konya.

DEMİR, M. ve SEVER, E. (2008), "Kamu İç Borçlanmasının Büyüme, Faiz ve Enflasyon Oranı Üzerindeki Etkileri", **Elektronik Sosyal Bilimler Dergisi**, 7 (25), 170-196

DOĞANALP, N. (2015), "Kamu İç Borcu ve Büyüme İlişkisi: Türkiye Örneği", **Selçuk Üniversitesi Sosyal Bilimler Enstitüsü Dergisi**, 33, 181-188.

EKER, A. (1994), Devlet Borçları: Kamu Kredisi, **Takav Yayınları**, İzmir.

EKER, A. ve MERİÇ M. (2000), **Devlet Borçları (Kamu Kredisi)**, Anadolu Yayıncılık, İzmir.

ELMENDORF, D. W, and MANKİW, G. N. (1998), "Goverment Debt", **NBER Working Papers**, http://www.nber.org/papers/w6470.pdf

ERDOĞAN, S. (2011), "A General Assessment About The Domestic Debt Policy of Turkey", http://www.opf.slu.cz/vvr/akce/turecko/pdf/Erdogan.pdf.

İNAN, E. A. (2003), "Kamu Borç Stokunun Sürdürülebilirliği ve Türkiye", **Bankacılar Dergisi**, 46, 15-37.

İNCE, M. (1996), **Devlet Borçlanması**, 5.Baskı, Seçkin Yayınevi, Ankara.

JOHNSON, A. (2001), "Key Issues for Analysing Domestic Debt Sustainability", http://www.dri.org.uk/pdfs/EngPub5_DomDebt.pdf,

KOUASSI, E., MOUGOUE, M. ve KYMN, K.O. (2004), "Causality Tests of the Relationship Between the Twin Deficits". **Empirical Economics**, 29:503-523

MERİÇ, Metin (1999), "Türkiye'de Kamu Finansmanı-Borçlanma İlişkisi", **Sosyal Güvenlik Dünyası Dergisi**, 2 (5), 32-42.

RYAN, T.and MAANA I, (2014), "An Assessment of Kenya's Public Debt Dynamics and Sustainability" **Central Bank of Kenya Working Paper,** https://www.centralbank.go.ke/uploads/working_papers/1348952198_An%20Assessment%20of%20Kenya's%20Public%20Debt%20Dynamics%20and%20Sustainability%20-%20By%20Terry%20Ryan%20and%20Isaya%20Maana.pdf.

ŞEN, H., YARDIMCIOĞLU, M. ve KAR, M. (2007), "Türkiye'de İç Borçların Gelişimi ve Yönetimi", **Türkiye Ekonomisi:** *Makro Ekonomik Sorunlar ve Çözüm Önerileri*, Ed. Ahmet Ay, 227-268

T. C. Kalkıma Bakanlığı, **Ekonomik ve Sosyal Göstergeler,** www.kalkinma.gov.tr

T.C. Hazine Müsteşarlığı, **Ekonomik Göstergeler**, www.hazine.gov.tr;

TEKİN, A. (1992) "Türkiye'de Kamu Kesiminin İç Borçlanmalar Yoluyla Karşılanması ve Sermaye Piyasası İlişkileri", **Selçuk Üniversitesi Sos. Bil. Enst. Doktora Tezi**. Konya

ULUSOY, A ve CURAL, M. (2006), "Türkiye'de 1980 Sonrası Dönemde İç Borçların Sürdürülebilirliği", **ZKÜ Sosyal Bilimler Dergisi**, 2 (4), 1–21.

YILMAZ, B. E. ve CURAL, M. (2010), "Türkiye'de İç Borçlanmadaki Değişimi Belirleyen Faktörlere Yönelik Bir Regresyon Analizi Çalışması: 1975-2010", **İstanbul Üniversitesi İktisat Fakültesi Maliye Araştırma Merkezi Konferansları**, 54, 1-22

# IV.

# BÖLÜM

## DIŞ BORÇLANMANIN ANALİZİ: KIRILGAN BEŞLİ ÜLKELER ÖRNEĞİ

*Prof. Dr. Erşan SEVER - Yrd. Doç. Dr. Arif İĞDELİ*

***Aksaray Üniversitesi İİBF İktisat Bölümü***

## GİRİŞ

Finansal piyasaları uluslararası piyasalarla bütünleşmiş ülkeler borçlanmalarını iç piyasadan yapılabildiği gibi dış piyasalardan da yapılabilmektedir. Gelişme sürecini tam tamamlayamayan ülkelerin iç kaynak bulmada sorunlar yaşaması, ilgili ülkelerin kamu ve özel kesimini fon ihtiyacını karşılama bağlamında dış kaynaklara daha çok yöneltmektedir. Dış kaynakların uygun koşullarda temin edilmesi ve doğru yerlerde kullanılması makro dengeler açısından ilerleyen süreçte sorunların oluşmasına mani olmaktadır. Öte yandan söz konusu fonların borç alım şekli ve kullanım biçiminde rasyonaliteden uzaklaşılması ilerleyen süreçte ciddi ekonomik problemlerin doğmasına zemin hazırlayabilmektedir.

Ülkelerin cari açık düzeyi, bütçe açığı seviyesi, enflasyon oranı ve borçluluk durumları makroekonomik istikrar ve kredibilite düzeyini analiz etmede kullanılan parametrelerden bazılarıdır. İlk defa Morgan Stanley'in 2013 yılı raporunda yer alan kırılgan beşli tanımlamasında dış şoklardan özellikle FED'in para politikalarından başta döviz kuru olmak üzere diğer değişkenlerden en fazla etkilenen Hindistan, Endonezya, Brezilya, Güney Afrika ve Türkiye yer almıştır. ABD Merkez Bankası (FED)'nın 2013 yılının Mayıs ayında tahvil alımını azaltacağını açıklamasıyla beraber kırılgan beşli ülke piyasalarından önemli miktarda sermaye çıkışı gerçekleşmiş ve bu piyasalara yönelen fonlar önemli ölçüde azalmıştır. Bu durum cari açıklarını, iktisadi kalkınmasını, teknoloji transferini ve kamu harcamalarını büyük ölçüde dış destekli sermaye hareketleri ile karşılayan söz konusu ülkelere yönelik riskleri ve kırılganlıkları daha da çoğaltmıştır. Diğer yandan sıcak paranın kırılgan beşli ülke piyasalarından hızla çıkması, dış borçların sürdürülebilirliği sorununu da ön plana çıkarmıştır. Bu bağlamda kırılgan beşli ülkelerine ilişkin dış borçların gelişimi ve sürdürülebilirlik durumunun ele alındığı bu çalışmada ilk olarak dış borçlanma kavramsal olarak ele alınmış, ardından dış borçlanmanın nedenleri, etkileri ve kuramsal belirleyicileri üzerinde durulmuştur. Son olarak ise kırılgan beşli ülke örneklerinde dış borçların gelişimi ve dış borçların sürdürülebilirliği durumu incelenmiştir.

### Dış borçlanma: Kavramsal Yaklaşım

Ülkeler ekonomik gelişme sürecinde çeşitli nedenlere bağlı olarak borçlanma yolunu tercih edebilmektedirler. Borçlanma yurt içi piyasalardan gerçekleşebileceği gibi yurt dışı piyasalardan da gerçekleştirilebilmektedir. Borçlanmanın yurt içi ya da yurt dışı piyasadan yapılmasının da çeşitli nedenleri bulunmaktadır. Çalışmanın ilerleyen kısımlarında bu konu üzerinde ayrıca durulacaktır.

Borçlanma, ekonomik birimlerin bir başkasından ödünç fon transferi yapması işlemine denir. Bu fon transferinin yurt dışı piyasadan gerçekleştirilmesi işlemi ise dış borçlanma olarak ifade edilmektedir. Dış borçlanma, az gelişmiş ülkelerin kalkınma çabaları aşamasında genellikle yapılan bağış ve krediler biçiminde iken, gelişmekte olan ekonomilerde mal, hizmet veya nakit olarak verilen iktisadi yardım ve bağışlar, düşük faizli krediler şeklinde olmaktadır (Türk, 2002, s. 286).

Borçlanmanın dış piyasadan yapılmış olması durumunda ekonomide bulunan kaynaklara ilave kaynak temin edilmiş olunmaktadır. Ayrıca yabancı para cinsinden yeni ödeme araçları elde edilmiş bulunulmaktadır. Diğer ülkelerde tasarruf yapılan kaynakların transferi ile yapılan yatırımlar ile üretim kapasitesi dolayısıyla da gelir üzerinde pozitif katkı sağlanmış olunur (Karluk, 2002, s. 146). Fakat burada kritik nokta borç alan ülkenin önceki tasarruf düzeyini korumaya devam etmesi ve borçlanılan kaynakların etkin kullanılmasının gerekliliğidir. Aksi takdirde dış borçlanmadan arzu edilen neticelerin alınması mümkün olmadığı gibi ekonominin giderek çıkmaza girmesinin de sebebi olacaktır.

Dış borçların kullanıldığı dönemde ekonomiye bir fon sağlanmış görünmektedir. Fakat faiz ve anapara ödemeleri yapıldığı durumda ise bir fon çıkışı meydana gelmiş olmaktadır. Zamanla ülkeden bir kaynağın çıkması söz konusu olmaktadır. Diğer bir deyişle, borcun ödenmesi sırasında borçlu ülke yatırımlarını, tüketimini ya da her ikisini birden borcun servisi ölçüsünde azaltmak zorundadır. Bu servis, normal olarak dövizle yapılacağına göre, yalnızca toplam harcamalardaki azalma yeterli olmayacak, ayrıca gerekli dövizin de sağlanması gerekecektir. Dış borcun verimli ya da verimsiz kullanıldığının en önemli göstergelerinden birisi de ilave her borçlanmanın GSYİH üzerinde ne oranda artışa neden olduğudur (Karluk, 2002, s. 146).

## Dış Borçlanmanın Nedenleri

Ülkeleri dış borçlanmaya iten çok çeşitli nedenler bulunmaktadır. Bununla birlikte devletleri dış borçlanmaya zorlayan nedenler genel olarak iki sebebe dayanmaktadır. Birincisi kamu harcamalarının finansmanında yurt içi piyasadan karşılanabilme durumu mevcut iken, harcamaların mal ithalatını zorunlu kılması ve bu zorunluluğun ülkede ödemeler bilançosunda dengesizlik meydana getirmesidir. Söz gelimi savaş konumunda ithal edilecek savaş malzemelerinin ülkenin altın ve döviz gelirlerini aşabilecek potansiyelde bulunması, dış borçlanmayı zorunlu hale getirebilmektedir. İkincisi ise yurt içi varlıkların kamu harcamalarını karşılayacak hacimde bulunmamasıdır. Bunların dışında kamu borçlanmaya giderken iç ve dış borçlanma arasında bazı nedenlere bağlı olarak tercihte bulunur ve bunun yönü de dış borçlanma şeklinde olabilir (Şeker, 2006, s. 80).

Genel borçlanma nedenleri yanında gelişmekte olan ülkelere has borçlanma nedenleri ise şu şekilde ifade edilebilir (Söyler, 2001, s. 17).

- Ekonomik kalkınmada gerekli olan alt yapı yatırımları büyük ölçekli döviz ihtiyacını zorunlu kılmaktadır. Hâlbuki gelişmekte olan ekonomilerin en önemli sorunlarından birisi döviz kıtlığıdır.
- Yeni yatırımların dolaylı biçimde çeşitli şekillerde araç, gereç ve hammadde ithalini tetiklemesi ve bunu bazen zorunlu hale getirmektedir.
- İthalat ulusal gelirin bir fonksiyonudur. Yeni üretim faktörlerine yapılan ödemeler nedeniyle milli gelir arttıkça ithalat miktarı da doğal olarak yükselir. Yeni taleplerin çoğalması dış borçlanma ile karşılanabilir.
- Gelişmekte olan ekonomilerdeki en önemli sorun ihracatın ithalattan düşük değerlerde seyretmesidir. Bu ekonomilerde çeşitli faktörlere bağlı olarak tüketim ağırlıklı yapının varlığı dikkat çekici boyutlardadır. Meydana gelen dış ticaret dengesizliğinin finansmanı dış borçlanma ile mümkün olmaktadır.
- Gelişmekte olan ekonomilerde kamusal denge problemlerinin kronik boyut kazanması, dış konjonktürün de uygun olması halinde ilgili ülkeler finansman sorunlarını dış piyasadan borçlanarak en azından belirli bir süreliğine çözüme kavuşturmuş olmaktadırlar.

## Dış Borçlanmanın Ekonomik Etkileri

Dış borçlanmanın ekonomik değişkenler üzerine doğrudan ya da dolaylı biçimde etkileri olmaktadır. Bu etkiler büyüme ve kalkınma, üretim faktörleri, borçlanma, döviz kurları ve diğer etkiler şeklinde sınıflandırılır.

### *İktisadi Kalkınma ve Büyüme Üzerindeki Etkisi*

Gelişmekte olan ülkelerin en önemli sorunlarından birisi ekonomik gelişmede kaynak ve teknolojik altyapı yetersizliğidir. Teknoloji transferi ve yatırımlar için gerekli olan fonlar da maalesef ilgili ülkelerde tatmin edici boyutta bulunmamaktadır. Bu bakımdan var olan potansiyelin değerlendirilmesi ancak yurt dışı fonların yurt içi piyasaya transferi ile mümkün olabilmektedir. Bu fon akışları bazen borç verme şeklinde bazen de karşılıksız yardımlar şeklinde gelişebilmektedir. Fon transferleri ile ülkede yapılan yatırımların meydana getirdiği çoğaltan ve hızlandıran etkileri ekonominin kalkınma sürecine ivme kazandırabilmektedir. Fon transferinin gerçekleşmediği durumda, nüfus artışının yüksek olduğu bu ekonomilerde tasarruf seviyeleri zaten düşüktür. Düşük tasarruflar otomatik olarak yatırımların düşük seviyede kalmasına ve gelir seviyesinin arzulanan şekilde yükselmemesine sebebiyet vermektedir. Bu bakımdan gelişmekte olan ülkeler kendilerini yoksulluğun kısır döngüsünden kurtarmak için dış kaynağa mecbur hisseder konuma gelmektedirler.

Burada dikkat edilmesi gereken husus ekonomik kalkınma için dışarıdan temin edilen kaynakların ekonomik kriterler dikkate alınarak, başka bir ifade ile rasyonel doğrultuda kullanılması gerekliliğidir. En azından anapara ve vadeye ilişkin olarak gerçekleşen faizi karşılayacak kadar olması arzu edilmektedir. Kullanılan dış borçların verimli bir şekilde kullanılmaması halinde ilgili ekonomilerde dış borçlar ekonomik kalkınmanın önündeki en büyük engellerden biri haline gelmektedir. Az gelişmiş ve gelişmekte olan ülkelerin yurt dışı piyasadan borçlanmaları başlangıçta önemli bir sorun gibi görünmezken, alınan borçların popülist amaçlar doğrultusunda, başka bir ifade ile verimli alanlarda kullanılmaması sonrasında alınan bu borçlar vadesi geldiğinde anapara ve faizi ile birlikte ödenmektedir. Eğer alınan bu borçlardan elde edilen getiri anapara ve gerçekleşen faiz seviyesinin altında ise daha önceden alınan borçtan daha da fazla miktarında kaynak bulmak gerekmektedir. Bu durumda yeni borçlanma süreci bir taraftan ülkenin borçlanma yükünde artışa sebep olurken, diğer taraftan da artan risk priminden dolayı faiz oranlarında artış meydana getirmektedir. Öyle ki bu süreç kontrol edilemez boyuta ulaştığında ekonomi borç-faiz sarmalına dahi girebilmektedir. Bununla birlikte cari yatırımlar gelecekteki kapasiteleri ve dolayısıyla çıktı seviyesini de etkilemektedir. Böyle bir modelde yatırımların düşmesi büyüme oranlarını da aşağı çekmektedir. Fakat bu durum kişi başına gelir seviyesini açıklamaya yetmemektedir. Bu bağlamda bir başka kanal ise yurt dışı borçlanmaların bugünkü gelir seviyesi üzerinden de büyümeyi etkilemesidir. Ülkedeki fon havuzunda artış meydana gelmesi ile birlikte kamunun ve özel sektörün harcamaları borç akımlarını artırmaktadır. Özel sektörün talep artışının maliye politikalarının tetikleyici etkileri ile birleşmesi en azından kısa vadede toplam talep ve ulusal çıktı seviyesini artırmaktadır (Kamin, Kahn ve Levine, 1989, s. 13).

Dış borçlanma ile üretim seviyesi arasındaki ilişki gelişmekte olan ülkelerde gelişmiş ülkelerden daha fazla olabilir. Çünkü bu ülkelerdeki yanlış politikalar yurt dışı değişimi kısıtlayabilmektedir. Birçok ülkede mal ithalatı tüketim ile yakından ilişkili ve üretimin çoğunlukla aramalı ithalatına bağımlılığı bulunmaktadır. Bu gibi ülkelerde hükümetler yüksek borç yükümlülüklerinden dolayı ödemeler dengesini iyileştirmek için kısıtlayıcı önlemlere başvurabilmektedirler. Alternatif olarak ödemeler dengesinin iyileşmesi ise hükümete ekonomiyi canlandırma gücü verebilir (Kamin, Kahn ve Levine, 1989, s. 14).

Öte yandan günümüzde özellikle azgelişmiş ve gelişmekte olan ülkeler için dış borçların meydana getirdiği borç yükümlülüğü, gelecek dönemlerin iç tasarruflarının şimdiden kullanımı anlamına geleceğinden ve gelecek nesillerin borç yükünü bugünden ağırlaştıracağından, kullanılan dış borçların ve dış borçlanmada kullanılan kaynakların son derece verimli alanlarda değerlendirilmesi gerekmektedir (Zerenler, 2014, s. 203).

***Üretim Faktörlerine Etkisi***

Dış borçlar borçlanan ülkenin üretim faktörleri dengesinde ve arzında bir farklılaşmaya sebebiyet verebilmektedir. Bu farklılaşma dış borcun kullanış tarzına ve maliyetine göre değişim göstermektedir. Dış borcun doğrudan doğruya mal ve hizmet ithali için kullanılması durumunda mal ve hizmet fiyatları üzerinde kendisini hissettirecektir. Dış borcun sermaye olarak yatırımlarda kullanılması halinde ise daha önceki toprak, emek ve müteşebbis dengesinde; sermayeye göre emek, toprak ve müteşebbis oranında bir düşme söz konusu olacağından bu faktörlerin fiyatlarında (iktisadi paylarında) bir yükselme eğilimi meydana gelecektir (Şenel, 1994: 40; Çöğürcü ve Çoban, 2011, s. 140).

***Fiyatlara Etkisi***

Kamunun yurt dışı borçlanmasının enflasyon üzerindeki etkileri konusunda iki yaklaşım sergilenmektedir. Birinci yaklaşıma göre dış borçlanma fiyatlar genel seviyesini artırıcı etki yaparken, ikinci yaklaşıma göre ise fiyatları azaltıcı yönde etki yapmaktadır. Birinci yaklaşıma göre devletin borçlanma vasıtası ile bir araya getirdiği kaynaklar mal ve hizmet alımı şeklinde ekonomiye geri döneceğinden fiyatlar üzerinde baskı oluşturacaktır. Bunun yanında dış borç yükü artan ekonomiler döviz girdisini artırmak için ihracat miktarını artırma baskısı altında kalmaktadırlar. İhracatı artırmak için uluslararası piyasadaki mal fiyatlarını düşürme eğilimlerinin şiddetlenmesi bir taraftan dış ticaret hadlerini olumsuz etkilerken, diğer taraftan da artan ihracat ile yurt içi piyasada azalan mal miktarı nedeniyle fiyatların yukarı doğru baskı altında kalmasına vesile olmaktadır (Şeker, 2006, s. 83).

Borçlanmanın fiyat istikrarı noktasında deflasyonist etki yaptığına dair görüşe göre, borç miktarındaki yeni bir artış eski borçların fiyatını, dolayısıyla da para değerini etkiler. Yeni borçlanma şekliyle eski borçların fiyatı düşmüş, borcun verimi artmıştır. Bu şekilde kamu borçlarından dolayı oluşan deflasyonist etki tüm ekonomiye sirayet etmektedir. Bunun yanında devlet borçlarının artması özel kesim harcamaları üzerinde daraltıcı etki yapacağından dolayı fiyatlar genel seviyesi aşağı yönde baskı oluşturabilmektedir. Aynı zamanda devlet borçlanma şeklinde elde etmiş olduğu kaynağı harcama eğilimi duymuyorsa, ekonomide toplam para arzında daralma söz konusu olduğundan deflasyonist etki meydana gelebilecektir (Şeker, 2006, s. 83).

#### *Mali Yapı Üzerindeki Etkisi*

Kuramsal yaklaşımda borç seviyelerinin artmasının makroekonomik etkileri mali sürdürülebilirlik sıkıntısı ve finansal krizler şeklinde belirmektedir. Kriz dönemlerinde ulusal ya da uluslararası boyuttaki firmaların maliyetlerini hisse senedi sahiplerinin katlanması yerine kamu tarafından finanse edilmesi şeklinde yapılan müdahaleler ile piyasa dengeye getirilmeye çalışılmıştır. Bu sorunlar beraberinde yeni yüksek borçlanmaların kapısını aralamanın göstergesi olmaktadır. Zamana bağlı olarak borç ve borç geri ödemelerinin yükselmesi sonucunda zorunlu harcamalar için ayrılacak ödeneklerde mecburen kısıtlama yapılacaktır. Bunun yanında kullanım durumlarına göre aşırı borçlanma özel kesimi yatırım düzeylerinde de dışlayıcı etki oluşturduğu konumda ekonomik büyüme noktasında bazı sorunlar kaçınılmaz hale gelecektir (Esener, 2013: 46).

#### *Ödemeler Dengesine Etkisi*

Yurt dışından alınan kaynaklar ödemeler dengesine etkisini cari işlemler kalemlerinden ihracat ve ithalat üzerinde göstermektedir. Yurt dışı fonların ülkeye giriş yapması ekonomide borç bulma noktasında likidite genişlemesi meydana getirdiğinden ve döviz ucuzladığından dolayı döviz kurlarında gevşeme eğilimi doğacaktır. Döviz kurlarının düşmesi ithalat eğilimli talep seviyesinde artış yaparken, düşen kurlardan dolayı nispi olarak pahalılaşan yurt içi malların dış piyasadaki fiyatlarının artması ihracat üzerinde olumsuz baskı oluşturacaktır. Bu nedenle dış ticaret dengesinde bozulmalar meydana gelebilecektir. Dış ticaret dengesinin bozulması beraberinde açıkların finansman sorununu gündeme getirecektir. Meydana gelen dış dengesizlik sorununu çözmenin en uygun yöntemlerinden birisi doğrudan yabancı yatırımların girişini artırmaktır. Fakat gelişmekte olan ülkelerin taşıdıkları çeşitli risklerden dolayı ilgili sermayeyi çekmede çok başarılı olmadıkları görülmektedir. Bu durumda kısa vadeli eğilim taşıyan portföy türünden kaynaklar ile açıklar finanse edilmektedir. Toplam yabancı sermaye içerisinde kısa vadeli sermaye türünden borçlanma oranlarının yükselmesi giderek ekonominin şoklar karşısındaki kırılganlık düzeyini yükseltirken aynı zamanda da meydana gelecek olumsuzluktan etkilenme katsayısını da artırmaktadır.

### *Gelir Dağılımı Üzerine Etkisi*

Borçlar, yapıldığı dönemde gelir niteliği taşırken, daha sonrasında anapara ve faiz ödemesi yapılacağı için yük niteliğine bürünmektedir. Bu durumda alınan borçların anapara ve faiz ödemeleri, sonuçta vergi gelirleri ile gerçekleştirildiği görülmektedir. Bu durumda alınan borçlar vergi yükümlüleri tarafından finanse edilmiş olmaktadır. Vergiyi ödeyenlerle devlete borç verenlerin aynı kişi veya kuruluş olması halinde herhangi bir yük veya gelir dağılımı adaletsizliği doğmayacaktır. Öte yandan devlet borçlanma belgelerini alanlar ile vergi ödeyenler farklı kişilerden müteşekkil ise, bu durumda gelir dağılımı sorunu meydana gelmektedir. Çünkü borçlanmayla finanse edilen harcamalardan borçlanmanın gerçekleştiği zamanda faydalanıldığı halde, bu borçların servisi gelecek yıllara kalmaktadır. Bu durumda gelecekte, vergilerle borçların faiz ve anaparasını ödeyebilmek için harcama imkânlarında daralmaya gitmek mecburiyetinde kalınmaktadır. Bu da gelir dağılımında bozucu bir sonucun ortaya çıkmasına yol açmaktadır.

Devlet borçlanması; nesiller itibariyle de geliri yeniden dağıtıcı etki meydana getirebilmektedir. Borçlanma sonucu oluşturulan fonlarla gerçekleştirilen hizmetlerin katkıları, gelecek nesilleri de içine almasına rağmen, daha çok bugünkü nesil ile ilişkilidir. Özellikle vadesi uzun olan borçlanmalarda bu etki daha da belirginleşmektedir. Bunun nedeni ise borçlanma sonucu elde edilen gelirler ile yapılan hizmetlerden daha çok o periyottaki nesil faydalanmakta iken daha sonraki nesile borç, anapara, geri ödeme ve faiz ödemelerini yüklenmek mecburiyeti hâsıl olmaktadır (Adıyaman, 2006, s. 41).

### *Dış Borçlanmanın Diğer Etkileri*

Bunların dışında dış borçlanmaların az gelişmiş ve gelişmekte olan ekonomilerde diğer görünen sosyo-ekonomik ve görünmeyen etkileri de söz konusudur. Dış borçlanma sonrasında çoğunlukla kamu kesimi finansman sorunlarında rahatlama meydana getirmekte ve sosyal yatırımlardan olan sağlık ve eğitim gibi harcamaların artmasını sağlamaktadır. Fakat bu etki kısa vadede geçerliliğini sürdürürken uzun vadede kümülatif olarak hacim kazanan borçların geri ödenmesi sırasında da tersi durumlarla karşı karşıya kalınabilmektedir. Bunun yanında dış borçların aşırı boyutlara ulaşması bazı durumlarda ekonomi yönetiminin dış bağımlılığını artırmakta dolayısıyla da gerek sosyal ve gerekse de makro-ekonomik hedeflere ulaşmada istenilen politikaların uygulanmasına kısıtlama getirebilmektedir. Geçmiş dönemlerde yaşanan "Düyun-u Umumiye" gerçeği bu durumu açıkça ortaya koyan örneklerin başında gelmektedir. 1854 yılında Osmanlı Devletinin ilk borçlanmasını yapması sonrasında İngiliz ve Fransız iki yabancı komisere hazinenin hesaplarını denetlemesi noktasında izin vererek, egemenlik hakları hususunda da tavizlerin verilmesinin kapısını aralamıştır. Daha sonra gelen her borçlanma belirli bir düzeyde taviz vermeyi gerektirmiştir (Adıyaman, 2006, s. 42).

## Dış Borçlanmanın Kuramsal Belirleyicileri

Ülkelerin ekonomik gelişme süreçlerinde kabul edilebilir düzeyde yapmış oldukları dış borçlanma miktarlarının esasında sorun teşkil etmesi söz konusu olmayıp, aksine çeşitli düzeylerde ekonomik performans üzerinde olumlu katkı sunmaktadır. Burada önemli olan borçların ne şekilde, hangi vadelerde ve nerelere kullanıldığıdır. Ayrıca ülkelerin borçlanma oranlarının bulunduğu seviye de dikkat edilmesi gereken bir başka husustur. Gerek teoride gerekse uygulama sürecinde bu bağlamda bazı kritik eşiklerin üzerine çıkılması ya da kaynakların yanlış yerlerde değerlendirilmesi durumunda dış borçlanma, ekonomilerin bizatihi kötüleşmeye doğru evrilmelerinin sebebi olabilmektedir.

### *Borç Yükü Teorileri*

Dış borç yükü; yıllık borç servisinin, normal dış ödeme araçlarının yıllık gelirine oranı şeklinde ifade edilmektedir (Yaşa, 1971, s. 232; Ülgen, 2007, s. 271). Bu oranın yükselmesi genel anlamda dış ödemede sorunların arttığını göstermektedir. Az gelişmiş ve gelişmekte olan ekonomilerin dış borç yükünün ilerleyen süreçteki gelişimini değerlendirme adına bazı koşulların dikkate alınması uygun görünmektedir. Bunlardan üçü birinci derecede dikkat edilmesi gereken kriterlerdir. Faiz oranı, ödemesiz periyodun uzunluğu ve borcun vadesidir (Prebisch, 1973, s. 107; Ülgen, 2007,s.271).

Borç yükü teorileri bir ülkenin gelecekteki borcunun ülkenin ödeme gücünün ötesine geçme olasılığı var ise beklenen borç servis maliyetleri gelecekteki ulusal ve uluslararası yatırımcıları negatif yönlü etkileyecek ve bu nedenden ötürü de ülkenin ekonomik büyüme performansı beklenenin altında kalacaktır. Yatırım yapma isteği duyan müteşebbisler daha fazla çıktıya ulaşarak sağlanan kazançların vergiler vasıtası ile kendilerinden önemli oranda geri alınacağından endişe duyarlar. Böylesi durumda gelecekte elde edilecek üretim için bugünden sözü edilen maliyete katlanmak istememektedirler. Sonuçta gerçekleştirilen gelir artışlarının önemli bir miktarı dış borç servisinde kullanılacağından üretim ve ihracattaki artışlarda sınırlı düzeyde kalacaktır (Ülgen, 2007, s. 272).

Borç yükünün etkisi yalnızca o zamandaki fiziksel sermayenin boyunu etkilemekle kalmamakta bunun yanında ülkenin geleceği üzerinde önemli yıpranmaların belirleyicisi olabilmektedir. Bunlar içerisinde en önemli olanı insan sermayesi üzerinde meydana getirdiği gerilemelerdir. Yüksek borç servisleri ülkelerin dış borç ödeme sorunu nedeniyle eğitim, sağlık ve kültürel manada bütçeden ayrılan paylarda düşüşlere yol açmaktadır. Ayrıca kalkınmanın temel taşlarını oluşturan AR-GE harcamaları, teknolojik gelişmeler ve araştırma projeleri gibi alanlara ayrılan fonlarda da kısıtlamalar getirilmesine vesile olmaktadır. Sonuçta borç yükünün artması kalkınmanın önüne engel olduğu gibi ülkenin dış bağımlılığına da süreklilik boyutu kazandırmaktadır (Ülgen, 2007, s. 272).

***Borçlanmada Laffer Eğrisi***

Laffer eğrisi Arthur Laffer'in geliştirmiş olduğu vergi oranı artışları ile toplam vergi gelirleri arasındaki ilişkinin boyutunu izah eden eğriden yola çıkılarak oluşturulmuştur. Krugman (1989), ülkelerin borçlarının gerçek değeri için borç servislerini ödeme kabiliyetleri ile biriken borç geri ödemelerinin arasındaki ilişkiyi araştırmıştır. Ülkelerin borç yükümlülükleri aşırı seviyeye ulaştığında (bu yükümlülük ülke üzerindeki marjinal vergi oranına benzemektedir) bu yükümlülükler borç alan ülkeye fayda sağlamaktan ziyade kredi veren ülkeye yarayacaktır. Bu durum borç alan ülkenin ekonomik performansında gerileme meydana getirecektir. Aynı zamanda borçların finansmanı için sermayenin vergilendirilmesinin aşırı boyuta ulaşması da yurt içi vergi ödeyenlerin yatırım eğilimlerinde gerilemeye yol açacaktır (Bachvarova, 2008, s. 7).

*Şekil - 1: Borç Laffer Eğrisinin Erişim Kayması*

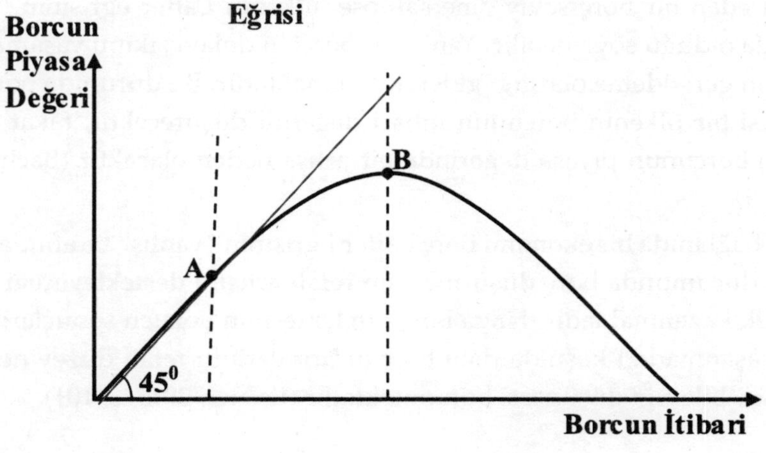

Şekil 1 de görüldüğü üzere Laffer eğrisinde A noktasına kadar borcun itibari değeri ile piyasa değeri eşit şekilde devam etmektedir. Bu noktaya kadar olan kısımda borcun geri ödenmemesi gibi bir risk söz konusu değildir. A noktasından itibaren borcun piyasa değeri daha yavaş yükselirken, itibari değeri daha hızlı artış göstermektedir. Bu ayrışmanın nedeni ülkenin borç yükümlülüğünün artmasıdır. Servis yükümlülüğünün artmasından dolayı borçların finansmanının zorlaşması sonucunda yatırımlardan vergi alımı, politik reformlar ya da gelecekteki yararı için değişimde ön maliyeti gerektiren diğer aktiviteleri finanse etmek zorlaşmaktadır. Biriktirilen daha fazla borçlar varlığın piyasa değerinin genel olarak düşmesine neden olmakta ve A noktasının sağ tarafı için borçların marjinal getirisi azalmaya başlamaktadır. Bununla birlikte borçların toplam piyasa değeri artmaya devam etmektedir. Eğer borçların değeri belirli bir eşik değeri geçtikten sonra artmaya devam ederse borçların itibari değerindeki mutlak artış borçların piyasa değerindeki marjinal azalış ile telafi edilemeyecektir. Bu nedenler ilgili ülke için borç ertelemesinde sıkıntı yaşamasına sebebiyet vermektedir (Bachvarova, 2008, s. 8).

Bir ülke daha düşük piyasa değeriyle birleşen itibari değerinde borç miktarına sahip olduğunda, o ülke için iki olasılık bulunmaktadır. Birincisi ülkenin B noktasının solunda, ikincisi ise B noktasının sağında olma ihtimalidir. Burada B noktası bir ülkenin borcunun maksimum piyasa değerinin ulaşılabileceği pozisyondur. Eğer borcun bulunduğu nokta Laffer eğrisinde A ve B arasındaki bir noktaya tekabül ediyorsa, eğrinin "doğru" yanı üzerinde olduğu söylenebilir. Böyle bir durumda borç affı borcun piyasa değerinde bir artışa neden olmaz.

Bununla birlikte, bir ülke eğri üzerinde B noktasının sağında bir noktaya tekabül eden bir borç seviyesine sahipse, ülkenin Laffer eğrisinin "yanlış" tarafında olduğu söylenebilir. Yani aşırı borçtan dolayı sıkıntı yaşamaktadır. Borçların geri ödeme olasılığı giderek azalmaktadır. Bu durumda borcun affedilmesi bir ülkenin borcunun itibari değerini düşürecektir, fakat gerçekte onun borcunun piyasa değerinde bir artışa neden olacaktır (Bachvarova, 2008, s. 9).

Bu bağlamda bir ekonomi Borç Laffer Eğrisinin "yanlış" tarafında bulunmadığı durumunda borç düşürmesinin refah artışını destekleyeceği görüşü geçerlilik kazanmaktadır. Hatta borç ertelemesinin bozucu sonuçlarının çok güçlü yaşanmadığı koşulda dahi borç indirimlerinin refah düzeyine pozitif katkı sunabileceği düşüncesi bulunmaktadır (Esener, 2013, s. 101).

**▸ *Borç Massetme Kapasitesi Yaklaşımı***

Massetme kapasitesi yaklaşımı, 1952 yılında Sidney S. Alexander tarafından geliştirilmiştir. Az gelişmiş ve gelişmekte olan ekonomilerde, tasarrufların yatırım miktarlarının yükseltilmesinde değerlendirilmesi ülkenin yatırımları massetme kapasitesi ile ilintilidir. Adı geçen ekonomilerde dış kaynakların verimli bir şekilde kullanılabildiği üst sınıra massetme kapasitesi denir (Şahin, 2014, s. 22).

Borçlanılma süreci ile birlikte reel üretim seviyesinde artış meydana gelmesi durumunda dış borçlanmaya gitmek herhangi bir sıkıntı doğurmayacaktır. Üretimde artış meydana gelmesi dış borçlanma şeklinde temin edilen kaynakların etkin kullanıldığını belirtmektedir. Burada kaynakların kullanılma gücü kriterine massetme kapasitesi adı verilmektedir. Öte yandan dış finansman yoluyla gerçekleştirilen yatırım artışları azalan verimler kanunu doğrultusunda şekillenebilir. Bu durumda dış kaynak temininde dış tasarrufların marjinal katkısı kullanım süresi boyunca giderek düşmekte ve belirli bir miktardan sonra negatif katkı haline gelmektedir. Başka bir ifade ile alınan borçlardan elde edilen üretim artışlarının reel değerleri azalan verimlerden dolayı belirli bir noktadan sonra ana para ve faiz toplamının altına düşebilmektedir. Bu noktanın daha da ilerisine giderek borçlanmayı devam ettirmek iktisadi açıdan negatif etki meydana getirecektir (Seyidoğlu, 1999, s. 698).

Massetme kapasitesi bir bakıma az gelişmiş ve gelişmekte olan ülkelerde dış fon gereksiniminin hesaplanmasının başka türden ifade edilmiş şeklidir. İlgili ülkeler borçlanmaya giderlerken, her ek borç yükünün marjinal maliyeti ve bu ek borç yükü ile yapılacak yatırımların sunacağı marjinal verimliliği mukayese etmektedirler. Marjinal verimliliğin daha büyük değer alması borçlanmaya devam etmenin sorun oluşturmayacağına işaret etmektedir. Burada borçlanmaya marjinal verimliliğin marjinal maliyete eşit olduğu eşik değere kadar devam edilebilir. Daha sonraki aşama ise ekonomik açıdan sorunlu sürecin başlayacağını göstermektedir (Ülgen, 2007, s. 276).

Massetme kapasitesini belirleyen unsurlar ise şunlardır (Evgin, 2000, s. 7):

- Ülkenin tabii kaynakları ve üretim faktörlerine yönelik bilgilerin mevcudiyeti,
- Teknik ve idari işgücünün mevcudiyeti ve bu gücün kullanılma durumu,
- Yapılan yatırımların verimliliğinde belirleyici olan ulaştırma, haberleşme vb. altyapı tesislerinin varlığı,
- Ulusal ekonominin dış kaynak kullanım eğilimi ve siyasi kadronun yeterliliği

Massetme kapasitesi, ülkenin uyguladığı ekonomik politika koşullarına göre farklılık gösterdiği gibi zaman içinde de değişime uğrayabilmektedir. Gelişmekte olan ülkelerde, özellikle de kalkınmanın başlangıcı aşamasında ulusal ekonomilerin yatırımları massetme kapasitesinin bilhassa teknik donanıma sahip işgücü ile girişimcilerin eksikliği, ulaştırma, haberleşme, enerji vb. alt yapı tesislerinin yokluğu, iç piyasa hacminin darlığı gibi nedenlerle sınırlı düzeyde kaldığı ifade edilebilir. Bununla birlikte uzun dönemde altyapı yatırımlarının gerçekleştirilmesi, işgücünün eğitimi gibi uygulamalarla verimliliği azaltan sorunların ortadan kaldırılması sonrasında massetme kapasitesinin yükseldiği görülmüştür. Bunların dışında dış kaynaklardan sağlanan finansmanların geri ödeme mecburiyetinin olması massetme kapasitesini dolaylı olarak da olsa ters yönlü etkilemektedir (Altın, 2003, s. 52; Olcar, 2013, s. 24).

#### *Dış Borcun Sürdürülebilirliği Yaklaşımı*

Gerek az gelişmiş gerekse gelişmekte olan ülkelerde ekonomik karar mekanizmasının işlerliği noktasında dış borçların üst limitlerinin tespit edilmesi önemlidir. Ekonomik gelişmeyi dinamikleştirecek dış borçların ilerleyen süreçte ülkeyi içinden çıkılmaz boyuta getiren ve krize sürükleyen biçimde yüksek boyutta olmaması, aynı zamanda da büyümeyi besleyici ölçüde olması zorunluluğu bulunmaktadır (Esenler, 2013, s. 75). Öte yandan borç verenler açısından da borç verdiği kaynakların geri ödenmesi sürecinde herhangi bir sorunun yaşanmaması önemlidir. Bu nedenle borçlanma işlemlerinde rehbere ihtiyaç duyarlar. Bu doğrultuda borcun sürdürülebilir konumunu devam ettirme göstergeleri olarak; dış borç/ihracat, dış borç servisi/ihracat ve dış borç/GSYH (Ülgen, 2007, s. 277) gibi rasyolar kullanılmaktadır. Bunun yanında büyüme, reel faiz oranı ve faiz dışı (birincil) bütçe dengesi parametrelerine de başvurulmaktadır.

Sürdürülebilirlik göstergelerinden birisi borç yükümlülüklerinin milli gelire oranlanmasıdır. Esasında burada yükümlülüklerin (stokların) artmaması, borç artışlarının en azından üretim artışı ile finanse edilerek karşılık bulduğu esasına dayanmaktadır. Dış borçların sürdürülebilirliği konusunda iki bakış açısını göz önüne alabiliriz. Bunlardan birincisi borç kapasitesi, ikincisi ise ekonomik kalkınma sorunudur. Birincisinde, borç alan ve borç verenler arasındaki ilişkinin bozulma sürecine girmesi sonucunda kredi verenlerin borç servisi yükümlülüklerini yerine getirmeleri için borçlu ülkeye kaynak vermek istememektedirler. Bu gibi sorunlar, ödeme yükümlülüğü arttıkça ortaya çıkar ve borcun yeniden düzenlenmesi veya affedilmesi gerekmektedir. İkinci durumda ise ülkelerin dış borçları o kadar yüksek seviyeye ulaşır ki artık aşırı borç yükü ekonomik gelişmeyi ters yönde etkileme noktasına gelmektedir (Hjertholm, 2001, s. 5).

Dış borç sürdürülebilirlik sorununu ele almak için literatürde kullanılan farklı perspektifler arasında bir ayrım yapmak mümkündür (Arnone, Bandiera ve Presbitero, 2005: 7).

*Optimistik modeller:* Burada borçlanmanın marjinal maliyeti marjinal faydasına eşitlenmektedir. Bu yaklaşım teoride ilk geliştirilen model konumundadır.

*Optimize olmayan modeller:* Büyüme-tüketme-borç modeli ve borç dinamikleri yaklaşımıdır. Burada iki açık modelinde olduğu gibi dış borçlar ulusal tasarruflar ile yatırımlar arasındaki açıklığı tamamlamak için kullanılmaktadırlar. Ekonomide ödeme gücü koşulları faiz oranından daha fazla büyüme oranını gerekli kılmaktadır. Burada döviz kurlarının değerlendirme dışı kalması önemli bir eksikliktir. Borç dinamikleri yaklaşımı soruna dışsal ödeme gücü açısından bakmaktadır. Bununla birlikte bu modeller artık yeterli gelmemeye başlamıştır. Çünkü büyüme yolu zamana göre değişmekte ve ithalat göz önünde alınmamaktadır.

*Mali alan modelleri:* Borç servisinin kamu harcamaları üzerindeki olumsuz etkilerine vurgu yapmaktadır. Altyapı eksikliği ve kamu harcamaları özel yatırımlar üzerinde dışlayıcı etki meydana getirmekte ve sonuçta ekonomik büyüme performansı yavaşlamaktadır.

*Bozucu etki modelleri*: Büyük borç stoklarından dolayı ekonomik performans olumsuz seyretmektedir. Ulusal paranın değer kaybı, kamu açıklarının artması, parasal genişleme, enflasyon ve olağan dışı finansman kaynaklı belirsizlikler bu durumun sebepleri arasında yer almaktadır.

Bununla birlikte literatürde borçların sürdürülebilirliği konusunda iki yaklaşımdan bahsetmemiz mümkündür. Birinci yaklaşımda sürdürülebilirlik konusu borç alan ve borç veren bazlı ele alındığı borç kapasite (Finansal Sürdürülebilirlik) analizidir. Başka bir ifade ile analizlerin büyük bir kısmı, borç ve bütçe açığının diğer ekonomik değişkenler ve kalkınma hedefleri üzerindeki etkisini göz ardı ederek borçlu bir ülkenin borcunu yerine getirme kapasitesine odaklanmıştır. Daha kompleks görüşün yer aldığı ve bazı temel kalkınma hedeflerinin değerlendirmeye alındığı (ekonomik sürdürülebilirlik) kriterler ikinci yaklaşım türünü ifade etmektedir (Arnone, Bandiera ve Presbitero, 2005, s. 4).

Ekonomik sürdürülebilirlik, finansal sürdürülebilirlik çerçevesini eleştirmekte ve bunu iyileştirmek için iki farklı kanal önermektedir: İlk olarak, kalkınma perspektifi, mali açıklar, faiz oranları, ekonomik büyüme, enflasyon ve ödemeler dengesi arasındaki ilişkiyi inceleyerek, bunun içselliği hususu ele alınmaktadır. İkincisi, büyümenin ve yoksulluğun azaltılmasının belirli hedeflerine ulaşmak için gerekli olan kaynakları dikkate alarak borç affı hedeflerinin genişlemesi düşünülmektedir.

Esasında teorik ve ampirik analizlerin büyük bir kısmı, borç ve bütçe açığının diğer ekonomik değişkenler ve kalkınma hedefleri üzerindeki etkisini dikkate almayarak borçlu bir ülkenin borcunu yerine getirme kapasitesine odaklanmıştır. Bu bağlamda daha geniş bir sınıflandırma ile basit bir borç kapasitesi analizi (finansal sürdürülebilirlik) ile bazı temel kalkınma hedeflerinin (ekonomik sürdürülebilirlik) değerlendirilmesini içeren daha karmaşık bir görünüm arasında ayrımı yapma gücü elde edilebilir (Arnone, Bandiera ve Presbitero, 2007, s. 4).

## Dış Borçlanmanın Gelişimi: Kırılgan Beşli Ülke Örnekleri

Dış borçların gelişimi kırılgan beşli ülkeleri bazında toplam dış borçların gayrisafi yurtiçi hasılaya oranı, toplam dış borçların ihracata oranı, dış borç servisinin ihracata oranı, kısa dönem borç stokunun toplam dış borç miktarına oranı ve dış borç faiz servisinin ihracata oranı değişkenleri esasına göre karşılaştırmalı olarak değerlendirilmiştir.

### *Toplam Dış Borç/GSYH*

Ülkenin dış borçluluk durumunun incelenmesinde kullanılan bu oran aynı zamanda risk ve borç yükü analizlerinde de genel bir ölçüt olarak değerlendirilmektedir. Bu oranın değerlendirilmesinde, Dünya Bankası ve IMF tarafından da kabul edilen bazı ölçütler bulunmaktadır. Oranın %30-50 oranı arasında olması durumunda ülke orta derecede borçlu, %50'nin üzerinde olması durumunda ise o ülke çok borçlu olarak kabul edilmektedir (Söyler, 2001, s. 20).

*Tablo 1: Toplam Dış Borç/ GSYH Oranı (%)*

| Yıllar | Brezilya | Hindistan | Endonezya | Güney Afrika | Türkiye |
|---|---|---|---|---|---|
| 2000 | 38.68 | 21.44 | 95.82 | 19.10 | 44.48 |
| 2001 | 43.04 | 20.32 | 92.53 | 20.89 | 59.13 |
| 2002 | 47.68 | 20.31 | 74.50 | 29.92 | 56.82 |
| 2003 | 44.13 | 19.37 | 59.52 | 21.76 | 48.45 |
| 2004 | 34.28 | 17.25 | 56.33 | 19.25 | 41.31 |
| 2005 | 21.99 | 14.63 | 52.26 | 17.69 | 36.36 |
| 2006 | 18.29 | 16.94 | 38.95 | 22.28 | 40.22 |
| 2007 | 17.81 | 16.54 | 35.67 | 25.06 | 40.56 |
| 2008 | 16.29 | 18.66 | 32.09 | 25.18 | 40.19 |
| 2009 | 17.73 | 18.88 | 34.45 | 27.31 | 45.94 |
| 2010 | 16.22 | 17.18 | 27.00 | 29.51 | 41.47 |
| 2011 | 15.72 | 18.58 | 25.35 | 28.80 | 39.74 |
| 2012 | 18.50 | 21.77 | 28.34 | 37.49 | 43.05 |
| 2013 | 20.53 | 23.22 | 29.98 | 39.22 | 47.78 |
| 2014 | 23.51 | 22.67 | 34.03 | 41.44 | 50.70 |
| 2015 | 31.30 | 23.40 | 37.00 | 45.22 | 56.15 |

*Kaynak: Dünya Bankası, 2017*

Tablo 1, kırılgan beşli ülkelerin 2000- 2015 yılları arasında nihai mal ve hizmetlerle oluşturulan katma değerin hangi oranda dış borçlara ayrıldığını göstermektedir. Bu tabloya göre 2000 yılından 2005 yılına dek orta derecede borçlu kabul edilen Brezilya 2005 yılından itibaren dış borçlarında iyileşme görülmesi sonucunda orta derecede borçlu ülkeler arasından çıkmaktadır. 2005 yılından 2015 yılına kadar %30 oranının altında seyreden Dış Borç/ GSYH oranı ne yazık ki 2015 yılında tekrar %30 eşiğinin üstüne çıkmıştır. Bir diğer Kırılgan beşli ülkesi olan Hindistan'da 2000-2015 döneminde Dış Borç/ GSYH oranı %30 eşiğinin altında seyretmiştir. Bu bağlamda söz konusu dönemde Hindistan hiçbir zaman orta derecede borçlu ülkeler arasına girememiştir. Tablo 1'de yer alan bir diğer Kırılgan beşli ülkesi olan Endonezya için 2000 yılından 2006 yılına dek çok borçlu olduğu, 2006 yılından 2015 yılına dek ise bazı yıllar hariç orta derecede borçlu ülke konumunda olduğu ifade edilebilir. Tablo 1'e bakarak Endonezya'da Dış Borç/ GSYH oranının %95'lerden %36'lara düştüğü görülmektedir. 2000 yılından 2015 yılına kadar ki süreçte gerçekleşen bu iyileşme dikkat çekmektedir.

Kırılgan beşli grubunun bir diğer üyesi olan Güney Afrika'da Dış Borç/ GSYH oranı 2000 yılından 2012 yılına kadar %30 eşiğinin altında seyretmektedir. Tablo 1'de görüldüğü gibi 2012 yılından itibaren Güney Afrika'da Dış Borç/ GSYH oranı %30 eşiğini aşmaktadır. Bu yüzden 2012-2015 döneminde Güney Afrika'nın orta derecede borçlu ülkeler arasında yer aldığı söylenebilir. Tabloda yer alan son kırılgan beşli ülkesi olan Türkiye'de ise bu oran 2000-2015 döneminde bazı yıllar hariç %30-%50 bandı arasında seyretmektedir. Tablo 1'den yola çıkarak söz konusu dönemde genel olarak Türkiye'nin orta derecede borçlu ülke grubunda bulunduğu ifade edilebilir.

*Şekil 2: Toplam Dış Borç/ GSYH Oranı*

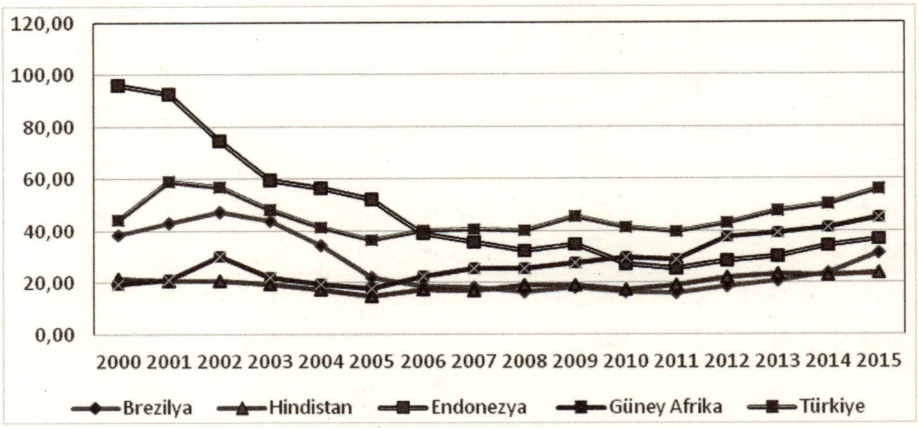


*Kaynak: Dünya Bankası, 2017*

Kırılgan beşli ülkelerin 2000-2015 döneminde nihai toplam dış borcunun gayri safi yurt içi hasılasına olan oranını şekil yardımıyla da değerlendirebiliriz. Şekil 2'de de görüldüğü üzere Dış Borç/ GSYH oranında en keskin iyileşme Endonezya'da olmaktadır. %100'e yaklaşan oranlar %40 oranının altına inmeyi başarmıştır. Diğer kırılgan beşli ülkelerinde ise bu oran yıllar içinde dalgalanarak seyretmiştir. Ayrıca Şekil 2'ye bakarak Hindistan ve Güney Afrika'nın diğer Kırılgan beşli ülkelere göre dış borcunu sürdürmede daha başarılı olduğu görülmektedir.

### *Toplam Dış Borç/İhracat*

Ülkenin borçluluk durumunun yanında, dış borç ödeme kapasitesini de gösteren bu oran, ihracat gelirlerinin toplam borç stokunu ne oranda karşılayabildiği konusunda da bazı ipuçları sunmaktadır. Oranın, %165-275 arasında olması durumunda ülke ora derecede borçlu, %275'i aşması durumunda ise, ülke çok borçlu olarak nitelendirilmektedir (Opuş, 2002, s. 189).

*Tablo 2: Toplam Dış Borç/ İhracat Oranı*

| Yıllar | Brezilya | Hindistan | Endonezya | Güney Afrika | Türkiye |
|---|---|---|---|---|---|
| 2000 | 360.14 | 161.93 | 197.09 | 64.38 | 219.59 |
| 2001 | 329.47 | 151.55 | 204.56 | 64.09 | 214.25 |
| 2002 | 321.08 | 143.27 | 191.27 | 86.33 | 226.32 |
| 2003 | 274.60 | 134.66 | 190.70 | 73.96 | 198.11 |
| 2004 | 198.49 | 102.43 | 170.81 | 69.99 | 168.85 |
| 2005 | 138.30 | 75.64 | 146.49 | 61.51 | 157.21 |
| 2006 | 119.39 | 79.16 | 123.61 | 69.62 | 168.92 |
| 2007 | 121.60 | 80.74 | 117.56 | 72.30 | 170.29 |
| 2008 | 109.15 | 70.81 | 105.52 | 64.20 | 156.44 |
| 2009 | 148.58 | 93.35 | 140.99 | 90.05 | 184.16 |
| 2010 | 141.08 | 81.13 | 117.62 | 96.45 | 184.78 |
| 2011 | 128.09 | 73.25 | 101.87 | 88.47 | 162.01 |
| 2012 | 151.97 | 86.53 | 118.21 | 117.11 | 159.38 |
| 2013 | 165.80 | 89.11 | 127.85 | 116.63 | 180.80 |
| 2014 | 201.12 | 91.84 | 145.79 | 120.50 | 177.65 |
| 2015 | 230.45 | 108.21 | 177.92 | 131.57 | 195.90 |

*Kaynak: Dünya Bankası, 2017*

Tablo 2, 2000-2015 döneminde kırılgan beşli ülkelerin ihracatlarının dış borçlarını ne oranda karşıladığını göstermektedir. Tablo 2'ye bakarak 2000 yılında çok borçlu ülke konumunda olan Brezilyanın ihracatında yaşanan gelişmeler sonucunda 2003 yılında orta derecede borçlu, 2005 yılında ise orta derecede borçlu ülkeler arasından çıktığı gözlenmektedir. 2005 yılından 2013 yılına kadar süren bu durum 2013 yılında Toplam Dış Borç/ İhracat oranının %165'i geçmesiyle bozulmuştur. Brezilya'nın 2013-2015 döneminde orta derecede borçlu konumunda olduğu tablodan yola çıkarak ifade edilebilir. Hindistan'da ise 2000-2015 döneminde Toplam Dış Borç/ İhracat oranı genel olarak %165'in altında bulunmaktadır. Bu yüzden söz konusu dönemde Hindistan'ın borç düzeyinin makul seviyelerde olduğu ifade edilebilir. Kırılgan beşli ülkelerinden biri olan Endonezya'da Toplam Dış Borç/ İhracat oranı 2000-2005 yılları arasında %165 eşiğinin üzerinde seyrederken, 2005-2015 yılları arasında %165 eşiğinin altında seyretmektedir. 2000-2004 döneminde orta derecede borçlu ülke olarak kabul edilen Endonezya 2005 yılından 2015 yılına kadar orta derecede borçlu ülke konumunu terk etmiştir. Kırılgan beşli ülkelerinden bir diğeri olan Güney Afrika'da Toplam Dış Borç/ İhracat oranı 2000-2015 döneminde genel olarak %165'in altında seyretmektedir. Tablodan yola çıkarak Güney Afrika için ihracatlarının dış borçları karşılamada etkin olduğu söylenebilir. Tabloda yer alan son kırılgan beşli olan Türkiye'de ise Toplam Dış Borç/ İhracat oranının bazı yıllar hariç %165'in üzerinde seyrettiği görülmektedir. Bu bağlamda 2000-2015 döneminde bazı yıllar dışında orta derecede borçlu ülke olarak konumlanmaktadır.

*Şekil 3: Kırılgan Beşli Ülkelerin Toplam Dış Borç/ İhracat Oranı*

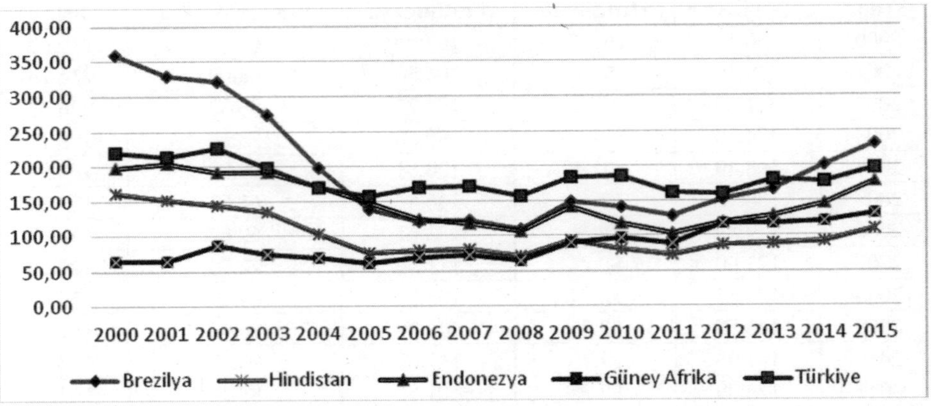


*Kaynak: Dünya Bankası, 2017*

2000-2015 döneminde kırılgan beşli ülkelerin dış borç ödeme kapasitesini şekil 3 yardımıyla inceleyebiliriz. Şekil 3'e göre dış borç ödeme kapasitesinde en fazla iyileşme görülen kırılgan beşli ülkesi Brezilya'dır. Diğer kırılgan beşli ülkelere bakıldığında ise 2000-2015 döneminde dış borç ödeme kapasitesini yansıtan oranın yıldan yıla dalgalandığı görülmektedir. Ayrıca şekil 3'ten yola çıkarak Güney Afrika ve Hindistan'ın diğer kırılgan beşli ülkelere göre dış borç ödeme kapasitesinin daha fazla olduğu ifade edilebilir.

### *Toplam Dış Borç Servisi/İhracat*

Bir ülkenin dış borç yükünün değerlendirilmesinde ve çok borçlu olup olmadığının ölçülmesinde kullanılan bir orandır. Dış borç karşılama oranı olarak da adlandırılan bu oran, dış borçlanma dâhil ülkenin likidite sorunlarının analizlerinde önemli bir kriterdir. Oranın büyük değer alması, ülke ihracat gelirlerinin dış borç yükümlülüklerini yerine getirebilme gücünün zayıfladığını göstermektedir. Oranın küçük değer alması ise, ülkenin ödemeler dengesinde bir iyileşme ve buna bağlı olarak da ülkenin dış borç ödeme gücünde bir artış görüldüğü şeklinde yorumlanmaktadır. Bu oran %18-30 oranında ise, o ülke orta derecede borçlu, %30'u aşması halinde ise, çok borçlu olarak kabul edilmektedir (Adıyaman, 2006, s. 32).

*Tablo 3: Toplam Dış Borç Servisi/ İhracat Oranı*

| Yıllar | Brezilya | Hindistan | Endonezya | Güney Afrika | Türkiye |
|---|---|---|---|---|---|
| **2000** | 87.00 | 17.08 | 22.85 | 9.87 | 38.90 |
| **2001** | 71.74 | 17.93 | 23.96 | 11.36 | 42.37 |
| **2002** | 72.05 | 20.92 | 25.22 | 13.07 | 48.54 |
| **2003** | 67.92 | 29.18 | 26.32 | 8.36 | 38.67 |
| **2004** | 48.36 | 14.50 | 25.47 | 6.34 | 34.37 |
| **2005** | 46.19 | 14.93 | 20.90 | 6.42 | 37.40 |
| **2006** | 38.25 | 8.64 | 25.75 | 8.68 | 32.87 |
| **2007** | 28.05 | 15.59 | 19.06 | 4.24 | 32.38 |
| **2008** | 23.47 | 9.66 | 14.29 | 6.94 | 30.13 |
| **2009** | 23.49 | 6.02 | 19.57 | 5.95 | 41.53 |
| **2010** | 18.37 | 6.82 | 17.41 | 5.65 | 36.50 |
| **2011** | 18.73 | 6.41 | 14.41 | 4.76 | 30.83 |
| **2012** | 15.69 | 6.70 | 16.81 | 7.86 | 26.21 |
| **2013** | 28.12 | 8.07 | 19.54 | 10.64 | 28.64 |
| **2014** | 22.45 | 18.52 | 23.11 | 6.65 | 24.73 |
| **2015** | 38.10 | 10.92 | 32.13 | 7.67 | 10.73 |

*Kaynak: Dünya Bankası, 2017*

Tablo 3, kırılgan beşli ülke grubunun 2000-2015 döneminde dış borç karşılama oranını göstermektedir. Bu tabloya göre 2000-2006 döneminde Brezilya'nın çok borçlu ülkeler grubunda yer aldığı, 2012 yılı hariç 2006-2015 döneminde ise orta derecede borçlu ülkeler grubunda yer almaktadır. Tabloya bakarak Brezilya'nın yıllar itibariyle dış borçlarını karşılama gücünde bir artış olduğu görülmektedir. Kırılgan beşli ülkeler grubunda yer alan Hindistan'da 2000-2015 döneminde genel olarak dış borç karşılamalarında ciddi bir sorun olmadığı ifade edilebilir. 2014 yılı hariç diğer yıllarda Hindistan'da toplam dış borç servisinin ihracata olan oranının %18 oranından aşağıda seyrettiği gözlenmektedir. Kırılgan beşli ülkeleri arasında yer alan Endonezya 2000-2015 döneminde genel olarak orta derecede borçlu ülkeler grubunda yer almaktadır. Endonezya'da bazı yıllar dış borç ödeme gücünde artış görülüp orta derecede borçlu ülkeler arasından çıktığı görülürken, 2015 yılında dış borç ödeme gücünde azalış görülüp çok borçlu ülkeler arasına geçmiştir. Kırılgan beşli ülkelerinden bir diğeri olan Güney Afrika'da 2000-2015 döneminde dış borç karşılama oranlarında genel olarak bir iyileşme olduğu görülmektedir. Söz konusu dönemde Güney Afrika'da Dış Borç Servisi/ İhracat oranının %18'den aşağıda seyrettiği görülmektedir. Tabloda yer alan son kırılgan beşli olan Türkiye ise 2000-2011 döneminde çok borçlu ülkeler grubunda, 2011-2014 döneminde orta derecede borçlu ülkeler grubunda ve 2015 yılında orta derecede borçlu ülkeler arasından çıkmayı başardığı gözlenmektedir. Tablodan yola çıkarak yıllar itibariyle Türkiye'nin dış borç karşılama gücünde bir iyileşme olduğu ifade edilebilir.

***Kısa Dönem Borç Stoku/Toplam Borç Stoku***

Kısa vadeli borçlanma, borç kalemleri içinde rizikosu ve faiz haddi yüksekliği bakımından kısıtlı tutulması gereken bir kalem şeklindedir. Bu borçlar ihracat finansmanı için kullanıldığı sürece bir sorun yoktur. Ancak ithalatın finansmanında kullanılır ve sürekli büyüdüğü için mal ve hizmet ihracat gelirlerine oranı artarsa, yüzde 35-40 gibi bir orana yükselirse, ekonomi krizlere çok açık hale gelir (Karagöz, 2007, s. 104).

*Tablo 4: Kısa Dönem Borç Stoku/Toplam Borç Stoku*

| Yıllar | Brezilya | Hindistan | Endonezya | Güney Afrika | Türkiye |
|---|---|---|---|---|---|
| **2000** | 12.77 | 3.42 | 15.06 | 37.56 | 24.75 |
| **2001** | 12.29 | 2.76 | 15.10 | 33.96 | 14.47 |
| **2002** | 10.09 | 3.87 | 13.72 | 23.89 | 12.68 |
| **2003** | 10.43 | 5.32 | 14.50 | 22.13 | 15.97 |
| **2004** | 11.45 | 5.55 | 15.96 | 25.93 | 19.33 |
| **2005** | 12.74 | 7.27 | 7.76 | 31.91 | 22.41 |
| **2006** | 10.46 | 15.73 | 8.98 | 34.63 | 20.30 |
| **2007** | 16.46 | 17.69 | 12.62 | 33.12 | 16.60 |
| **2008** | 13.94 | 19.30 | 12.97 | 36.39 | 18.08 |
| **2009** | 14.13 | 18.18 | 13.41 | 26.94 | 17.57 |
| **2010** | 18.59 | 19.44 | 16.67 | 20.05 | 25.67 |
| **2011** | 10.43 | 23.34 | 17.38 | 17.56 | 26.72 |
| **2012** | 7.40 | 23.78 | 17.52 | 19.22 | 29.71 |
| **2013** | 6.93 | 21.70 | 17.37 | 19.49 | 33.48 |
| **2014** | 10.45 | 18.70 | 15.69 | 19.87 | 31.34 |
| **2015** | 9.63 | 17.01 | 12.61 | 21.09 | 25.69 |

*Kaynak: Dünya Bankası, 2017*

Tablo 4, Kırılgan beşli ülkelerin kısa dönem borç stokunun toplam borç stokuna oranını göstermektedir. Tablo 4'den yola çıkarak 2000-2015 döneminde kısa dönem borçlanmanın Brezilya için önemli bir sorun olmadığı söylenebilir. Bu dönemde Brezilya'nın kısa dönem borç stokunun toplam borç stokuna oranı %6 ile %19 arasında seyretmektedir. Bu oran kırılgan beşli ülkeler arasında yer alan Hindistan'da %2 ile %24 arasında seyretmekte ve Brezilya'da olduğu gibi ülke ekonomisi için önemli bir sorun teşkil etmemektedir. Kırılgan beşli ülkeler arasında yer alan bir diğer ülke Endonezya'da da bu oran %7 ile % 18 arasında seyretmekte ve ekonomi için önemli bir sorun teşkil etmemektedir. Kırılgan beşli ülkeler arasında yer alan bir diğer ülke Güney Afrika'da bu oran %17 ile %38 arasında seyretmekte ve bu oranlar ülkeyi ekonomik krizlere açık hale getirmektedir. Tabloda yer alan son kırılgan beşli olan Türkiye'de ise bu oran %12 ile %34 arasında dalgalanmaktadır. Tabloya bakarak Türkiye'de kısa dönem borç stokunun toplam borç stokuna oranının Güney Afrika'daki gibi önemli bir sorun olmadığı ifade edilebilirken diğer kırılgan beşli ülkelerden ise daha yüksek olduğu görülmektedir.

***Toplam Dış Borç Faiz Servisi / İhracat***

Bu oran daha çok dış borçlanmanın maliyetini ölçmede kullanılır. Oranın %12-20 arasında seyretmesi ülkeyi orta derecede borçlu, %20'nin üzerinde gerçekleşmesi ise ülkeyi çok borçlu kılmaktadır. Bu oranı yorumlarken, dış borç faiz servisi ve ihracatın artış hızını da göz önünde bulundurmak gerekmektedir (Demir, 2009, s. 42).

*Tablo 5: Toplam Dış Borç Faiz Servisi/ İhracat Oranı*

| Yıllar | Brezilya | Hindistan | Endonezya | Güney Afrika | Türkiye |
|---|---|---|---|---|---|
| 2000 | 25.47 | 6.75 | 10.12 | 3.21 | 12.90 |
| 2001 | 24.65 | 6.76 | 9.10 | 3.10 | 11.73 |
| 2002 | 20.72 | 5.74 | 5.97 | 3.43 | 9.89 |
| 2003 | 19.03 | 6.29 | 6.03 | 2.48 | 9.11 |
| 2004 | 13.27 | 3.68 | 6.12 | 2.10 | 7.71 |
| 2005 | 9.77 | 2.83 | 3.49 | 2.47 | 8.04 |
| 2006 | 9.10 | 2.48 | 3.51 | 2.91 | 8.06 |
| 2007 | 7.42 | 2.89 | 4.10 | 2.54 | 8.22 |
| 2008 | 6.72 | 2.27 | 3.12 | 2.45 | 7.44 |
| 2009 | 7.41 | 2.02 | 3.51 | 2.79 | 8.26 |
| 2010 | 5.55 | 1.51 | 3.18 | 2.56 | 7.20 |
| 2011 | 5.48 | 1.55 | 2.74 | 2.69 | 8.00 |
| 2012 | 5.14 | 2.03 | 2.99 | 3.59 | 5.71 |
| 2013 | 6.27 | 2.04 | 4.11 | 3.38 | 6.45 |
| 2014 | 6.22 | 2.30 | 4.42 | 3.96 | 6.41 |
| 2015 | 7.85 | 2.48 | 6.09 | 5.14 | 4.91 |

*Kaynak: Dünya Bankası, 2017*

Tablo 5, dış borçlanmanın maliyetini göstermektedir. Bu tabloya göre 2000-2015 döneminde Brezilya yıllar itibariyle sırasıyla çok borçlu ülke konumundan, orta derecede borçlu ülke konumuna geçmiş ve daha sonra orta derecede borçlu ülkeler arasından da çıkmayı başarmıştır. Tabloya bakarak Brezilya için borçlanmanın maliyetinde iyileşme olduğu görülmektedir. Bir diğer Kırılgan beşli ülkesi olan Hindistan' 2000-2015 döneminde orta derecede borçlu ve çok borçlu ülke konumuna hiç geçmemiştir. Tablodan yola çıkarak Toplam Dış Borç Faiz Servisi/ İhracat oranının Hindistan için önemli bir sorun teşkil etmediği söylenebilir. Kırılgan beşli ülkeler arasında bulunan bir diğer ülke Endonezya'da bu oran %2 ile %11 arasında seyretmekte ve ülke ekonomisi için önemli bir sorun arz etmemektedir. Kırılgan beşliler arasında yer alan bir diğer ülke Güney Afrika'da 2000-2015 döneminde dış borçlanma maliyeti açısından ciddi bir sorun yaşanmamıştır. Toplam Dış Borç Faiz Servisi/ İhracat oranının Güney Afrika'da %4 ile %13 arasında seyrettiği ve bu oranlardan yola çıkarak ülkenin ne orta derecede borçlu ne de çok borçlu ülkeler arasında yer aldığı söylenebilir. Tabloda yer alan son kırılgan beşli olan Türkiye'de ise bu oranın yıllar itibariyle düştüğü görülmektedir. Tablodan yola çıkarak 2000 yılında orta derecede borçlu ülke konumunda olan Türkiye'nin yıllar itibariyle bu konumundan kurtulduğunu ve dış borçlanmanın maliyetini karşılamada daha başarı olduğunu ifade edilebilir.

## SONUÇ

Ekonomik birimler ihtiyaçlarını karşılayabilmek için yurt içi ve yurt dışı kaynaklardan fon transferine başvurabilirler. Yurt dışı kaynaklardan gerçekleşen fon transferi işlemi dış borçlanma olarak adlandırılır. Ülkeleri dış borçlanmaya iten çeşitli sebepler bulunmaktadır. Bu sebepler ülkenin gelişmişlik seviyesine göre farklılık gösterse de genel olarak yurt içi varlıkların kamu harcamalarını karşılamaya yetmemesi ve ülkelerin ödeme bilançolarındaki dengesizliklerdir. Ülkelerin dış borçlanma gerekçeleri olduğu gibi dış borçların da ülke ekonomisine etkileri olmaktadır. Bu etkiler büyüme ve kalkınma, üretim faktörleri, borçlanma, döviz kurları ve diğer etkiler şeklinde sınıflandırılır. Gelişmekte olan ülkelerde karşılaşılan en temel sorunlardan birisi teknoloji ve alt yapı yetersizliğidir. Gelişmekte olan ülkeler alt yapı yatırımları ve teknoloji transferi için yeterli kaynağa ihtiyaç duyarlar ve genellikle gelişmekte olan ülkelerde mevcut bulunan kaynak ihtiyaç duyulan kaynağı karşılamamaktadır. Bu yüzden gelişmekte olan ülkeler teknoloji transferi ve yatırımlar için dış borçlanmaya giderler. Alınan dış borçların verimli bir şekilde kullanılması gelişmekte olan ülkelerde teknoloji transferi ve alt yapı yatırımlarını hızlandırmaya yaramaktadır. Bununla birlikte alınan dış borçların popülist amaçlarla kullanılması sonucunda dış borçlar gelişmekte olan ülkenin en büyük sorunu haline dönüşebilmektedir. Bu bağlamda gelişmekte olan ülkeler dış borçlarının sürdürülebilirliğini sağlamak için çeşitli politika yollarını deneyebilmektedirler. Ülkelerin ulusal ve uluslararası piyasalarda kredibilite göstergelerinden bir tanesi de hiç kuşkusuz borçluluk durumudur. Burada iç ve dış borçlanma şekli yanında bu borçların büyüklüğü de önem arz etmektedir. Bu çalışmada Kırılgan beşli ülkeleri olarak adlandırılan Brezilya, Hindistan, Endonezya, Güney Afrika ve Türkiye ülkelerinin dış borç gelişimlerini faydalanarak 2000-2015 verilerinden yararlanarak incelenmiştir.

Araştırmada toplam dış borç/GSYH, toplam dış borç/ihracat, toplam dış borç servisi/ihracat, kısa dönem borç stoku/toplam borç stoku ve toplam dış borç faiz servisi/ihracat oranlarından yola çıkarak kırılgan beşli ülkelerinde 2000-2015 döneminde dış borçlanmanın gelişimi değerlendirilmiştir. Risk ve borç yükü analizlerinde genel bir ölçüt olarak değerlendirilen toplam dış borç/ GSYH oranına göre 2015 yılında Türkiye çok borçlu ülkeler arasında yer alırken, Brezilya, Endonezya ve Güney Afrika orta derecede borçlu ülkeler arasında yer almaktadır. Ülkelerin bulunduğu konum yıldan yıla değişiklik gösterse de genel olarak dış borç/GSYH oranı belli bir bant aralığında dalgalanmaktadır. Dış borç ödeme kapasitesini gösteren toplam dış borç/ihracat oranına göre 2015 yılında Brezilya, Endonezya ve Türkiye orta derecede borçlu ülkeler arasında yer almaktadır. Bu ülkelerdeki oranlara bakıldığında Brezilya'nın oranlarında ciddi bir dalgalanma görülürken, Endonezya ve Türkiye'de ılımlı bir iyileşme görülmektedir. Dış borç karşılama oranı olarak da adlandırılan toplam dış servisi/ihracat oranına göre Güney Afrika ve Hindistan diğer kırılgan beşli ülkelere göre dış borçlarını karşılamada daha başarılılar. Borç kalemleri içinde en riskli olarak bilinen kısa dönem borç stoku/ toplam borç stoku oranlarına bakıldığında bu oranın Güney Afrika hariç diğer kırılgan beşli ülkeler için önemli bir sorun teşkil etmediği görülmektedir. Son olarak dış borçlanmanın maliyetini ölçmede kullanılan toplam dış borç servisi/ ihracat oranlarına bakıldığında bu oranın Brezilya hariç diğer kırılgan beşli ülkeler için bir sorun olmadığı görülmektedir. Brezilya'da 2000 yılında %26 seviyelerinde görülen bu oranı %8 seviyelerine düşürmeyi başarmıştır.

## KAYNAKÇA


Adıyaman, A. T. (2006). Dış Borçlarımız ve Ekonomik Etkileri. *Sayıştay Dergisi,* 21-45.

Altın, S. (2003), Türkiye Ekonomisinin Gelişimi Açısından Dış Kaynakların Değerlendirilmesi, Isparta: Süleyman Demirel Üniversitesi Sosyal Bilimler Enstitüsü, Yüksek Lisans Tezi.

Arnone, M., Bandiera, L., & Presbitero, A. F. (2005). External debt sustainability: Theory and empirical evidence. *Catholic University of Piacenza Economics Working Paper, 33.*

Bachvarova, E. S. (2008). The Debt Laffer Curve: Estimates for 1990-2005. *Duke Univercity, Durkam, North Carolina, Spring.*

Çöğürcü, İ., & Çoban, O. (2011). Dış Borç Ekonomik Büyüme İlişkisi: Türkiye Örneği. *KMÜ Sosyal ve Ekonomik Araştırmalar Dergisi, 13*(21), 133-149.

Demir, M. (2009). *Türkiye'de Kamu Borçlarının Gelişimi ve Sürdürülebilirliği* . Konya: Çizgi Kitabevi.

Esener, S. Ç. (2013), Gelişmekte Olan Ülkelerde ve Türkiye'de Dış Borçlanmanın Belirleyicilerinin İncelenmesi: 1980-2010, Ankara: Maliye Bakanlığı Strateji Geliştirme Başkanlığı Yayın No: 2013/424, Hermes Matbaacılık.

Evgin, T. (2000). Dünden Bugüne Dış Borçlarımız. Başbakanlık Hazine Müsteşarlığı ve İnceleme Dizisi.

Hjertholm, P. (2001). *Debt relief and the rule of thumb: Analytical history of HIPC debt sustainability targets* (No. 2001/68). WIDER Discussion Papers//World Institute for Development Economics (UNU-WIDER).

Kamin, S., Kahn, R., & Levine, R. (1989). External Debt and Developing Country Growth. *International Finance Discussion Paper*, 1-49.

Karagöz, K. (2007). Türkiye'de Dış Borçlanmanın Nedenleri Ekonometrik Bir Değerlendirme. *Sayıştay Dergisi*(66-67), 99-110.

Karluk, R. (2002). *Türkiye Ekonomisi.* İstanbul: Beta Yayıncılık.

Olcar, A. (2013). *Türkiye'nin Dış Borç Sorunu ve Kriz Etkileri.* Yüksek Lisans tezi, Hitit Üniversitesi.

Opuş, S. (2002). Dış Borçların Sınırı ve Türkiye. *Erciyes Üniversitesi İktisadi ve İdari Bilimler Fakültesi Dergisi, 19*, 183-206.

Prebisch, R. (1973). *Kalkınma için Yeni Bir Ticaret Politikasına Doğru.* (E. Önay, Çev.) Ankara: Siyasal Bilimler Fakültesi Yayınları.

Seyidoğlu, H. (1999). *Uluslararası İktisat: Teori, Politika ve Uygulama.* İstanbul: Güzem Yayınları .

Söyler, İ. (2001). Türkiye'nin Dış Borçlarının Ekonomik Açıdan Değerlendirilmesi. *Maliye Dergisi* , 16-23.

Şahin, H. (2014). *Türkiye Ekonomisi.* Bursa: Ezgi Kitabevi .

Şeker, M. (2006). Dış Borçlanmaya Teorik Bir Bakış ve Dış Borçların Ekonomik Etkileri. *Sosyoekonomi Dergisi*, 73-92.

Şenel, T. İ. (1994). Türkiye'de Dış Borçların Artış Sebepleri, Sektörel Dağılımı ve Makro Ekonomik Etkileri, Uzmanlık Tezi, Hazine Dış Ticaret Müşteşarlığı, Ankara.

Türk, İ. (2002). *Kamu Maliyesi.* Ankara: Turhan Kitabevi .

Ülgen, G. (2007). Dış Borçlanmanın Analizi ve Türkiye'de Dış Borç Sorunu. A. Ay içinde, *Türkiye Ekonomisinde Makroekonomik Sorunlar ve Çözüm Önerileri* (s. 269-315). Konya: Çizgi Kitabevi Yayınları.

World Bank (2017), International Debt Statistics 2017, The World Bank, Washington DC.

Yaşa, M. (1971). *Devlet Borçları.* İstanbul: Sermet Matbaası.

Zerenler, M. (2014). Devletin Dış Borçlanmasının Türkiye Ekonomisi Üzerine Etkileri. *Sosyal Ekonomik Araştırmalar Dergisi, 1*(5), 186-214.

# V.

# BÖLÜM

## TÜRKİYE'DE YABANCI YATIRIMLAR: DOĞRUDAN YABANCI YATIRIM ve PORTFÖY YATIRIMLARIN SEYRİ ve YAPISI ÜZERİNE BİR İNCELEME

*Yrd. Doç. Dr. Şerife ÖZŞAHİN*

***Necmettin Erbakan Üniversitesi SBF İktisat Bölümü***

## GİRİŞ

Dış dünya ile entegrasyonu sağlamada kilit öneme sahip olan yabancı yatırımlar, bir ülkenin kendi sermaye birikimi dışında kaynak edinmesine yardımcı olmakta ve bu anlamda ekonomik gelişmeye imkan tanımaktadır. 1980'li yıllarla birlikte teknolojik ilerleme sayesinde finansal işlemlerin hızlı, güvenilir ve ucuz bir şekilde yapılabilir hale gelmesi ve iletişim olanaklarının hız kazanması, yatırımcılar için kendi ülke sınırları içinde işlem yapmanın zorunluluğunu ortadan kaldırarak deniz aşırı piyasalarda yatırım çeşitlendirmesine olanak sağlamıştır. Bunun neticesinde içinde doğrudan yabancı yatırım ve portföy yatırımını barındıran sınır ötesi sermaye akımlarında önemli artışlar gözlenmiş ve bu durum sermayenin küreselleşmesi olarak adlandırılmıştır (OECD, 2008: 20).

Gelişmekte olan ülkelerin en temel özelliklerinden biri olan düşük sermaye birikimi, ekonomik kalkınmanın sağlanabilmesi için yurt içi finansman imkanlarının yetersiz kalmasına ve dış finansman gereksinimine neden olmaktadır. Dış finansman, uluslararası mali kurumlardan borçlanma yoluyla sağlanabileceği gibi uluslararası doğrudan yabancı yatırım veya portföy yatırımı şeklinde özel kaynaklı da olabilmektedir (DPT, 2000: 2). Gerek doğrudan yabancı yatırım gerekse de portföy yatırımları şeklinde bir ülkeye yönelen yabancı sermaye özellikle gelişmekte olan ülkelerde yaşanan tasarruf darlığı sorununa bir çözüm olarak görülmektedir. Portföy yatırımları en genel ifadeyle bir ülke borsasında alım-satıma konu olan menkul değerlerin ilgili ülke vatandaşları veya kurumları haricindeki kişi ve kurumlarca satın alınması işlemini ifade etmektedir. Doğrudan yabancı yatırım ise kişi veya kurumların kendi ülkeleri dışında bir başka ülkede var olan bir işletmenin tamamına sahip olması veya ortaklık hakkı elde etmesine yönelik faaliyetleri kapsar. Bu tanımlamadan anlaşılacağı üzere doğrudan yabancı yatırım, ülkenin kendi sınırları dışında yeni bir işletme kurması veya mevcut bir işletmeye ortak olması şeklinde uzun vadeli bir uluslararası sermaye akışını ifade etmesine rağmen portföy yatırımlarında süre kısa vadelidir (Seyidoğlu, 2015: 650-652).

Bu çalışma, ekonomik aktörlerin sınır ötesi yatırım projelerine iştirakte bulunma yöntemlerinden olan doğrudan ve dolaylı yabancı yatırımların 2000'li yıllarda küresel ölçekte ve Türkiye özelinde seyrini analiz etmeyi amaçlamaktadır. Bu doğrultuda giriş bölümünü takiben birinci bölümde yabancı sermaye yatırımına yönelik kavramsal açıklamalara yer verilecektir. İkinci bölümde 2000'lı yıllarda küresel doğrudan yabancı yatırım girişlerinin seyri analiz edilecek; üçüncü bölümde ise Türkiye'de doğrudan yabancı yatırım ve portföy yatırımlarının gelişimi incelenecektir. Kısa bir değerlendirmenin yapıldığı sonuç bölümü ile çalışma tamamlanacaktır.

## Yabancı Yatırıma Yönelik Kavramsal Çerçeve

Uluslararası Yatırım Pozisyonu, bir ülkede ikamet eden vatandaşların yabancı ülkelerde ikamet eden kişilerden yapacağı finansal alacakları ve finansal varlıkları ile yerleşiklerin finansal yükümlülüklerinin kayıt altına alındığı bir tablodur. Kayıt altına alınan finansal varlık ve finansal yükümlülükler arasındaki fark ise net uluslararası yatırım pozisyonu adını almaktadır. Temelde varlık ve yükümlülük kalemleri altına yapılacak kayıt işlemlerinde yurtdışında yaşayanların bir başka ülkede yaptıkları faaliyetler yükümlülük başlığı altında toplanmaktadır. Bir ülkenin yükümlülükleri ise doğrudan yatırım, portföy yatırımları ve diğer yatırım ana kalemlerinden oluşmaktadır. Doğrudan yabancı yatırım ve portföy yatırımlarının döviz kurundaki değişmelere karşı hassas olması, bu tür yatırım faaliyetleri ile ekonomik performans arasında sıkı bir bağlantıya neden olmaktadır (TCMB, 2015).

Ülkelerin birbiri ile mukayese edilebilmesi ve güvenilir veriler olabilmesi için yabancı yatırım istatistiklerinin uluslararası standartlara uygun kaydedilmesi gerekmektedir. Bu doğrultuda, dış ödemeler bilançosu ve uluslararası yatırım işlemlerinin ortak kurallar çerçevesinde kayıt altına alınabilmesi amacıyla 2009 yılında IMF tarafından Altıncı El Kitabı adı altında bir yönerge hazırlanmıştır. Ülkemiz 2014 yılı Ekim ayından itibaren bu el kitabında yer verilen kurallar çerçevesinde istatistiklerini tutmaktadır. Yapılan bu değişiklik ile daha öncesinde yabancı yatırımın yurtiçi ve yurtdışında yapılmasını dikkate alan uygulama terkedilmiş olup varlıklar ve yükümlülükler kıstasına göre yeni bir şablon hayata geçirilmiştir (TCMB, 2014: 3).

IMF tarafından hazırlanan bu yönergeye göre bir ülkede yurtdışı yerleşikler tarafından yapılan yatırımlar, ev sahibi ülkenin yükümlülüğünü oluşturur. Yabancı yatırım yükümlülüğü ise temel olarak bir ülkeye yabancılar tarafından yapılan doğrudan yabancı yatırım ve portföy yatırımını kapsamaktadır. Doğrudan yabancı yatırım terimi UNCTAD tarafından bir ülkede ikamet edenlerin başka bir ülkede yaptığı uzun vadeli yatırımlar olarak tanımlanmaktadır ve yatırımcı işletmenin bir diğer ülkede kalıcı getiri elde etmek hedefi doğrultusundaki faaliyetlerini yansıtır. Kalıcı getiri hedefinin gerçekleştirilmesi ise doğrudan yatırımcı ve doğrudan yatırım işletmesi arasında uzun vadeli bir ilişkiyi ve işletmenin yönetiminde etkili olmayı gerekli kılar (OECD, 2008: 35, 48). Bu doğrultuda doğrudan yabancı yatırımı diğer sermaye akımlarından ayıran en temel fark yabancı yatırımcının işleme konu olan kurumun sermayesinde en az %10 paya sahip olması veya yönetiminde söz sahibi olmasını gerektirmesidir (IMF, 2009: 100-101). Bu tür yatırım işlemi yatırım yapılan ülkeye sadece sermaye aktarımını değil bunun yanı sıra teknoloji, know-how, yönetim ve pazarlama bilgisinin de transferini içerir (Durgan, 2016: 5).

Ülkemizde 17 Haziran 2003 tarihinde yürürlüğe giren Yabancı Sermaye Kanunu'na göre doğrudan yabancı yatırım, "yabancı yatırımcının ülkeye getirdiği konvertibilitesi olan nakit para, şirketlere ait menkul kıymetler, makine ve teçhizat, sınai ve fikri mülkiyet hakları, yurt içinden sağlanan yeniden yatırımda kullanılan kar, hasılat, para alacağı veya mali değeri olan yatırımla ilgili diğer haklar, doğal kaynakların aranması ve çıkarılmasına ilişkin hakları" kapsamaktadır. Bunun yanı sıra "iktisadi kıymetler aracılığıyla, yeni şirket kurmak ve şube açmak, menkul kıymet borsaları dışında hisse edinimi, menkul kıymet borsalarından en az %10 hisse oranı ya da aynı oranda oy hakkı sağlayan edinimler yoluyla mevcut bir şirkete ortak olmaya" yönelik faaliyetler de yabancı yatırım kapsamına girmektedir (Hazine Müsteşarlığı, 2005: 1).

Doğrudan yabancı yatırım, çok uluslu işletmeler tarafından yapılmaktadır. Kendi ülke sınırları dışında üretim yapma kararı veren ve bu şekilde yatırım çeşitlendirmesi de yapan çok uluslu işletmelerin yabancı ülkelerdeki üretim faaliyetleri ileriye dönük, geriye dönük ve yatay ilişkili olabilmektedir (DPT, 2000: 2-3).

- Geriye dönük üretim faaliyetlerinde çok uluslu işletme üretim için ihtiyaç duyduğu doğal kaynak veya hammaddelerin temini için yabancı ülkede bu kaynakların çıkarılması ve üretim için elverişli olacak şekilde işlenmesi faaliyetlerini yerine getirmek için yatırım yapmaktadır.
- İleri dönük üretim faaliyetlerinde çok uluslu işletme yatırım yaptığı ülkeyi ürettiği ürünleri satacak bir pazar olarak kullanmaktadır.
- Doğrudan yabancı yatırımın yapılmasında en yaygın amaç olan yatay ilişkili üretim faaliyetlerinde ise çok uluslu işletme diğer ülkeye üretim tekniğini, teknolojisini ve işgücünü aktarır. Çok uluslu işletmenin bulunduğu ana ülkede üretim kararı verilmesine rağmen üretim faaliyeti düşük üretim maliyetleri veya geniş piyasa imkanlarından faydalanmak için diğer ülkede gerçekleştirilir.

Doğrudan yabancı yatırımlardan farklı olarak portföy yatırımları, yönetime ortaklık hakkı elde edilmeyen yabancılara ait hisse senedi ve borç senetlerinin alımına yönelik sınır ötesi işlemlerdir (IMF, 2009: 110). Bu yatırım türünde hisse senedi ve borç senetleri gibi finansal araçların alımı gerçekleşmekte ve doğrudan yabancı yatırımlardan farklı olarak yabancı işletmeye sermaye katkısından başka herhangi bir sermaye transferi olmamaktadır (TCMB, 2015: 7). Ayrıca bir işletmeye en fazla %10 oranında ortaklık hakkı elde eden portföy yatırımcıları, ortak oldukları işletmenin yönetimine katılma hakkı elde etmemektedirler (Bayraktar, 2003: 5).

## 2000'li Yıllarda Küresel Doğrudan Yabancı Yatırım Girişlerinin Seyri

Yabancı yatırımlar, giriş yaptığı ülkeye mali bir kaynak sağlamanın yanı sıra ülke içi istihdam kapasitesini artırması, beceri, teknoloji ve yönetim bilgisinin ev sahibi ülkeye taşınması ve ülkenin ihracat kapasitesini artırarak dış dünya ile entegrasyonu sağlaması açısından olumlu etkilere sahiptir (DEİK, 2012: 12). Dışa açık ekonomilerde iktisadi büyümenin önemli açıklayıcı değişkenlerinden biri olarak kabul edilen doğrudan yabancı yatırımların 2000'li yıllarda sergilediği performans, öncelikle dünya geneli için toplam rakamlar itibariyle incelenecek daha sonrasında sermaye akımlarının ülke grupları itibariyle nasıl bir aktarıma sahip olduğu ifade edilmeye çalışılacaktır.

2000'li yıllarda küresel ölçekte doğrudan yabancı yatırım girişleri, Grafik 1 üzerinden görülebileceği üzere dalgalı bir seyir izlemiştir. 2000-2003 yılları arasında azalış gösteren küresel doğrudan yabancı yatırım girişleri bu düşüşünü 2004 yılında sonlandırmış ve 2004 yılında başlayan yükseliş trendi küresel finans krizi patlak verene dek sürmüştür. Küresel finans krizinin olumsuz etkisi 2010 ve 2011 yıllarında hissedilmese de 2012 yılında yeniden düşüşe geçmiş ve 2014 yılına kadar azalışını devam ettirmiştir. 2015 yılı küresel doğrudan yabancı yatırım girişlerinin küresel kriz sonrasında ulaştığı en yüksek seviyedir.

*Grafik 1: 2000-2015 Döneminde Dünya Genelinde Doğrudan Yabancı Yatırımların Seyri (milyon ABD $)*

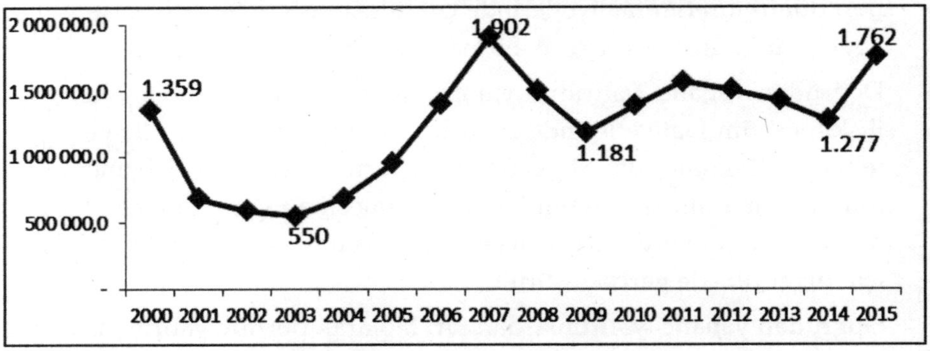


*Kaynak: UNCTAD, World Investment Report 2016 Statistics.*

Bu seyrin yıllar itibariyle yüzdelik değişimini incelediğimizde ise 2008 yılında bir önceki yıla göre %21 oranında gerileyen doğrudan yabancı yatırımlar 2009 yılında bir önceki yıldaki gerilemeye ilave olarak %21'lik bir düşüş daha göstermiştir. 2010 yılı doğrudan yabancı yatırımlar için dünya genelinde toparlanmanın başladığı bir yıl olsa da bu durum 2012 yılına kadar devam edebilmiş, 2012-2014 dönemi ardarda %4, 6 ve 11 oranlarında düşüşün yaşandığı yıllar olmuştur. 2014 yılında küresel ölçekte doğrudan yabancı yatırım girişlerinin azalış göstermesi büyük ölçüde küresel kırılganlık, jeopolitik risk ve siyasi belirsizlikten ötürü yatırımcıların çekingen davranmasından kaynaklanmıştır (UNCTAD, 2015: ix).

*Grafik 2: 2008 Küresel Finans Krizinin Ardından Doğrudan Yabancı Yatırım Girişlerinin Oransal Seyri*

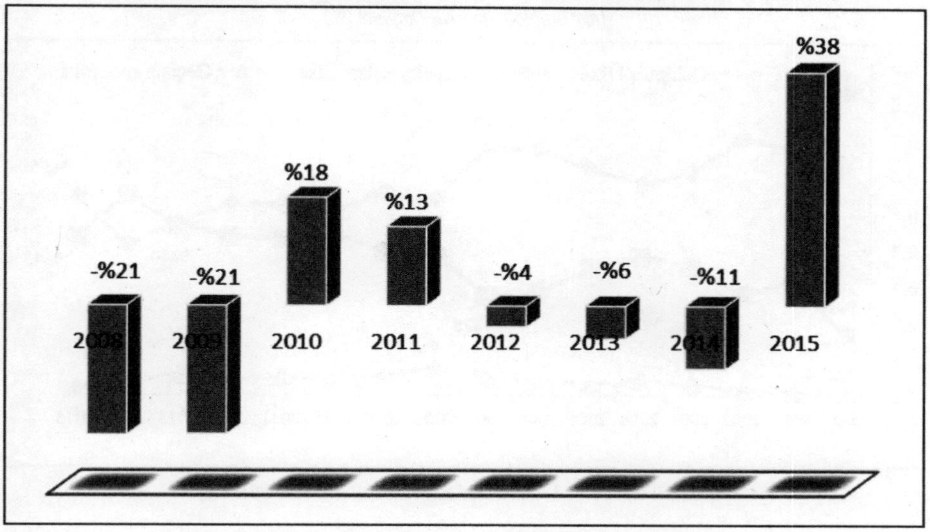


*Kaynak: UNCTAD, World Investment Report 2016 Statistics.*

2015 yılı, genel itibariyle gelişmekte olan ülkelerin ekonomik performansının kötüleştiği, hammadde fiyatlarının gerileme gösterdiği bir yıl olmuştur. Bu olumsuz gelişmeye rağmen 2015 yılı içinde doğrudan yabancı yatırım girişleri bir önceki yıla göre %38 oranında artış kaydetmiş ve küresel finans krizinin başlangıcı olan 2008 yılından bu yana en yüksek değerini almıştır. Böylesi ciddi bir artışın ardında yatan temel neden ise 2015 yılı içinde şirket birleşmeleri ve satın alma işlemleri yoluyla şirket sahipliğinin yeniden yapılandırılmasıdır. Şirket birleşmeleri ve yeniden yapılandırma işlemleri haricinde kalan yabancı yatırım girişleri ise ancak %15 seviyesinde kalmaktadır (YASED, 2016: 3).

Küresel doğrudan yatırımların 2000 yılından itibaren ülke grupları arasında dağılımına ilişkin çizilen Grafik 3, özellikle 2010 yılından sonra gelişmiş ülkelerin küresel sermayeden aldığı payın azaldığını buna karşın gelişmekte olan ülkelerin payının arttığını göstermektedir. Özellikle 2013 yılında hem gelişmekte olan hem de gelişmiş ülkeler küresel yabancı sermaye girişlerinden yakın oranlarda pay almalarına rağmen 2014 yılında gelişmekte olan ülkelerin küresel sermayeden aldığı pay ilk kez gelişmiş ülkeleri geçmiştir.

2014 yılında gelişmiş ülkelerin küresel sermaye girişlerinden aldığı pay %41, gelişmekte olan ülkelerin payı ise %55 düzeyinde olmuştur. Ancak bu gelişme sadece 2014 yılında sürdürülmüş, 2015 yılında gelişmiş ülkelerin küresel sermaye girişinden aldığı pay tekrar %55 düzeyine çıkarken, gelişmekte olan ülkelerin payı ise %43'e gerilemiştir.

*Grafik 3: 2000-2015 Yılları Arasında Doğrudan Küresel Ölçekte Yabancı Yatırım Girişlerin Ülke Grupları İtibariyle Dağılımı (%)*

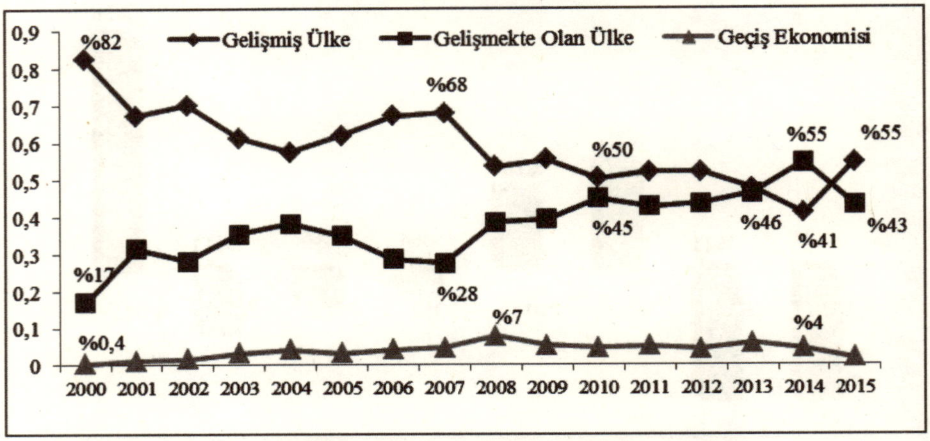


*Kaynak: UNCTAD (2016). FDI Inflow by Region and Economy 1990-2015 Data.*

Geçiş ekonomilerinin küresel sermaye girişlerinden aldığı pay ise 2000-2007 döneminde aşamalı olarak artış göstermesine rağmen özellikle küresel finans krizinin başlangıç yılı olan 2008 yılından sonra azalış trendine girmiştir. Bu tür bir gelişmeye ham petrol fiyatlarında yaşanan düşüş ve uluslararası sermaye piyasalarına erişimi engelleyici yönde hayata geçirilen uygulamalardan ötürü Rusya ve Kazakistan'a daha az yabancı sermayenin yönelmesi sebep olmuştur (YASED, 2016: 5).

Tablo 1, 2012-2015 yılları arasında ülkeleri doğrudan yabancı yatırım çekme kapasitelerine göre mukayese etmekte ve ilk 10 sırada olan ülkelerle Türkiye'nin küresel ölçekteki konumunu göstermektedir. Dünyada en fazla doğrudan yabancı yatırım çeken ilk on ülkenin ve toplam yabancı sermaye akımı tutarlarının yer aldığı Tablo 1'de yer alan veriler incelendiğinde 2012-2015 döneminde ABD, Çin ve Hong Kong'un ilk sıralardaki yerini değişmeden koruduğu gözlenmektedir. 2015 yılında küresel ölçekte artan yabancı sermaye miktarına paralel olarak ABD'ye gelen yabancı sermaye bir önceki yıla göre ciddi bir sıçrama göstermiş ve 380 milyar dolara ulaşmıştır. ABD'yi 175 milyar dolar yabancı yatırım girişi ile Hong Kong,136 milyar dolar sermaye girişi ile Çin takip etmiştir. Çin ve Hong Kong'un en çok yatırım çeken ülkeler arasında ilk sıralarda yer almasının yanı sıra Hindistan ve Singapur'un da sürekli ilk on ülke arasında bulunması Asya ülkelerinin yabancı yatırımcı açısından cazibe merkezleri olduğunun bir işaretidir.

*Tablo 1: Doğrudan Yabancı Yatırım Çekme Kapasitesine Göre İlk 10 Ülke ve Türkiye'nin Sıralamadaki Yeri (milyar ABD doları)*

| | 2012 | | | 2013 | | | 2014 | | | 2015 | |
|---|---|---|---|---|---|---|---|---|---|---|---|
| 1 | ABD | 188 | 1 | ABD | 211 | 1 | Çin | 128 | 1 | ABD | 380 |
| 2 | Lüksembur g | 143 | 2 | Çin | 123 | 2 | Hong Kong | 114 | 2 | Hong Kong | 175 |
| 3 | Çin | 121 | 3 | Hong Kong | 74 | 3 | ABD | 106 | 3 | Çin | 136 |
| 4 | Brezilya | 76 | 4 | Kanada | 71 | 4 | Brezilya | 73 | 4 | İrlanda | 101 |
| 5 | Hong Kong | 70 | 5 | Singapur | 66 | 5 | Singapur | 68 | 5 | Hollanda | 73 |
| 6 | Avustralya | 58 | 6 | Avustralya | 56 | 6 | Kanada | 58 | 6 | İsviçre | 69 |
| 7 | Singapur | 57 | 7 | Rusya | 53 | 7 | İngiltere | 52 | 7 | Singapur | 65 |
| 8 | İngiltere | 55 | 8 | Brezilya | 53 | 8 | Hollanda | 52 | 8 | Brezilya | 65 |
| 9 | İrlanda | 45 | 9 | Hollanda | 51 | 9 | Avustralya | 39 | 9 | Kanada | 49 |
| 10 | Kanada | 43 | 10 | İngiltere | 47 | 10 | Hindistan | 34 | 10 | Hindistan | 44 |
| 27 | Türkiye | 13 | 26 | Türkiye | 12 | 22 | Türkiye | 12 | 20 | Türkiye | 17 |
| **Toplam Dünya** | | 1510 | **Toplam Dünya** | | 1427 | **Toplam Dünya** | | 1277 | **Toplam Dünya** | | 176 2 |

*Kaynak: UNCTAD, World Investment Report 2016, FDI Inflow Data.*

UNCTAD Dünya Yatırım Raporu 2015 yılı verilerine göre en fazla yatırım çeken ilk 20 ülkenin 12'si, ilk 10 ülkenin ise 5'i gelişmiş ülke sınıflandırmasına girmektedir. 2015 yılında ilk 10 ülkeye giriş yapan uzun dönem doğrudan yatırım hacmi toplam küresel sermaye akımının %65,6'sına tekabül etmektedir. Daha önceki yıllarda ilk 10 sıralamasında yer almayan İrlanda ve İsviçre'nin 2015 yılında en çok yabancı yatırımcı çeken 10 ülke arasında bulunmasının nedeni ise Avrupalı çok uluslu şirketlerin bu ülkelere yaptığı yatırımlardan kaynaklanmıştır (UNCTAD, 2016: 6).

Ülkemizin yabancı yatırım çekme kapasitesi açısından konumu Tablo 1 yardımıyla değerlendirildiğinde ise 2012 yılından itibaren giderek daha üst sıralara yükseldiği görülebilecektir. 2012 yılında dünya genelinde en çok yabancı yatırım girişine sahip 27. ülke iken 2013 ve 2014 yılları için sırasıyla 26. ve 22. sıraya yükselen ülkemiz 2015 yılında en fazla yabancı yatırım çeken ilk 20 ülke arasına girmiştir.

2015 yılında gelişmekte olan Asya ülkeleri arasında en çok yabancı yatırım çeken ülkelere baktığımızda ülkemiz Hong Kong, Çin, Singapur ve Hindistan'ın ardından 5. sırada yer almıştır (UNCTAD, 2016: 45). Gelişmekte olan ülkeler arasında Hong Kong, Çin, Singapur, Brezilya, Hindistan, Meksika ve Şili'nin ardından 8. sırada en fazla yabancı yatırım çeken ülke Türkiye'dir (UNCTAD, 2016: 5).

*Grafik 4: Türkiye'nin Küresel Doğrudan Yabancı Yatırımdan ve Gelişmekte Olan Ülkelere Gelen Yabancı Yatırımdan Aldığı Yüzdelik Pay (%)*

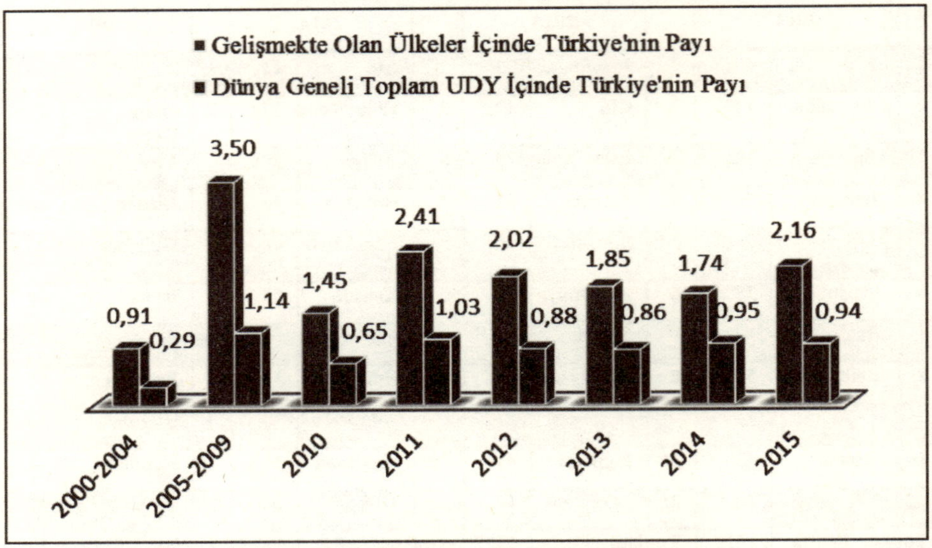


*Kaynak: UNCTAD, World Investment Report 2016, FDI Inflow Data.*

Grafik 4, dünya geneli ve gelişmekte olan ülkelere giriş yapan toplam doğrudan yabancı yatırımlardan ülkemizin aldığı payı 2000-2015 dönemi itibariyle açıklamaktadır. Ülkemiz 2000-2004 döneminde küresel doğrudan yabancı yatırımın ortalama olarak %0,91'ine, gelişmekte olan ülkelere yönelen yatırımın ise %0,29'una ev sahipliği yaparken bu rakamlar 2005-2009 yılları arasında ortalama olarak sırasıyla %3,5 ve %1,14 olarak gerçekleşmiştir. Bu dönem 2000 yılı sonrası değerlendirildiğinde ülkemize en yoğun doğrudan yabancı yatırım girişlerinin yaşandığı yıllar olmuştur. 2012 ve 2013 yıllarında Türkiye'nin toplam küresel doğrudan yatırımlardan aldığı pay yaklaşık %0,8 iken gelişmekte olan ülkeler içindeki oranı sırasıyla %2,02 ve %1,85'tir. 2014 ve 2015 yıllarında küresel yabancı yatırımlar içinde ülkemize giriş yapan sermayenin payı %0,95 değerinde sabit kalmasına rağmen gelişmekte olan ülkeler arasında ülkemize yönelen sermaye artmıştır. Türkiye 2014 yılında gelişmekte olan ülkelere yönelen yabancı yatırımların %1,74'üne ev sahipliği yaparken bu oran 2015 yılında %2,16 değerine yükselmiştir.

Özellikle 2004 yılı sonrasında yabancı yatırımcı için hayata geçirilen teşvik politikaları, ülkemizin küresel bazda daha çok uzun dönem doğrudan yatırım girişine ev sahipliği yapmasına neden olmuştur. Avrupa ülkelerinin ekonomik resesyonda bulunmasından ötürü sergilediği kötü ekonomik performans ve orta doğu ülkelerinde yaşanan jeopolitik sorunlara rağmen Türkiye bölgesinde bulunan diğer ülkelere kıyasla yüksek düzeyde yabancı yatırım çekmeyi başarabilmiştir (Ekonomi Bakanlığı, 2015: 4).

## 2000'li Yıllarda Türkiye'de Yabancı Yatırımlar

Türkiye, coğrafi konumundan ötürü sahip olduğu stratejik öneminin yanı sıra demografik yapısında genç nüfusun büyük bir paya sahip olması, düzgün işleyen altyapı ve haberleşme sistemi ve diğer OECD ülkeleri ile mukayese edildiğinde yüksek büyüme potansiyeli gibi özelliklerinden ötürü yabancı yatırımcıların dikkatini cezbeden bir ülkedir (DPT, 2000: 12).

Yurtdışı yerleşiklerin Türkiye'ye yönelik sermaye yatırımları, uluslararası yatırım pozisyonun yükümlülük bölümünde kayıt altına alınmaktadır. Grafik 5, Türkiye'nin 2010-2015 dönemine ait uluslararası yatırım pozisyonu yükümlülüklerinin kompozisyonunu göstermektedir. Bir ülkenin dış dünyaya yükümlükleri doğrudan yabancı yatırım, portföy yatırımı ve diğer yatırımlardan oluşmaktadır. 2010 yılında Türkiye'nin uluslararası yatırım pozisyonu yükümlüklerinin %34'ü doğrudan yabancı yatırımdan, %22'si portföy yatırımlarından %44'ü ise diğer yatırımlardan oluşmaktadır. 2010 yılında yükümlülüklerin yaklaşık olarak üçte birini oluşturan doğrudan yabancı yatırımlar, 2015 yılına gelindiğinde yükümlülüklerin dörtte bire düzeyinde pay alır hale gelmiştir. 2010 yılından 2015 yılına doğru doğrudan yabancı yatırımların yükümlülükler içindeki payı azalış göstermesine rağmen portföy yatırımlarının payında %22'den %25'e küçük bir artış, diğer yatırımların payında ise %44'ten %50'ye yükseliş olmuştur.

2013 yılına kıyasla 2014 yılında yükümlüklerin kompozisyonunda yaklaşık %3 doğrudan yabancı yatırımlar, yaklaşık %2 portföy yatırımları lehine, yaklaşık %4 diğer yatırımlar aleyhine bir dağılım gerçekleşmiştir. 2014 yılında borsada işlem gören şirketlerin piyasa değerlerinin yükseliş göstermesi aynı zamanda doğrudan yabancı yatırımların değer bazında artmasına neden olmuştur (TCMB, 2014: 7-8). 2015 yılına gelindiğinde yükümlülüklerin yarısı diğer yatırımlardan, diğer yarısı eşit payla doğrudan yabancı yatırımlar ve portföy yatırımlarından oluşacak şekilde bir dağılım göstermiştir.

*Grafik 5: 2010-2015 Döneminde Türkiye'nin Uluslararası Yatırım Pozisyonu Yükümlülüklerinin Kompozisyonu (%)*

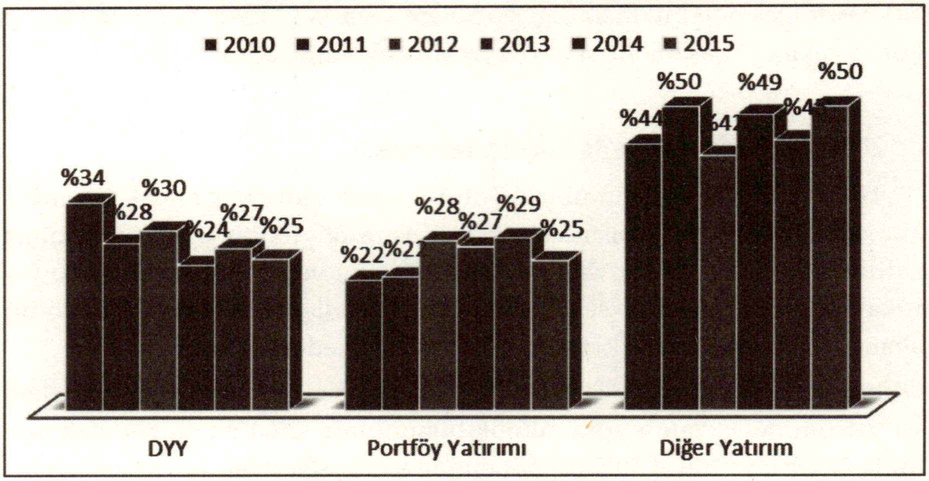


*Kaynak: TCMB, Uluslararası Yatırım Pozisyonu İstatistikleri, www.tcmb.gov.tr.*

En güncel Uluslararası Yatırım Pozisyonu verilerine göre 2016 yılı Ağustos ayı itibariyle ülkemizin yurtdışı varlıkları 2015 yılına kıyasla % 7,6 oranında artış göstererek 226 milyar dolar; yükümlülükleri ise % 4,1 oranında artış göstererek 614,4 milyar dolara ulaşmıştır. Bu doğrultuda varlıklar ve yükümlülükler arasındaki farkı veren net Uluslararası Yatırım Pozisyonu ise 2015 yılında -380 milyar dolar iken 2016 Ağustos sonunda -388,5 milyar dolar olmuştur. Yükümlülükler başlığı altında bulunan doğrudan yabancı yatırım istatistiklerine göre 2016 Ağustos sonu itibariyle, doğrudan yatırımlar 2015 yılına göre % 0,8 oranında azalmış ve 147,1 milyar dolar olmuştur. Portföy yatırımı verileri incelendiğinde ise portföy yatırımlarının 2015 yılına göre 11,2 milyar dolar arttığı görülmüştür (TCMB, 2016).

Yurtdışında yaşayan yerleşiklerin Türkiye'deki doğrudan yabancı yatırım ve portföy yatırım faaliyetlerinin yapısı ve seyri alt başlıklar altında daha ayrıntılı olarak incelenecektir.

### *Yurtdışı Yerleşiklerin Türkiye'de Doğrudan Yabancı Yatırımları*

Yurtdışı yerleşiklerin Türkiye'ye yönelik doğrudan yatırımları, ülkemizde yaşanan Kasım 2000 ve Şubat 2001 ekonomik krizlerinden dolayı azalış göstermiş ancak 2003 yılına gelindiğinde pozitif değer alabilmiştir. Grafik 6'dan hareketle yabancı yatırım girişlerinin seyri incelendiğinde 2003 yılını takiben önemli bir sıçrama gerçekleştiği söylenebilecektir. 2007 yılına gelindiğinde 22 milyar dolara ulaşan yabancı yatırım girişi ile ülkemize tarihinin en yüksek yabancı yatırım girişi olmuş ancak 2008 yılında başlayan küresel krizden dolayı global düzeyde azalan sermaye girişlerine paralel olarak ülkemize yönelen sermaye miktarı da azalma göstermiştir.

*Grafik 6: 2000'li Yıllarda Türkiye'ye Gelen Doğrudan Yabancı Yatırımların Yıllar İtibariyle Yüzdelik Seyri (milyar ABD dolar)*

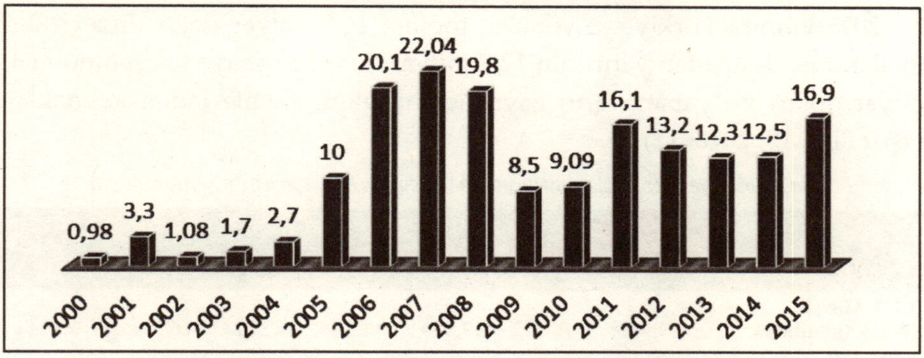


*Kaynak: TCMB (2016), Elektronik Veri Dağıtım Sistemi, Ödemeler Dengesi İstatistikleri.*

Küresel finans krizinin etkisinden dolayı 2008 yılında 19,8 milyar dolar olan doğrudan yabancı yatırım girişleri 2009 yılında ciddi bir düşüşle 8,5 milyar dolara gerilemiştir. 2010 yılında küçük bir iyileşme ile 9,09 milyar dolara yükselen sermaye akımı 2011 yılında da artışını devam ettirmiş ancak 2011 yılında tekrar başlayan azalış 2012 ve 2013 yıllarında da süregelmiştir. 2012-2014 döneminde yıllık ortalama 12-13 milyar düzeyinde seyreden doğrudan yatırımlar 2015 yılına gelindiğinde bir önceki yıla göre %34,3 oranında yükseliş göstererek 16,9 milyar dolara ulaşmış ve Türkiye'ye uluslararası yatırım girişinin en fazla olduğu dördüncü tarihi zirve olmuştur (TCMB, 2016: 10-11).

2010-2016 yılları arasında Türkiye'ye gelen uluslararası doğrudan yatırımların alt bileşenler itibariyle dağılımı Tablo 2'de gösterilmektedir. Ödemeler dengesi istatistiklerine göre 2008 ve 2009 yılları küresel finans krizinin etkisiyle Türkiye'ye gelen doğrudan yabancı yatırımların azaldığı bir dönem olmuştur. 2010 yılında ülkemize 9,1 milyar dolar uluslararası doğrudan yatırım girişi olmuş, bu tutarın 2,5 milyar doları yabancıların gayrimenkul alımından 6,6 milyar doları ise sermaye bileşeninden gelmiştir. 2011 ve 2012 yıllarında sermaye girişleri sırasıyla 14,1 ve 10,6 milyar dolar iken gayrimenkul alımına ilişkin yapılan parasal transferler sırasıyla 2 ve 2,6 milyar dolardır.

2013 ve 2014 Türkiye'ye yapılan doğrudan yatırımlarda azalmanın devam ettiği yıllar olmuştur. Buna paralel olarak ülke dışındaki yerleşiklerin gayrimenkul alımları 3 milyar dolardan 4,3 milyar dolara yükselirken sermaye girişi 9,8 milyar dolardan 8,5 milyar dolara gerilemiştir. 2014 yılında yaşanan düşüşün ardındaki temel sebepler olarak artan jeopolitik riskler ve makroekonomik politika belirsizlikleri gösterilmektedir. Bunun yanı sıra yabancıların mülkiyetinde bulunan bazı işletmelere ait hisse senetlerinin yerli yatırımcılar tarafından satın alınması ve böylece yabancı yatırım niteliğini kaybetmesi de 2014 yılında doğrudan yabancı yatırım girişinin azalmasında etkili olan bir diğer önemli faktördür (Ekonomi Bakanlığı, 2015: 1).

2015 yılında Türkiye'ye yönelen toplam 16,9 milyar dolar düzeyindeki uluslararası doğrudan yatırımın 12,7 milyar doları sermaye bileşeninden 4,1 milyar doları ise yabancıların gayrimenkul alım işlemlerinden kaynaklanmıştır (TCMB, 2016: 11).

*Tablo 2: Türkiye'ye Gelen Uluslararası Doğrudan Yatırımların Alt Bileşenleri (milyon ABD doları)*

| | 2010 | 2011 | 2012 | 2013 | 2014 | 2015 | 2016 (Ocak-Haziran) |
|---|---|---|---|---|---|---|---|
| **UDY Girişi (Net yükümlülük oluşumu)** | 9.099 | 16.182 | 13.284 | 12.384 | 12.523 | 16.901 | 3.844 |
| **Sermaye (net)** | 6.221 | 14.145 | 10.126 | 9.310 | 8.315 | 11.575 | 1.744 |
| *Giriş (yatırım)* | *6.256* | *16.136* | *10.759* | *9.878* | *8.576* | *11.939* | *2.164* |
| *Çıkış( Tasfiye)* | *35* | *1.991* | *633* | *568* | *261* | *364* | *420* |
| **Diğer Sermaye (Net)** | 384 | 24 | 522 | 25 | -113 | 1.170 | 295 |
| **Gayrimenkul (Net)** | 2.494 | 2.013 | 2.636 | 3.049 | 4.321 | 4.156 | 1.805 |

*Kaynak: TCMB, Uluslararası Yatırım Pozisyonu İstatistikleri, www.tcmb.gov.tr.*

2016 yılı Ocak-Haziran dönemine ait ilk 6 aylık verilere bakıldığında 3,884 milyar dolar düzeyinde fiili doğrudan yabancı yatırım girişi olduğu görülmektedir. Yabancıların Türkiye'de yeni bir işletme kurmaları veya mevcut bir işletmenin bir kısmını satın almaları dolayısıyla ortak olmalarından dolayı ülkemize gelen sermaye ise yatırım kalemi altında kayıt edilmektedir. Bu doğrultuda yabancıların bu şekildeki sermaye transferleri 2011 yılında ulaştığı rekor seviyenin ardından 2014 yılına kadar düşüş seyrini korumuş ancak 2015 yılını yaklaşık 12 milyar dolar seviyesinde kapamıştır. 2016 yılının ilk altı ayında ise 2,1 milyon dolarlık yabancı sermaye girişi olmuştur.

Yurtdışı yerleşiklerin 2000-2015 döneminde doğrudan yabancı yatırım girişlerinin üç temel sektör itibariyle sergilediği performans Grafik 7 üzerinde gösterilmiştir. Türkiye'ye yönelik yabancı yatırım girişlerinin sektörel dağılıma baktığımızda tüm dönem boyunca tarım sektörü yabancı yatırımlarının çok düşük düzeyde kaldığı görülmektedir. İncelenen tüm dönem boyunca yabancı yatırım çekme kapasitesinde sanayi ve hizmetler sektörünün payı zaman zaman değişim göstermiştir. 2000-2004 yılları arasında yabancı yatırımlarda ağırlıklı pay sanayi sektörünün olmasına rağmen 2005 yılını takiben yabancı yatırımların yoğun olarak hizmetler sektörüne yöneldiği anlaşılmaktadır.

*Grafik 7: Yurtdışında Yerleşik Kişilerin Türkiye'deki Doğrudan Yatırımlarının Sektörel Dağılımı (%)*

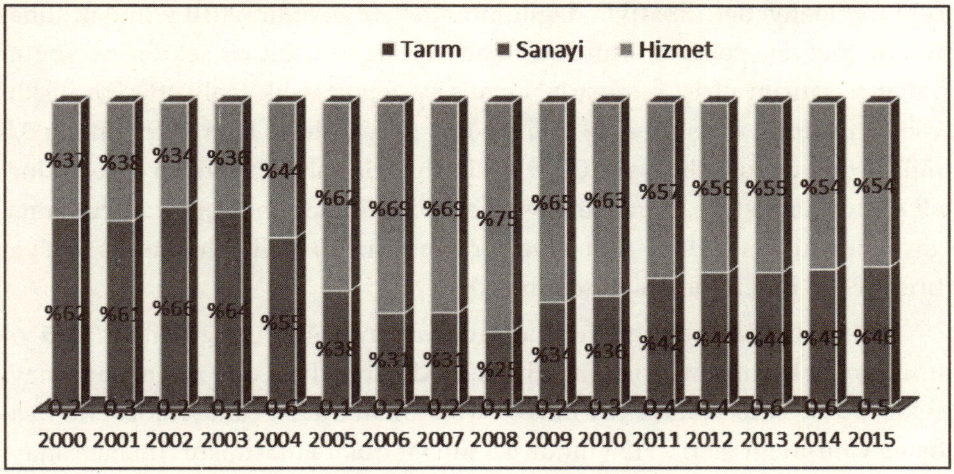


*Kaynak: TCMB, Uluslararası Yatırım Pozisyonu İstatistikleri.*

Hizmetler sektörünün yabancı yatırım çekme kapasitesi tüm dönem boyunca yüksek olmakla birlikte bu oran özellikle 2008 yılından itibaren kademeli olarak azalma göstermiştir. 2008 yılında toplam yabancı yatırım girişlerinin hizmet sektörüne yönelen kısmı %75 iken 2015 yılına gelindiğinde %54'e gerilemiştir. Hizmetler sektöründeki oransal gerilemeye paralel olarak sanayi sektörünün toplam yabancı yatırımlardan aldığı pay 2008 yılında %25 iken 2015 yılında %46'ya yükselmiştir.

*Tablo 3: Yurtdışında Yerleşik Kişilerin Türkiye'deki Doğrudan Yatırımlarının Alt Sektörel Faaliyetler İtibariyle Dağılımı (Milyon ABD Doları)*

| | 2010 | 2011 | 2012 | 2013 | 2014 | 2015 |
|---|---|---|---|---|---|---|
| İmalat | 924 | 3599 | 4519 | 2209 | 2731 | 4111 |
| Finans ve Sigorta faaliyetleri | 1621 | 5883 | 2084 | 3415 | 1470 | 3535 |
| Ulaştırma ve Depolama | 183 | 221 | 130 | 364 | 594 | 1524 |
| Enerji | 1824 | 4293 | 773 | 1795 | 1131 | 1261 |
| Toptan ve Perakende Ticaret | 435 | 707 | 221 | 377 | 1136 | 569 |
| Madencilik ve Taş ocakçılığı | 136 | 146 | 188 | 717 | 365 | 202 |
| Gayrimenkul Faaliyetleri | 241 | 300 | 173 | 128 | 227 | 169 |
| Bilgi ve İletişim | 36 | 36 | 133 | 110 | 214 | 150 |
| İnşaat | 310 | 301 | 1427 | 178 | 232 | 76 |
| İnsan Sağlığı ve Sosyal Hizmetler | 112 | 232 | 546 | 106 | 202 | 59 |
| TOPLAM | 6256 | 16136 | 10759 | 9878 | 8576 | 11858 |

*Kaynak: Ekonomi Bakanlığı, 2016: 15.*

Tablo 3, yurtdışı yerleşiklerin Türkiye'deki doğrudan yatırımlarının alt sektörel faaliyetler itibariyle dağılımını göstermektedir. 2010 yılından itibaren hizmet ana sektörü altındaki finans ve sigortacılık alt sektörüne yoğun yabancı yatırım girişi olmuştur. Finans ve Sigortacılık faaliyetlerine ilişkin yabancı yatırım girişleri 2014 yılında 1,47 milyar dolar iken 2015 yılında 3,5 milyar dolara yükselmiş ve 2015 yılında en fazla yabancı yatırım çeken ikinci alt sektör olmuştur. Ayrıca hizmetler sektörü altındaki ulaştırma depolama, gayrimenkul faaliyetleri, toptan ve perakende ticari faaliyetler de yabancı yatırım çeken diğer önemli alt sektörlerdir.

2010 yılını takiben yabancı yatırımcılardan yoğun ilgi gören ve 2015 yılında en fazla yatırım girişinin olduğu bir diğer faaliyet dalı ise imalat sanayi sektörüdür. 2010 yılında 924 milyon dolar olan imalat sanayi doğrudan yabancı yatırım girişleri 2015 yılında 4,1 milyar dolara ulaşmıştır. İmalat sanayi sektörünün yanı sıra enerji, madencilik ve taş ocakçılığı da sanayi sektöründe öne çıkan yabancı yatırım faaliyet alanlarıdır.

*Grafik 8: 2015 Yılında Türkiye'ye Gelen Doğrudan Yabancı Yatırımların Sektörlere Göre Yüzdelik Dağılımı (%)*

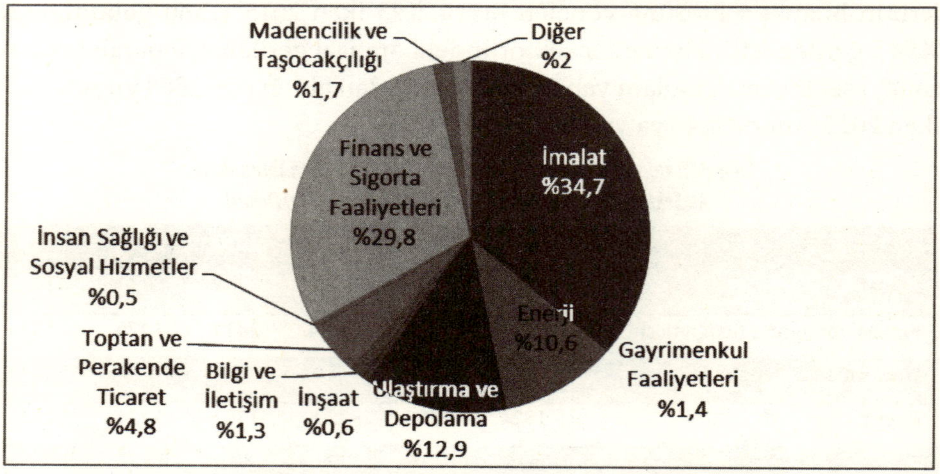


*Kaynak: Ekonomi Bakanlığı (2016), Uluslararası Doğrudan Yatırımlar 2016 Yılı Raporu*
*Tablo 4'te yer alan verilerden hareketle oluşturulmuştur.*

2015 yılında ülkemizde yabancıların en fazla yatırım yaptığı faaliyet alanı imalat sanayi sektörü olmuştur. 2015 yılı içerisinde Goldman Sachs International firmasının Socar Türkiye Enerji A.Ş.'ye yönelik iştiraki ve S.A. International işletmesinin Ak Gıda Sanayi ve Ticaret şirketinin %80'ini satın alması imalat sanayi sektörüne yönelik en dikkat çekici işlemlerdir. Yabancı yatırımcının ülkemizde tercih ettiği ikinci sektör sıralamasında yer alan finans ve sigortacılık sektöründe ise Banco Bilbao Vizcaya Argentineria şirketinin Garanti Bankası A.Ş.'yi, Çin'li Industrial and Commercial Bank of China'nın ise Tekstil Bankası'nı satın alması en hacimli satış işlemleri olmuştur. Ayrıca ING Bank. A.Ş.'nin sermaye artışına gitmesi de 2015 yılında finans alanındaki bir diğer önemli gelişmedir. Ulaştırma alanında dikkat çekici yabancı yatırım girişimi ise Malaysia Airports tarafından Limak Yatırım Enerji A.Ş.'nin tamamının, Çinli China Merchants Holdings işletmesinin ise Fina Holding A.Ş.'nin %64,5'inin satın alınması olmuştur (Ekonomi Bakanlığı, 2016: 13-14; UNCTAD, 2016: 47).

2015 yılında enerji sektörü kapsamında yabancı yatırım faaliyetlerine baktığımızda sermaye artışları için AO Rusatom tarafından Akkuyu Nükleer A.Ş.'ye, Azeri Canub Qaz Dahlizi QSC tarafından Tanap Doğalgaz İletim A.Ş.'ye, Lukoil Europe Holdings tarafından Lukoil Euroasia Petrol A.Ş.'ye yönelik sermaye transferleri önemli işlemlerdir. Toptan ticaret sektöründe ise Boyner Perakende ve Tekstil Yatırımları A.Ş.'nin % 30,7'lik payı Katarlı Mayhoola For Investments Opc şirketine devredilmiştir (Ekonomi Bakanlığı, 2016: 14). Ayrıca iletişim alanında da Bein Media Group şirketinin Digiturk'ün sahipliğini alması da bu yıl içindeki bir diğer önemli sermaye transferidir (UNCTAD, 2016: 47).

Yurtdışı yerleşiklerin 2010-2016 döneminde Türkiye'deki doğrudan yabancı yatırımlarının yatırım yapan ülkeler itibariyle dağılımı Tablo 4'te yer almaktadır. 2014 yılında Türkiye'ye yatırım yapan ülkeler sıralamasında ilk üç sırada Hollanda, İngiltere ve Azerbaycan yer alırken 2015 yılında sıralama İspanya, ABD, Lüksemburg olarak değişim göstermiştir.

*Tablo 4: Yurtdışında Yerleşiklerin 2010-2016 Döneminde Türkiye'deki Doğrudan Yabancı Yatırımlarının Ülkeler İtibariyle Dağılımı (milyon ABD dolar)*

| | ÜLKELER | 2010 | 2011 | 2012 | 2013 | 2014 | 2015 | 2016 Haziran |
|---|---|---|---|---|---|---|---|---|
| 1 | Hollanda | 486 | 1424 | 1381 | 918 | 2016 | 1188 | 407 |
| 2 | ABD | 323 | 1401 | 439 | 326 | 334 | 1568 | 68 |
| 3 | Avusturya | 1584 | 2419 | 1519 | 657 | 31 | 45 | 280 |
| 4 | İngiltere | 245 | 906 | 2044 | 300 | 1051 | 596 | 223 |
| 5 | Lüksemburg | 311 | 562 | 1186 | 278 | 528 | 1270 | 51 |
| 6 | Almanya | 597 | 664 | 491 | 1968 | 601 | 387 | 200 |
| 7 | Belçika | 48 | 1495 | 39 | 60 | 38 | 753 | 5 |
| 8 | İspanya | 205 | 2251 | 193 | 506 | 74 | 2195 | 42 |
| 9 | Yunanistan | 436 | 111 | 58 | 68 | 52 | 49 | 25 |
| 10 | Fransa | 623 | 1000 | 86 | 217 | 281 | 167 | 16 |
| 11 | Rusya | 2 | 762 | 11 | 875 | 723 | 747 | 0 |
| 12 | Azerbaycan | 12 | 1266 | 338 | 803 | 884 | 840 | 202 |
| 13 | BAE | 104 | 89 | 52 | 176 | 115 | 77 | 19 |
| 14 | İtalya | 25 | 111 | 154 | 148 | 488 | 180 | 59 |
| 15 | İsviçre | 123 | 233 | 454 | 204 | 149 | 164 | 196 |
| 16 | Japonya | 347 | 231 | 106 | 439 | 257 | 360 | 111 |
| 17 | Suudi Arabistan | 39 | 9 | 439 | 39 | 10 | 17 | 8 |
| 18 | Kuveyt | 193 | 43 | 271 | 185 | 197 | 7 | 17 |
| 19 | Katar | 52 | 50 | 46 | 469 | 8 | 350 | 83 |
| 20 | Lübnan | 29 | 45 | 315 | 573 | 35 | 0 | 10 |
| | *20 Ülke Toplamı* | *5784* | *15072* | *9622* | *9209* | *7872* | *10960* | *2022* |
| | *Diğer* | *472* | *1064* | *1137* | *669* | *704* | *979* | *142* |
| | *TOPLAM DÜNYA* | *6256* | *16136* | *10759* | *9878* | *8576* | *11939* | *2164* |

*Kaynak: TCMB, Uluslararası Doğrudan Yatırım İstatistikleri, 2016.*

Tablo 4'te yer alan verilerden hareketle 2010 yılını takiben Türkiye'ye giriş yapan doğrudan yabancı yatırımların coğrafi olarak dağılımına baktığımızda büyük bir kısmının Avrupa orjinli olduğu görülebilecektir. Diğer bir ifadeyle ülkemizin toplam yabancı yatırım hacminde ağırlıklı pay Avrupa Birliği üye ülkelerine aittir (TCMB, 2014: 17). Ülkemize yatırım yapan ülkeler arasında ağırlıklı pay Avrupa Birliği üyeleri olmakla birlikte özellikle 2010 yılından sonra Azerbaycan, Katar ve Japonya gibi Asya ülkelerinden ülkemize yönelik sermaye girişlerinde artış olduğu dikkatten kaçırılmamalıdır.

*Grafik 9: 2015 Yılında Türkiye'ye Giriş Yapan Doğrudan Yabancı Yatırımların Geldiği Ülke İtibariyle Yüzdelik Dağılımı (%)*

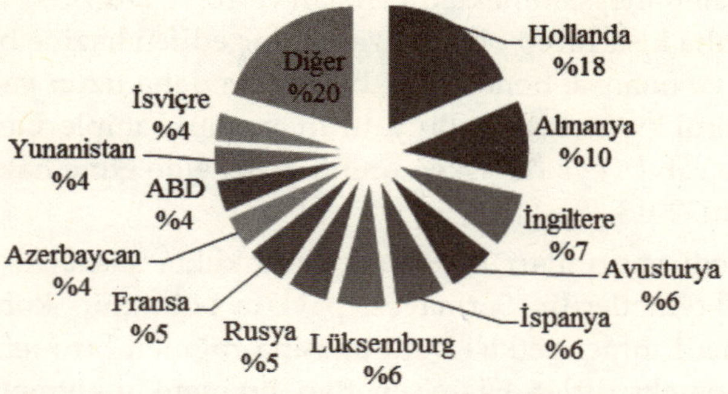


*Kaynak: TCMB, Yabancı Yatırım Raporu, 2016.*

2015 yılında Türkiye'ye gelen yabancı yatırımların içinde Hollanda %18'lik payla ilk sırayı alırken ikinci sırada %10'luk bir oranla Almanya, üçüncü sırada ise %7 oranla İngiltere bulunmaktadır. Bu ülkeleri her birinin aldığı %6'lık payla Avusturya, İspanya ve Lüksemburg izlerken Rusya ve Fransa ise yaptıkları doğrudan yabancı yatırım ile ülkemize gelen sermayenin %5'ine sahip ülkelerdir. Türkiye'ye giriş yapan toplam uzun vadeli yabancı yatırımların geldiği ülkeler genel olarak değerlendirildiğinde ise Türkiye'nin büyük oranda yakın coğrafyasında bulunan Avrupa ülkelerinden yabancı sermaye çektiği görülebilecektir.

### *Yurtdışı Yerleşiklerin Türkiye'deki Portföy Yatırımları*

1980'li yılların sonunda pek çok ülkede finansal liberalizasyon politikaları ile sermayenin farklı ülke ve yatırım araçları arasında hareketine mani olan uygulamalar terkedilmiştir. Küreselleşmenin finans piyasalarına uygulaması olarak da tanımlayabileceğimiz bu politikalar neticesinde uluslararası portföy yatırımlarının hacminde ciddi artışlar kaydedilmiştir. Uluslararası piyasalarda farklı alternatifler arasında risk ve yatırım çeşitlendirmesi imkanına kavuşan yatırımcılar, katlanacakları risk ölçüsünde en yüksek getiriyi sağlayacakları farklı alternatiflere yatırım imkanı yakalamış olacaklardır (Akışoğlu, 2013: 1).

IMF tarafından yapılan dolaylı yabancı yatırım tanımlamasında portföy yatırımları, doğrudan yatırım ve rezerv varlıklar dışında kalan borçlanma senedi ve hisse senedine ilişkin sınır ötesi işlem ve pozisyonlardır. Hisse senetlerinin devredilme özelliği, bu menkul kıymetlerin farklı yatırımcılar arasında alım satımını kolaylaştırır ve bu araçların farklı yatırımcılar tarafından sahiplenilmesine imkan tanır. Bu özellik sayesinde menkul kıymetler yatırımcılarına portföy çeşitlendirmesi yapmaya ve farklı projelere sermaye aktarmaya olanak sağlarlar (IMF, 2009: 110).

Portföy yatırımları kayıt altına alınırken tıpkı doğrudan yabancı yatırımlar gibi varlıklar ve yükümlülükler kalemleri kullanılır. Yurtdışı yerleşiklerin Türkiye'de hisse senedi alımları, banka ve özel sektör tarafından yerli veya yabancı piyasalarda ihraç edilen tahvillere yönelik alım işlemleri yükümlülükler kalemine işlenmektedir (Aslan ve Terzi, 2013: 39). Borç senetleri, bir yıl ya da daha kısa süreli olmak üzere ihraç edilen hazine bonosu, banka bonosu, ticari ve finansal bonoları ve bir yıldan daha uzun vadeli tahvilleri kapsayan menkul kıymetlerdir. Bu yatırım araçları sahiplerine, önceden belirlenen tarihte sabit veya değişken oranlı getiri elde etme hakkı sunmaktadırlar (Akışoğlu, 2013: 7).

Hisse senedi yatırımları ise anonim ortaklıkta sermaye payını temsil eden menkul kıymetlerdir. Sermayesi paylara bölünmüş komandit şirketlerin hisse senedi ihracı yetkisi bulunmasına rağmen bu menkul değerleri halka az edememektedirler. Hisse senetleri, bu menkul kıymetleri elinde tutan yatırımcılarına şirket karından pay alma, yönetime katılma, oy kullanma, tasfiyeden pay alma, sermaye artırımından pay alma (rüçhan), şirket hakkında bilgi edinme hakkı tanımaktadır (Coşkun, 2010: 266-269).

Tablo 5, yurtdışı yerleşiklerin ülkemizde yaptığı portföy yatırımlarının bileşenlerini açıklamaktadır. Tabloda yer alan verilere göre Borsa İstanbul'da işlem gören hisse senetleri ile farklı kurumlar tarafından ihraç edilmiş borçlanma senetlerine ilişkin yabancı yatırımlar, toplam portföy yatırımını oluşturmaktadır. Borçlanma senetleri; Hazine Müsteşarlığı tarafından ihraç edilen ve yabancılar tarafından satın alınmış Devlet İç Borçlanma Senetleri ile Genel Hükümet-Bankalar-Diğer Sektörlerce yurtdışında ihraç edilen tahvillerden oluşmaktadır.

*Tablo 5: 2000-2015 Döneminde Portföy Yatırımlarına İlişkin Yükümlülüklerin Alt Bileşenler İtibariyle Dağılımı (Milyon ABD Doları)*

| Yıllar | Hisse Senedi | Genel Hükümet | | Bankalar | Diğer Sektörler | TOPLAM |
|---|---|---|---|---|---|---|
| | | Yurtiçi DİBS | Yurtdışı Tahvil | Bono ve tahvil | | |
| 2000 | 7404 | 6630 | 20879 | 949 | 0 | 35862 |
| 2001 | 5635 | 727 | 17422 | 926 | 0 | 24710 |
| 2002 | 3450 | 1458 | 18454 | 521 | 0 | 23883 |
| 2003 | 8954 | 3174 | 17546 | 350 | 0 | 30024 |
| 2004 | 16141 | 12314 | 16946 | 350 | 0 | 45751 |
| 2005 | 33387 | 20139 | 19080 | 0 | 0 | 72606 |
| 2006 | 33816 | 26721 | 23873 | 0 | 0 | 84410 |
| 2007 | 64201 | 32166 | 24262 | 0 | 0 | 120629 |
| 2008 | 23120 | 20433 | 25173 | 0 | 0 | 68726 |
| 2009 | 47080 | 21086 | 22852 | 0 | 0 | 91018 |
| 2010 | 61311 | 32710 | 22817 | 1138 | 219 | 118195 |
| 2011 | 39055 | 37533 | 28533 | 4187 | 231 | 109539 |
| 2012 | 70501 | 62685 | 31464 | 13338 | 1464 | 179452 |
| 2013 | 52248 | 52127 | 37776 | 21365 | 4940 | 168456 |
| 2014 | 61908 | 52242 | 38742 | 31316 | 8259 | 192467 |
| 2015 | 40210 | 31794 | 35096 | 30070 | 9290 | 146460 |

*Kaynak: TCMB, Uluslararası Yatırım Pozisyonu İstatistikleri, 2016.*

2013 sonu itibariyle portföy yatırım stoku toplamı 168,5 milyar dolar iken bu rakam 2014 yılında 192,4 milyar dolara yükselmiştir. Bu yükselişin 20,9 milyar doları yıl içi portföy yatırım değerindeki artıştan; 3,2 milyar dolar ise kur artışından kaynaklanmıştır (TCMB, 2014: 21). 2015 yılında ise bir önceki yıla göre %24 oranında azalan toplam portföy yatırım stok değeri 146,4 milyar doları olmuştur.

Farklı enstrümanlara yönelen portföy yatırımlarının 2010 yılındaki dağılımını incelediğimizde yurtdışı yerleşiklerin yatırım portföylerinin yarısını hisse senedinin oluşturduğu, bankalar ve diğer sektörler tarafından çıkarılan bono ve tahvilin ise %1 oranında pay aldığı görülmektedir. 2015 yılına doğru toplam portföy yatırım stoku içinde bono ve tahvilin payı aşamalı olarak yükseliş sergilemesine rağmen hisse senedinin toplam yatırımlar içindeki payı giderek azalmıştır.

*Grafik 10: Portföy Yatırımlarının Yatırım Araçları İtibariyle Yüzdelik Dağılımı (%)*

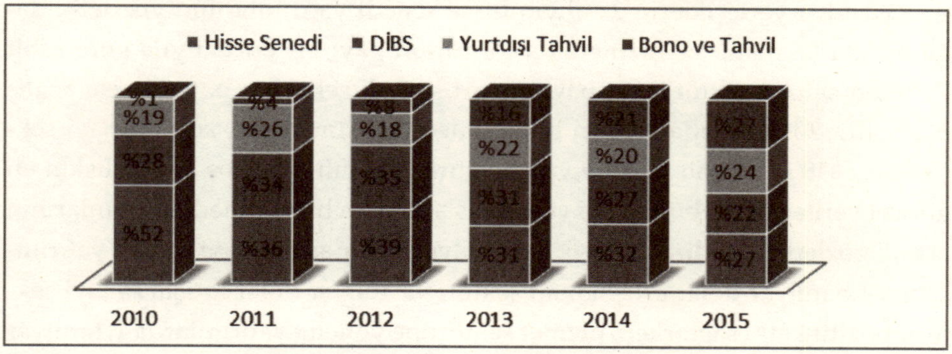


*Kaynak: TCMB, Uluslararası Yatırım Pozisyonu İstatistikleri, 2016.*

Yurtdışı yerleşiklerin hangi sektörlerin hisse senedini aldığına ilişkin 2010-2015 dönemi istatistikleri Tablo 6'da yer almaktadır. Yıllar itibariyle toplam portföy yatırım stoku kapsamında hisse senedi yatırımlarının en fazla yöneldiği faaliyet alanı mali sektördür. Hisse senedi alımlarında mali sektörü, sanayi sektörüne ve hizmetler sektörüne yapılan yatırımlar takip etmektedir. 2014 yılında toplam 61,9 milyar dolarlık hisse senedi yatırımının %52'si finans sektörüne, %24'ü sanayi sektörüne, %23'ü hizmetler sektörüne, %1'i ise teknoloji alanına yapılmıştır. Bu yıl içinde menkul kıymet yatırım ortaklığı şeklinde hisse senedi yatırımlarının tutarı çok düşük düzeyde kalmıştır.

*Tablo 6: Yurtdışı Yerleşiklerin Mülkiyetinde Bulunan Hisse Senetlerinin Sektörler İtibariyle Dağılımı (Milyon ABD Dolar)*

| | Sanayi | Hizmetler | Mali | Teknoloji | Menkul Kıymet Y.O. | Diğer | Toplam |
|---|---|---|---|---|---|---|---|
| **2010** | 13.744 | 12.141 | 34.899 | 63 | 55 | 409 | 61.311 |
| **2011** | 10.691 | 8.776 | 19.352 | 67 | 27 | 142 | 39.055 |
| **2012** | 15.448 | 14.578 | 39.997 | 282 | 36 | 160 | 70.501 |
| **2013** | 12.755 | 12.394 | 26.764 | 202 | 21 | 112 | 52.248 |
| **2014** | 14.907 | 14.333 | 32.141 | 381 | 17 | 129 | 61.908 |
| **2015** | 11.234 | 9.218 | 19.187 | 443 | 10 | 118 | 40.210 |
| **2016 Ağustos** | 12.004 | 8.118 | 20.604 | 412 | 9 | 93 | 41.240 |

*Kaynak: TCMB. Uluslararası Yatırım Pozisyonu İstatistikleri. 2016.*

Yurtdışı yerleşiklerin 2015 yılı hisse senedi yatırımlarının yüzdelik dağılımında teknoloji ve hizmetler sektörünün payı bir önceki yıla göre sabit kalırken sanayi sektörünün payında artış, mali sektörün payında ise azalış olmuştur. 2015 yılında toplam hisse senedi yatırımlarının %28'i sanayi sektörüne, %48'i ise mali sektöre yapılmıştır. 2016 yılı Ağustos ayına ilişkin en güncel verilere göre bir önceki yıla kıyasla toplam hisse senedi yatırımlarının arttığı gözlenmektedir. Yaklaşık 1,03 milyar dolar artan hisse senedi yatırımlarına 1,5 milyar dolar artışla mali sektör; 0,7 milyar dolar artışla sanayi sektörü pozitif katkı sağlarken, hizmet sektörüne yönelik yatırımlarda 1,1 milyar dolar azalma olmuştur.

Portföy yatırımlarının hisse senedi yatırımları dışındaki diğer ikinci bileşeni olan borç senetleri; DİBS, yurtdışı tahvil, banka ve diğer sektörlerce çıkarılan bono ve tahvilleri kapsamaktadır. 2010 yılında toplam portföy yatırım stokunun %48'ine karşılık gelen borç senetleri, 2015 yılına gelindiğinde %73 oranında pay alır olmuştur.

*Grafik 11: 2012-2015 Döneminde Portföyünde DİBS Bulunduran Yabancıların Coğrafi Dağılımı (%)*

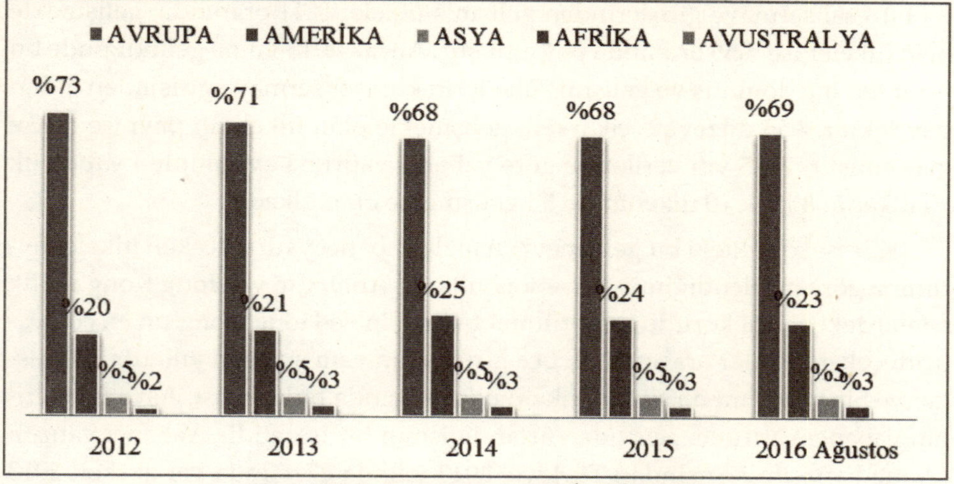


*Kaynak: TCMB. Uluslararası Yatırım Pozisyonu İstatistikleri. 2016.*

Grafik 11, portföyünde DİBS bulunduran yabancı yerleşiklerin ikamet ettikleri coğrafi bölgeye göre dağılımını göstermektedir. Dönemler itibariyle bakıldığında DİBS büyük kısmının Avrupa ülkelerinde ikamet eden yatırımcıların portföyünde olduğu görülmektedir. 2016 yılı Ağustos ayına ilişkin en güncel veriler ışığında portföyünde DİBS bulunduranların coğrafi dağılımını incelediğimizde ise toplam DİBS stokunun %69'u Avrupa ülkelerinde; %23'ü Amerika kıtasında, %5'i Asya ülkelerinde, %3'ü ise Afrika'da yaşayanların portföyünde bulunmaktadır.

## SONUÇ

Bir ülkenin ulusal sermaye birikimi dışında kaynak edinilmesine yardımcı olan yabancı yatırımlar aynı zamanda ülkenin dış dünya ile entegrasyonuna katkı sağlamaktadır. Yurtdışı yerleşiklerin Türkiye'de yaptıkları doğrudan ve dolaylı yatırımların seyrini ve yapısını analiz eden bu çalışma, en güncel veriler ışığında konuya açıklık getirmektedir. Bu doğrultuda öncelikle 2008 finans krizinin ardından küresel doğrudan yabancı yatırım stokundaki gelişmelere ilişkin açıklamalar yapılmış ve sonrasında Türkiye'ye yönelen yabancı yatırımlar detaylandırılmıştır.

Küresel yabancı yatırım verileri, 2010 yılından sonra gelişmiş ülkelere yönelen yatırımların azalış gösterdiğini buna karşın gelişmekte olan ülkelerin payında artış olduğunu göstermektedir. Özellikle 2013 yılında gelişmiş ve gelişmekte olan ülkeler küresel yabancı sermaye girişlerinden yakın oranlarda pay almalarına rağmen bu seyir 2014 yılında gelişmekte olan ülkeler lehine bir değişim sergilemiştir. 2014 yılı için oransal bazda dağılıma baktığımızda küresel sermaye girişlerinden gelişmiş ülkeler %41 oranında, gelişmekte olan ülkeler ise %55 oranında pay almıştır. Ancak 2015 yılına gelindiğinde bu seyir tersine dönmüş ve gelişmiş ülkelerin küresel sermaye girişinden aldığı pay tekrar %55 düzeyine çıkarken, gelişmekte olan ülkelerin payı ise %43'e gerilemiştir. 2015 yılı verilerine göre yabancı yatırıma ev sahipliği yapan ilk 20 ülkenin 8'i; ilk 10 ülkenin ise 5'i gelişmekte olan ülkedir.

Küresel ölçekteki bu gelişmeyi en fazla yabancı yatırım çeken ülkeler ayrımına göre incelendiğimizde ise son yıllarda ABD, Çin ve Hong Kong'un ilk sıralardaki yerini koruduğu görülmektedir. Çin ve Hong Kong'un en çok yatırım çeken ülkeler arasında ilk üçe girmesinin yanı sıra son yıllarda Hindistan ve Singapur'un da sürekli ilk on ülke arasında bulunması, Asya ülkelerinin yabancı yatırımcı açısından artan ilgisinin bir işaretidir. Yabancı yatırım çekme kapasitesi açısından Türkiye, 2012 yılında 27. sırada yer alırken 2013 ve 2014 yıllarında önce 26. ve daha sonra 22. sıraya yükselmiştir. 2015 yılına gelindiğinde en fazla yabancı yatırım çeken ülkeler sıralamasında ülkemiz, ilk 20 ülke arasına girmeyi başarmıştır.

Türkiye'ye giriş yapan doğrudan yabancı yatırımların coğrafi dağılımında büyük pay Avrupa Birliği üye ülkelerine aittir. 2010 yılından sonra Azerbaycan, Katar ve Japonya gibi Asya ülkelerinden ülkemize gelen yabancı yatırımlarda artış olduğu da dikkatten kaçırılması gereken önemli bir gelişmedir. 2015 yılı verilerine göre Türkiye'ye en fazla doğrudan yatırım Hollanda, Almanya ve İngiltere'de ikamet eden yerleşikler tarafından yapılmıştır. Ancak en fazla yatırım yapan ülkelerin bu faaliyetleri sıfırdan yeni bir işletme kurmaktan (greenfield) ziyade mevcut işletmelerin birleşmesi veya satın alınması (mergers-acquisition) şeklinde olmuştur.

Ülkemize gelen yabancı yatırımın sektörel dağılımında ise hizmetler sektörünün ağırlıklı payı dikkat çekmektedir. Ancak 2008 yılından sonra hizmetler sektörünün payında gerileme olduğu buna paralel şekilde sanayi sektörünün toplam yabancı yatırımlardan aldığı payın yükseldiği görülmektedir. 2015 yılında alt sektörel faaliyetler kapsamında en fazla yabancı yatırım imalat sanayi sektörüne yönelmiş ve bu alt sektörü finans-sigortacılık faaliyetleri ile ulaştırma ve depolama işlemleri takip etmiştir.

Dolaylı yabancı yatırım olarak da tabir edilen portföy yatırımları için Türkiye'nin toplam yükümlüklerinin yarısını hisse senedi diğer yarısını ise borç senetleri oluşturmaktadır. 2015 yılında toplam hisse senedi yatırımlarının %28'i sanayi sektörüne, %48'i ise mali sektöre yapılmıştır. Yurtdışı yerleşiklerin 2015 yılı hisse senedi yatırımlarının yüzdelik dağılımında teknoloji ve hizmetler sektörünün payı bir önceki yıla göre sabit kalırken sanayi sektörünün payında artış, mali sektörün payında ise azalış olmuştur. Portföy yatırımlarının hisse senedi yatırımları dışındaki diğer ikinci bileşeni olan borç senetlerinin payı ise zaman içinde sürekli olarak artmıştır.

## KAYNAKÇA


Akışoğlu. Berkay (2013). Portföy Yatırım İstatistiklerinin Derlenmesi ve Türkiye Uygulaması. TCMB Uzmanlık Yeterlilik Tezi . Ankara.

Aslan, Nurdan ve Terzi, Nuray (2013). Küresel Finans. Türkmen Kitabevi. İstanbul.

Bayraktar, Fulya (2003). Dünyada ve Türkiye'de Doğrudan Yabancı Sermaye Yatırımları. Türkiye Kalkınma Bankası Genel Araştırmalar. Ankara.

Coşkun, Metin (2010). Para ve Sermaye Piyasaları: Kurumlar, Araçlar, Analiz. Detay Yayıncılık, Ankara.

DEİK (2012). Dünya'da ve Türkiye'de Yurtdışı Doğrudan Yatırımlar. Dış Ekonomik İlişkiler Kurulu Strateji ve İş Geliştirme Müşavirliği. Yurtdışı Yatırımlar Çalışma Grubu. İstanbul.

DPT (2000). Doğrudan Yabancı Sermaye Yatırımları Özel İhtisas Komisyonu Raporu. Ankara.

Durgan, Selma (2016). Türkiye'nin Doğrudan Yabancı Yatırım Potansiyelinin Çekim Modeli Kullanılarak Belirlenmesi. Kalkınma Bakanlığı Uzmanlık Tezi. Ankara.

Ekonomi Bakanlığı (2015). Uluslararası Doğrudan Yatırımlar 2014 Yılı Raporu. Teşvik Uygulama ve Yabancı Sermaye Genel Müdürlüğü, Ankara.

Ekonomi Bakanlığı (2016). Uluslararası Doğrudan Yatırımlar 2015 Yılı Raporu. Teşvik Uygulama ve Yabancı Sermaye Genel Müdürlüğü, Ankara.

Hazine Müsteşarlığı (2005). Yabancı Sermaye Raporu. Yabancı Sermaye Genel Müdürlüğü. Mart 2005. Ankara.

International Monetary Fund (IMF) (2009). Balance of Payments and International Investment Position Manual. Sixth Edition. Washington. DC.

OECD (2008). Benchmark Definition of Foreign Direct Investment. FOURTH EDITION 2008

Seyidoğlu, Halil (2015). Uluslararası İktisat: Teori, Politika ve Uygulama. Güzem Can Yayınları. İstanbul.

TCMB (2014). Uluslararası Yatırım Pozisyonu Raporu 2014. TCMB Yayını. Ankara.

TCMB (2015). Uluslararası Yatırım Pozisyonu İstatistikleri'ne İlişkin Yöntemsel Açıklama. TCMB İstatistik Genel Müdürlüğü. Ankara.

TCMB (2016). Uluslararası Yatırım Pozisyonu Gelişmeleri Raporu. Ankara.

UNCTAD (2009). Training Manual on Statistics for FDI and the Operations of TNCs. Volume I FDI Flows and Stocks. United Nations New York and Geneva.

UNCTAD (2015). World Investment Report 2015. Reforming Internatonal Investment Governance. NewYork and Geneva.

UNCTAD (2016). World Investment Report 2016: Investor Nationality and Policy Challenges. Geneva.

YASED (2016). UNCTAD Dünya Yatırım Raporu Lansmanı. 21 Haziran 2015. İstanbul.

# VI.

# BÖLÜM

# KAMU HARCAMALARININ GELİŞİMİ: TÜRKİYE OECD KARŞILAŞTIRMASI

*Prof. Dr. Murat DEMİR*

***Harran Üniversitesi İİBF Maliye Bölümü***

## GİRİŞ

Devletin ekonomik ve sosyal yapı içinde hangi yoğunlukla ve nitelikte rol alması gerektiğine ilişkin tartışmalar hemen her dönemin temel tartışma konularından olmuştur. Devlete ekonomik yapıda daha sınırlı bir rol veren yaklaşımlar doğrultusunda kamu kesimi daha düşük bütçelerle faaliyetlerini yürütmeye çalışırken, daha müdahaleci bir devlet anlayışını benimseyen yaklaşımlar doğrultusunda kamu kesimi daha kapsamlı vergi setleri ve harcama programları ile görev ve sorumluluklarını yerine getirmeye çalışmaktadır. Bu bağlamda kamu harcamalarının niteliği ve büyüklüğü devlete ekonomik ve sosyal yapıda nasıl bir rol biçildiğine göre değişmektedir.

1929 Büyük Buhranı devletin ekonomik yapıdaki rolünün ne olması gerektiğine ilişkin temel sorgulamanın yapıldığı bir dönem olmuştur. Söz konusu buhran ile birlikte ekonomik istikrarın sağlanması ve korunması için devletin ekonomiye müdahalesinin bir zorunluluk olduğu görüşü kabul edilmiş ve izleyen dönemlerde farklı yoğunluklarda da olsa birçok ülkede devlet ekonomik yapının önemli bir sujesi durumuna getirilmiştir. Hiç kuşkusuz bu gelişmelerle birlikte kamu harcamalarının boyut ve kapsamı genişlemiştir. Sonraki dönemlerde gelişmekte olan ülkeler ekonomik istikrarın yanı sıra büyüme ve kalkınma süreçlerinin finansmanı için sürekli olarak kamu harcama programlarını genişletirlerken, gelişmiş ülkeler refah devleti kapsamında daha çok sosyal içerikli harcamalara ağırlık vererek kamu harcama düzeylerini artırmışlardır.

Kamu harcamalarının gelişiminin incelenmesinde kamu harcamalarının milli gelire oranla gelişiminin incelenmesi uluslararası karşılaştırmalarda sıklıkla kullanılan bir göstergedir. Bir ülkede kamu harcama miktarı artışının ne denli yüksek ya da düşük oluşunun değerlendirilmesinde ve ülkelerarası karşılaştırmalarda söz konusu gösterge üzerinden esaslı değerlendirmeler yapılabilmektedir. Türkiye'deki kamu harcamaları ile OECD üyesi diğer ülkelerdeki kamu harcamalarının karşılaştırıldığı bu çalışmada da analizlerin çoğu ilgili gösterge üzerinden yapılmaktadır.

Kamu harcamalarının GSYİH'ya oranının yüksek olması ya da düşük olması ilgili ülkenin harcama düzeyi hakkında bilgi vermektedir. Ancak yüksek orana sahip ülkelerde kişi başı gelir düzeylerinin düşük olduğu, düşük harcama yüzdesine sahip olan ülkelerin ise çok daha yüksek kişibaşı gelir düzeylerine sahip olduğu bilinmektedir. Bu bağlamda üzerinde durulması gereken esas konu kamu harcamalarının kompozisyonudur. Çalışmada kamu harcamalarının gelişimi toplam, ekonomik ve fonksiyonel tasnife göre incelenmeye çalışılmıştır. Söz gelimi transfer harcamaları son dönemlerde gelişmiş OECD ülkelerinde ve Türkiye'de hızla artmıştır. Ancak ortaya çıkan etkilere baktığımızda harcama dönüşlerinin gelişmiş ve gelişmekte olan ülkelerde önemli yapısal farklılıklara yol açtığı görülmektedir. Gelişmiş birçok OECD ülkesi söz konusu transfer harcamaları ile refah devletine dönüşürken, Türkiye transfer harcamaları başlığı altında yaptığı kapsamlı harcamalar ile refah devletine dönüşmek bir yana düşük gelirli kesimlerden yüksek gelirli kesimlere önemli kaynak aktarımları gerçekleştirmiş ve gelir dağılımındaki çarpıklığı daha da derinleştirmiştir. Gelişmiş ülkeler sosyal transferlerle söz konusu başarıyı gerçekleştirirken, Türkiye gibi pek çok gelişmekte olan ülke mali transferler aracılığıyla yüklü faiz ödemelerini, ekonomik transferle de çoğu verimsiz çalışan devlet teşekküllerine kaynak aktarımlarını gerçekleştirmiştir.

Devletin genel ekonomik yapıdaki yeri ve rolü mevcut siyasi formun tercihlerine göre zaman zaman değişse de toplumsal talep ve beklentilerin hemen hiçbir dönem azalmadığı bilakis giderek çeşitlendiği ve arttığı bilinmektedir. Devletin görevi söz konusu talep ve beklentileri iktisadi ve mali rasyonalite temelinde hazırlanmış kamu harcama programları ile karşılamaktır. Çalışma kapsamında OECD ülkelerinin kamu harcama programları kapsamında hangi harcamaları ne düzeyde yaptıkları incelenecek, yıllar itibariyle söz konusu harcama düzey ve kompozisyonlarında ne tür değişiklikler olduğu belirlenerek, hangi harcamalara öncelik vererek nasıl gelişme sergiledikleri incelenmeye çalışılacaktır.

## Kamu Harcamaları: Teorik Değerlendirmeler

Kamu kesiminin kaynak dağılımında etkinliğin sağlanması ve gelir dağılımında adaletin sağlanması gibi mikro görevleri, ekonomik istikrarın sağlanması ve ekonomik büyüme ve kalkınmanın sağlanması gibi makro görevleri bulunmaktadır (Batırel, 1990: 20). Söz konusu mikro ve makro görevler temelinde şekillenen maliye politikasının temel araçları kamu harcamaları ve kamu gelirleridir. Devlet kamu harcama ve gelirlerinin miktar ve bileşiminde değişiklikler yaparak söz konusu amaçları gerçekleştirmeye çalışmaktadır. İktisadi düşünce sisteminin gelişimi içinde kamu harcamalarının nasıl tanımlandığına bakıldığında devletin sahip olduğu siyasi form ve buna bağlı olarak şekillenen ekonomik yapıdaki rolüne göre kamu harcamalarının nitelik ve nicelik itibariyle belirlendiğini söylemek mümkündür.

Merkantilist doktrinde kamu harcamaları konusunun savunma harcamaları üzerinden değerlendirildiği söylenebilir. Söz konusu dönemde en yoğun harcamalar savaş harcamaları olmuştur. Bu harcamaların nasıl disipline edileceği ve hükümdarın ne kadar nelere harcama yapacağı yine o dönem harcamalar konusunda üzerinde durulan konular olmuştur (Gürsoy, 1980: 73).

Devlete genel ekonomik yapı ve işleyişte sınırlı bir rol veren Klasik maliyeciler ise kamu harcamalarını mali bir olaydan daha çok idari ve hukuki bir tasarruf olarak görmektedirler. Söz konusu maliyecilerin kamu harcamaları konusunda yoğunlaştıkları alanlar harcamaların nasıl yapılacağı ve denetleneceği ve ne miktar yapılacağı gibi alanlar olmuştur. Kamu harcamalarında temel sorun kamu giderlerinin kamu gelirlerini aşmaması, bütçenin denk olmasıdır (Türk, 1996: 24). Klasikler kamu harcamalarının genel iktisadi yapı üzerinde herhangi bir etkiye sahip olmadığını kabul etmektedirler (Erginay, 1994: 130).

Bu bağlamda klasik maliyeciler kamu harcamalarının kompozisyonu yerine kamu harcamalarının miktarı ile ilgilenmektedirler. Klasik maliyecilerden bazıları ise devlete genel ekonomik yapıda kısmen daha geniş bir yer vererek devletin eğitim, sağlık, savunma, adalet ve bayındırlık hizmetlerini üstlenmesini ve öncelikle bunları gerçekleştirecek kamu harcamalarının yapılmasını, finansmanı sağlayacak kamu gelirlerinin ise sonrasında sağlanması gerektiğini ileri sürmektedirler.

Modern maliyecilere göre ise kamu harcamaları devletin sosyal ve ekonomik amaçlarını gerçekleştirmek üzere yararlandığı mali araçlardan bir tanesidir. Buna göre modern maliyeciler kamu harcamalarına özel bir önem atfetmezler, burada üzerinde önemle durulan husus kamu harcamalarının kompozisyonudur. Cevabı aranan temel soru ise sosyal ve ekonomik gereksinimler için nasıl bir harcama kompozisyonu oluşturulmalıdır. Söz konusu gereksinimlerin karşılanabilmesi için gerekirse bütçe açık verebilir. Yıllık bütçe denklikleri yerine dönemsel bütçe denklikleri kabul edilebilir.

Klasik ve modern maliyeciler kamu harcamalarını tanımlarken harcamaların toplumsal ihtiyaçları karşılamak üzere yapılması konusunda birleşirken modern maliyeciler toplumsal ihtiyaçların karşılanmasının yanı sıra kamu harcamalarını ekonomik ve sosyal hayata bir müdahale aracı olarak da değerlendirmektedirler.

Özellikle Keynesyen görüşün önem kazanması ile birlikte kamu harcamalarının önemi çok daha fazla artmıştır. İkinci Dünya Savaşı'nın sona ermesinden sonra sosyal politikaların büyük bir önem kazanması kamu harcamalarını daha da önemli hale getirmiş hem kuramsal düzeyde hem de politika düzeyinde kamu harcamaları çok daha geniş bir alanda incelenmeye başlanmıştır (Aksoy, 2011: 89; Nemli, 1990: 55). Söz konusu dönemden itibaren gelir dağılımı sorunlarının çözülmesi, tam istihdamın sağlanması, ekonomik büyüme ve kalkınmanın gerçekleştirilmesi, bölgesel farklılıkların giderilmesi gibi maliye politikası amaçlarının gerçekleştirilmesinde kamu harcamaları temel bir ekonomi politikası aracı olarak kendini kabul ettirmiştir.

Keynesyen görüşün temelden sorgulandığı 1970'li yıllardan itibaren Friedman'ın öncülüğünü yaptığı arz yönlü iktisat Keynesyen'in öngördüğü kamu harcamaları üzerinden toplam talebe müdahale ederek ekonomik yapıya yön vermeye çalışan politikaların bizatihi kendisinin başta enflasyon olmak üzere yeni birtakım istikrarsızlık unsurlarına yol açtığını ileri sürerek talep üzerinden değil arz yönlü iktisat politikaları üzerinden ekonomik yapının istikrara kavuşacağını belirtmişlerdir. Buna göre kamu kesimi küçültülmeli buna bağlı olarak kamu harcamaları azaltılmalı ve vergi oranları düşürülmelidir. Sıkı bir para politikası ile enflasyon kontrol altına alınabilir. Hiç kuşkusuz özellikle gelişmekte ülkeler bakımından kamu harcamalarının kısılması yatırımların durmasına ve istihdam sorunlarına yol açacak niteliktedir (Nadaroğlu, 1996: 140).

Kamu harcamalarının ekonomiye katkı ve etkileri ölçülürken kaynak kullanan ve kaynak aktaran kamu harcamaları şeklinde bir tasnif gerekli olmaktadır (Bulutoğlu, 2004: 28). Kaynak kullanan kamu harcamaları bir ekonomik üretim yapmaktadırlar. Söz konusu üretim faaliyeti üretici ya da tüketiciye fayda sağlayabileceği gibi bazen aynı anda her ikisine birden fayda sağlayabilmektedir. Söz gelimi sağlık hizmetlerinden öncelikle tüketiciler yararlanırken bir barajdan ve türev ürünlerinden öncelikle üreticiler yararlanmaktadır. Öte yandan ulaştırma ve güvenlik gibi hizmetlerden ise aynı anda üretici ve tüketiciler birlikte yararlanabilmektedirler.

Kaynak aktaran faaliyetler için kullanılan kamu harcamaları ise bir gelir aktarması niteliğindedir. Harcamanın üretime doğrudan bir katkısı olmayıp dolaylı etkiler söz konusudur. Söz gelimi yoksullukla mücadele kapsamında yapılan harcamalarla yoksulluk düzeyi azalır, yoksulların sağlık ve eğitim koşulları iyileşir ve bunların toplumsal yapıya uyumları kolaylaşır. Bu süreçte elde edilen bireysel ve toplumsal kazanımlar ulusal gelir hesaplarında yer almayan kazanımlardır.

## Kamu Harcamalarının Sınıflandırılması

Kamu harcamalarının sınıflandırılması aynı nitelikteki kamu harcamalarının diğerlerinden ayrılarak gruplandırılması, sınıflara ayrılması demektir. Kısıtlı kamu gelirlerinin rasyonel önceliklere göre kurgulanmış harcama programlarında kullanılabilmesi için kamu harcamalarının sınıflandırılması gerekmektedir.

Kamu harcamalarının sınıflandırılması harcama programlarının daha gerçekçi hazırlanmasını, harcama programları ile bütçe arasında daha iyi ilişki kurulmasını ve bütçenin kalkınma planı ve yıllık programlar ile çok daha uyumlu hale gelmesini kolaylaştırır. Kamu harcamalarının sınıflandırılması kamu harcamalarının iktisadi analizinin yapılabilmesi bakımından gerekli ve faydalıdır (Türk, 1996: 45).

Kamu harcamaları değişik ölçülere göre farklı biçimlerde sınıflandırılmaktadır. Kamu harcamaları harcamayı yapan birime, gerçekleştirilmesi öngörülen amaçlara ve ekonomik etki ve niteliklerine göre türlü sınıflandırılmalara tabi tutulmaktadır. Buna göre yapılan sınıflandırma türleri idari sınıflandırma, fonksiyonel sınıflandırma ve ekonomik sınıflandırma şeklinde belirtilebilir.

Sınıflandırmanın temelini devletin yapısının ve organlarının oluşturduğu idari sınıflandırmada kamu harcamaları, devlet örgütlenmesine, harcama yapacak birimlerin ad ve yapısına göre bir sınıflandırmaya tabi tutulmaktadır. Kamu kesimi örgütlenmeleri ülkelere göre farklılıklar gösterdiğinden idari sınıflandırmalar ülke karşılaştırmaları için elverişli değildir (Uluatam, 2009: 205).

Kamu harcamalarının sınıflandırılması bu harcamaları yapan kuruluş yerine harcamaların yöneldiği devlet faaliyetlerine ve fonksiyonlarına göre yapılırsa bu durumda fonksiyonel sınıflandırma söz konusu olmaktadır. Burada üzerinde durulan husus devletin ulaşmak istediği amaçlar ve üstlendiği görevlerdir.

Harcamaların ekonomik sınıflandırılmasında belirli bir dönemdeki kamu harcamaları ile o dönemin üretimi arasındaki ilişki esas alınmaktadır. Hemen bir çok ülkede kullanılan ve ülke karşılaştırmalarında da yaygın bir biçimde kullanılan ekonomik sınıflandırmada kamu harcamaları önce cari harcamalar ve yatırım harcamaları olmak üzere ikiye ayrılmaktadır. Reel harcamalar da kendi içinde yatırım harcamaları ve transfer harcamaları biçiminde ikiye ayrılırken, ekonomik sınıflandırmanın ikinci diğer kısmı transfer harcamaları ise kendi içinde Sosyal, Ekonomik ve Mali transferler olmak üzere üç kısma ayrılmaktadır. Şekil 1 kamu harcamalarının ekonomik sınıflandırmasını göstermektedir.

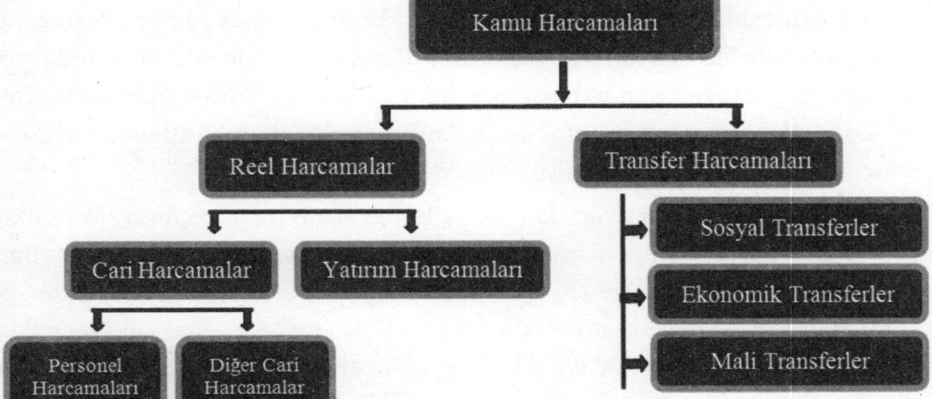

***Reel Harcamalar***

Devlet tarafından yapılan harcamalar doğrudan toplam talebin bir unsurunu oluşturur ve bu niteliğiyle cari dönem üretimini etkilerse bu tür harcamalara reel harcamalar denilmektedir. Reel harcamalar üretim ve fiyat düzeyi üzerinde özel tüketim ve özel yatırıma benzer etkiler yaratmaktadır. Devlet bu tür harcamaları ile işgücü piyasasından emek talebinde bulunabileceği gibi mal piyasasından ara malı ya da nihai mal talebinde de bulunabilir. Devlet reel harcamalar karşılığında mal ve hizmet satın alarak yeni gelir akımlarının doğmasına neden olur ve milli gelir üzerinde doğrudan bir etkiye sahip olur.

Reel devlet harcamaları cari harcama ve yatırım harcaması olarak ikiye ayrılmaktadır. Cari harcamalar kamu tüketimine konu olan harcamalardır. Her yıl tekrar eden bu harcamalar doğrudan üretimi artırıcı bir etkiye sahip değildir ve faydası da bir dönemle sınırlıdır. Özel kesimin tüketim harcamalarına benzeyen cari harcamalar devletin üstlendiği görevlerin günlük devamını sağlar (Uluatam, 2009). Personel giderleri, kırtasiye giderleri, su, elektrik, kira giderleri gibi devlet işleyişinin devamı için zorunlu olan harcamalar cari harcamalardır. Cari harcamalar tüketim hacmi üzerinden yatırım malları talebini etkileyerek dolaylı bir biçimde yatırım harcamalarını etkileyebilir.

Yatırım harcamaları ise, ekonomik yapının üretim kapasitesi, istihdam düzeyi ve milli geliri üzerinde doğrudan etkiye sahip ve faydası da harcamanın yapıldığı dönemin dışına taşan harcamalardır. Yatırım harcamaları ile sermaye birikimi sağlanırken ekonominin üretim düzeyi ve üretim potansiyeli yükselir.

Büyüme kalkınma amacının gerçekleştirilmesinde diğer kamu harcamalarına göre çok daha etkin olan yatırım harcamaları ekonomik ve sosyal nitelikli olabilir. Yatırım harcamalarının söz konusu etkilerini ölçmeye yönelik ampirik çalışmalardan elde edilen bulgular beşeri sermaye hizmetlerine yapılan yatırımlar ile büyüme ve kalkınma düzeyi arasında sıkı bir korelasyonun varlığını ortaya koymaktadır. Söz konusu korelasyonun Japonya ve Güney Kore gibi gelişmiş Uzakdoğu ülkelerinde çok daha üst düzeyde olduğu sonucu elde edilmiştir (Gylfason, 2011: 847).

Ekonominin tarımsal yapıdan sanayileşme aşamasına geçmesi ile birlikte ekonomik ve sosyal altyapı hizmetlerine olan talep de hızla artmıştır. Yatırım harcamaları genelinde özellikle altyapı hizmetleri yaydıkları yoğun dışsallıklar ile bir taraftan sanayileşme aşamasında özel sektörün gelişmesinde kaldıraç etkisi yapmakta, öte yandan sosyal içerikli altyapı harcamaları ile de gelir dağılımında iyileştirmeler yapmaktadır (Şener, 2006: 36). Bölgelerarası farklılıkların azaltılmasında da yatırım harcamaları son derece önemli politika araçlarıdır (Sturm vd., 1995: 18).

Yatırım harcamaları kapsamında özellikle gelişmekte olan ülkeler için önem arz eden harcama başlıkları ulaşım yatırımları, su ve kanalizasyon yatırımları, köprüler, doğalgaz ve elektrik altyapı ve nakil hatları yatırımları, iletişim hizmetleri, okul, hastane hizmetleri şeklinde belirtilebilir (Allen Group, 2003: 4; Camila and Woitekz, 2004: 4). Bazı sınıflandırmalarda ise yatırım harcamaları üzerinden verimli-verimsiz kamu harcamaları sınıflandırılmasının yapıldığı görülmektedir (Marrero and Novales, 2007: 3350).

Söz konusu harcamalar özel sektörün etkinliği ve verimliliğini artırırken, üretim maliyetlerini düşürmekte ve büyüme üzerinde olumlu etkilere sahip olmaktadır (Darby vd., 2004: 166). Bölgelerarası dengesizliklerin giderilmesine dönük politikaların oluşturulmasında ve uygulanmasında da yatırım harcamaları önemli başlangıç olabilecek bir potansiyele sahip bulunmaktadır (Pal, 2007: 1).

Kamu yatırım harcama kompozisyonu ve büyüklüğünün ekonominin hemen bütün mikro ve makro değişkenleri üzerinde doğrudan veya türev etkilere sahip olduğu söylenebilir. Sözgelimi sürekli istihdam sorunları yaşayan gelişmekte olan ülkelerin ilgili yapısal sorunlarını çözebilmeleri için her yıl belirli bir düzeyde büyüme gerçekleştirmeleri ileri sürülmektedir.

Öte yandan ulusal tasarrufların yetersiz olduğu ve kamu finansman sorunlarının yaşandığı ülkelerde de yoğun yatırım harcama programlarının kimi zaman bir dışlama etkisi yaratarak özel yatırımlar üzerinde bir baskı oluşturduğu ve büyüme sürecini olumsuz etkilediği söylenebilir (Folster and Henrekson, 1999: 342). Özellikle kronik bütçe açıklarının olduğu ve yapısal sorunların yaşandığı ekonomilerde yatırım harcamaları çok daha titiz bir hazırlıkla gerçekleştirilmeli ve rasyonel önceliklerle planlanmalıdır (Agenor vd., 2008: 293).

#### *Transfer Harcamaları*

Kamu harcamalarının iktisadi sınıflandırmasında diğer bir harcama türü transfer harcamalarıdır. Transfer harcamaları karşılıksızdır, karşılığında devletin mal, hizmet ya da faktör verme zorunluluğu yoktur. Transfer harcamalarının önemli bir bölümünün milli gelirde değişikliğe yol açmadığı sadece satın alma gücünün bireyler arasında değişmesine yol açtığı kabul edilmektedir (Hyman, 1999: 11). Transfer harcamaları kendi içinde sınıflara ayrılmaktadır.

Devlet toplumsal beklentiler doğrultusunda belirli kesimlere (düşük gelirli öğrencilere burs, evsizlere kalacak yer sağlanması..) sosyal içerikli harcamalarda bulunabilir. Bunlar sosyal transferlerdir. Devlet belirli iktisadi hedeflere ulaşmak için yine belirli sektör ve kesimlere (Tarımsal sübvansiyonlar, İDT'lerine kaynak aktarımı) yönelik harcamalarda da bulunabilmektedir. Bunlar da ekonomik transferler olarak tanımlanmaktadır. Öte yandan bütçe finansman sorunları kapsamında borçlanmalar, borç faiz ödemeleri de mali transferlerdir.

Transfer harcamaları dolaysız, dolaylı transfer harcamaları biçiminde de tasnif edilmektedir. Dolaysız transfer harcamaları ile devlet, bireylerin gelirlerini doğrudan doğruya artırır. Kamu borçlarının faizleri, fakirlere yardımlar gibi harcamalar bu başlık altında değerlendirilir. Dolaylı transferlerde ise tüketicinin alacağı mal ve hizmetlerin fiyatlarını düşürebilmek üreticilerin ise gelirlerini artırabilmek amacıyla yapılan türlü yardım ve teşvikler söz konusu olmaktadır. Başka bir tasnif gelir transferi ve sermaye transferlerinde ise özel yatırımları kolaylaştırmak, belirli bölge ve sektörlere pozitif ayrımcılık yapmak üzere harcama yapılması söz konusudur. Verimli transferler verimsiz transfer ayrımında ise üzerinde durulan husus ise devletin yaptığı harcamaların üretimde yeni bir değer yaratıp yaratmadığıdır.

## Kamu Harcamalarının Artışı

Kamu harcamalarının hemen bütün ekonomilerde sürekli bir artış eğilimi içinde olduğu söylenebilir. Kamu harcamalarının artışını teorik çerçevede inceleme konusu yapan değişik çalışmalar bulunmaktadır. Bunlardan başlıcaları özetle ele alınacaktır. Kamu harcamalarının artışını ilk kez teorik bir temel üzerinde inceleme konusu yapan Adolphe Wagner olmuştur. Kamu harcamalarının artışını devlet faaliyetlerinin artmasına bağlı olarak açıklayan Wagner, İngiltere, İsviçre, Prusya, ABD ve Japonya'da kamu kesiminin 19. Yüzyılda gösterdiği gelişmeyi ampirik olarak incelemiştir. Ona göre toplumsal sosyal ilerleme kamu kesiminin sınırlarını genişletmiştir (Sönmez, 1987: 10; Gürbüz, 2008: 55). Söz konusu sosyal ilerleme ise devlet faaliyetlerindeki artışı adeta bir kanun gereği olarak zorunlu hale getirmiştir. Sosyal ilerlemelerle birlikte toplumsal talep ve beklentilerin giderek genişlemesi siyasal iktidarlar üzerinde harcama baskısını artırmıştır (Musgrave and Musgrave, 1989: 114). Çoğu zaman kamu harcama düzeylerindeki artışlar milli gelir artışlarından daha fazla olmuştur (Connoly and Murro, 1999: 14).

Kamu harcamalarının artışı konusunda maliye yazınında yer alan kuramsal çalışmalardan biri de Peacock ve Wiseman'ın kamu harcamalarının sıçramalı artışı teorisidir (Magazzino vd., 2015: 817). Peacock ve Wiseman İngiltere üzerine 1890-1960 dönemini inceleyen çalışmalarında savaş, kriz gibi dönemlerde kamu harcama düzeylerinde sıçramalı artışların meydana geldiğini ve vergi mükelleflerinin söz konusu olağanüstü şartların gerektirdiği harcama ve vergi artışlarını kolay kabullendikleri gözlemlemişlerdir (Peacock and Wiseman, 1961: 146). Olağanüstü dönemler bittiğinde kamu harcama düzeylerinde de vergi oranlarında da bir düşüş söz konusu olmaz. Söz konusu olağanüstü süreçte kamu harcama düzeyleri ve vergi oranları yükselirken bu durum her olağanüstü dönemde harcama ve vergi yükselmesi biçiminde tekrar etmekte ve sonuçta toplam kamu harcama düzeyleri yükselmiş olmaktadır. Kimi çalışmalarda da Peacock ve Wiseman'ın kurduğu teorik çerçevenin tartışmalı olduğu, savunma harcamaları ile kamu harcamalarının gelişimi arasında herhangi bir korelasyon olmadığı sonucu elde edilmiştir (Henrekson, 1990: 258).

Kamu harcamalarının artışı konusunda bir diğer değerlendirme Baumol Hipotezidir. Baumol'e göre kamu kesimi ağırlıklı olarak emek yoğun olan hizmet sektörüne yoğunlaşmıştır. Emek yoğun sektörlerinin verimlilik artışı sınırlı olmasına rağmen ilgili sektörlerdeki ücret artışları verimliliğin çok üzerinde gerçekleşmekte ve özellikle kamu personel harcamaları üzerinde bir baskı oluşturmaktadır (Buchanan and Flowers, 1987: 79; Nose, 2015: 22). Verimlilik artışına dayanmayan söz konusu artış toplam harcama düzeyini de artırarak kamu bütçesinde açık ve finansman sorunlarına yol açan bir niteliktedir. ABD'de 1949-1998 dönemini kapsayan bir çalışmada cari harcamaların artışında Baumol etkisinin yatırım harcamalarının artışında ise ekonomik büyümenin yani Wagner etkisinin belirleyici olduğu sonucuna varılmıştır (Kirmanoğlu, 2009: 56).

Sam Peltzman ise, kamu harcamalarının artışını gelir dağılımı sorunlarının çözümünde piyasanın başarısızlıklarına bağlayarak devletin gelir dağılımındaki adaletsizlikleri gidermek üzere kamu harcamalarını artırmak zorunda kaldığını ileri sürmektedir (Peltzman, 1980: 210). George Stigler ise kamu harcamalarının artışında, ortanca seçmenin oyunu alabilmek için sürekli kamu harcamalarını artıran siyasal iktidarların sorumlu olduğunu belirtmektedir (Stigler, 1972: 92).

Teorik çerçevede nedenleri farklı biçimlerde ifade edilse de sonuçta kamu harcamaları sürekli artan bir eğilim içinde olmuştur. ABD'de, Hollanda ve Belçika gibi Batı ülkelerinde 18.yüzyılda kamu harcamaları GSMH'nın% 2'sine denk gelirken, 20. yüzyılda %10'lara, 21.yüzyılın başlarında ise %40'lara yükselmiştir. Bu artışlarda özellikle belirleyici olan hususlar kapsamında devlet anlayışında meydana gelen değişikliklerin, savunma bütçelerindeki artışların, sanayileşmenin ve teknolojik gelişmelerin, nüfus artışı ve kentleşmenin yer aldığı söylenebilir (Tuncer ve Yüksel, 2011: 233).

## Türkiye'de Kamu Harcamalarının Gelişimi

Aşağıdaki kısımda Türkiye'de konsolide bütçe harcamalarının GSYH'ya oranla gelişimi yer almaktadır. OECD kamu harcama istatistiklerinde çoğunlukla genel devlet toplam harcamaları üzerinden değerlendirmeler yapılmaktadır. Bu bağlamda burada da Türkiye'de kamu harcamalarının gelişimi toplam kamu harcamaları üzerinden değerlendirilmeye çalışılmıştır.

*Tablo 1. Ekonomik Tasnife Göre Genel Devlet Toplam Harcamalar* (GSYH'ya Oran, %)*

| | Cari Harcamalar | Yatırım Harcamaları | Transfer Harcamaları | Toplam Harcama |
|---|---|---|---|---|
| 1990 | 8,5 | 2,5 | 6,3 | 17,3 |
| 1995 | 8,2 | 1,1 | 12,3 | 21,6 |
| 1998 | 9,8 | 1,8 | 17,6 | 29,2 |
| 1999 | 12,9 | 3,3 | 19,1 | 35,4 |
| 2000 | 12,4 | 3,4 | 21,0 | 36,9 |
| 2001 | 13,0 | 3,5 | 26,1 | 42,7 |
| 2002 | 13,9 | 3,6 | 24,1 | 41,7 |
| 2003 | 13,8 | 2,8 | 22,7 | 39,4 |
| 2004 | 13,6 | 2,4 | 19,5 | 35,5 |
| 2005 | 13,3 | 2,8 | 16,7 | 33,0 |
| 2006 | 14,5 | 2,9 | 15,9 | 33,4 |
| 2007 | 14,9 | 3,1 | 15,6 | 33,8 |
| 2008 | 15,6 | 3,4 | 15,5 | 34,5 |
| 2009 | 17,7 | 3,3 | 19,0 | 40,1 |
| 2010 | 17,1 | 3,4 | 17,9 | 38,4 |
| 2011 | 16,6 | 3,3 | 16,7 | 36,7 |
| 2012 | 17,4 | 3,5 | 17,8 | 38,8 |
| 2013 | 17,9 | 4,2 | 18,4 | 40,6 |
| 2014 | 17,9 | 3,8 | 18,3 | 40,1 |
| 2015 | 18,3 | 4,1 | 18,5 | 41,0 |
| 2016 | 19,9 | 4,1 | 19,6 | 43,7 |
| 2017* | 19,1 | 4,2 | 19,5 | 43,0 |

*Kaynak: Kalkınma Bakanlığı Temel Ekonomik Göstergeler, 1999-2017.: Maliye Bakanlığı Yıllık Ekonomik Rapor, 1998,1999,2000: DİE Türkiye Ekonomisi İstatistik ve Yorumlar,1997*

**Genel devlet; merkezi yönetim bütçesi, mahalli idareler, döner sermayeli kuruluşlar, İşsizlik Sigortası Fonu, sosyal güvenlik kuruluşları, genel sağlık sigortası ve fonları kapsamaktadır *Program*

Tablo 1'de Türkiye'de kamu harcamalarının GSYİH'ya oranla gelişimine bakıldığında yıllar içinde genel bir artış eğiliminin söz konusu olduğu söylenebilir. Devlet, 1990-95 dönemi yaklaşık %19'luk bir kamu harcama / GSYİH oranı ile genel ekonomik yapı içinde sınırlı bir yer alırken 2016 yılına gelindiğinde söz konusu kapasitesini neredeyse iki katın üzerine çıkararak %43,7'lik bir orana ulaşmıştır. Bu önemli artışta büyüme kalkınma sürecinde giderek artan toplumsal talep ve beklentilerin kamu harcamaları üzerindeki baskısı etkili olmuştur. Öte yandan kamu finansman sorunlarına bağlı olarak giderek artan kamu borçlarının neden olduğu yüksek faiz ödemeleri de transfer harcamalarını artırmıştır. Özellikle ekonomik kriz dönemlerine bağlı olarak faiz ödemeleri ve dolayısıyla transfer harcamalarında görülen artışların kamu harcamaları üzerinde bir baskı yarattığı söylenebilir.

Tablo 2'ye bakıldığında 1994, 2001 ve 2008 ekonomik krizlerinin transfer harcamalarında önemli artışlara yol açtığı görülmektedir. Türkiye pratiğinde transfer harcamaları üzerinde sürekli baskı yaratan diğer bir harcama kalemi de sosyal güvenlik sistemine yapılan transferler olmuştur. Cari harcamalar ise kapsamında yer alan personel harcamalarındaki artışa bağlı olarak sürekli bir artış eğilimi içinde olmuştur. GSYİH'ya oranla yatırım harcamaları da artmakla birlikte bu artış cari ve transfer artışlarının gerisinde kalmıştır. Hiç kuşkusuz kamu harcamalarının GSYİH'ya oranla gelişimi izlenirken GSYİH'da yaşanan gelişmelerin de gözden uzak tutulması gerekmektedir. Kimi dönem GSYİH'da yaşanan artışlar kamu harcamaları/GSYİH oranlarına düşüş olarak yansımıştır.

*Tablo 2. Harcamaların Genel Devlet Harcamaları İçindeki Payları (%)*

| | Cari Harcamalar | Yatırım Harcamaları | Transfer Harcamaları |
|---|---|---|---|
| 1990 | 48,8 | 14,6 | 36,5 |
| 1995 | 37,5 | 6,2 | 56,3 |
| 1999 | 36,6 | 9,3 | 54,0 |
| 2000 | 33,6 | 9,2 | 57,0 |
| 2001 | 30,5 | 8,2 | 61,1 |
| 2002 | 33,4 | 8,7 | 57,8 |
| 2003 | 35,0 | 7,2 | 57,6 |
| 2004 | 38,2 | 6,8 | 54,9 |
| 2005 | 40,5 | 8,7 | 50,6 |
| 2006 | 43,5 | 8,8 | 47,6 |
| 2007 | 44,3 | 9,3 | 46,3 |
| 2008 | 45,3 | 9,8 | 44,8 |
| 2009 | 44,1 | 8,2 | 47,5 |
| 2010 | 44,4 | 8,8 | 46,6 |
| 2011 | 45,2 | 9,0 | 45,6 |
| 2012 | 45,0 | 9,0 | 45,9 |
| 2013 | 44,2 | 10,3 | 45,4 |
| 2014 | 44,8 | 9,5 | 45,6 |
| 2015 | 44,6 | 10,1 | 45,2 |
| 2016 | 45,6 | 9,4 | 44,9 |
| 2017* | 44,5 | 9,9 | 45,5 |

*Kaynak: Kalkınma Bakanlığı Temel Ekonomik Göstergeler, 1999-2017: Maliye Bakanlığı Yıllık Ekonomik Rapor, 1998,1999,2000: DİE Türkiye Ekonomisi İstatistik ve Yorumlar,1997 *Program*

Kamu harcamalarının toplam kamu harcamaları içinde kompozisyonu itibariyle dağılımına bakıldığında hemen her dönem transfer harcamalarının toplam harcamalardan en büyük payı aldığı görülmektedir. Cari harcamaların toplam harcamalar içindeki payı incelenen dönem içinde yaklaşık ortalama %40 düzeyinde iken transfer harcamalarının aynı periyot için ortalaması yaklaşık %50, yatırım harcamaları ise %8,5 düzeyinde gerçekleşmiştir.

Büyüme kalkınma sürecinde önemli eksikleri bulunan Türkiye'nin söz konusu eksikleri tamamlayabilmesi için ilgili harcama kompozisyonunu değiştirmesi zorunludur. Hiç kuşkusuz bu yapısal dönüşümün gerçekleştirilmesinde kamu finansman sorunlarının çözülmesi son derece önemlidir. Mali disiplin bunun en önemli parçalarından biridir. 2000'li yılların başlarında vergi gelirlerinin yaklaşık %90'ını faiz ödemelerine aktaran bir kamu maliyesinin büyüme kalkınmayı fonlayacak yatırım harcamalarına kaynak aktarması son derece güçtür. Bugün itibariye vergi gelirlerinin sadece %16'sının faiz ödemelerine aktarılması mali disiplin anlamında önemli bir gelişme olarak kabul edilebilir. Ancak gelişmiş ülke ekonomileriyle karşılaştırıldığında ve toplam kamu harcamaları içinde yatırım harcamaları, transfer harcamaları paylarına bakıldığında halen kat edilmesi gereken önemli ve zorlu bir sürecin varlığından bahsedilebilir.

Kamu harcamalarında performans ölçümlerinin ve maliyet etkinlik analizlerinin yapılarak harcamaların etkin yönetimi konusu da Türkiye için son derece önemli bir yapısal reform olacaktır (Gönenç vd., 2005: 55).

## OECD Ülkelerinde Kamu Harcamaları ve Türkiye Karşılaştırması

Giderek artan toplumsal talep ve beklentilerle kamu harcamaları sürekli bir artış eğilimi içerisinde olmuştur. Söz konusu artışın miktar ve nitelik itibariyle nasıl bir gelişim sergilediği ve bu artışın toplumsal beklentileri ne düzeyde karşıladığının belirlenebilmesi son derece önemlidir. Her ülke farklı kamu harcama düzeyleri ve farklı nitelikte kamu harcama setleri ile sosyal ve ekonomik hedeflerini gerçekleştirmeye çalışmaktadır. Ülkelerin kamu harcama düzeylerinin ne denli düşük ya da yüksek olduğunun belirlenmesinde ülkelerarası karşılaştırma yapılmaktadır. Çeşitli tasniflere göre belirlenen kamu harcama düzeylerinin GSYİH'ya oranı kamu harcamalarının uluslararası karşılaştırmalarında kullanılan başlıca değişkenlerden biridir. Aşağıdaki kısımda da Türkiye ile OECD'ye üye diğer ülkelerdeki kamu harcamalarının karşılaştırmasında GSYİH'ya oranla kamu harcama düzeylerinin gelişimi temel değişken olarak ele alınmıştır.

2007-2015 arası OECD ülkelerinde kamu harcama kompozisyonunun gelişimine bakıldığına en önemli artışın sosyal güvenlik harcamaları ile sağlık harcamalarında gerçekleştiği görülmektedir. Kamu alımlarının harcamalarının yaklaşık 1/3'ü sağlık hizmetlerine giderken sağlık hizmetlerinin etkin sunulmasına yönelik sistem geliştirme giderleri, medikal teknolojinin geliştirilmesine yönelik giderler ve ilaç alımlarına yönelik sağlık giderleri sağlık bütçesi içinde kendine hissettiren harcama kalemleri olarak göze batmaktadır (OECD Economic Surveys Turkey: 2014).

### *Kamu Harcamalarının GSYİH'ya Oranla Gelişimi*

Tablo 3'e bakıldığında 2015 yılı itibariyle OECD genelinde kamu harcamalarının GSYİH'ya oranının ortalama %40,9 düzeyinde gerçekleştiği görülmektedir. 2007 yılında küresel ekonomik krizden önce bu oran %38,8 iken kriz sonrası genişletici maliye politikalarının da etkisiyle artmış ve 2009 yılında %44,2'ye yükselmiştir. 2015 yılı itibariyle kamu harcamalarının GSYİH'ya oranındaki en büyük artış %57 ile Finlandiya ve Fransa'da gerçekleşmiştir. Bu ülkeleri ile %54,8 ile Danimarka, %54,2 ile Yunanistan, %53,9 ile Belçika ve %51,7 ile Avusturya izlemiştir. 2007-2015 dönemi boyunca GSYİH'ya oranla kamu harcama düzeyi hep en yüksek olan ülke Fransa olmuştur. Finlandiya ise GSYİH artışından daha çok kamu harcama düzeyini net artıran ülke olarak Fransa ile birlikte ilk sıralarda yer almıştır. Yine 2015 yılında GSYİH'ya oranla en düşük kamu harcama düzeyleri ise %24,5 ile Meksika, %29,5 ile İrlanda, %32,4 ile Kore %33,1 ile Türkiye ve %33,9 ile Şili'de olmuştur. OECD genelinde 2009-2015 arası GSYİH'ya oranla kamu harcama düzeyinin yaklaşık %3,3 azaldığı görülmektedir. Hiç kuşkusuz bu azalış OECD ortalamasıdır.

*Tablo 3. Kamu Harcamaları (GSYİH,%)*

| | 1980 | 1985 | 1990 | 1995 | 2000 | 2007 | 2009 | 2015 | 2016 |
|---|---|---|---|---|---|---|---|---|---|
| Fransa | 45,6 | 51,7 | 49,4 | 54,4 | 51,6 | 52,2 | 56,8 | 57,0 | 56,5 |
| Finlandiya | 40,1 | 46,5 | 48,1 | 61,4 | 48,2 | 46,8 | 54,8 | 57,0 | 56,1 |
| Danimarka | | | | | | 49,6 | 56,5 | 54,8 | 53,6 |
| Yunanistan | | | 44,9 | 45,7 | 46,6 | 47,1 | 54,1 | 54,2 | 49,0 |
| Belçika | | 58,4 | 52,3 | 52,1 | 49,1 | 48,2 | 54,1 | 53,9 | 53,3 |
| Avusturya | 49,5 | 53,0 | 51,5 | 56,3 | 52,1 | 49,5 | 54,5 | 51,7 | 51,1 |
| İtalya | 40,7 | 49,8 | 52,9 | 52,5 | 46,1 | 46,8 | 51,2 | 50,5 | 49,6 |
| İsveç | | | | 64,9 | 55,0 | 49,7 | 53,1 | 50,2 | 50,0 |
| Macaristan | | | | | | 50,1 | 50,6 | 50,0 | 47,5 |
| Norveç | | | | | | 41,4 | 46,1 | 48,8 | 51,1 |
| Portekiz | | | | | | 44,5 | 50,2 | 48,3 | 45,1 |
| Slovenya | | | | | | 42,2 | 48,2 | 48,1 | 45,5 |
| Slovakya | | | | | | 36,3 | 44,1 | 45,6 | 41,6 |
| Hollanda | 55,2 | 57,2 | 54,9 | 56,4 | 44,1 | 42,5 | 48,2 | 45,3 | 43,6 |
| Almanya | | | | 54,7 | 45,1 | 42,8 | 47,6 | 44,0 | 44,3 |
| İspanya | | | | 44,4 | 39,1 | 39,0 | 45,8 | 43,8 | 42,4 |
| İzlanda | | | | | | 41,0 | 48,4 | 42,9 | 41,2 |

| | | | | | | | | | |
|---|---|---|---|---|---|---|---|---|---|
| İngiltere | 45,1 | 45,9 | 41,1 | 43,9 | 39,0 | 41,3 | 47,9 | 42,9 | 42,1 |
| Çek Cumh. | | | | | | 40,0 | 43,6 | 42,1 | 39,9 |
| Polonya | | | | | | 43,1 | 44,9 | 41,6 | 41,3 |
| Lüksemburg | | | | | | 37,8 | 45,1 | 41,3 | 41,2 |
| Kanada | 41,5 | 48,3 | 48,8 | 48,4 | 41,1 | 39,4 | 44,4 | 41,1 | 41,6 |
| Estonya | | | | | | 34,1 | 46,1 | 40,4 | 40,4 |
| İsrail | | | | | | 42,6 | 42,2 | 39,7 | |
| Yeni Zelanda | | | | | | 38,4 | 41,9 | 39,5 | |
| Japonya | | | | | 39,0 | 35,0 | 40,7 | 39,4 | |
| ABD | 34,2 | 36,8 | 37,2 | 37,1 | 33,8 | 36,9 | 43,0 | 37,7 | |
| Avustralya | 32,5 | 37,8 | 35,3 | 36,3 | 35,5 | 34,4 | 38,1 | 37,2 | |
| Letonya | | | | | | 34,0 | 43,7 | 37,0 | 36,3 |
| İsviçre | | | 30,3 | 35,0 | 35,1 | 31,0 | 33,1 | 33,9 | |
| **Türkiye** | | | 17,3 | 21,6* | 38,2 | 36,1 | 40,9/40,9 | 33,1/41,1 | 43,7 |
| Kore | 21,1 | 19,6 | 19,5 | 20,3 | 22,4 | 29,7 | 34,9 | 32,4 | |
| İrlanda | | | | | | 35,8 | 47,1 | 29,5 | 28,0 |
| Meksika | | | | | | 20,6 | 23,5 | 24,5 | |
| Litvanya | | | | | | 35,3 | 44,9 | 35,1 | 34,2 |
| **OECD** | **40,6** | **46,0** | **43,6** | **47,8** | **42,6** | **38,8** | **44,2** | **40,9** | |

*Kaynak: Government at a Glance OECD 2017, s.74; OECD National Accounts at a Glance, 1990, 1991*

**1995 yılı için sadece merkezi yönetim verisi kullanılmıştır, 1996 yılı için Genel Bütçe verisine göre ilgili oran %33,9'dur Bkz. OECD Economic Outlook 2000, No 68. Table 28, Data For Turkey.*

Kimi ülkelerde ilgili periyotta bir artış söz konusu olurken, kimi ülkelerde dramatik azalışlar söz konusu olmuştur. Örneğin Norveç'te ilgili dönemde kamu harcamaları %2,7 artarken İrlanda'da -%17,6'lık bir azalma, Türkiye'de -%7,7'lik bir azalma gerçekleşmiştir. Türkiye için OECD 2015 yılında böylesi ciddi bir düşüşün olduğunu söylerken Türkiye'de istatistiklerin tümünde kamu harcama/GSYİH oranları 2009 yılı için OECD verileri ile aynı ancak 2015 yılı için %41,1, 2016 yılı için ise %43,7 düzeyini göstermektedir. Söz konusu farklılığın 2015 ve 2016 yılı için OECD'nin Türkiye'de sadece merkezi yönetim harcamalarını dikkate almasından kaynaklandığı düşünülmektedir. Bu oranlar kullanıldığında ise 2009-2015 dönemi Türkiye için önemli bir değişikliğin olmadığı söylenebilir. Özellikle İrlanda'daki ilginç azalmanın arka planında ilgili dönemde İrlanda'da nominal GSYİH'da gerçekleşen çok hızlı artışın etkili olduğu söylenebilir.

2016 yılı mevcut verilerine bakıldığında ise kamu harcamaları/GSYİH'da 2015 yılına göre en önemli düşüşlerin Yunanistan'da %5,2 ile, Slovakya'da ise %3,9 ile gerçekleştiği görülmektedir. Yunanistan devam eden mali konsolidasyon uygulamalarının etkisinde olduğu için Slovakya'da AB fonlarından önceki döneme göre daha sınırlı yararlanabildiği için kamu harcama düzeylerinde önemli kısıntılara gitmek zorunda kalmışlardır. 2016 yılında en önemli artışın ise %2,3 ile Norveç'te gerçekleştiği görülmektedir.

2000 öncesi verileri bulunan ülkelerden Fransa, Finlandiya, İtalya ve Kore'de Kamu harcama/GSYİH düzeyinin 1980-2000 dönemi sürekli bir atış eğilimi içinde olduğu söylenebilir. Hollanda'da 1980 yılında %55,2 olan kamu harcama/GSYİH oranı 2000 yılında %44,1'e gerilemiştir.

*Tablo 4. Kişibaşı Kamu Harcamaları ($)*

| | **2009** | **2015** | **2016** |
|---|---|---|---|
| **Lüksemburg** | 37149 | 43010 | 44556 |
| **Norveç** | 25559 | 30263 | 32284 |
| **Danimarka** | 22830 | 26861 | 26799 |
| **Avusturya** | 22186 | 25543 | 25610 |
| **Belçika** | 20614 | 24710 | 24967 |
| **Finlandiya** | 20736 | 24084 | 24194 |
| **İsveç** | 21096 | 24003 | 24762 |
| **Fransa** | 19750 | 23387 | 23697 |
| **Hollanda** | 21245 | 22474 | 22313 |
| **İsviçre** | 17031 | 21181 | |
| **ABD** | 20170 | 21157 | |
| **Almanya** | 17953 | 21110 | 21730 |
| **İzlanda** | 19832 | 20451 | |
| **İrlanda** | 19567 | 20232 | 20010 |
| **İtalya** | 17532 | 18795 | 18825 |
| **Kanada** | 17222 | 18167 | 18686 |
| **İngiltere** | 16467 | 17910 | 18055 |
| **Avustralya** | 15671 | 17483 | |
| **Japonya** | 13470 | 16037 | |
| **Slovenya** | 13249 | 15382 | 15055 |
| **İspanya** | 14838 | 15195 | 15324 |
| **Yeni Zelan.** | 12822 | 14891 | |
| **İsrail** | 11605 | 14499 | |
| **Portekiz** | 13307 | 14346 | 13790 |
| **Yunanistan** | 16438 | 14289 | 13128 |
| **Çek Cumh.** | 11970 | 14202 | 13968 |
| **Slovakya** | 10117 | 13630 | 12990 |
| **Macaristan** | 10411 | 13231 | 13100 |
| **Estonya** | 9443 | 11703 | 12024 |
| **Kore** | 9905 | 11193 | |
| **Polonya** | 8657 | 11026 | 11376 |
| **Litvanya** | 8154 | 10155 | 10498 |
| **Letonya** | 7386 | 9223 | 9363 |
| **Türkiye** | **6271** | **8053** | |
| **Meksika** | 3381 | 4391 | |
| **OECD** | **15651** | **17353** | |

*Kaynak: Government at a Glance OECD 2017, s.74*

Tablo 4'e bakıldığında 2015 yılı için Satınalma gücü paritesine göre kişi başına düşen kamu harcama düzeyinde OECD ortalamasının 17 353 dolar olduğu görülmektedir. Hemen her dönem kişi başına düşen harcama düzeyinde ilk sırada yer alan Lüksemburg 2015 yılında da 43 010 dolarla ilk sırada yer almıştır. Son sırada yer alan ülke ise 4 391 dolar kişi başına düşen kamu harcama düzeyi ile Meksika'dır. Türkiye bu sıralamada OECD ortalamasının gerisinde kalırken 2007-2009 artışında dikkati çeken ülkelerden biri olmuştur.

*Tablo 5. Kişi başı Kamu Harcamaları, Yıllık Değişim Oranı (%)*

| | 2007-15 | 2009-15 | 2015-16 |
|---|---|---|---|
| Slovakya | 5,02 | 3,45 | -5,77 |
| Kore | 3,70 | 1,78 | |
| Meksika | 2,94 | 2,79 | |
| Polonya | 2,64 | 1,65 | 2,02 |
| Estonya | 2,15 | 1,33 | 1,46 |
| Japonya | 1,88 | 1,09 | |
| Avustralya | 1,83 | 0,71 | |
| Norveç | 1,78 | 1,21 | 4,82 |
| Letonya | 1,75 | 0,83 | 0,89 |
| Belçika | 1,47 | 0,55 | -0,26 |
| Finlandiya | 1,40 | 0,72 | -0,39 |
| Çek Cumh. | 1,37 | 1,00 | -3,08 |
| İsviçre | 1,35 | 1,06 | |
| Slovenya | 1,20 | 0,36 | -3,20 |
| Almanya | 1,13 | 0,42 | 1,60 |
| Fransa | 1,10 | 0,72 | -0,02 |
| Yeni Zelanda | 1,06 | 0,23 | |
| Danimarka | 1,02 | 0,28 | -1,74 |
| Kanada | 0,91 | -0,06 | 1,41 |
| Lüksemburg | 0,79 | -0,36 | 1,38 |
| Hollanda | 0,78 | -0,56 | -2,26 |
| Macaristan | 0,77 | 1,79 | -3,02 |
| ABD | 0,68 | -0,79 | |

| | | | |
|---|---|---|---|
| İspanya | 0,66 | -0,95 | -0,10 |
| Avusturya | 0,64 | -0,26 | -0,93 |
| İsrail | 0,63 | 0,86 | |
| İngiltere | 0,57 | -0,61 | -0,72 |
| Portekiz | 0,56 | -0,76 | -5,16 |
| İsveç | 0,53 | 0,84 | 1,70 |
| İzlanda | 0,33 | -0,96 | |
| İrlanda | -0,05 | -2,55 | -1,00 |
| İtalya | -0,48 | -0,79 | -0,67 |
| Yunanistan | -1,79 | -3,78 | -9,29 |
| **Türkiye** | | **2,40** | |
| Litvanya | 2,11 | 0,65 | 0,87 |
| **OECD** | **1,01** | **-0,03** | |

*Kaynak: Government at a Glance OECD 2017, s.74*

Tablo 5'de kişi başı harcama düzeylerindeki değişimler yer almaktadır. 2009-2015 dönemi yıllık kişi başına düşen reel kamu harcama düzeyinin en hızlı arttığı ülkeler ise sırasıyla %3,5 ile Slovakya, %2,8 ile Meksika ve %2,4 ile Türkiye olmuştur. Aynı dönemde Yunanistan -%3,8 ile İrlanda ise -%2,6 ile kişi başına düşen kamu harcama düzeyinin en fazla azaldığı ülkeler olmuştur.

***Fonksiyonel Ayrıma Göre Kamu Harcama Düzeyi***

Bilindiği gibi kamu harcamalarının fonksiyonlarına göre tasnifi ile devletin hangi alanlara öncelik verdiği ve ilgili alanlara ne kadar bütçe ayırdığını izlemek mümkün olur. Böyle bir tasnif ile OECD ülkelerinde kamu harcamalarında önceliklerin neler olduğunun ülkeler arası bir karşılaştırılması mümkün olur yapısal benzer ve farklılıklara ilişkin analitik bir değerlendirme yapma imkanı söz konusu olur.

Tablo 6'ya bakıldığında 2015 yılı için sosyal güvenlik harcamalarının %32,6 OECD ortalaması ile kamu harcamaları içinde en büyük paya sahip olduğu görülmektedir. Sosyal güvenlik harcamaları payının en yüksek olduğu ülke %44,9 ile Finlandiya olurken en düşük paya sahip olduğu ülke %19,4 ile Kore olmuştur. Gelişmiş OECD ülkeleri başta olmak üzere birçok OECD ülkesinde emeklilere yönelik kamu harcamaları toplam sosyal güvenlik harcamalarının yarısından fazlasını oluşturmaktadır.

*Tablo 6. Fonksiyonel Ayrıma Göre Kamu Harcamaları, 2015*

| | Genel Kamu Hizmetleri | Savunma Hizmetleri | Kamu Düzeni ve Güv. | Ekonomik İşler ve Hiz. | Çevre Koruma Hiz. | İskan ve Toplum Refahı Hiz. | Sağlık Hiz. | Kültür, Dinlenme, Din Hizmetleri | Eğitim Hiz. | Sosyal Güvenlik |
|---|---|---|---|---|---|---|---|---|---|---|
| Avustralya | 12,5 | 4,4 | 4,9 | 10,0 | 2,4 | 1,6 | 19,4 | 2,0 | 14,6 | 28,2 |
| Avusturya | 13,3 | 1,1 | 2,7 | 11,9 | 0,9 | 0,7 | 15,5 | 2,4 | 9,6 | 42,0 |
| Belçika | 15,1 | 1,6 | 3,3 | 12,0 | 1,6 | 0,6 | 14,2 | 2,2 | 11,9 | 37,5 |
| Çek Cumhuriyeti | 10,3 | 2,2 | 4,4 | 15,6 | 2,6 | 1,6 | 18,2 | 3,2 | 11,8 | 30,1 |
| Danimarka | 13,5 | 2,0 | 1,8 | 6,7 | 0,8 | 0,4 | 15,6 | 3,2 | 12,8 | 43,0 |
| Estonya | 10,6 | 4,7 | 4,5 | 11,8 | 1,7 | 0,9 | 13,7 | 4,9 | 15,1 | 32,1 |
| Finlandiya | 14,9 | 2,4 | 2,2 | 8,3 | 0,4 | 0,7 | 12,6 | 2,6 | 11,0 | 44,9 |
| Fransa | 11,0 | 3,1 | 2,9 | 10,0 | 1,8 | 1,9 | 14,3 | 2,3 | 9,6 | 43,1 |
| Almanya | 13,5 | 2,3 | 3,6 | 7,1 | 1,4 | 0,9 | 16,3 | 2,3 | 9,6 | 43,1 |
| Yunanistan | 17,8 | 4,9 | 3,8 | 16,0 | 2,7 | 0,4 | 8,2 | 1,3 | 7,8 | 37,0 |
| Macaristan | 17,8 | 1,1 | 4,1 | 17,3 | 2,5 | 2,2 | 10,6 | 4,3 | 10,3 | 29,9 |
| İzlanda | 18,0 | 0,0 | 3,6 | 11,6 | 1,3 | 1,1 | 17,4 | 7,5 | 17,4 | 22,1 |
| İrlanda | 13,9 | 1,2 | 3,7 | 11,5 | 1,4 | 2,0 | 19,3 | 2,0 | 12,4 | 32,7 |
| İsrail | 13,6 | 14,9 | 3,9 | 5,9 | 1,2 | 0,1 | 12,7 | 3,5 | 17,1 | 27,0 |
| İtalya | 16,6 | 2,4 | 3,7 | 8,1 | 1,9 | 1,2 | 14,1 | 1,5 | 7,9 | 42,6 |
| Japonya | 10,4 | 2,3 | 3,2 | 9,5 | 2,9 | 1,7 | 19,4 | 0,9 | 8,7 | 40,7 |
| Kore | 16,6 | 7,8 | 4,0 | 16,1 | 2,5 | 2,6 | 12,5 | 2,1 | 16,3 | 19,4 |
| Letonya | 14,0 | 2,7 | 5,4 | 11,5 | 1,9 | 2,6 | 10,3 | 4,4 | 16,2 | 31,0 |
| Lüksemburg | 10,5 | 0,7 | 2,4 | 11,9 | 2,6 | 1,2 | 10,9 | 2,8 | 12,4 | 44,8 |
| Hollanda | 11,1 | 2,5 | 4,0 | 8,8 | 3,2 | 0,7 | 17,7 | 3,1 | 12,0 | 36,8 |
| Norveç | 9,6 | 3,1 | 2,2 | 10,5 | 1,8 | 1,5 | 17,2 | 3,0 | 11,2 | 39,8 |
| Polonya | 11,8 | 3,8 | 5,3 | 11,1 | 1,5 | 1,7 | 11,2 | 2,7 | 12,6 | 38,3 |
| Portekiz | 16,8 | 2,2 | 4,3 | 10,5 | 0,8 | 1,0 | 12,7 | 1,6 | 12,4 | 37,8 |
| Slovakya | 14,2 | 2,3 | 5,2 | 13,9 | 2,3 | 1,9 | 15,7 | 2,3 | 9,3 | 33,0 |
| Slovenya | 14,2 | 1,8 | 3,2 | 12,4 | 2,1 | 1,3 | 14,0 | 3,4 | 11,6 | 36,1 |
| İspanya | 14,9 | 2,2 | 4,6 | 10,0 | 2,0 | 1,1 | 14,2 | 2,6 | 9,3 | 39,1 |
| İsveç | 14,1 | 2,3 | 2,6 | 8,4 | 0,6 | 1,5 | 13,8 | 2,2 | 13,0 | 41,6 |
| İsviçre | 12,6 | 2,8 | 5,0 | 11,0 | 2,1 | 0,6 | 6,5 | 2,4 | 17,2 | 39,9 |
| İngiltere | 10,6 | 5,0 | 4,7 | 7,1 | 1,8 | 1,1 | 17,8 | 1,5 | 12,0 | 38,4 |
| ABD | 13,8 | 8,8 | 5,4 | 8,7 | 0,0 | 1,4 | 24,2 | 0,7 | 16,2 | 20,8 |
| Litvanya | 12,5 | 3,8 | 4,5 | 10,4 | 1,5 | 0,9 | 16,5 | 2,7 | 15,4 | 31,7 |
| **Türkiye*** | **28,0** | **4,5** | **7,7** | **14,5** | **0,1** | **1,2** | **4,9** | **2,2** | **17,2** | **19,8** |
| **OECD** | **13,2** | **5,1** | **4,3** | **9,3** | **1,3** | **1,4** | **18,7** | **1,5** | **12,6** | **32,6** |

*Kaynak: Government at a Glance OECD 2017, s.76 *Türkiye verisi tarafımızdan ilave edilmiştir*

2015 yılında toplam kamu harcamaları içinde %18,7 OECD ortalaması ile sağlık harcamaları ikinci sırada yer almaktadır. Kamu sağlık harcama payının en yüksek olduğu ülke %24,2 ile ABD olurken %6,5 ile İsviçre toplam kamu harcamaları içinde en düşük sağlık harcama payına sahip olan ülke durumundadır. İsviçre'de sağlık harcama payının bu denli düşük olmasının en önemli nedeni özel sağlık sigorta ve harcamalarının sağlık sistemi içinde çok önemli bir paya sahip olmasıdır.

Borç servisi dahil genel kamu hizmetleri[1] harcamalarının toplam kamu harcamaları içindeki payı OECD ortalaması %13,2'dir. Eğitim harcamalarının toplam kamu harcamaları içindeki payı %12,6 iken, güvenlik harcamaları ve savunma harcamalarının payı ise %9,4'tür. İsrail %14,9 ile savunma harcamalarında en büyük paya sahip olan ülkedir. İsrail'i %8,8 ile ABD, %7,8 ile Kore izlemektedir.

2015 yılında ekonomik işler[2] başlığı altında yapılan harcamaların toplam harcamalar içindeki payı OECD ortalaması olarak %9,3 gerçekleşmiştir. Bu oran Macaristan'da %17,3'e çıkarken İsrail'de %5,9 olarak gerçekleşmiştir. Ekonomik işler başlığı altında yapılan harcamaların kendi içinde dağılımına bakıldığında ise ulaşım giderlerinin %47,6 ile ekonomik işler harcamaları içinde en büyük paya sahip olduğu, bunu %22 ile genel ekonomik, ticari ve istihdama yönelik harcamaların izlediği görülmektedir.

Kültür, eğlence ve din işlerine toplam harcamalardan ayrılan pay oldukça düşüktür. Bu hizmetlere 2015 yılı için ayrılan pay OECD ortalaması %1,5'tir. İzlanda'da bu oran %%7,5'e çıkarken ABD'de %0,7'ye düşmektedir. Çevre korumaya yönelik harcamalar toplam kamu harcamalarının OECD ortalaması %1,3'ünü oluştururken, bu alanda en büyük pay %3,2 ile Hollanda'ya aittir. Konut harcamalarının toplam kamu harcamalarından aldığı pay ise OECD ortalaması %1,4 düzeyindedir. Kore'de bu pay %2,6'ya çıkarken İsrail'de %0,1'e düşmektedir. OECD ülkelerinde 2007-2015 dönemine ilişkin genel bir değerlendirme yapıldığında kamu harcamaları içinde sağlık ve sosyal güvenlik harcamalarının payının sürekli arttığı diğer harcamaların (genel kamu hizmetleri, güvenlik, savunma, kültür, eğlence din hizmetleri ve eğitim) ise azaldığı görülmektedir. Türkiye'de genel kamu hizmetleri harcamalarının faiz ödemelerine bağlı olarak OECD ortalamasının iki katına ulaştığı söylenebilir.

---

[1] Genel kamu hizmetleri harcamaları başlığı altında genel olarak yürütme ve yasama faaliyetlerine ilişkin giderler, dış ekonomik yardımlar, genel hizmetler, Ar-Ge faaliyetleri kapsamında yapılan kamu harcamaları, borç ödemeleri ve merkezi idareye bağlı birimlere yapılan transferler yer almaktadır.

[2] Ekonomik işler harcamaları başlığı altında genel ekonomik, ticari ve istihdama yönelik harcamalar, tarım ormancılık, balıkçılığa yönelik harcamalar, maden, enerji, imalat, ulaşım, iletişim ve Ar-Ge'ye yönelik harcamalar yer almaktadır.

*Tablo 7. Fonksiyonel Ayrıma Göre Kamu Harcamalarındaki Değişim (2007-2015, %)*

| | Genel Kamu Hizmetleri | Savunma Hizmetleri | Kamu Düzeni ve Güv. | Ekonomik İşler ve Hiz. | Çevre Koruma Hiz. | İskan ve Toplum Refahı Hiz. | Sağlık Hiz. | Kültür, Dinlenme, Din Hizmetleri | Eğitim Hiz. | Sosyal Güvenlik |
|---|---|---|---|---|---|---|---|---|---|---|
| Avustralya | 1,9 | 0,1 | -0,2 | -2,0 | 0,3 | -0,6 | 0,5 | -0,4 | 0,3 | 0,3 |
| Avusturya | -2,1 | -0,4 | 0,0 | -0,1 | -0,1 | -0,1 | 0,5 | -0,5 | 0,1 | 2,6 |
| Belçika | -3,0 | -0,5 | -0,2 | 0,5 | 0,2 | -0,3 | 0,4 | -0,3 | 0,5 | 2,8 |
| Çek Cumh. | -0,5 | -0,6 | -0,4 | -0,3 | 0,2 | -0,8 | 1,7 | 0,3 | 0,0 | 0,3 |
| Danimarka | 0,0 | -0,8 | 0,0 | 0,8 | -0,2 | -0,2 | 0,2 | -0,2 | 0,9 | -0,3 |
| Estonya | 0,8 | 1,0 | -1,8 | -0,9 | -0,8 | -0,9 | 0,9 | -1,1 | -2,2 | 4,9 |
| Finlandiya | 0,7 | -0,5 | -0,3 | -1,0 | -0,3 | 0,0 | -1,5 | 0,4 | -1,4 | 4,0 |
| Fransa | -2,6 | -0,2 | 0,1 | 1,9 | 0,1 | -0,3 | 0,1 | -0,2 | -0,5 | 1,7 |
| Almanya | -0,7 | 0,1 | 0,1 | -0,5 | 0,2 | -1,0 | 1,5 | 0,5 | 0,4 | -0,7 |
| Yunanistan | -6,9 | -1,0 | 0,6 | 7,1 | 1,0 | 0,0 | -4,6 | -0,1 | 0,2 | 3,7 |
| Macaristan | -1,3 | -1,4 | 0,2 | 4,3 | 1,2 | 0,2 | 0,7 | 1,3 | -0,7 | -4,5 |
| İrlanda | 4,1 | 0,0 | -0,6 | 0,7 | -1,7 | -3,6 | 0,0 | -0,1 | 0,0 | 1,1 |
| İsrail | -4,2 | -1,6 | 0,3 | 0,1 | -0,1 | -0,7 | 1,3 | 0,4 | 2,5 | 2,1 |
| İtalya | -1,7 | -0,1 | -0,3 | -0,9 | 0,3 | -0,2 | -0,2 | -0,3 | -1,8 | 5,1 |
| Japonya | -2,0 | -0,1 | -0,2 | -0,3 | -0,3 | -0,5 | 1,9 | 0,0 | -1,0 | 2,6 |
| Kore | -1,0 | -0,1 | -0,2 | -4,0 | -0,5 | -1,1 | 2,0 | -0,2 | 0,8 | 4,2 |
| Letonya | 2,7 | -1,4 | -1,8 | -3,0 | -0,7 | -0,9 | -1,6 | -0,6 | -0,1 | 7,6 |
| Lüksemburg | -1,8 | 0,0 | 0,0 | -0,3 | -0,3 | -0,4 | -0,5 | -0,5 | 0,5 | 3,2 |
| Hollanda | -1,8 | -0,5 | -0,3 | -1,1 | -0,5 | -0,2 | 1,9 | -0,5 | 0,0 | 3,0 |
| Norveç | -4,6 | -0,6 | 0,1 | 1,4 | 0,4 | 0,1 | 0,4 | 0,1 | -0,5 | 3,1 |
| Polonya | -0,8 | -0,7 | 0,1 | 0,3 | 0,1 | -0,8 | 0,8 | 0,0 | -0,7 | 1,7 |
| Portekiz | 1,5 | -0,5 | 0,3 | 1,1 | -0,6 | -1,1 | -3,0 | -0,7 | -2,0 | 5,0 |
| Slovakya | 1,9 | 0,2 | 0,1 | 2,0 | 0,2 | 0,0 | -1,0 | 0,0 | -0,4 | -3,0 |
| Slovenya | 1,3 | -1,5 | -0,7 | 2,7 | 0,3 | -0,1 | 0,1 | 0,5 | -2,4 | 0,0 |
| İspanya | 2,2 | -0,4 | -0,2 | -3,3 | -0,6 | -1,2 | -0,4 | -1,5 | -1,0 | 6,2 |
| İsveç | -1,4 | -0,8 | 0,0 | 0,5 | -0,1 | 0,1 | 1,0 | 0,1 | 0,3 | 0,3 |
| İsviçre | -0,3 | -0,2 | 0,2 | -1,9 | 0,5 | -0,1 | 0,4 | 0,1 | -0,2 | 1,4 |
| İngiltere | 0,3 | -0,3 | -1,0 | 0,0 | -0,4 | -1,3 | 2,0 | -0,6 | -2,0 | 3,4 |
| ABD | -1,4 | -1,9 | -0,4 | -1,0 | 0,0 | -0,4 | 3,5 | -0,2 | -0,9 | 2,6 |
| Litvanya | 1,0 | -1,4 | -0,3 | -1,5 | -1,0 | 0,1 | 1,6 | -0,3 | 0,4 | 1,3 |
| **Türkiye*** | **-3,5** | **-3,2** | **3,7** | **3,6** | **0,0** | **-6,8** | **-1,5** | **5,3** | **5,2** | **2,2** |
| **OECD** | **-1,2** | **-0,9** | **-0,3** | **-0,5** | **0,0** | **-0,5** | **1,7** | **-0,1** | **-0,7** | **2,6** |

*Kaynak: Government at a Glance OECD 2017, s.76 *Türkiye verisi tarafımızdan ilave edilmiştir.*

Tablo 7'de OECD ülkelerinde 2007-2015 dönemine ilişkin fonksiyonel ayrıma göre kamu harcamalarındaki değişim yer almaktadır. Söz konusu tablo üzerinden genel bir değerlendirme yapıldığında kamu harcamaları içinde sağlık ve sosyal güvenlik harcamalarının payının sürekli arttığı diğer harcamaların (genel kamu hizmetleri, güvenlik, savunma, kültür, eğlence din hizmetleri ve eğitim) ise azaldığı görülmektedir. OECD ülkeleri içinde sosyal güvenlik harcamalarındaki en büyük artış %7,6 ile Letonya'da ve %6,2 ile İspanya'da gerçekleşmiştir. En büyük azalma ise %6,9 ile Yunanistan'da genel kamu hizmetleri harcamalarında görülmüştür.

### *Ekonomik Ayırıma Göre Kamu Harcamalarının Gelişimi*

OECD üye ülkelerin kamu harcama düzey ve kompozisyonlarını incelerken harcamanın ekonomik niteliğine (etkilerine) göre de bir değerlendirme yapmaktadır. Bu sınıflandırmaya göre kamu harcamaları özel sektöre yapılan ücret ödemeleri, sermaye giderleri, işsizlere yapılan ödemeler (işsizlik sigortası ödemeleri), yardımlar, kamunun ürettiği mal ve hizmetler için gerekli olan mal ve hizmet alımları için özel sektöre yapılan ödemeler şeklinde sınıflandırılmaktadır. Bu sınıflandırma ile kamu harcamaları fonksiyonlarına göre bir tasnife tutulurken kamunun üretim fonksiyonuna yönelik ne kadar ve ne içerikte harcama yaptığı ve piyasa ekonomisi ile iktisadi anlamda ne büyüklükte bir ilişkisi olduğu ortaya konulmaya çalışılmaktadır.

*Tablo 8. Ekonomik Ayrıma Göre Kamu Harcamalarının Gelişimi*

| | Aramalı Alımı | | | İşsizlik Sigortası | | | Teşvikler, Sübvansiyon. | | | Konut Yardımları | | | Sosyal Yardımlar | | | Diğer Cari Giderler | | | Sermaye Giderleri | | |
|---|---|---|---|---|---|---|---|---|---|---|---|---|---|---|---|---|---|---|---|---|---|
| | 2015 | 2016 | Değişim 2007-15 | 2015 | 2016 | Değişim 2007-15 | 2015 | 2016 | Değişim 2007-215 | 2015 | 2016 | Değişim 2007-15 | 2015 | 2016 | Değişim 2007-15 | 2015 | 2016 | Değişim 2007-15 | 2015 | 2016 | Değişim 2007-15 |
| Avustralya | 18,2 | .. | -0,1 | 27,1 | .. | 0,4 | 3,6 | .. | -0,5 | 4,8 | .. | 0,6 | 29,9 | .. | 0,8 | 6,5 | .. | -0,2 | 9,9 | .. | -1,1 |
| Avusturya | 12,6 | 12,7 | 0,3 | 20,9 | 21,1 | -0,4 | 2,6 | 2,7 | -0,5 | 4,6 | 4,1 | -1,8 | 45,0 | 45,7 | 2,8 | 6,1 | 6,4 | 0,4 | 8,3 | 7,3 | -0,8 |
| Belçika | 7,5 | 7,4 | -0,2 | 23,1 | 23,2 | -0,7 | 6,3 | 6,2 | 0,7 | 5,6 | 5,4 | -2,6 | 46,9 | 47,4 | 2,7 | 3,8 | 4,1 | 0,2 | 6,8 | 6,4 | 0,0 |
| Kanada | 18,0 | 17,7 | -0,1 | 30,5 | 30,8 | 0,8 | 2,2 | 2,0 | -0,3 | 7,6 | 7,1 | -2,4 | 28,7 | 29,2 | 2,3 | 2,9 | 3,2 | -0,4 | 10,2 | 10,2 | 0,2 |
| Çek Cumh. | 14,8 | 15,5 | 0,9 | 20,8 | 22,3 | 3,2 | 5,5 | 6,0 | 1,4 | 2,6 | 2,4 | -0,1 | 37,1 | 38,8 | -5,0 | 5,0 | 5,3 | 0,6 | 14,4 | 9,7 | -1,1 |
| Danimarka | 16,5 | 16,9 | 0,4 | 29,3 | 29,7 | -1,6 | 3,7 | 3,5 | -0,1 | 2,9 | 2,5 | -0,4 | 33,9 | 34,4 | 0,9 | 5,9 | 5,8 | -0,7 | 7,8 | 7,3 | 1,6 |
| Estonya | 16,9 | 17,3 | -0,1 | 28,5 | 29,2 | 0,8 | 1,1 | 1,1 | -1,4 | 0,2 | 0,2 | -0,3 | 33,3 | 34,5 | 4,7 | 4,9 | 4,9 | 0,2 | 15,1 | 12,8 | -4,0 |
| Finlandiya | 19,0 | 19,6 | 0,1 | 24,3 | 24,0 | -2,5 | 2,4 | 2,2 | -0,3 | 2,1 | 1,9 | -1,0 | 39,8 | 40,3 | 4,3 | 4,9 | 4,8 | -0,2 | 7,6 | 7,3 | -0,4 |
| Fransa | 9,0 | 8,9 | 0,0 | 22,6 | 22,6 | -1,1 | 4,5 | 4,6 | 1,9 | 3,6 | 3,4 | -1,4 | 45,5 | 45,8 | 1,9 | 6,7 | 6,8 | 0,2 | 8,1 | 8,0 | -1,4 |
| Almanya | 10,5 | 10,9 | 1,5 | 17,1 | 17,0 | 0,0 | 2,1 | 2,0 | -0,2 | 3,5 | 3,1 | -2,7 | 54,2 | 54,5 | 0,1 | 5,7 | 5,4 | 1,7 | 6,9 | 7,1 | -0,5 |
| Yunanistan | 9,1 | 9,7 | -5,2 | 22,7 | 25,1 | -0,8 | 1,8 | 2,0 | 1,6 | 6,6 | 6,6 | -2,9 | 41,0 | 45,5 | 4,5 | 3,0 | 3,3 | -0,8 | 15,9 | 7,9 | 3,7 |
| Macaristan | 14,7 | 14,7 | 2,2 | 21,2 | 23,2 | -1,7 | 2,6 | 3,0 | -0,1 | 7,0 | 6,7 | -1,0 | 30,4 | 31,7 | -5,5 | 6,0 | 8,1 | 0,5 | 18,1 | 12,5 | 5,7 |
| İzlanda | 25,4 | 25,5 | -0,2 | 32,4 | 33,4 | -1,1 | 3,1 | 3,2 | -1,1 | 10,7 | 10,1 | 4,9 | 14,9 | 14,9 | 1,4 | 3,4 | 3,3 | -0,7 | 10,0 | 9,5 | -3,2 |
| İrlanda | 12,2 | 13,0 | -1,6 | 25,0 | 26,1 | -3,1 | 2,4 | 2,3 | -0,2 | 9,0 | 8,3 | 6,3 | 37,4 | 38,2 | 4,6 | 3,4 | 3,7 | -1,0 | 10,5 | 8,5 | -5,0 |
| İsrail | 23,0 | .. | 0,2 | 25,4 | .. | 1,4 | 1,8 | .. | 0,1 | 8,5 | .. | -4,1 | 21,0 | .. | 1,7 | 12,2 | .. | 0,8 | 8,1 | .. | -0,1 |
| İtalya | 10,9 | 11,0 | 0,5 | 19,5 | 19,8 | -2,3 | 3,4 | 3,7 | 1,0 | 8,2 | 8,0 | -2,0 | 45,4 | 46,1 | 4,6 | 4,4 | 4,6 | -0,3 | 8,2 | 6,9 | -1,4 |
| Japonya | 9,7 | .. | -0,1 | 14,0 | .. | -3,0 | 1,6 | .. | 0,1 | 4,9 | .. | -0,6 | 53,9 | .. | 4,0 | 3,6 | .. | 0,3 | 12,3 | .. | -0,7 |
| Kore | 13,4 | .. | -1,2 | 21,3 | .. | -1,7 | 1,0 | .. | -0,2 | 5,0 | .. | -1,6 | 27,9 | .. | 6,9 | 12,5 | .. | 2,5 | 19,0 | .. | -4,6 |
| Letonya | 16,7 | 16,3 | 0,7 | 26,7 | 28,0 | -2,5 | 0,6 | 1,2 | -1,6 | 3,6 | 3,1 | 2,5 | 30,3 | 32,2 | 7,5 | 9,1 | 9,8 | -0,5 | 13,0 | 9,3 | -6,2 |
| Lüksemburg | 8,9 | 8,6 | 0,5 | 21,0 | 20,8 | -0,3 | 3,3 | 3,2 | 0,1 | 0,8 | 0,8 | 0,0 | 47,7 | 47,4 | 0,4 | 7,5 | 7,9 | 1,3 | 10,8 | 11,2 | -2,0 |
| Meksika | 12,9 | .. | 0,7 | 37,9 | .. | -1,1 | 1,7 | .. | -2,1 | 7,7 | .. | 0,0 | 10,2 | .. | 2,6 | 14,2 | .. | 5,7 | 15,4 | .. | -5,9 |
| Hollanda | 13,6 | 13,2 | -1,0 | 19,5 | 20,2 | -0,7 | 2,6 | 2,8 | -0,4 | 2,8 | 2,5 | -1,9 | 48,5 | 49,8 | 4,9 | 4,3 | 3,2 | -0,4 | 8,7 | 8,3 | -0,5 |
| Yeni Zelan. | 15,8 | .. | -0,4 | 23,2 | .. | -0,5 | 0,8 | .. | 0,0 | 4,7 | .. | 0,6 | 36,1 | .. | -0,2 | 5,9 | .. | -0,6 | 13,4 | .. | 1,1 |
| Norveç | 13,5 | 13,7 | 0,2 | 30,4 | 30,2 | 1,3 | 4,1 | 4,2 | 0,0 | 1,3 | 1,1 | -4,9 | 34,9 | 34,7 | 1,7 | 5,6 | 5,5 | 0,7 | 10,2 | 10,7 | 1,0 |
| Polonya | 14,1 | 14,0 | -0,1 | 24,6 | 24,9 | 0,4 | 1,2 | 1,3 | -1,0 | 4,2 | 4,1 | -0,8 | 39,0 | 41,7 | 2,1 | 5,3 | 4,9 | -0,2 | 11,5 | 9,0 | -0,3 |
| Portekiz | 11,8 | 12,7 | -0,3 | 23,4 | 25,0 | -6,1 | 1,3 | 1,2 | -0,4 | 9,5 | 9,4 | 2,8 | 39,9 | 42,0 | 3,6 | 5,2 | 5,3 | -0,2 | 8,9 | 4,4 | 0,6 |
| Slovakya | 13,0 | 13,2 | -1,2 | 19,7 | 22,0 | -0,3 | 1,3 | 1,1 | -1,0 | 3,8 | 4,0 | 0,0 | 41,7 | 46,0 | -3,0 | 4,4 | 4,3 | -0,2 | 16,1 | 9,4 | 5,7 |
| Slovenya | 13,8 | 14,4 | 0,7 | 23,2 | 25,4 | -1,3 | 1,7 | 1,8 | -2,0 | 6,8 | 7,0 | 3,9 | 37,8 | 39,5 | -0,1 | 4,1 | 4,5 | -0,9 | 12,5 | 7,4 | -0,2 |
| İspanya | 12,1 | 11,8 | -0,7 | 25,3 | 25,7 | -0,2 | 2,6 | 2,4 | -0,2 | 7,1 | 6,6 | 3,0 | 42,2 | 43,0 | 6,7 | 3,5 | 3,8 | -0,5 | 7,1 | 6,6 | -8,2 |
| İsveç | 16,2 | 16,1 | 0,6 | 24,9 | 25,1 | 0,1 | 3,2 | 3,3 | 0,3 | 1,3 | 1,2 | -2,4 | 34,1 | 33,9 | 1,4 | 11,4 | 11,0 | -0,5 | 8,9 | 9,3 | 0,5 |
| İsviçre | 13,6 | .. | 1,1 | 22,4 | .. | 0,1 | 9,7 | .. | -1,2 | 1,7 | .. | -1,9 | 34,0 | .. | 0,1 | 7,2 | .. | 2,4 | 11,3 | .. | -0,6 |
| **Türkiye** | **15,3** | **..** | **..** | **23,6** | **..** | **..** | **3,3** | **..** | **..** | **5,9** | **..** | **..** | **37,9** | **..** | **..** | 3,4 | .. | .. | 10,6 | | .. |
| İngiltere | 20,4 | 20,3 | 0,5 | 21,8 | 22,0 | -3,2 | 1,5 | 1,7 | 0,0 | 5,5 | 5,9 | 0,2 | 38,0 | 37,7 | 3,6 | 4,9 | 4,7 | -1,2 | 8,1 | 7,8 | 0,0 |
| ABD | 16,3 | .. | -2,0 | 26,0 | .. | -1,2 | 0,8 | .. | -0,2 | 9,0 | .. | -0,7 | 38,9 | .. | 6,9 | 0,8 | .. | 0,0 | 8,3 | .. | -2,7 |
| Litvanya | 14,7 | 14,1 | 0,2 | 27,5 | 28,8 | -3,9 | 1,1 | 1,2 | -0,2 | 4,3 | 4,0 | -1,4 | 35,6 | 37,1 | 2,5 | 4,3 | 4,9 | 0,6 | 12,3 | 10,0 | -5,5 |
| **OECD** | **13,9** | **..** | **-0,6** | **23,1** | **..** | **-1,2** | **2,0** | **..** | **0,1** | **6,4** | **..** | **-1,0** | **41,1** | **..** | **4,1** | 4,1 | .. | 0,4 | 9,4 | .. | -1,7 |

*Kaynak: Government at a Glance OECD 2017, s.78*

Bu sınıflandırmaya göre Tablo 8'den 2015 yılı için OECD ülkeleri kamu harcamalarının kompozisyonuna bakıldığında sosyal yardım harcamalarının %41,1 OECD ortalaması ile toplam kamu harcamaları içinde en büyük paya sahip olduğu görülmektedir. Bu harcama kalemini %23,1'lik OECD ortalaması ile işsizlik sigortası ödemeleri, %13,9 ile aramalı alımları için yapılan ödemeler, %9,4 ile sermaye giderleri, %6,4 ile konut yardımları ve %6,1 ile de diğer cari giderler izlemektedir.

Ülkelere göre bakıldığında 2015 yılında toplam harcamalar içinde sosyal yardım harcamalarına en büyük payı ayıran ülke %54,2 ile Almanya olmuş onu %53,9 ile Japonya izlemiştir. En düşük paylar ise %10,2 ile Meksika ve %14,9 ile de İzlanda olmuştur. İlginç bir şekilde işsizlik sigortası ödemelerinde de Meksika ve İzlanda %37 ve %32,4'lük paylar ile toplam kamu harcamaları içinde işsizlik sigortası ödemelerine en fazla pay ayıran ülkeler olmuşlardır. İşsizlik sigortaları ödemelerine en düşük pay ayıran ülke ise %14 ile İsrail olmuştur. Toplam kamu harcamaları içinde ara malı alımına en büyük payı ayıran ülkeler %25,4 ve %23 ile İzlanda ve İsrail olmuştur.

### *Kamu Harcamalarının Harcamayı Yapan İdari Birime Göre Dağılımı*

Mali desantralizasyon niteliği ve derinliği de her bir harcama biriminin ne düzeyde ve içerikte bir harcama yetkisine sahip olduğu konusunda belirleyici olmaktadır. Merkezi idare ve yerel idarelerin tümünde temel kaygı çok çeşitli ve giderek de genişleyen toplumsal talep ve beklentileri iktisadi ve mali rasyonalite temelinde hazırlanacak bir harcama programı ile nasıl karşılayabilecekleridir.

*Tablo 9. Kamu Harcamalarının Harcamayı Yapan İdari Birime Göre Dağılımı*

| | 2015 Merkezi İdare | 2015 Eyalet Yönetimi | 2015 Yerel İdareler | 2015 Sosyal Güvenlik | 2016 Merkezi İdare | 2016 Eyalet Yönetimi | 2016 Yerel İdareler | 2016 Sosyal Güvenlik |
|---|---|---|---|---|---|---|---|---|
| İrlanda | 92,3 | 0,0 | 7,7 | 0,0 | 92,0 | 0,0 | 8,0 | 0,0 |
| Yeni Zelanda | 88,9 | 0,0 | 11,1 | 0,0 | | | | |
| İngiltere | 75,1 | 0,0 | 24,9 | 0,0 | 75,5 | 0,0 | 24,5 | 0,0 |
| İsrail | 71,9 | 0,0 | 12,5 | 15,6 | | | | |
| Estonya | 70,0 | 0,0 | 23,1 | 6,9 | 69,3 | 0,0 | 23,2 | 7,6 |
| Norveç | 67,2 | 0,0 | 32,8 | 0,0 | 67,1 | 0,0 | 32,9 | 0,0 |
| Çek Cumh. | 66,0 | 0,0 | 26,9 | 7,0 | 66,9 | 0,0 | 25,6 | 7,5 |
| **Türkiye** | **64,6** | **0,0** | **9,4** | **26,0** | | | | |
| Portekiz | 62,8 | 0,0 | 12,1 | 25,0 | 61,2 | 0,0 | 12,5 | 26,3 |
| Avustralya | 61,9 | 38,1 | 0,0 | 0,0 | | | | |
| Yunanistan | 59,6 | 0,0 | 6,3 | 34,0 | 55,9 | 0,0 | 7,0 | 37,1 |
| Macaristan | 59,2 | 0,0 | 15,6 | 25,2 | 60,9 | 0,0 | 12,6 | 26,5 |
| Slovakya | 52,2 | 0,0 | 16,4 | 31,5 | 49,2 | 0,0 | 15,7 | 35,1 |

| | | | | | | | | |
|---|---|---|---|---|---|---|---|---|
| İzlanda | 51,9 | 0,0 | 30,1 | 18,0 | 51,1 | 0,0 | 30,3 | 18,6 |
| ABD | 51,5 | 48,5 | 0,0 | 0,0 | | | | |
| Slovenya | 51,1 | 0,0 | 18,6 | 30,3 | 50,5 | 0,0 | 18,1 | 31,4 |
| Letonya | 50,4 | 0,0 | 24,9 | 24,7 | 48,2 | 0,0 | 26,3 | 25,5 |
| Kore | 49,2 | 0,0 | 34,8 | 16,0 | | | | |
| Lüksemburg | 48,0 | 0,0 | 10,2 | 41,8 | 47,9 | 0,0 | 10,9 | 41,1 |
| Avusturya | 38,6 | 15,8 | 15,2 | 30,5 | 37,6 | 16,4 | 15,1 | 30,9 |
| İsveç | 37,8 | 0,0 | 49,4 | 12,8 | 36,4 | 0,0 | 50,6 | 13,1 |
| Polonya | 35,2 | 0,0 | 30,5 | 34,3 | 34,7 | 0,0 | 30,9 | 34,4 |
| Meksika | 34,9 | 39,3 | 8,6 | 17,2 | | | | |
| Fransa | 34,4 | 0,0 | 19,8 | 45,8 | 34,9 | 0,0 | 19,4 | 45,7 |
| Danimarka | 34,3 | 0,0 | 62,2 | 3,5 | 33,2 | 0,0 | 63,6 | 3,2 |
| İtalya | 32,9 | 0,0 | 27,8 | 39,2 | 33,1 | 0,0 | 27,4 | 39,5 |
| Hollanda | 30,8 | 0,0 | 31,2 | 38,0 | 30,2 | 0,0 | 31,5 | 38,3 |
| Finlandiya | 26,9 | 0,0 | 39,4 | 33,7 | 26,6 | 0,0 | 39,3 | 34,1 |
| Kanada | 24,5 | 47,5 | 21,1 | 7,0 | 24,8 | 47,6 | 20,6 | 7,1 |
| İspanya | 22,8 | 32,7 | 11,3 | 33,2 | 23,2 | 32,0 | 11,2 | 33,6 |
| Belçika | 20,7 | 31,2 | 13,2 | 34,9 | 18,7 | 31,9 | 13,1 | 36,3 |
| Almanya | 17,3 | 22,7 | 16,9 | 43,2 | 16,9 | 22,7 | 17,4 | 43,0 |
| Japonya | 16,3 | 0,0 | 34,7 | 49,0 | | | | |
| İsviçre | 15,0 | 38,0 | 19,5 | 27,5 | | | | |
| Litvanya | 50,6 | 0,0 | 22,4 | 27,0 | 48,9 | 0,0 | 22,9 | 28,2 |
| **OECD** | **41,0** | **23,3** | **15,6** | **20,1** | | | | |

*Kaynak: Government at a Glance OECD 2017, s.80*

Kamu harcamalarının harcamayı yapan idari birime göre dağılımının yer aldığı Tablo 9'a bakıldığında 2015 yılında OECD ülkelerinde toplam harcamalarının %41'inin merkezi yönetimler, %38,9'unun eyalet yönetimleri ve yerel yönetimler tarafından yapıldığı görülmektedir. Kalan yaklaşık %20'lik harcama ise sosyal güvenlik kurumları marifetiyle gerçekleştirilmiştir.

*Tablo 10. Kamu Harcamalarının Harcamayı Yapan İdari Birime Göre Dağılımı 2007-2015 Değişim (%)*

| | 2007-2015<br>Merkezi İdare | 2007-2015<br>Eyalet Yönetimi | 2007-2015<br>Yerel İdareler | 2007-2015<br>Sosyal Güvenlik |
|---|---|---|---|---|
| İrlanda | 10,5 | 0,0 | -10,5 | 0,0 |
| Macaristan | 8,9 | 0,0 | -7,4 | -1,5 |
| Letonya | -2,0 | 0,0 | -5,1 | 7,1 |
| Belçika | -3,4 | 7,1 | -0,6 | -3,1 |
| İspanya | 0,6 | -3,4 | -2,5 | 5,4 |
| Çek Cumh. | 4,1 | 0,0 | 1,1 | -5,2 |
| İsveç | -4,4 | 0,0 | 3,1 | 1,3 |

| | | | | |
|---|---|---|---|---|
| Estonya | 3,5 | 0,0 | -4,3 | 0,8 |
| İtalya | -1,2 | 0,0 | -2,7 | 3,9 |
| Meksika | -3,8 | 1,2 | 0,6 | 2,0 |
| Japonya | -1,8 | 0,0 | -1,7 | 3,5 |
| İngiltere | 3,5 | 0,0 | -3,5 | 0,0 |
| Finlandiya | -3,3 | 0,0 | -0,1 | 3,4 |
| Kanada | -3,2 | 1,1 | 1,0 | 1,1 |
| Polonya | -3,1 | 0,0 | 0,0 | 3,1 |
| Kore | -1,0 | 0,0 | -1,9 | 3,0 |
| Avusturya | -2,6 | -0,3 | 0,7 | 2,1 |
| Portekiz | 0,8 | 0,0 | -2,8 | 2,0 |
| Hollanda | 0,0 | 0,0 | -2,7 | 2,7 |
| İsviçre | -0,4 | 1,9 | 0,0 | -1,6 |
| Slovakya | 1,9 | 0,0 | -0,3 | -1,6 |
| Slovenya | 1,9 | 0,0 | -0,8 | -1,1 |
| İzlanda | 0,3 | 0,0 | -1,9 | 1,6 |
| İsrail | -1,8 | 0,0 | 0,8 | 1,0 |
| Fransa | -1,1 | 0,0 | -0,6 | 1,7 |
| Norveç | -1,7 | 0,0 | 1,7 | 0,0 |
| Avustralya | 1,6 | -1,6 | 0,0 | 0,0 |
| ABD | 1,5 | -1,5 | 0,0 | 0,0 |
| Lüksemburg | 1,1 | 0,0 | -1,5 | 0,4 |
| Almanya | -1,5 | 0,3 | 1,0 | 0,2 |
| Yunanistan | 0,8 | 0,0 | -0,7 | -0,1 |
| Danimarka | 0,8 | 0,0 | 0,0 | -0,8 |
| Yeni Zelanda | 0,2 | 0,0 | -0,2 | 0,0 |
| Litvanya | 0,6 | 0,0 | -0,7 | 0,1 |
| **OECD** | **-0,1** | **-0,8** | **-0,5** | **1,4** |

*Kaynak: Government at a Glance OECD 2017, s.80*

Tablo 10'da 2007-2015 dönemi kamu harcamalarının harcamayı yapan idari birime göre dağılımında meydana gelen % değişim yer almaktadır. 2007-2015 dönemine bakıldığında ilgili dönem içinde harcama dağılımlarında OECD ortalamalarında çok önemli bir değişiklik söz konusu olmadığı, en önemli değişmenin Macaristan ve İrlanda'da da gerçekleştiği görülmektedir. İrlanda'da ilgili periyotta merkezi yönetim harcamalarının payı %10,5, Macaristan'da da %8,9 artmıştır. Söz konusu ülkelerde yerel yönetim harcamalarının payı ise ilgili dönemde yaklaşık %7,5 azalmıştır.

*Tablo 11. Merkezi İdare Harcamalarının Ekonomik Tasnife Göre Dağılımı 2015-2016 Değişimi (%)*

| | 2015 | 2015 | 2015 | 2015 | 2015 | 2015 | 2015 | 2016 | 2016 | 2016 | 2016 | 2016 | 2016 | 2016 |
|---|---|---|---|---|---|---|---|---|---|---|---|---|---|---|
| | Aramalı Alımı | İşsizlik Sigortası | Teşvikler, Sübvansiyonlar | Konut Yardımları | Sosyal Yardımlar | Diğer Cari Harcamalar | Sermaye Giderleri | Aramalı Alımı | İşsizlik Sigortası | Teşvikler, Sübvansiyonlar | Konut Yardımları | Sosyal Yardımlar | Diğer Cari Giderler | Sermaye Giderleri |
| İsrail | 22,0 | 25,1 | 2,1 | 11,6 | 5,9 | 26,1 | 7,2 | | | | | | | |
| **Türkiye** | **14,5** | **30,2** | **4,7** | **9,3** | **14,1** | **15,2** | **12,1** | | | | | | | |
| Letonya | 17,0 | 23,6 | 0,8 | 5,5 | 6,8 | 29,7 | 16,7 | 16,9 | 25,9 | 0,9 | 4,9 | 10,0 | 30,4 | 11,0 |
| Macaristan | 15,4 | 23,3 | 3,1 | 9,5 | 8,3 | 19,5 | 20,9 | 15,4 | 25,5 | 3,5 | 8,9 | 8,4 | 21,0 | 17,2 |
| Yeni Zelanda | 13,8 | 23,7 | 0,5 | 4,6 | 40,6 | 5,8 | 11,0 | | | | | | | |
| Slovenya | 14,6 | 22,9 | 1,9 | 10,3 | 10,9 | 23,4 | 16,1 | 16,4 | 26,4 | 2,4 | 11,4 | 13,0 | 23,1 | 7,3 |
| İzlanda | 15,8 | 21,6 | 3,6 | 13,3 | 2,6 | 32,7 | 10,5 | 15,9 | 22,4 | 3,7 | 12,3 | 2,1 | 33,7 | 9,8 |
| Portekiz | 11,3 | 25,0 | 1,4 | 12,7 | 21,1 | 18,9 | 9,6 | 11,8 | 27,1 | 1,4 | 12,9 | 22,3 | 20,3 | 4,3 |
| Yunanistan | 9,3 | 26,2 | 1,8 | 8,9 | 10,2 | 24,0 | 19,5 | 9,7 | 28,4 | 2,2 | 8,9 | 11,4 | 29,8 | 9,5 |
| İrlanda | 10,3 | 23,9 | 2,5 | 9,4 | 36,9 | 5,8 | 11,2 | 11,1 | 25,1 | 2,4 | 8,7 | 37,7 | 6,2 | 8,7 |
| Fransa | 6,5 | 27,4 | 8,3 | 7,5 | 19,0 | 21,1 | 10,1 | 6,5 | 27,3 | 8,6 | 7,1 | 19,9 | 20,6 | 10,0 |
| Slovakya | 13,4 | 18,5 | 0,8 | 5,8 | 16,7 | 22,9 | 21,8 | 13,4 | 21,3 | 0,6 | 6,2 | 18,8 | 26,0 | 13,7 |
| Estonya | 11,4 | 19,4 | 0,9 | 0,1 | 30,2 | 23,5 | 14,4 | 11,8 | 19,6 | 0,9 | 0,1 | 31,3 | 24,4 | 11,8 |
| Lüksemburg | 8,2 | 22,6 | 4,1 | 1,1 | 10,0 | 42,5 | 11,5 | 7,7 | 22,4 | 3,9 | 1,1 | 9,8 | 42,8 | 12,2 |
| Polonya | 10,2 | 20,4 | 1,7 | 7,5 | 6,0 | 41,7 | 12,5 | 9,7 | 20,3 | 1,7 | 7,2 | 6,1 | 44,2 | 10,9 |
| İngiltere | 14,0 | 14,7 | 1,3 | 5,9 | 34,9 | 21,5 | 7,8 | 14,1 | 15,3 | 1,5 | 6,4 | 35,0 | 20,2 | 7,5 |
| Kore | 11,8 | 14,6 | 0,5 | 7,8 | 5,1 | 42,3 | 17,9 | | | | | | | |
| Norveç | 8,9 | 16,4 | 3,8 | 0,8 | 39,6 | 23,1 | 7,4 | 9,0 | 16,3 | 3,8 | 0,7 | 39,3 | 23,2 | 7,7 |
| Çek Cumh. | 10,1 | 14,3 | 4,5 | 3,4 | 41,5 | 14,1 | 12,1 | 10,3 | 15,2 | 5,1 | 3,2 | 42,6 | 14,7 | 9,1 |
| İtalya | 4,3 | 19,2 | 3,4 | 13,7 | 3,2 | 47,3 | 8,8 | 4,4 | 19,4 | 3,7 | 13,1 | 3,3 | 48,4 | 7,7 |
| Finlandiya | 10,5 | 11,6 | 4,2 | 3,9 | 8,0 | 53,7 | 8,2 | 11,5 | 11,2 | 3,8 | 3,7 | 7,9 | 54,2 | 7,8 |
| Kanada | 8,1 | 13,9 | 0,9 | 8,2 | 33,2 | 32,5 | 3,2 | 7,4 | 13,6 | 1,0 | 7,3 | 34,1 | 32,5 | 4,1 |
| Avusturya | 7,8 | 12,6 | 2,7 | 6,5 | 16,4 | 46,5 | 7,6 | 8,0 | 12,9 | 3,0 | 5,9 | 16,6 | 47,2 | 6,4 |
| İsviçre | 9,4 | 10,9 | 5,8 | 2,8 | 0,5 | 56,6 | 14,0 | | | | | | | |
| Hollanda | 7,2 | 11,8 | 2,1 | 4,5 | 11,5 | 53,3 | 9,6 | 7,3 | 12,3 | 2,4 | 4,1 | 12,1 | 52,5 | 9,2 |
| İsveç | 8,5 | 9,8 | 3,4 | 1,8 | 22,8 | 45,9 | 7,8 | 8,3 | 9,9 | 3,4 | 1,6 | 22,3 | 46,3 | 8,2 |
| ABD | 8,2 | 10,0 | 1,4 | 10,7 | 48,3 | 14,2 | 7,1 | | | | | | | |
| Danimarka | 7,6 | 10,5 | 3,1 | 3,6 | 8,0 | 60,5 | 6,7 | 7,6 | 10,7 | 3,0 | 3,2 | 8,2 | 61,3 | 6,0 |
| Meksika | 5,5 | 11,6 | 2,1 | 9,3 | 0,1 | 61,6 | 9,9 | | | | | | | |
| Almanya | 8,2 | 7,6 | 2,2 | 7,4 | 16,0 | 48,4 | 10,2 | 8,8 | 7,6 | 2,0 | 6,8 | 15,8 | 48,5 | 10,6 |
| İspanya | 4,0 | 10,7 | 2,9 | 13,5 | 7,9 | 55,6 | 5,4 | 3,7 | 10,7 | 2,3 | 12,7 | 8,4 | 55,3 | 6,8 |
| Japonya | 7,0 | 6,6 | 1,3 | 8,9 | 1,1 | 60,6 | 14,5 | | | | | | | |
| Belçika | 2,7 | 8,1 | 4,4 | 9,6 | 8,0 | 64,3 | 2,9 | 2,7 | 8,0 | 3,9 | 9,1 | 4,6 | 68,7 | 3,0 |
| Litvanya | 13,4 | 21,7 | 1,3 | 6,3 | 11,9 | 27,4 | 18,1 | 13,0 | 23,4 | 1,4 | 5,9 | 12,9 | 29,9 | 13,4 |
| **OECD** | **10,1** | **16,8** | **2,6** | **7,2** | **16,6** | **35,6** | **11,1** | | | | | | | |

*Kaynak: Government at a Glance OECD 2017, s.80*

Tablo 11'de merkezi idare tarafından yapılan harcamaların ekonomik tasnife göre dağlımı yer almaktadır. 2015 yılına bakıldığında tüm ülkelerde merkezi yönetim harcamaları içinde %16,8'lik payla işsizlik sigortası ödemelerinin ilk sırada yer aldığı görülmektedir. Bu oran Türkiye'de %30,2'ye çıkarken Japonya'da %6,6'ya gerilemektedir. Merkezi hükümet harcamaları içinde ikinci sırada en yükse pay ayrılan harcama kalemi %16,6 ile sosyal yardım giderleridir. Bu oran %48,3 ile ABD'de en yüksek değeri alırken, Çek Cumhuriyetinde %41,5 Hollanda'da %40,6, Norveç'te %39,6 düzeyinde gerçekleşmiştir. Toplam merkezi yönetim harcamaları içinde diğer cari harcamaların payı ise OECD ortalaması %35,6 düzeyinde gerçekleşmiştir.

### *Yatırım Harcamaları*

Tablo 12'de kamu yatırım harcamalarının GSYİH'ya oranla gelişimi yer almaktadır. 2015 yılı verilerine göre OECD ülkelerinde yatırım harcamalarının GSYİH'ya oranı ortalama %3,2 düzeyinde gerçekleşmiştir. Söz konusu oran 2009 yılında %4,1, 2007 yılında ise %3,6 olarak gerçekleşmiştir. Ülke örneklerine bakıldığında ise yatırım harcamalarının GSYİH'ya oranının en yüksek olduğu ülkeler %6,7 ile Macaristan, %6,4 ile Slovakya, %5,2 ile Estonya ve %5,1 ile Çek Cumhuriyeti olmuştur. İlgili Doğu Avrupa ülkelerinin tümü yapısal dönüşümlerini gerçekleştirebilmek ve yatırım harcamalarının finansmanı sağlamak üzere AB yapısal dönüşüm fonlarını yoğun kullanan ülkelerdir. 2015 yılı yatırım harcamalarının GSYİH'ya oranının en düşük olduğu ülkeler ise %1,5 ile İsrail, %1,7 ile İrlanda ve %1,8 ile Meksika'dır. Türkiye'de ise ilgili oran %2,9 olarak gerçekleşmiştir.

*Tablo 12. Kamu Yatırım Harcamaları (GSYİH,%)*

| | 2007 | 2009 | 2015 | 2016 |
|---|---|---|---|---|
| Macaristan | 4,29 | 3,42 | 6,66 | 2,82 |
| Slovakya | 3,15 | 4,01 | 6,43 | 3,46 |
| Estonya | 5,93 | 6,30 | 5,23 | 4,67 |
| Çek Cumh. | 4,34 | 5,20 | 5,14 | 3,30 |
| Kore | 5,95 | 7,86 | 4,94 | |
| Norveç | 3,68 | 4,50 | 4,83 | 5,29 |
| Slovenya | 4,60 | 5,15 | 4,79 | 2,94 |
| Yunanistan | 5,09 | 5,28 | 4,71 | 3,51 |
| Latvia | 6,39 | 4,19 | 4,67 | 3,31 |
| İsveç | 3,92 | 4,29 | 4,21 | 4,36 |
| Polonya | 4,56 | 5,10 | 4,20 | 3,26 |
| Yeni Zelanda | 4,07 | 4,54 | 4,15 | |
| Japonya | 3,93 | 4,33 | 3,92 | |
| Kanada | 3,76 | 4,60 | 3,90 | 3,89 |
| Finlandiya | 3,39 | 3,96 | 3,83 | 3,69 |
| Lüksemburg | 3,48 | 4,43 | 3,65 | 3,80 |
| Fransa | 4,08 | 4,44 | 3,61 | 3,51 |
| Danimarka | 2,84 | 3,05 | 3,43 | 3,60 |
| Avustralya | 3,22 | 4,44 | 3,37 | |
| Hollanda | 3,53 | 4,29 | 3,29 | 3,05 |

| | | | | |
|---|---|---|---|---|
| ABD | 3,89 | 4,23 | 3,07 | |
| İsviçre | 2,74 | 3,00 | 3,00 | |
| Avusturya | 3,16 | 3,41 | 2,98 | 2,98 |
| **Türkiye** | **3,17*** | **4,12** | **2,95** | |
| İzlanda | 4,72 | 4,04 | 2,89 | 2,78 |
| İngiltere | 2,35 | 3,26 | 2,55 | 2,44 |
| İspanya | 4,69 | 5,25 | 2,43 | 2,02 |
| Portekiz | 3,18 | 4,25 | 2,39 | 1,53 |
| Belçika | 2,03 | 2,45 | 2,36 | 2,33 |
| İtalya | 2,88 | 3,45 | 2,27 | 2,14 |
| Almanya | 1,86 | 2,31 | 2,06 | 2,08 |
| Meksika | 1,99 | 3,04 | 1,77 | |
| İrlanda | 4,57 | 3,68 | 1,72 | 1,86 |
| İsrail | 1,65 | 1,58 | 1,49 | |
| Litvanya | 5,40 | 4,46 | 3,62 | 2,93 |
| **OECD** | **3,59** | **4,12** | **3,15** | |

*Kaynak: Government at a Glance OECD 2017, s.83*

2007-2015 dönemi değişimlere bakıldığında yatırım harcamalarının GSYİH'ya oranındaki en büyük artışın %3,3 ile Slovakya'da ve %2,4 ile Macaristan'da gerçekleştiği görülmektedir. ilgili ülkelerde söz konusu artış 2016 yılında da devam etmiştir. Aynı periyotta en önemli düşüşler ise %2,8 ile İrlanda'da ve %2,3 ile İspanya'da gerçekleşmiştir. Bu periyotta diğer ülkelerden en ilginç artışın yaşandığı ülke Çin olmuştur. Çin'de söz konusu dönemde yatırım harcamalarının GSYİH'ya oranı %1,9 dan %4,1'e yükselmiştir. Türkiye'de ise 2009 yılında yatırım harcamalarının GSYİH'ya oranı %4,1 iken 2015 yılında %2,9'a gerilemiştir.

*Tablo 13. Toplam Kamu Harcamaları İçinde Yatırım Harcamalarının Payı (%)*

| | 2007 | 2009 | 2015 | 2016 |
|---|---|---|---|---|
| Kore | 20,0 | 22,5 | 15,2 | |
| Slovakya | 8,7 | 9,1 | 14,1 | 8,3 |
| Macaristan | 8,6 | 6,8 | 13,3 | 5,9 |
| Estonya | 17,4 | 13,7 | 13,0 | 11,6 |
| Letonya | 18,8 | 9,6 | 12,6 | 9,1 |
| Çek Cumh. | 10,9 | 11,9 | 12,2 | 8,3 |
| Yeni Zelanda | 10,6 | 10,8 | 10,5 | |

| | | | | |
|---|---|---|---|---|
| Polonya | 10,6 | 11,3 | 10,1 | 7,9 |
| Japonya | 11,2 | 10,6 | 10,0 | |
| Slovenya | 10,9 | 10,7 | 10,0 | 6,5 |
| Norveç | 8,9 | 9,8 | 9,9 | 10,4 |
| Kanada | 9,5 | 10,4 | 9,5 | 9,4 |
| Avustralya | 9,4 | 11,6 | 9,1 | |
| **Türkiye** | **9,3*** | **10,1** | **8,9** | **9,2*** |
| Lüksemburg | 9,2 | 9,8 | 8,8 | 9,2 |
| İsviçre | 8,8 | 9,0 | 8,8 | |
| Yunanistan | 10,8 | 9,8 | 8,7 | 7,2 |
| İsveç | 7,9 | 8,1 | 8,4 | 8,7 |
| ABD | 10,5 | 9,8 | 8,1 | |
| Hollanda | 8,3 | 8,9 | 7,3 | 7,0 |
| Meksika | 9,6 | 12,9 | 7,2 | |
| İzlanda | 11,5 | 8,4 | 6,7 | 6,7 |
| Finlandiya | 7,2 | 7,2 | 6,7 | 6,6 |
| Fransa | 7,8 | 7,8 | 6,3 | 6,2 |
| Danimarka | 5,7 | 5,4 | 6,3 | 6,7 |
| İngiltere | 5,7 | 6,8 | 5,9 | 5,8 |
| İrlanda | 12,7 | 7,8 | 5,8 | 6,6 |
| Avusturya | 6,4 | 6,3 | 5,8 | 5,8 |
| İspanya | 12,0 | 11,5 | 5,6 | 4,8 |
| Portekiz | 7,1 | 8,5 | 4,9 | 3,4 |
| Almanya | 4,3 | 4,9 | 4,7 | 4,7 |
| İtalya | 6,1 | 6,8 | 4,5 | 4,3 |
| Belçika | 4,2 | 4,5 | 4,4 | 4,4 |
| İsrail | 3,9 | 3,8 | 3,8 | |
| Litvanya | 15,3 | 9,9 | 10,3 | 8,6 |
| **OECD** | **9,3** | **9,3** | **7,7** | |

*Kaynak: Government at a Glance OECD 2017, s.83 *tarafımızdan ilave edilmiştir.*

Tablo 13'den 2015 yılında toplam kamu harcamaları içinde yatırım harcamalarının payına bakıldığında OECD ortalaması %7,7 olarak gerçekleşmiştir. Bu oran 2007 ve 2009 yıllarında %9,3 olarak gerçekleşmiştir. 2015 yılında yatırım harcamalarına en fazla pay ayıran ülke %15,2 ile Kore olmuştur. Kore'nin 2009 yılında yatırım harcamalarına ayırdığı pay %22,5'tir. 2015 yılında yatırım harcamalarına toplam harcamalar içinde en az pay ayıran ülkeler ise %3,8 ile İsrail %4,4 ile Belçika olmuştur. 2015 yılında Türkiye'nin yatırım harcamalarına ayırdığı pay %8,9 olmuştur.

*Tablo 14. Yatırım Harcamalarının Harcamayı Yapan İdari Birime Göre Dağılımı (%)*

| | 2015 Merkezi İdare | 2015 Eyalet Yönetimi | 2015 Yerel İdareler | 2015 Sosyal Güvenlik | 2016 Merkezi İdare | 2016 Eyalet Yönetimi | 2016 Yerel İdareler | 2016 Sosyal Güvenlik |
|---|---|---|---|---|---|---|---|---|
| Yunanistan | 80,9 | 0,0 | 18,3 | 0,8 | 81,0 | 0,0 | 18,3 | 0,6 |
| İrlanda | 79,9 | 0,0 | 20,1 | 0,0 | 84,6 | 0,0 | 15,4 | 0,0 |
| Slovakya | 76,5 | 0,0 | 23,3 | 0,2 | 80,0 | 0,0 | 19,6 | 0,4 |
| Estonya | 75,3 | 0,0 | 24,3 | 0,5 | 75,9 | 0,0 | 23,4 | 0,6 |
| Letonya | 72,7 | 0,0 | 27,3 | 0,1 | 66,5 | 0,0 | 33,4 | 0,1 |
| **Türkiye** | **72,2** | **0,0** | **27,0** | **0,8** | | | | |
| Yeni Zelanda | 66,9 | 0,0 | 33,1 | 0,0 | | | | |
| İngiltere | 65,1 | 0,0 | 34,9 | 0,0 | 65,1 | 0,0 | 34,9 | 0,0 |
| İzlanda | 64,8 | 0,0 | 35,1 | 0,0 | 64,4 | 0,0 | 35,6 | 0,0 |
| Macaristan | 64,5 | 0,0 | 35,4 | 0,1 | 73,2 | 0,0 | 26,7 | 0,1 |
| Lüksemburg | 63,9 | 0,0 | 29,8 | 6,4 | 63,9 | 0,0 | 36,0 | 0,1 |
| Norveç | 59,0 | 0,0 | 41,0 | 0,0 | 59,2 | 0,0 | 40,8 | 0,0 |
| Danimarka | 59,0 | 0,0 | 41,0 | 0,0 | 58,2 | 0,0 | 41,8 | 0,0 |
| Portekiz | 57,4 | 0,0 | 42,2 | 0,4 | 48,9 | 0,0 | 51,3 | -0,2 |
| Slovenya | 57,3 | 0,0 | 42,2 | 0,5 | 49,1 | 0,0 | 50,2 | 0,7 |
| Avusturya | 54,5 | 13,7 | 29,2 | 2,6 | 56,4 | 13,4 | 28,2 | 2,0 |
| Polonya | 53,1 | 0,0 | 46,3 | 0,6 | 64,1 | 0,0 | 35,2 | 0,7 |
| Çek Cumh. | 51,5 | 0,0 | 48,3 | 0,2 | 60,1 | 0,0 | 39,7 | 0,2 |
| Hollanda | 50,2 | 0,0 | 49,4 | 0,4 | 52,2 | 0,0 | 47,6 | 0,3 |
| İsveç | 49,4 | 0,0 | 50,6 | 0,0 | 48,2 | 0,0 | 51,8 | 0,0 |
| Finlandiya | 46,2 | 0,0 | 55,7 | -1,9 | 45,8 | 0,0 | 54,3 | -0,1 |
| Kore | 44,6 | 0,0 | 55,0 | 0,4 | | | | |
| İtalya | 40,3 | 0,0 | 58,7 | 1,0 | 46,4 | 0,0 | 52,9 | 0,7 |
| ABD | 39,9 | 60,1 | 0,0 | 0,0 | | | | |
| Fransa | 33,4 | 0,0 | 56,1 | 10,5 | 34,6 | 0,0 | 54,5 | 10,8 |
| Avustralya | 31,8 | 68,2 | 0,0 | 0,0 | | | | |
| Japonya | 31,4 | 0,0 | 68,4 | 0,2 | | | | |
| İsviçre | 30,7 | 38,8 | 30,4 | 0,0 | | | | |
| Almanya | 30,0 | 34,5 | 34,0 | 1,4 | 30,7 | 33,9 | 34,1 | 1,3 |
| İspanya | 25,4 | 48,7 | 25,5 | 0,4 | 33,2 | 41,8 | 24,2 | 0,8 |
| İsrail | 23,1 | 0,0 | 76,6 | 0,3 | | | | |
| Meksika | 18,0 | 45,1 | 33,8 | 3,1 | | | | |
| Belçika | 9,4 | 59,1 | 30,9 | 0,6 | 10,4 | 59,0 | 30,0 | 0,6 |
| Kanada | 7,2 | 49,8 | 43,0 | 0,0 | 10,1 | 49,3 | 40,6 | 0,0 |
| Litvanya | 69,9 | 0,0 | 29,7 | 0,4 | 65,7 | 0,0 | 33,6 | 0,7 |
| **OECD** | **39,2** | **29,8** | **30,1** | **1,0** | | | | |

*Kaynak: Government at a Glance OECD 2017, s.83*

Tablo 14'den yatırım harcamalarının merkezi yönetim ve yerel yönetimler arasındaki dağılımına bakıldığında OECD ülkeleri genelinde toplam yatırım harcamalarının %40'ının merkezi yönetimler tarafından yapıldığı, kalan kısmın ise yönetim biçimine bağlı olarak kısmen merkezi yönetim kaynakları üzerinden yerel idareler ve eyalet yönetimleri tarafından yapıldığı görülmektedir. Ülkelere göre bakıldığında Yunanistan'da yatırım harcamalarının %81'i merkezi yönetim tarafından karşılanmaktadır. Yatırım harcamalarının en fazla merkezi yönetim tarafından karşılandığı ülke Yunanistan'dır. Yatırım harcamalarına merkezi yönetimden en az kaynak ayıran ülke ise %7,2 ile Kanada'dır. Kanada, Belçika gibi federal devletler yatırım harcamalarının yaklaşık %90'ını yerel ve federal yönetimler üzerinden gerçekleştirmektedirler.

2015 yılı itibariyle OECD genelinde yatırım harcamalarının kompozisyonuna bakıldığında toplam yatırım harcamalarının yaklaşık %34,6'sının ulaşım ve enerji yatırımlarında kullanıldığı, %15,2'sinin savunma, %14,7'sinin eğitim, %9,3'ünün genel kamu hizmetleri, %8,4'ünün sağlık hizmetleri, %5,1'inin konut, %4,5'inin çevre koruma, %3,5'inin emniyet hizmetlerine yönelik yatırım harcamalarında kullanıldığı görülmektedir.

## 2018-2020 Dönemi Orta Vadeli Planda Kamu Harcamaları

Orta Vadeli Mali Plana bakıldığında 2018-2020 döneminde ekonomi politikasının temel amacı, makroekonomik istikrarın korunması, mali disiplinin sürdürülmesi, cari dengenin iyileştirilmesi, enflasyonun düşürülmesi, büyümenin hızlandırılması, istihdamın artırılması ve gelir dağılımının iyileştirilmesi olarak belirlenmiştir (Bumko, Orta Vadeli Plan, 2017).

2018-2020 döneminde kamu harcama ve gelirlerinin milli gelir içindeki payı sınırlandırılacak ve etkinliği artırılacaktır. Orta Vadeli Mali Plana dayalı olarak hazırlanacak 2018-2020 yılları merkezi yönetim bütçesi, kaynakların belirlenen politika öncelikleri doğrultusunda tahsisini ve etkili, ekonomik ve verimli bir şekilde kullanılmasını amaçlamaktadır. Mali Plan döneminde yapısal reformların mali disiplini destekleyici bir araç olarak kullanılmasına devam edilecek, mevcut harcama programları gözden geçirilerek önceliğini yitirmiş faaliyet ve projeler sonlandırılacak, harcamalar özellikle büyümeyi destekleyecek kamu altyapı yatırımlarında, teşvik, bölgesel kalkınma ve eğitim alanları ile Ar-Ge desteklerinde kullanılacak şekilde önceliklendirilecektir.

Kaynak kullanımında etkinliği artırmak ve hesap verebilirliği güçlendirmek amacıyla, kamu harcamalarına ilişkin karar alma süreçlerinde kamu kaynağının karşılığının en iyi şekilde alınmasına yönelik çalışmalar yapılacaktır. Yapılan değerlendirmeler sonucunda verimli olmadığı belirlenen harcama programları kaldırılacaktır. Mali yükleri ve etki analizleri de dikkate alınarak yeni harcama programı oluşturulması sınırlandırılacaktır. Cari harcamalar, yatırım harcamaları ile eş güdüm halinde kontrol altında tutulacak, bütçe giderlerinde yapılabilecek tasarruflar belirlenecektir. Kiralamalar ve hizmet alımları öncelikli olmak üzere harcama artış eğilimi yüksek olan ödenekler, ihtiyaca uygunluk, maliyet ve etkinlik analizleri çerçevesinde tekrar değerlendirilecektir.

İdarelerin ihtiyaç tespitinde, mevcut mal ve malzemelerin etkin ve ekonomik kullanılmasını sağlayacak stok yönetimi gibi karar alma süreçlerini güçlendirecek uygulamalara ağırlık verilecektir. Kamu kurumlarının uzun vadeli tedarik planları hazırlanacak, benzer ihtiyaçlarının ortak alım yöntemiyle temin edilmesi yaygınlaştırılacaktır. Kamu kurumlarında taşıt kullanımında maliyet etkinlik analizleri yapılarak tasarruf sağlamaya yönelik gerekli tüm tedbirler alınacaktır. Mevcut hizmet binalarının ekonomik ömürlerini ve kullanım verimliliğini artıracak önlemler alınacak, çok zorunlu haller dışında kamu hizmet binası yapımına izin verilmeyecektir.

Sağlık harcamalarındaki artışı ve gereksiz kullanımı önlemek amacıyla, ilaç, tıbbi cihaz ve tedavi harcamalarını kontrol altında tutmaya yönelik tedbirler hayata geçirilecektir. Sağlık hizmetlerinde verimliliği artırmak için sağlık hizmet sunucuları ile ilgili bilgilendirme ve denetim faaliyetleri yaygınlaştırılacaktır. Kamu yatırımları; özel sektörün yenilikçi, üretken ve ticari faaliyetlerinin desteklenmesi ile vatandaşlarımızın yaşam kalitesinin artırılmasına yönelik altyapı alanlarına yönlendirilecek, kamu yatırımlarının finansmanında bütçe kaynaklarının yanı sıra mevcut tecrübeler de dikkate alınarak Kamu-Özel İşbirliği (KÖİ) modeli kullanılacaktır. Yatırım ödeneklerinin tahsisinde; yük trafiğine hizmet eden bölünmüş yol, liman ve demiryolu yatırımları, öncelikli yük merkezlerine demiryolu iltisak hattı yatırımları, ulaştırma modları arasında sürekliliği ve verimliği sağlayacak acil bağlantılar, tarımsal üretimi artırıcı sulama, arazi toplulaştırma, tarla içi geliştirme yatırımları, sanayi üretimini destekleyici nitelikte maden ve hammadde arama yatırımları ile cazibe merkezi olarak belirlenen bölgelerdeki yatırımlara öncelik verilecektir.

Kamu yatırım programı kapsamındaki projelerin, analiz edilerek rasyonel olmayanların program kapsamından çıkarılması ve yatırımların ortalama tamamlanma süresinin kısaltılması amacıyla teknik çalışmalar yapılacaktır. Tarım sektöründe üretim hedefleri, verimlilik ve çiftçi geliri dengesi gözetilerek tarımsal destekler gözden geçirilecek, desteklerin etkinliğini artıracak düzenlemeler yapılacaktır. Kamu mali yönetim sistemimiz değişen koşullara uygun olacak şekilde daha etkin, hesap verebilir ve şeffaf bir yapıya sahip olacaktır.

Orta Vadeli Mali Planın kamu harcamalarına yönelik kısmına bakıldığında özetle yeni dönemde kamu harcamalarının milli gelir içindeki payının sınırlandırılacağı, mali disipline sıkı bir biçimde bağlı kalınmaya devam edileceği, kamu harcama ve yatırımlarında maliyet etkinlik analizlerinin yapılacağı ve verimliliği yüksek AR-GE teşvikli alanlara önem verileceği, kamu mali yönetiminin daha etkin, hesap verebilir ve şeffaf bir yapıya kavuşturularak sağlık ve sosyal güvenlik alanlarda harcamaların etkinliğin ve verimliliğin artırılacağı öngörülmektedir.

## SONUÇ

Devlet yönetimine egemen olan siyasi formun niteliğine göre kapsamı değişmekle birlikte devlet hemen her dönem ekonomik ve sosyal yapının en önemli aktörü olmuştur. Devlet kimi zaman doğrudan üretici veya tüketici olarak, kimi zaman işveren olarak kimi zaman da düzenleyici denetleyici bir rol üstlenerek kamu ekonomisi ve piyasa ekonomisinin işleyişine yön verirken, kaynak dağılımı, gelir bölüşümü, ekonomik istikrar ve büyüme fonksiyonlarını yerine getirmektedir. Kuşkusuz söz konusu amaçların gerçekleştirilmesinde kamu gelirleri ve kamu harcamaları en önemli maliye politikası araçlarıdır.

Kamu harcamaları doğrudan ve türev etkileri ile makro ve mikro ekonomik yapının tümü üzerinde etkili olmaktadır. Devlet sosyal içerikli görevlerinin önemli bir kısmını da yine kamu harcamaları üzerinden gerçekleştirmektedir. Yıllar itibariyle giderek artan ve çeşitlenen toplumsal talep ve beklentilerle birlikte kamu harcama düzeyleri de sürekli artmıştır.

Türkiye'de ve OECD üye diğer ülkelerde kamu harcamalarının gelişimine bakıldığında özellikle gelişmiş OECD ülkeleri ile Türkiye arasında bazı yapısal farklılıkların olduğu görülmektedir. 1980'li ve 1990'lı yıllar Türkiye'de küreselleşme eğilimleri ile birlikte neo-liberal politikaların uygulanmaya çalışıldığı dönemler olmuştur. Devletin küçültülmesi tartışmaları sürekli gündemde olmuş, mali liberalizasyonla birlikte borçlanmaya ağırlık verilmiştir. Vergilere gereken önemin verilmemesi ve yoğun borçlanma programları ile kamu finansman sorunları derinleşmeye başlamış söz konusu sorunlar kamu harcamaları üzerinde baskılar yaratmıştır.

Yüksek borçlanma düzeyleri ve artan faiz ödemeleri ile sıkışan kamu maliyesi daha yüksek faiz ve borçlanma düzeyleri ile rahatlatılmaya çalışılmış ancak sorunlar kısa sürede daha yapısal bir boyut kazanmıştır. Sık aralıklarla uygulamaya alınan IMF tanımlı istikrar programları ve beraberinde imzalanan

Stand by anlaşmaları özellikle cari harcamalar ve yatırım harcamaları üzerinde büyük baskılar yaratırken faiz harcamalarındaki artış her şeye rağmen devam etmiş cari harcamalardaki ve yatırım harcamalarındaki gerileme sosyal adaletsizliklere neden olmuştur. Kamu yatırım harcamalarındaki gerileme de büyüme kalkınma sürecinde önemli sermaye yetersizliği olan Türkiye için büyük bir olumsuzluk olmuştur.

OECD ülkelerinde kamu harcama kompozisyonunun gelişimine bakıldığına en önemli artışın sosyal güvenlik harcamaları ile sağlık harcamalarında gerçekleştiği görülmektedir. Özellikle 2000'li yıllardan sonra kamu alımlarına yönelik harcamalarının yaklaşık 1/3'ü sağlık hizmetlerine giderken sağlık hizmetlerinin etkin sunulmasına yönelik sistem geliştirme harcamaları, medikal teknolojinin geliştirilmesine yönelik harcamalar ve ilaç alımlarına yönelik sağlık harcamaları sağlık bütçesi içinde kendisini hissettiren harcama kalemleri olarak göze batmaktadır. Eğitim ve sosyal hizmetlere yönelik harcamalar da özellikle gelişmiş OECD ülkelerinde sürekli payını artıran harcamalar arasında yer almıştır. Norveç, İsveç, Danimarka gibi OECD üyesi Kuzey Avrupa ülkeleri eğitim, sağlık ve sosyal hizmetlere verdikleri önemle yaşam standartlarını yükselterek refah devletine dönüşmüşlerdir.

2015 yılı için OECD ülkeleri kamu harcamalarının kompozisyonuna bakıldığında sosyal yardım harcamalarının %41,1 OECD ortalaması ile toplam kamu harcamaları içinde en büyük paya sahip olduğu görülmektedir. Bu harcama kalemini %23,1'lik OECD ortalaması ile işsizlik sigortası ödemeleri izlemektedir. Ülkelere göre bakıldığında 2015 yılında toplam harcamalar içinde sosyal yardım harcamalarına en büyük payı ayıran ülke yaklaşık %54'lük oran ile Almanya ve Japonya olmuştur. İlgili yılda Türkiye'de söz konusu oran %37 düzeyinde gerçekleşmiştir.

OECD ülkelerinin birçoğu ayırdıkları kaynaklarla eğitim, sağlık, sosyal hizmetler gibi alanlarda önemli iyileştirmeler gerçekleştirmiştir. Türkiye ise son dönemlerde ilgili alanlara daha yoğun kaynak aktarmasına rağmen hızlı nüfus artışına bağlı olarak ve ilgili alanlardaki temel yapısal sorunlara bağlı olarak söz konusu alanlarda önemli bir iyileştirme gerçekleştiremezken sadece mevcut yapının işleyişini sağlayacak adımlar atabilmiştir. OECD ülkelerinde 2007-2015 dönemine ilişkin fonksiyonel ayrıma göre kamu harcamalarındaki değişime bakıldığında ise kamu harcamaları içinde sağlık ve sosyal güvenlik harcamalarının payının sürekli arttığı diğer harcamaların (genel kamu hizmetleri, güvenlik, savunma, kültür, eğlenme, din hizmetleri) ise azaldığı görülmektedir. Türkiye'de genel kamu hizmetleri harcamalarının faiz ödemelerine bağlı olarak OECD ortalamasının iki katına ulaştığı söylenebilir.

2015 yılı için yatırım harcamalarının GSYİH'ya oranla gelişimi söz konusu olduğunda, yatırım harcamalarının GSYİH'ya oranı OECD ortalaması %3,2 düzeyinde gerçekleşmiştir. Söz konusu oran 2009 yılında %4,1, 2007 yılında ise %3,6 olarak gerçekleşmiştir. Yatırım harcamalarının GSYİH'ya oranının en yüksek olduğu ülkeler %6,7 ile Macaristan, %6,4 ile Slovakya, %5,2 ile Estonya ve %5,1 ile Çek Cumhuriyeti olmuştur. İlgili Doğu Avrupa ülkelerinin tümü yapısal dönüşümlerini gerçekleştirebilmek ve yatırım harcamalarının finansmanı sağlamak üzere AB yapısal dönüşüm fonlarını yoğun kullanan ülkelerdir. Türkiye'de ise ilgili oran %2,9 olarak gerçekleşmiştir.

2015 yılında toplam kamu harcamaları içinde yatırım harcamalarının payına bakıldığında OECD ortalaması %7,7 olarak gerçekleşmiştir. Bu oran 2007 ve 2009 yıllarında %9,3 olarak gerçekleşmiştir. 2015 yılında yatırım harcamalarına en fazla pay ayıran ülke %15,2 ile Kore olmuştur. 2015 yılında yatırım harcamalarına toplam harcamalar içinde en az pay ayıran ülkeler ise %3,8 ile İsrail %4,4 ile Belçika olmuştur. 2015 yılında Türkiye'nin yatırım harcamalarına ayırdığı pay %8,9 olmuştur.

Transfer harcamaları temelinde bir değerlendirme yapıldığında ise gelişmiş OECD ülkelerinde sosyal içerikli transferlerin ön plana çıktığı Türkiye'de ise faiz ödemelerinin ağırlıklı olduğu transfer harcamalarının, payı giderek azalmakla birlikte hemen her dönem ilk sıralarda yer alan harcama kalemi olduğu söylenebilir.

Yıllar itibariyle Türkiye'de kamu harcamalarının gelişimine bakıldığında, Türkiye'nin kamu harcama düzeyinin ve kompozisyonunun Türkiye'yi gelişmiş ülkeler arasına sokacak nitelikte ve yeterlilikte olmadığı söylenebilir. 1980 ve 1990'lı yıllar boyunca kamu harcamalarında sürekli bir artış eğilimi olmuş ancak bu eğilim devletin sınırlarını genişleterek daha hantal ve verimsiz bir devlet işleyişinin finansmanına ve kurumsallaşmasına neden olmuştur. Temel yapısal sorunların çözülemeyişi, hızlı nüfus artışı, sanayileşme ve kentleşme çabalarının ortaya çıkardığı sorunlar kamu harcamaları üzerinde önemli baskılar yaratmıştır. Kamu harcamaları hızla artarken vergi gelirlerinin buna karşılayacak verecek şekilde artırılamaması kamu finansman sorunlarını derinleştirmiş, sıkışan kamu maliyesi daha yoğun borçlanma ve faiz ödemeleri ile rahatlatılmaya çalışılmıştır. Bu bağlamda Türkiye'de devletin kamu harcamaları yoluyla sosyal amaçları, büyümeyi ve ekonomik istikrarı sağlamak bir yana çoğu zaman bizatihi harcamalar yoluyla sosyal adaletsizliklere ve ekonomik istikrarsızlıklara yol açan bir sürece yön verdiği söylenebilir. 1994 ve 2001 krizleri bir bakıma söz konusu süreçlerin ortaya çıkardığı bir Türkiye tablosudur.

## KAYNAKÇA


Agénor, R.P., Bayraktar, N., Aynaou, K.E. (2008). "Roads out of Poverty? Assessing the Links Between Aid, Public Investment, Growth, and Poverty Reduction", Journal of Development Economics, 2008, Vol. 86, ss.277-295.

Aksoy, Ş. (2011). **Kamu Maliyesi**, Filiz Kitabevi, İstanbul.

Batırel, Ö.F. (1990). **Kamu Maliyesi Teorisine Giriş**, Marmara Üniv. Yayın No.492, İ.İ.B.F Yayın No.388, İstanbul.

Buchanan, J.M. and Flowers, M.R. (1987). The Public Finance, Irwin Homewood Illinois, USA.

Bulutoğlu, K. (2004). **Kamu Bütçesi, Kamu Harcamaları, Kamu Borçları**, Batı Türkeli Yayıncılık, İstanbul.

Camila, M. and Woitekz, U.(2004). "Public Infrastructure Investment and Efficiency in Italian Regions".

Connolly, S and Munro, A. (1999). **Economics of the Public Sector**, Prentice Hall Europe, Great Britain.

Darby, J., Won Li, C.V. and Muscatelli, V.A. (2004). "Political Uncertainty, Public Expenditure and Growth", European Journal of Political Economy, , Vol. 20, Issue 1, ss.153-179.

DİE. (1997). Türkiye Ekonomisi İstatistik ve Yorumlar,1997

Erginay, A. (1994). **Kamu Maliyesi**, Savaş Yayınları, Ankara.

Folster, S. and Henrekson, M. (1999). "Growth and the Public Sector: A Critique of the Critics", European Journal of Political Economy, Vol. 15, No. 2, ss.337-358.

Government at a Glance 2017. http://www.oecd.org/gov/government-at-a-glance-22214399.htm

Gönenç, R., Leibfritz, W. and Yılmaz, E. (2005). OECD, Reforming Turkey's Public Expenditure Management, OECD Economics Department Working Papers No. 418

Gürbüz, A.A., (2008). Türkiye'de ve AB'de Kamu Harcamaları: Karşılaştırmalı Bir İnceleme, Kamu Harcamalarının Bileşiminin Büyüme ve Refah Etkileri, Bahçeşehir Üniversitesi Ekonomik ve Toplumsal Araştırmalar Merkezi, ss. 33-55.

Gürsoy, B. (1980). **Kamusal Maliye**, Sevinç Matbası, Ankara.

Gylfason, T. (2011). "Naturel Sources, Education and Economic Development" European Economic Review, Vol.45, ss.847-859.

Henrekson, M. (1990). "Peacock and Wiseman's Displacement Effect: A Reappraisal and a New Test", European Journal of Political Economy, Vol. 6, No. 3, ss.245-260.

Hyman, D.N. (1999). **Public Finance, A Contemporary Application of Theory to Policy**, The Dryden Press,USA.

Kalkınma Bakanlığı Temel Ekonomik Göstergeler, 1999-2017: http://www.kalkinma.gov.tr/Pages/TemelEkonomikGostergeler.aspx

Kirmanoğlu, H. (2009). **Kamu Ekonomisi Analizi**, Beta Basım, İstanbul.

Magazzino, C., Giolli L., Mele, M.(2015). "Wagner's Law and Peacock and Wiseman's Displacement Effect in European Union Countries: A Panel Data Study", International Journal of Economics and Financial Issues Vol 5, Issue 3,ss. 812-819.

Maliye Bakanlığı Yıllık Ekonomik Rapor, 1998, 1999, 2000.

Maliye Bakanlığı, 2015-2002, Genel Faaliyet Raporları. http://www.bumko.gov.tr/TR,32/faaliyet-raporlari.html http://www.bumko.gov.tr/Eklenti/10801,-20182020donemiortavadelimaliplanipdf.pdf?0

Maliye Bakanlığı. (2015). Muhasebat Genel Müdürlüğü, Genel Yönetim Mali İstatistikleri https://www.muhasebat.gov.tr/content/genel-yonetim-mali-istatistikleri?tabId=3 https://www.muhasebat.gov.tr/content/genel-yonetim-mali-istatistik-detayi?tabId=3&pageId=2

Marrero, G.A., Novales, A. (2007). "Income Taxes, Public Investment and Welfare in a Growing Economy", Journal of Economics Dynamics&Control, Vol.31,2007, ss.3348-3369.

Musgrave, R. and Musgrave, P. (1989). **Public Finance in Theory and Practice**, McGraw-Hill International Editions, USA.

Nadaroğlu, H. (1996). **Kamu Maliyesi Teorisi**, Beta Basım Yayım Dağıtım, İstanbul.

Nemli, A. (1990). **Kamu Maliyesine Giriş**, Filiz Kitapevi, İstanbul.

Nose, M. (2015). "Estimation of Drivers of Public Education Expenditure; Baumol's Effect Revisited", IMF Working Papers, 15/178.

OECD (2002). Economic Outlook, No.71, 2002/1 https://stats.oecd.org/Index.aspx?-DataSetCode=EO71_MAIN

OECD (2017). Economic Outlook, No 101, 2017 https://stats.oecd.org/index.aspx?queryid=51396

OECD 2004, 2006, 2008, 2010, 2012, 2014 Türkiye Raporları, Kalkınma Bakanlığı http://www.kalkinma.gov.tr/Pages/OECDTurkiyeRaporlari.aspx http://www.kalkinma.gov.tr/Lists/OECDTurkiyeRaporlari/1/OECD%20Economic%20SurveyTurkey2014.pdf

OECD. (2000). Economic Outlook, No.68, 2000 https://stats.oecd.org/Index.aspx?DataSetCode=EO68_MAIN

OECD. (2013). OECD Budgeting and public expenditures,2011-2013. http://www.oecd.org/gov/budgeting/

OECD. (2014), OECD Economic Surveys: Turkey 2014, OECD Publishing. http://dx.doi.org/10.1787/eco_surveys-tur-2014-en

Pal, S. (2007). "Public Infrastructure, Location of Private Schools and Primary School Attainment in an Emerging Economy", Minnesota International Development Conference, UK.

Peacock, T.A. and Wiseman, J. (1961). The Growth of Public Expenditure in the United Kingdom, Princeton University Press, USA.

Peltzman, S. (1980). "The Growth of Government", Journal of Law and Economics, Vol. 23, No. 2, ss. 209-287.

Sönmez, S. (1987). **Kamu Ekonomisi Teorisi: Kamu Harcamalarında Etkinlik Arayışı**, Teori Yayınları, Ankara.

Stigler, G.J., (1972). "Economic Competition and Political Competition", Public Choice, Vol. 13, ss.91-106.

Sturm, J.E., Jacobs, J., Groote, P. (1995). "Productivity Impacts of Infrastructure Investment in the Netherlands 1853-1913", University of Groningen Research Institute, Research Report, 95D30.

Şener, O. (2006), **Kamu Ekonomisi**, Beta Basım Yayım, İstanbul.

The Allen Consulting Group, "Funding Urban Public Infrastructure, Approaches Compared", Report for the Property Council of Australia, Melbourne, 2003.

Tuncer, İ. ve Yüksel C. (2011). "Kamu Harcamalarının Ekonomik Analizi", içinde: A. Kökocak (Ed.), **Kamu Ekonomisi**, Ekin Yayınevi Bursa, ss.213-275.

Türk, İ. (1996). **Kamu Maliyesi**, Turhan Kitabevi, Ankara.

Uluatam, Ö. (2009). **Kamu Maliyesi**, İmaj Yayınevi, Ankara.

Worldbank, (2001). Turkey Public Expenditure and Institutional Review Reforming Budgetary Institutions for Effective Government, Report No. 22530-TU, Turkey.

# VII.

# BÖLÜM

# İSTİHDAM SORUNU ve POLİTİKALARI KAPSAMINDA TÜRKİYE'DE İSTİHDAMIN GÖRÜNÜMÜ (2000-2016)

*Doç. Dr. Zekeriya MIZIRAK*

***Necmettin Erbakan Üniversitesi SBF İktisat Bölümü***

## GİRİŞ

Hemen hemen her ülkenin ekonomi politika yapıcılarının hedeflediği amaçlardan birisi de çalışma çağında ve çalışabilecek durumda olan her vatandaşına yönelik istihdam ortamı sağlamaktır. Bu hedef diğer ekonomik hedefler ile kıyaslandığında en az onlar kadar önemli ve aynı zamanda onları tamamlayıcı bir nitelik taşır. İstihdamın diğer bir özelliği de ekonomik yönlü olduğu kadar sosyal içerikli bir olgu olması ve tüm toplumu değişik yönleriyle etkilemesidir. Zira bireyin en doğal hakkı, yaşamını belli standartlarda devam ettirecek bir gelire dolayısıyla işe sahip olmasıdır. Çalışabilecek yaşta, nitelikte ve kararlılıkta olup da iş imkanından yoksun olunması sadece mikro ölçekte bireyi ve ailesini değil makro planda toplumu, sosyal ortamı ve ülke ekonomisini etkiler. Bu yüzden iş ve istihdam konusu, üzerinde düşünülmesi gereken hassas bir konu olarak karşımıza çıkar.

Bugün dünyada bütün ülkelerin en önemli ekonomik sorunlarından birisi istihdam problemi olarak karşımıza çıkar.2016 yılı itibariyle küresel bazda %5.7 olan işsizlik oranı, 2017 yılı itibariyle %5.8'e çıkması beklenmekte buda ek olarak 3.4 milyon kişinin işsiz ordusuna eklenmesi anlamına gelmektedir. Yapılan projeksiyonlara göre 2018 yılı için de işgücündeki artış,ilave istihdam sayısından fazla olacağı için ek 2.7 milyon işsiz bireyle karşılaşılması olasılığı mevcuttur. Türkiye'de görünüm farklı değildir. 2016 yılı Mayıs ayı itibariyle %9.4 olan işsizlik rakamı 2017 Mayıs ayına gelindiğinde %10.2'ye yükselmiş işsiz sayısına ilave olarak 330 bin kişi eklenmiştir. Bu dönemde istihdam edilen 681 bin kişi olmasına rağmen işgücü havuzuna eklenen ile istihdam edilen kişi arasındaki fark işsiz olarak ülke ekonomisinin atıl işgücü stokuna eklenmektedir.

Sorun göründüğünden daha karmaşık bir yapı olarak ortada durmaktadır. Ülke içi ve dışı ekonomik ve siyasi parametrelerle ilişkilendirilebilen, eğitimden ekonomik yapıya, teknolojik yenilik kapasitesinden, demografik özelliklere, ekonomik büyümeden, bireysel ve kurumsal özelliklere kadar bir çok değişkeni doğrudan veya dolaylı olarak etkileyebilen bir durum arz eder. Bu itibarla alınacak önlemler ve izlenecek politikalar birbirleriyle iç içe geçmiş türev sonuçları içeren özellik gösterir.

Bu çalışmada istihdam konusuna yönelik genel bir değerlendirmenin yanında özellikle Türkiye'deki istihdam politikalarının dünü ve bugünü ile ilgili genel değerlendirmeler gözden geçirilecektir.

## İstihdam ve İşsizlik

İstihdam genel olarak üretim faktörlerinin özelde de işgücü faktörünün üretimde yer almaması olarak tanımlanır. Emek haricindeki üretim faktörlerinin kapsam dışı olması ekonomik kayıpları gösterirken, emeğin üretim dışında yer alması ekonomik kayıplarla beraber sosyal, siyasi ve diğer birçok negatif dışsallığı beraberinde getirir. İstihdam türlerine bakıldığında Tam, Eksik ve Aşırı İstihdam olarak üç kısımda incelenir.Tam istihdam; çalışmak istek ve arzusunda olan her bireyin üretim içinde olduğu durumu açıklarken, toplam emek miktarının bir kısmının üretim sürecinde yer almaması ya da tam istihdam ile mevcut istihdam arasındaki fark eksik istihdamı gösterir. Eksik istihdamda kendi içinde zamana bağlı ve yetersiz eksik istihdam olarak ikiye ayrılır. Zamana bağlı eksik istihdamda toplam 40 saat çalışma süresini doldurmayan ve daha fazla çalışma talebinde bulunup, iş bulduğu taktirde de hemen fazla çalışmaya razı olan kişiler söz konusu iken, zamana bağlı eksik istihdam haricinde inceleme döneminde istihdam içinde olup son 30 gün içinde mevcut işini değiştirme veya ek olarak bir iş aramış olma şartıyla, iş bulduğu takdirde 15 gün içinde çalışmaya başlayabilecek olan bireyler de yetersiz istihdam kapsamında değerlendirilirler. Bunun yanında tam kapasite ile üretilen mal ve hizmetlere rağmen halen toplam talebin karşılanmadığı duruma bağlı olarak işgücü talebinin olduğu durum ise aşırı istihdamı gösterir(Germir,2012:3-5).

İşsizlik ise eksik istihdam durumu ile ortaya çıkan bir olgudur. Bir bireyin işsiz olması için uluslararası çalışma örgütünün(ILO) işsizlik tanımında aradığı şu üç koşulun bir arada olması gerekir.

- Çalışma çağında olması ve referans dönemi içinde işinin olmaması,
- Belirli bir süre zarfında iş araması,
- İş bulduğu takdirde işe başlayabilecek olması,

Buna göre belirli bir dönemde istihdam içinde olmayan kişiler içinden, son üç ay içinde iş aramak için başvuruda bulunmuş ve 15 gün içinde işbaşı yapabilecek bireyler de işsiz olarak nitelendirilir(TUİK,2007:28).Bir başka tanımla da işsiz, piyasadaki uygulanan cari ücret düzeyinde çalışmayı isteyen ve bunun için iş arayıp da çalışma imkanı bulamayan kişilere denir. Ekonomide bu durumda olanların genel durumuna da işsizlik olarak adı verilir.

Bir ülkede işsizlik oranları hesaplanırken genel nüfus içindeki işgücü kavramı üzerinden gidilir. İşgücüne ulaşmak içinde kurumsal olan/olmayan nüfus kavramları öne çıkar.Kurumsal Nüfus;bir ülkenin nüfusu içinde kurum aidiyatına bağlı olarak kışla, hapishane, hastahane, huzurevleri, yaşlı bakım merkezleri, öğrenci ve yetiştirme yurtları gibi kurumlarda ikamet eden bireylerin toplamını gösterir. Kurumsal Olmayan Nüfus ise toplam nüfus içinden kurumsal nüfus toplamı çıkarıldıktan sonraki kalan kısımdır. İşgücü ve ilgili istatistikler için Kurumsal Olmayan Nüfus önemli bir kavramdır. Zira işgücü, istihdam ve işsizlik gibi rakamlar ve oranlar bu tür nüfustan yararlanılarak elde edilir.

TUİK'e göre kurumsal olmayan nüfus içerisindeki 15 ve daha yukarı yaştaki bireylerin toplamı kurumsal olmayan çalışma çağındaki nüfusu gösterir. Bu kavram ise kendi içinde işgücü ve işgücüne dahil olmayan iki bileşenden oluşur. İşgücüne ulaşmak için kurumsal olmayan nüfus içinden işgücüne dahil olmayan nüfusun çıkarılması gerekmektedir. İşgücüne dahil olmayan nüfus içinde;

1- İş aramayıp fakat iş olursa 15 gün içinde çalışmaya hazır olanlar;
   - İş bulma ihtimalini görmeyenler(önceki dönemlerde iş arayıp bulamayan ve/veya kendi yetenek ve özelliklerine uygun bir iş olmadığına inandığı için iş aramaktan vazgeçmiş ancak işbaşı yapabilecekler)
   - Farklı nedenlerden dolayı (öğrencilik, mevsimlik işçilik, ev hanımı olma, irad sahibi olma, emekli olma v.b.) iş aramayan fakat mümkün olursa işe başlamaya hazır olanlar,

2- Mevsimsellik sebebiyle işi düşünmeyen ve işe başlamaya hazır olmayan kişiler,

3- Kendi ev işleriyle ilgilenmesi nedeniyle iş aramayan ve işbaşı yapmaya da hazır olmayan kişiler,

4- Bir eğitim kurumuna devam etmesi sebebiyle iş aramayan ve işbaşı yapmaya da hazır olamayan kişiler,

5- Emekli durumunda olduğu için iş aramayan ve iş başı yapmaya da hazır olmayan kişiler,

6- Bedensel engeli, hastalık ya da yaşlılık nedeniyle çalışma durumu olmayan iş aramayan ve işe hazır olmayan kişiler,

7- Ailevi sebepler, kişisel ve bunun dışındaki farklı nedenlerle ile iş aramayan ve iş başı yapmaya da hazır olmayan kişiler işgücüne dahil olamayan sınıf içinde gösterilirler.

İşgücü, kurumsal olmayan çalışma çağındaki nüfus içinden işgücüne dahil olmayanların çıkarılmasıyla elde edilen bir büyüklüktür. Aynı zamanda bir ekonomide baz alınan dönem içerisinde istihdam edilenler ile çalışmak isteyip de istihdam edilemeyenlerin(işsizlerin) oluşturduğu toplam nüfusu gösterir.

İşsizlik rakamları da hesaplanırken hem oran biçiminde hem de mutlak sayı şeklinde ifade edilir. İşgücü içindeki istihdam edilemeyenlerin toplam işgücüne oranı işsizlik oranıdır. Tarım sektörü haricinde diğer sektörlerdeki işsizlik rakamlarını hesaba katılarak hesaplanan işsizlik oranı da tarım dışı işsizlik oranı olarak hesaplanır. İşsizlik oranlarıyla beraber hesaplanan iki oran daha ülkeler arası kıyaslamalarda dikkate alınır. İşgücüne Katılma Oranı, toplam işgücünün kurumsal kabul edilmeyen çalışma çağı nüfusu içindeki payı ile açıklanırken, İstihdam Oranı ise toplam istihdam edilen nüfusun kurumsal olmayan çalışma çağındaki nüfus içindeki payı ile gösterilir.

Bir ülkenin istihdam seviyesi, ülkenin ekonomik kalkınmışlık düzeyi,-nüfus yapısı ve doğal kaynakları ile ekonomik koşullarına bağlıdır. Dolayısıyla ülkelerin sosyal, kültürel ekonomik yapılarının farklılık arzetmesi her ülkenin kendi koşullarına uygun istihdam stratejileri geliştirip, bu doğrultuda uygulamalara yapmasına sebep olur(Bulut,2010:4-5).

## İşsizliğin Nedenleri ve Sonuçları

İşsizlik ekonomik bir sorun olarak algılanmakta ve sonuçları itibariyle de toplumun tüm kesimlerini doğrudan ya da dolaylı olarak etkilemektedir. Nedenleri ve yol açtığı sonuçlarına bakmadan önce iktisadi literatürde yer alan okulların istihdamla ilgili görüşlerine kısaca bakmak yararlı olacaktır.

Klasik ve Neo-klasik İktisat ekolleri istihdam konusunda benzer görüşleri paylaşırlar. Ekonomik krizlerin görüldüğü dönemlere kadar bir çok varsayımlarında olduğu gibi istihdam konusunda da görüşleri de çok irdelenmemiştir. Klasik iktisatçılara göre "Görünmez El" kuramı bütün piyasaların dengede olduğunu ifade eder. Emek piyasası da diğer piyasaların olduğu gibi tam istihdam noktasında denge ücret seviyesinde emek talebi ile arzının kesiştiği ve iş arayıp çalışmak isteyen herkesin iş bulduğu durumdadır. Olası istihdam düzensizlikleri ise dengeye giden mekanizma sayesinde (kararlı denge) yeniden kurulur.

Keynes'e göre bir ekonomide istihdam düzeyi,gelir ve harcama düzeyine bağlı olarak değişir. Gelirler artıkça harcamaların da yükselmesi dolayısıyla ekonomideki toplam talebin yüksek olması beklenir. Bu durumda gerek özel kesim ve gerekse devlet tarafından yapılan tüketim ve yatırım harcamaları o ekonomideki gelir düzeyini ve dolayısıyla istihdam düzeyini belirler. Keynes'e göre istihdam seviyesini yükseltmek için uygulanması gereken politikalar genel talep seviyesini yukarı çekecek ağırlıkta olmalıdır. Örnek olarak maliye politikası uygulanarak kamu harcamalarının artışı dolaylı olarak istihdam düzeyine olumlu olarak etki edecektir. İşçi ücretlerindeki göreceli gerileme ise akabinde azalan tüketim talebiyle birlikte yatırımları ve büyümeyi yavaşlatarak o oranda istihdamı etkileyecektir(Şahin,2006:293).

Marksist teori, işsizliği kapitalist ekonomik düzenin bir sonucu olarak görür ve ekonomide bir miktar emek arz fazlalığının varlığını kabul eder. Ayrıca istihdam eksikliği, nüfusun yapısı ile uygulanan ekonomik sistem arasındaki uyumsuzluk sonucu olarak ortaya çıkar ve iki tip işsizliğe;kapitalist üretim tarzının sonucu olarak ortaya çıkan ve yedek işsizler ordusunu(göçmenler ve ev hanımları) yaratan teknolojik işsizlik ile birikime neden olan kar hadlerinin azalması sonucunda ortaya çıkan işsizliğe yol açar. Ücret teorisinin temeli de bu kavram üzerine inşa edilir. Marks'a göre kapitalist üretim modeli, sermaye yapısına bağlı olarak göreceli bir nüfus fazlası ortaya çıkarır. Eğer sermaye birikiminin yönü emek talebi üzerinde pozitif etki oluşturursa emek talebi artacak, negatif etki oluşturursa talep düşecektir. Görülen etki ise daha çok düşme yönündedir(Onaran,2000:199,Aktaran Germi,2012:19).

Monetarist yaklaşım ise istihdam konusuna parasal argümanlarla yaklaşmış talep, üretim, fiyatlar, ücretler ve istihdam gibi temel ekonomik ögelerin para arzında meydana gelen değişimlerden etkilendiğini savunmuştur. Monetaristler genel ekonomik dengenin serbest piyasa şartlarında kendi dinamikleriyle oluşabileceğini söylerken,istihdam hususunda ekonomide her zaman tam istihdam dengesi olamayabileceğini, bireylerin daha yüksek ücretli bir iş arama veya sosyal transferlerden yaralanmayı göze alarak,bir süre işsiz kalmayı göze alabileceklerini dolayısıyla ekonomide her an belirli bir işsizliğin (doğal işsizlik) olabileceğini savunurlar(Parasız,2002:390).

Monetarist yaklaşımı eleştiren Yapısalcı görüş savunucuları, işsizliğin sadece efektif talepdeki eksikliğe bağlı olmasının özellikle az gelişmiş ülkelerdeki işsizliği açıklamakta yetersiz olduğunu, işsizliğin esas sebebinin; ülkelerde izlenen rasyonel olmayan ekonomi politikalarına bağlı olarak sermaye birikimindeki aksaklıklar, ülke içi tasarruflarının eksikliği, yatırımların istenilen seviyede olmaması,hızlı nüfus artışı gibi nedenlerin işsizliğin doğurduğunu(olduğunu) ifade etmişlerdir. İşsizlikle mücadele içinde bir taraftan Keynesyen politikalarının uygulanmasını diğer taraftan da işgücüne yönelik nitelik kazandırıcı faaliyetler ve bölgeler arası gelişmişlik farkını giderici politikaların istihdama olası katkılarını belirtmişlerdir(Bekiroğlu,2010:42).

Rasyonel bekleyişler teorisi işsizliğin geçici olduğunu, gayri iradi işsizliğin bulunmadığını, işgücü piyasasının işleyişi ve içeriği gereği işsizliğin olmayacağını savunur(Törüner, 2000; 240 Aktaran, Germir,2012:24).Bu teori ekonominin daimi olarak dengede olduğunu kabul eder kısa dönemde arızi olan oluşan işsizliği de doğal işsizlik olarak görür.

Çoğunlukla tüm ülke ekonomilerinde görülen durum işgücünün istihdamdan fazla oluşu yani atıl işgücünün (işsiz) varlığıdır. Nüfus artışı ile beraber yeni iş olanaklarının aynı seviyede artmaması bir başka deyişle toplam işgücü talebinin yeterli düzeyde olmaması atıl işgücü sayısını artırmaktadır. Bu durum işsizliğin bir çok ülke için halen önemli bir problem olma özelliğini ortaya koymaktadır. Bu problemin ana nedenlerine bakıldığında genel olarak yatırımların yeterli düzeyde olmadığı gibi bir sonuç çıksa da teknolojik gelişmeler, sermaye hareketliliği,emeğin mobilize olması, üretim süreçlerinin değişmesi, işgücünün yüksek bilgi eğitim ile donanması mecburiyeti, dünyada görülen konjonktürel dalgalanmalar işgücü üzerinde baskı oluşturan etmenler arasındadır.

Üretim süreçlerindeki değişmede özellikle Fordist üretim yapısının müşteri tercihlerine cevap verememesi üzerine kendini yenileyememesi, finansal serbestlik (liberalizasyon) rüzgarları yanında bilgi ve ulaşım teknolojilerindeki gelişmeler işgücü piyasasını da etkilemiş ve önemli değişimleri gündeme getirmiştir. Post-fordist üretim biçimi işgücü piyasasında zaman ve format açısından esnek üretim mantığını gündeme getirmiş, kendini yenileyen sürekli öğrenen, üretim süreçlerine vakıf, teknolojik gelişmelere açık işgücünü üretimde tutmuş buna ayak uyduramayan kesimleri işgücü piyasası dışına itmiştir(Uyanık, 2008: 221).

Bu faktörlerin yanında kentleşme, iç ve dış göçlerin sürekliliği,siyasi ve ekonomik istikrarsızlık, iç tasarruflara bağlı olarak kamu ve özel sektördeki yatırım eksiklikleri, faiz ve dış ticaret hadleri, atıl kapasite oranları, girişimcilere yönelik eğitim, finans ve örgütlenme eksiklikleri, bölgeler arası gelişmişlik farklılıkları, geleceğe dönük beklentilerdeki bozulmalar, kısacası ülke içindeki oluşması gereken genel eko sistemdeki düzensizlikler özellikle gelişmekte olan ülkeler için işsizlik sorununu gündeme getirmekte aynı zamanda karmaşık bir ekonomik ve toplumsal mesele haline getirmektedir(Özdemir v.d., 2006;92,Gediz ve Yalçınkaya, 2000:180).

İşgücü arzı ve talebi arasında bir dengenin olduğu durumda da göreceli işsizlik görülebilir. Zira mutlak anlamda dengeden kasıt sadece rakamsal olarak bir eşitlikten ziyade eşleştirme probleminin, yani işgücünden istenilen özelliklerle iş ortamının eş düzeyde olmamasıdır. Nitekim bir mal ve hizmet üretim piyasasına sunulan işgücü arzının, talep edilen nitelikte çalışanlardan oluşmaması, görünürde tam istihdam olsa bile potansiyel tam istihdamın getirdiği ekonomik büyüklüğün gerçekleşmesi söz konusu olmadığından dolayı işsizlik gibi görülebilir(Murat ve Eser 2013:99).

İşsizliğin nedenleri ve ülkeler arası işsizlik oranlarındaki farklılaşmayı araştıran bir çok araştırma bulunmaktadır. Örnek olarak Nickell vd.(2005), 20 OECD ülkesine ilişkin 1960-1995 verileriyle yaptığı araştırmada, ülkeler arası işsizlik oranlarının farklılığını, sahip olunan farklı kurumsal göstergelere bağlamışlardır. Bean vd. (1986) ise 19 OECD ülkesi üzerinde 1956-1984 verilerini kullanarak yaptığı çalışmada, kurumsal yapının istihdam oranları üzerinde birinci derecede etkisinin olmadığını fakat ekonomik krizlere karşı duyarlı hale getirdiğini belirtmiştir. Phelps (1994) finans piyasalarında görülen yüksek reel faiz oranlarının istihdam oranını düşürdüğünü belirtmiştir. Carruth vd. (1998),ABD ekonomisine yönelik 1954-1994 dönemi çalışmasında, yüksek petrol fiyatları ile işgücü talebi arasındaki ilişkiyi incelemiştir. Burda (2000) işyeri kapatma ile ilgili yasal mevzuatın istihdamı baskı altında tutabileceğini, bu etkinin özellikle Almanya, İtalya ve İsviçre gibi Avrupa ülkelerinde geçerli olduğunu belirtmiştir(Duruel,Kara,2007:360). Bakare (2011) Nijerya için yaptığı çalışmada ülkedeki makro ekonomik göstergeler (işgücü talep ve arzı, nüfus, ücret, yatırımlar, kapasite kullanımı oranları ve gayri safi sermaye miktarı ) ile işsizlik arasında pozitif bir ilişki bulurken Rafiq vd. (2010) Pakistan'a yönelik yaptıkları çalışmada, enflasyon oranı, doğrudan yabancı sermaye ve nüfus ile işsizlik arasında bir ilişki tespit etmiştir. Türkiye için yapılan çalışmalarda,Aktar ve Öztürk (2009) işsizlikle doğrudan yabancı sermaye, ihracat ve GSYİH arasındaki ilişkiye bakmış,2000-2007 dönemi verilerini kullanarak bu değişkenlerin işsizlik üzerindeki etkisini ortaya çıkarmıştır. Kabaklarlı ve Gür (2011) Türkiye'deki genç işsizlik problemini ve belirleyicilerini incelemiş ,genç işsizliğe sebep olan faktörler arasında reel GSYİH, reel yatırımlar, verimlilik ve enflasyon değişkenlerini göstermiştir (Çondur ve Bölükbaş,2014:89).

İşsizliğin toplum üzerinde iki tür maliyeti bulunur. Sosyal maliyet ve ekonomik maliyet değişik düzeylerde ve farklı zamanlarda ülkenin sosyal ve ekonomik yapısını etkiler. Sosyal maliyetler kendi içinde doğrudan ve dolaylı olarak maliyetler olarak ayrılır. Doğrudan sosyal maliyet; işsiz olarak nitelenen kesimin gelir, statü, imaj, değer kaybı olarak açıklanırken alkol, uyuşturucu, hırsızlık, kayıt dışı ekonominin yaygınlaşması da işsizliğin dolaylı maliyeti olarak görülür.Ekonomik maliyet ise doğrudan işgücü içinde olup da çalışamayan bireylerin üretebilecekleri üretim ve değer kaybıdır(-Germir,2010:13).

İşsizlik sorununun ekonomik maliyeti ise, işgücü faktörünün üretimde yer alamamasından dolayı gerçekleştirilemeyen üretimi ifade eder. Bu maliyet Gayri Safi Yurt İçi Hasıla açığı (GSYİH) kavramı ile hesaplanır ve aşağıdaki gibi gösterilir.

***GSYIH Açığı = Reel GSYIH – Doğal GSYIH***

formüldeki doğal GSYİH(potansiyel GSYİH) tam istihdam durumunda işsizlik oranının doğal işsizlik oranına eşit olduğunda ortaya çıkan reel GSYİH' yı belirtir ve aradaki farkta işsizlik sebebiyle üretimden elde edilen hasılada ortaya çıkan kaybı gösterir(Bekiroğlu 2010:59).

Gerek sosyal gerekse ekonomik maliyetler ülkenin hem bugünü hem de yarınları için risk unsuru oluşturur. Çalışmayan ve üretmeyen bireyler hem toplumun diğer kesimlerine yük olurlar hem de toplumun huzurunu bozmak isteyen kesimler için potansiyel hedef kitle oluştururlar. Bu yüzden işsizliğin ekonomik maliyeti kadar sosyal maliyeti daha önemli ve önceliklidir. Etkileri orta ve uzun vadede kalıcı ve yıkıcı olabilir. Her insanın yaradılış gereği farklı ve özellikli tarafı vardır. Her insan iyi eğitildiğinde, ülke içi diğer ekonomik ve sosyal koşullar veri olduğunda değişik alanlarda üretken ve faydalı olabilir. Önemli olan bu üretkenliğe götürecek süreci başta eğitim olmak üzere her alanda iyi planlamak ve yönetmektir.

İşsizliğin çalışan kesim üzerinde de etkileri bulunur. Özellikle işsizliğin yüksek olduğu ülkelerde reel ücretler baskı altına alınarak işçi maliyetlerinin düşük olması rekabetçi unsur olarak görülür. Bu durum hem sektörü ya da firmayı gerçekte olmayan rekabetçi yapıya sokar hem de çalışanlar üzerinde ekonomik ve psikolojik baskı oluşturur.

## İşsizlikle Mücadelede Uygulanan İstihdam Politikaları

Bütün ülkeler için ortak bir problem olan istihdam sorunu işsizlikle mücadeleyi de içine alacak şekilde çatı bir kavram olarak istihdam politikalarına dönüşür. Zira bir ülkede işsizlik problemi olmasa bile küreselleşmenin sonucu olarak karşılıklı etkileşimler, çağın getirdiği yenilikler, ekonomik yapısal dönüşümler, üretim ve tüketim kalıplarındaki değişimler, gelir ve hayat standardındaki yükselmeler işgücü ve üretim mantalitesindeki değişimleri de beraberinde getirmiş,yaygın olan post-fordist üretim süreci içinde hem işçiye hem devlete hem topluma yeni görevler-içerikler ve standartlar getirmiştir. Bu anlamda ekonomi politikasını oluşturan ve yöneten politika yapıcıları da diğer alanlarda olduğu gibi istihdam piyasalarına yönelik yeni dinamik yaklaşımları oluşturma ve izleme sorumluluğuna yöneltmiştir.

İstihdam politikası, bir ülkede istikrarlı büyümeyi oluşturmak, refahı artırmak, üretilen gelirin adil bir biçimde dağılımını gerçekleştirmek,işsizliğin sebep olabileceği negatif sonuçları asgariye indirmek ve bireylerin insanlık onurlarına yakışır bir hayat tarzına sahip olmalarına imkan tanıyacak ilke, kriter, kural ve usullerin bütününü oluştururu(Bulut,2010:10). Uluslararası çalışma örgütüne(ILO) göre ise istihdam politikası,ülkenin büyümesini ve kalkınmasını destekleyen, rekabetçi yapıyı özendiren, hayat standardını yükselten, reel piyasanın istediği işgücü taleplerini karşılayan, işsizlik sorununun arka planını ortaya koyan ve çözüm üretmek amacıyla tam ve verimli istihdama uygun iş koşullarının oluşturan politika bileşenleridir(Sengenberger,2014:35).

İşsizlikle mücadelede uygulanan istihdam politikaları genel olarak ikiye ayrılır. Aktif ve Pasif İstihdam Politikaları şeklinde ayrılan bu yaklaşımlar arasındaki temel fark,işgücüne bakış ve yaklaşımdan kaynaklanır. OECD'ye göre işsiz kalan kişilere sadece gelir ödemesi yapılmasına ilişkin politikalar pasif istihdam politikaları olarak adlandırılırken, işgücü piyasasındaki aksaklıklarını gideren, mesleki becerileri artıran ve işgücü piyasalarının uyum kapasitesinin yükselten politikalar bütününe de Aktif İstihdam Politikaları ismi verilir(Biçerli,2005:46).

### *Pasif İstihdam Politikaları*

İşgücü piyasasından çıkan kişilere yönelik doğrudan gelir ödemeleri şeklindeki uygulanan politikalar pasif istihdam politikalarına karşılık gelir. Genel olarak işsizlik sigortası ve işsizlik yardımları şeklinde tanımlanan bu politika türü bir anlamda sosyal transfer harcamaları kapsamında değerlendirilebilir. Arasındaki fark ise işsizlik sigortasındaki fonların kişinin çalışırken ödediği primlerden oluşurken,işsizlik yardımının devlet bütçesinden finanse edilmesidir. Farklı ülkelerde işsizlik sigortası ve işsizlik yardımları haricinde başka türlü pasif istihdam politikaları da uygulanmaktadır. Mesai saatlerinin azaltılması, erken yaşta emekli edilme, kıdem tazminatının ödenmesi, iş kaybı gelir ödemesi, ihbarlı işten çıkarma tazminatı gibi çalışma mevzuatında yer alan politikalar pasif istihdam politikaları içerisinde değerlendirilirler(Varçın,4, Aktaran,Bekiroğlu, 2010:74).

1900'lü yılların başlarından bu tarafa uygulanan pasif istihdam politikalarının işsizliğin yükselmesi ve yüksek seviyelerde seyretmesi, işsiz kitleyi durağanlaştırması ve ülke bütçeleri için ciddi yükler getirmesi gibi sebeplerden dolayı etkinliği tartışılmaya başlanmış ve bu politikaların işsizlikle mücadelede tek başına yeterli olamayacağı konusunda bir görüş birliği oluşmuştur. Pasif politikalar yerine işsizlikle mücadelede uygulanması gereken farklı uygulamalar üzerine tartışmalar başlamış,bu doğrultuda aktif istihdam politikalarına doğru bir yönelme yaşanmıştır(Bulut,2010:10).

***Aktif İstihdam Politikası***

İşsizliği azaltmak için önerilen bir model olan aktif istihdam politikaları farklı şekillerde tanımlanır. OECD aktif işgücü politikalarını, işgücü piyasasını ve işgücünün niteliksel özelliklerini geliştirerek, daha etkin ve dengeli bir emek piyasası oluşturmaya yönelik uygulamalar bütünü olarak tanımlar. Geniş anlamda bakılacak olursa aktif istihdam politikaları;işsizlik oranlarını azaltarak, istihdamı korumaya çalışan bunun için mesleki kariyer yönetimi ve planlaması hizmetlerinden, iş ve meslek danışmanlıklarına, iş analizleri ve meslek sınıflamasından, istihdama yönelik değişik meslek eğitimlerinin uygulanmasına kadar iş arama stratejilerinin geliştirildiği ve işin gereklerine yönelik tüm hazırlıklar ve programların bir bileşimi olarak tanımlanır(Uşen, 2007: 66).

Temel amacı en başta beşeri kaynakların niteliğini artırarak ekonomik kalkınmayı sağlamak olan aktif işgücü politikaları,işgücünün karşılaşacağı zorlukları ve yapısal problemleri tespit ederek işgücü piyasasının değişen şartlara uyum sağlamasını kolaylaştırır. Bunu yaparken de özellikle uzun süreli işsiz kalan kitleler, eski hükümlüler, kadınlar, engelliler, göçmenler, gençler gibi toplumun farklı katmanlarından işgücüne katkısı olabilecek fakat değişik sebeplerden işgücü dışına itilen kesimleri odağına alır. Dezavantajlı gruplar olarak tanımlanan bu kitlelerin, toplum içerisinde değişik sebeplere bağlı olarak istihdamlarında zorluklarla karşılaşılmaktadır. Uygulanan aktif politikalar aracılığıyla bu kesimlerin istihdama kazandırılması atıl işgücü faktörlerin kazanılması kadar toplumsal yapının sağlıklı biçimde devamı açısından da önemli görülür(Sanal,2013:3).

Aktif işgücü Politikaları özellikle ekonomik konjoktür dalgalanmaların duraklama ve gerileme bölümlerinde istihdamı korumaya, yükselme ve genişleme dönemlerinde ise işgücü piyasaları ile ilgili darboğazları giderip ekonomik büyümeye niteliksel etki katmaya çalışır. Ayrıca emek faktörü ile farklı alt piyasalar arasındaki eşleşmeyi sağlayarak ve bireylerin iş deneyimlerini geliştirerek istihdam edilebilirliklerinin devamı konusundaki belirsizlikleri ortadan kaldırmayı da amaçlar(Biçerli,2005:4-5).

Aktif istihdam politikaları içinde uygulanan başlıklar işsizlik ödemeleri gibi uygulamalara sahip pasif istihdam politikalarından farklı hedeflere yönelirler. İşsizlik gelir telafisi ödemeleri, karşılıksız transfer gibi mali destekleri ile istihdam kaybının getirdiği ekonomik olumsuzluklardan korunma amaçlanırken,aktif istihdam politikaları, değişik sebeplerden dolayı işsiz kalmış kişilerin işgücü piyasasında iş bulmalarını ve bu işte devamlılığı sağlamalarını amaçlar. Başka bir anlatımla aktif işgücü politikaları işsizlerin istihdam edilebilirliğini kısıtlayan nedenleri ortadan kaldırmayı, istihdam edilme ortamlarını geliştirmeyi ve sürekliliğini amaçlamaktadır(Kapar, 2006:344).

OECD'ye göre işsizlikle mücadelede izlenen istihdam politikaları ve sınıflaması aşağıdaki gibi düzenlenmiştir(Biçerli, 2005:3).

- Kamunun işgücü arz ve talebini eşleştirme ve danışmanlık hizmetleri,
- Mesleki ve teknik eğitim,
- Sübvansiyonel istihdam (özel sektöre farklı teşvikler,kendi işini kuranlara destek, doğrudan kamu sektöründe istihdam v.s.)
- Gençlere ve eğitimden yeni çıkmış bireylere yönelik politikalar,
- Engellilere yönelik politikalar,
- İşsizlik sigortası,
- Erken emeklilik,

Bu kategoriler içinde ilk beş başlık aktif, son iki başlık ise pasif politikalar olarak sınıflandırılmıştır. OECD'ye göre işsiz olarak nitelendirilen kişilere yapılan gelir desteği bazlı politikalar pasif politikalar olarak kabul edilirken,işgücü piyasalarındaki denge sağlayıcı arz yanlı işleyiş bozukluklarını gideren, mesleki beceriyi ve tecrübeyi artıran ve işgücü piyasalarının etkinliğini ve verimliliğini yükselten politika demetleri ise aktif istihdam politikaları olarak sınıflandırılırlar.

İşsizliğin türüne göre değişik araçlar kullanarak işsizlik sorununu çözümüne doğrudan katkı sunmaya çalışan bu politika önlemlerinin en önemli kısmını eğitimi kapsayıcı program başlıkları oluşturur. Sürekli öğrenmeyi esas alan bu metotla işgücü niteliği yukarı çekilir.Yukarıda bahsedilen kitlelere bu şekilde yalnızca gelir desteği sağlamanın yanında onların çalışma hayatına girişleri, dönüşleri, uyumlarının kolaylaştırılması amaçlanmaktadır(Şanal:2013:7).

Aktif işgücü piyasası politikası ya da aktif istihdam politikası ismiyle bilinen ilk uygulamalar,Amerika Birleşik Devletlerinde 1929 ekonomik buhranından sonra işini kaybedenlere yönelik bir kamu politikası olarak uygulanmıştır. Benzeri uygulamalara Almanya'da 1914-1939 yılları arasında da rastlanır(Karabulut,2007:41). İstihdam politikası kavramına aktif kelimesinin eklenmesi ise ilk kez 1940'ların sonunda İşveç'te gerçekleşmiştir. İsveç'li iktisatçılar Rehn ve Meidner aktif istihdam politikaları kavramını; tam istihdamı sağlarken aynı zamanda enflasyonu göz önünde bulunduran sosyal demokrat bir yaklaşım olarak tanımlamışlardır. OECD'nin 1960'ların başında İsveç'teki uygulanan bu istihdam politikalarına ayrı bir başlıkta değerlendirip yayınlaması ile birlikte aktif istihdam politikaları bir kimlik kazanmış ve bunu üye ülkeler arasında yaygınlaştırmak amacı ile izleyen yıl içinde İşgücü ve Sosyal Sorunlar Komitesi oluşturulmuştur (Thomas 1996,Aktaran,2005:2). Buna rağmen 1980'li yıllara kadar aktif istihdam politikaları hükümetlerin fazlaca ilgisini çekmemiş ve önemsenmemiştir. İşsizliğin gündemde belirgin bir biçimde konuşulduğu 1980'li yıllar aynı zamanda aktif işgücü politikalarının konuşulmaya başlandığı yıllardır. Küreselleşme ve getirdiği dönüşümler ekonomik anlamda işgücü piyasasını da etkilemiş bu doğrultuda işsizliğin arka planında işgücü aktörlerinin küreselleşmenin getirdiği yeni dönüşüme ayak uyduramamalarının olduğu kabul edilmiştir. Bütün bunlar ise işgücü arzının esnekliği ve niteliği ile işsizlik arasında bir ilişkinin olduğu sonucuna götürmüş, (White, 2001:4,Aktaran,Kapar:2006:344) eğer işgücü talep yapısı ekonomik değişim ve dönüşüme göre bir dinamizm kazanıyorsa işgücü arzını da bu doğrultuda değiştirme ve yenileme gereğinin olması aktif istihdam politikalarının felsefi arka planını oluşturmuştur.

İşsizlik probleminin 1980'den bu tarafa neredeyse tüm ülkelerin büyük bir kısmında çözülmesi gereken en önemli sosyo-ekonomik bir sorun olması, bu sorununda uygulamaya konan talep yönlü politikalarla çözümünün işlevsiz kalması, AB ülkeleri başta olmak üzere birçok ülkede işgücü piyasasındaki aksaklıklarını azaltmak ve yeniden düzenlemek, dezavantajlı gurup olarak kabul edilen ve total olarak riskli istihdam grubu içinde görülen; yeni mezun, genç işsiz, engelli, vasıfsız ve uzun dönemli iş arayanlar için aktif işgücü politikalarını geliştirmek ve uygulamak zorunda bırakmıştır(Karabulut,2007:3).

Avrupa'da 1990'lı yılların başında ortaya çıkmaya başlayan işgücü piyasası eksikliklerini azaltmayı amaçlayan ve 1997 yılında Lüksemburg zirvesinde somutlaşan Avrupa İstihdam Stratejisinin içeriğine de bakıldığında aktif istihdam tedbirleri içinde görülen girişimciliğin teşviki, kendi işinin kurulmasının özendirilmesi ve vergi kolaylıklarının sağlanması, istihdam edilebilirliğin artırılması, risk sermayesinin sağlanması, okuldan işe geçişin önündeki engellerin kaldırılması, uyum kapasitesinin artırılması, fırsat eşitliğinin sağlanması,iş organizasyonunun modernize edilmesi, çalışma hayatı ile aile yaşamının uyumlaştırılması ve faal yaşama uyumun kolaylaştırılması gibi önlemlerin olduğu görülür(Kesici ve Selamoğlu, 2005: 38).

İşsizlikle mücadelede uygulanan aktif istihdam politikaları son onlu yıllarda önem kazanmasına ve bu politikalardan beklentilerin artmasına rağmen işsizlik sorununun çözümünde sadece aktif politikalara güvenmek ve sihirli bir değnek gibi görmek de doğru değildir. Aktif istihdam politikalarından istenen sonuç alınması için yeni iş alanlarının oluşturulması gerekmektedir. Yapısal düzenlemelerin olmadığı uygun istihdam şartları oluşturamayan bir ekonomide, aktif istihdam politikalarına verilen önem işsizliği azaltmada yeterli olmayabilir. İşsizlikte gözle görülür bir iyileşmenin olabilmesi için, uygulanan makro ve mikro ekonomik politikalarla uyumlu bir istihdam planlamasının olması ve aktif istihdam politikaların da bu stratejik planlamanın tamamlayıcı bir parçası olduğunun kabul edilmesi gerekir(Martin,1998:29).

Pasif istihdam önlemlerinden aktif politikalara geçilmesi gerekliliği genellikle ileri sürülen bir vurgudur. Halbuki aktif ve pasif istihdam politikaları birbirlerinin yerine kullanılan ve birbirilerinin bir ikamesi olarak ortaya konan politikalar değildir. Bir çok ülkede bu iki politikanın birbirini tamamlar nitelikte olduğu görülür. Örnek olarak işsizlik ödemeleri ile gelir desteği sağlanan kişiler aktif hale getirilmenin ilk adımı gibi görülürler. Bir çok ülkedeki uygulamada işsizlik gelir ödemelerinden yararlanma koşulunu işsiz olan bireyin aktif işgücü programlara katılma şartına bağlayarak iki politikayı birleştirir ve ilişkilendirir (Berkel, 2000: 3,Aktaran,Kapar,2006:344).

Son dönemlerde aktif işgücü politikalarının işsizliğe sebep olan arka plandaki faktörlere yönelik programlar üzerinde durduğu görülür. Demografik farklılıklar ve zorluklar, dünyanın başka bölgelerinde her geçen gün daha fazla sayıda genç bireylerin işsiz kalması, işgücü piyasasında daha sık görülmeye başlanan esnek çalışma şekilleri, küreselleşme bağlamında ortaya çıkan ekonomik değişim ve dönüşümün teknolojik gelişmelerle birleşmesi ve işgücü taleplerindeki sürekli değişimler aktif işgücü politikalarını yönü ve içeriği hakkında yeni politikalar izlenmesi gerektiğini ortaya koymuştur. Bu manada genel ekonomik ve işgücü piyasa aksaklıkları (market failure),iş piyasasında bilgi eksikliği ,yanlış meslek eşleştirmeleri, kurumsal mevzuat ve bakış katılıkları, istihdam fırsatlarında oluşan dengesizlik,riskli istihdam gruplarına meslek edindirilmesi ile birlikte işgücü piyasasına kazandırılması aktif işgücü politikalarının ana eksenini oluşturmuştur(Riboud, 2001:12-13,Aktaran,Şenkal,2011:12).

## Türkiyede İstihdam Politikalarının Tarihi Geçmişi

Cumhuriyetin kurulması ile birlikte ekonomik anlamda gelişme fikri ve bunun somuta dönüştürülmüş biçimi olan 1933'deki 1.Sanayi Planı sonrası iktisadi ve sınai faaliyetlerdeki hareketlenmeler, nüfusun çoğunu savaşlarda kaybetmiş dolayısıyla işgücü eksiği olan bir ülke için istihdam açısından bir fırsat doğurmuştur.1950'lerle birlikte yeniden liberal politikalar eşliğinde hız kazanan ekonomik aktiviteler özellikle alt yapı yatırımları ve emek yoğun teknolojiler istihdam kavramını o yıllar itibariyle de bir sorun olmaktan uzak tutmuş,1960'ların başından itibaren ise nüfus artışına bağlı hızlı kentleşme, emek yoğun üretim araçlarının yerini sermaye yoğun teknolojilere bırakması, tarımda makinalaşmanın ortaya çıkması, işgücüne katılan yeni kitlelere istihdam alanlarının yeterli karşılığı verememesi gibi sebeplere bağlı olarak işsizliğin bir sorun olarak ortaya çıkabileceğine dair şüpheler belirmiştir. İstihdamın bir kavram olarak tüm yönleriyle ülkenin resmi yazılı gündemine girmesi de 1961 Anayasası ile birlikte gerçekleşmiştir. Anayasada, istihdam/ işsizlik bir problem olarak görülmüş çözümünde devlete öncü bir rol yükleyerek 42.maddesi ile de "Çalışma herkesin hakkı ve ödevidir. Devlet çalışanların insanca yaşamasını ve çalışma hayatının kararlılık içinde geçmesi için sosyal, iktisadî ve malî tedbirlerle çalışanları korur ve çalışmayı destekler; işsizliği önleyici tedbirler alır" hükmünü koymuştur(Gökçen,1973:146).

1.BYKP'da işsizliğin önümüzdeki dönemin en önemli sorunlarından biri olacağı, teknolojik gelişmelerin ve üretim tekniklerinin gelişmesi ile birlikte emek tasarrufunun ortaya çıkacağı,bunlardan kaçınmak için tarımsal bölgelerde açığa çıkan işgücü için yeni projeler başta olmak üzere, işgücü odaklı belirli sektörel yoğunlaşmalarla birlikte nüfus politikasının yeniden gözden geçirilmesi dolayısıyla nüfus artış hızının düşürülmesi gerektiği belirtilmiştir(1.BYKP,1963:36).Tespitin doğruluğu bugün daha iyi anlaşılabilirken tedavi olarak öne sürülen nüfus azaltıcı politika uygulanması tavsiyesinin bugünün dünyasında en stratejik silahlardan birisi olması göz önüne alındığında isabetli bir tavsiye olmadığı anlaşılmaktadır.İkinci plan döneminde özellikle istihdam için özel bir önlem ve politika tedbiri getirilmemiş, büyüme hızına bağlı olarak ekonomik genişleme ile birlikte işsizliğin kendiliğinden gerileyeceği varsayılmıştır. Üçüncü planın bu konuda getirdiği farklılık işgücü fazlasının dış ülke iş imkanlarının da değerlendirilmesiyle ilgili çalışmaların yapılması ve bireylerin yetiştirildikleri alanlarda istihdam edilmeleri konusundaki tavsiyesidir. Her iki planda da yer alan politika önerileri ve uygulamalar işsizliği bir sorun olmaktan kurtaramamış sonuçta işsizliğin uzun vadeli yapısal dönüşüm eşliğinde yüksek büyüme hızına bağlı bir değişken olduğuna ve bu değişkeninde uzun vadede kontrol altına alınacağı belirtilmiştir(Gökçen,1973:156).4.BYKP'da daha önceden plana alınıp çözülmesi beklenen istihdam sorununun farklı sebeplere bağlı olarak ortada kaldığı, geçmiş dönemdeki uygulanan politikaların yapısal bünyeye uymadığı ,gelişmişlik düzeyi ve demografik olguların sorunun çözümüne katkıda bulunmadığı belirtilmiştir(4.BYKP,1979:25).Çözüm olarak sunulan öneri ise teknoloji ve sanayi politikaları ile özdeşleştirilmiş işgücünün verimli bir şekilde kullanılarak,sektörler ve bölgeler arası dağılımı da dikkate alarak yeniden organize edilmesi olduğu gösterilmiştir. İşgücünün eğitimi özellikle de mesleki eğitimin geliştirilmesinin önemi de ayrıca belirtilmiştir(Bekiroğlu,2010:188).

1960-1980 arası dönem Türkiye'nin kalkınma stratejisini ithal ikameci anlayışla geçirdiği dönemdir. İthal ürünlerin yerli üretimle ikamesinde istihdam sorununa bakış ise iki temel değişkene; büyüme hızı ve sanayileşmeye bağlanmıştır. İş sahalarının büyüme hızına bağlı olarak sanayileşme zemininde oluşacağı ön kabulü ise istihdamın bağımsız bir değişken olarak ele alınmasının önüne geçmiştir(Karabulut,2007:32).

24 Ocak 1980 tarihi Türk ekonomisi için bir kulvar değişikliği, bir anlamda ekonomik nehir yatağının değiştirilmesi hadisesidir. Dışa dönük sanayileşme stratejisi ile rekabetçi sektörler oluşturularak üretim ve istihdam sorununa ikili bir çözüm getirmesi amaçlanmıştır. Daha sonrasında yapılan 5. BYKP'da istihdama ilişkin doğrudan ve dolaylı olarak önlemler ise ihracata yönelik sanayileşme ile birlikte yeni istihdam alanlarının oluşturulması, gerçekçi emek-faktör fiyat politikası uygulanarak üretim sürecinde emek-yoğun teknolojilerin kullanımına özen gösterilmesi, kamu ve özel sektör kuruluşlarının kapasite kullanım oranlarının artırılması, atıl üretim faktörlerinin değerlendirilmesi, işçi-işveren arasındaki çalışma ilişkilerinin güven esasında iyileştirilmesi, niteliksiz işgücünün nitelikli hale gelmesi için örgün ve yaygın eğitim faaliyetlerinin artırılması, hizmet içi eğitimin artırılması, yabancı sermaye yatırımlarının hızlanmasına yönelik yasal mevzuat düzenlemelerinin hızlandırılması, serbest bölgelerin geliştirilmesi, küçük ve orta ölçekteki işletmelerin büyümesine destek olunarak istihdam ve üretime olumlu katkıda bulunulması, işgücü fazlasının ağırlıkta olduğu bölgelerde konut, kamu altyapı ve imar projelerinin desteklenmesi ve bölgesel işsizliğin giderilmesi şeklinde belirlenmiştir(5.BYKP,1985: 128).Bu planın önceki planlardan farkı makro ekonomik önlemlerle birlikte işgücü piyasası önlemlerine de beraberce ele almasıdır. Bu önlemlerin sonucunda istihdama ilişkin hedeflenen ve gerçekleşen rakamlar ise iyimser bir ortamın doğmasına yol açmış,1989 yılı için 2.4 milyon hedeflenen sanayi sektör istihdamı 2.9 milyona, 5.4 milyon hedeflenen hizmetler sektörü istihdamı ise 6.7 milyona çıkmıştır(Germir,2010:118).6.BYKP'ında 1990-1994 dönemi içinde istihdam politikaları bağlamında istihdam ortamının gelişmesini sağlayacak önlemlerin devamının önemine vurgu yapılmış,bu manada yatırımların özendirilmesi, girişimciliğin artırılması, KOBİ işletmelerinin teşviki,vasıflı işgücü oluşumunun desteklenmesi ve eldeki işgücünün nitelik düzeyinin yükseltilmesiyle beraber işgücü piyasasında karşılaşılan sorunların ortadan kaldırılması gibi temel ilkeler belirlenmiştir(6.BYKP,1990:302).

7. BYKP(1996–2000)işsizlikle mücadelede etkin bir netice alınmasının ancak istikrarlı, yatırımı artırıcı ve rekabetçi ekonomik yapıya dayalı kalıcı ve

yüksek bir büyüme hızının yakalanması ile mümkün olabileceğini belirtir. Bu anlamda, teknolojik gelişime açık bir şekilde rekabetçi imalat sanayi sektörü ve katma değer oluşturan hizmet sektörü yatırımlarının teşvik edilmesi amaçlanmıştır. Ayrıca işgücü kalitesinin yükseltilmesi, emek piyasasındaki görülen eksikliklerin giderilmesi, meslek standartlarının belirlenip geliştirilmesi gibi uygulamalarla istihdamın artırılabileceği öngörülmüştür. Bundan başka özellikle KOBİ'ler ile bireysel girişimcilerin proje, finansman, pazarlama, satış, dış ticaret organizasyonları ve teknolojiye adaptasyon gibi alanlarda desteklenmesi ve girişimcilik eğitimlerinin artırılmasına yönelik çalışmaların gerçekleştirilmesi gerektiğinin altı çizilmiştir (Bekiroğlu,2010:200).

2001-2005 yılı arası kalkınma stratejisinde,yatırım ortamının iyileştirilmesine bağlı olarak yatırımların artırılması ve ekonomik büyümenin kalıcı olarak sürdürülebilir olması suretiyle istihdamın desteklenmesi ve işsizliğin düşürülmesi ana hedef olarak görülmüştür. Buna göre istihdamın içeriği tarım dışı sektörler lehine değiştirilerek, piyasanın talep ettiği işgücü yetiştirilecek,teknolojik gelişmelere açık,bilgi düzeyi yüksek nitelikli işgücü oluşumuna öncelik verilerek işgücü piyasasının etkinliği artırılacaktır. Ayrıca ulusal istihdam stratejisinin oluşturulması, işgücü piyasasına taraf olan tüm kesimlerin mutabakatı ile Avrupa İstihdam Stratejisine uygun bir şekilde hazırlanacaktır(8.BYKP,2000:102-103).

9.BYKP'na(2007–2013) bakıldığında istihdam dostu sürdürülebilir büyüme çerçevesinde rekabetçi bir ekonomik yapıda bilgi temelli nitelikli işgücünün yetiştirilmesi, istihdam olanaklarının artırılması, işsizliğin düşürülmesi ve işgücü piyasasının etkin bir şekilde oluşturulması amaçlanmıştır. Değişen ekonomik yapı ile işgücü piyasasında görülen aksaklıkların giderilmesi hedefine yönelik, kişilerin istihdam becerilerini artıracak yaşam boyu öğrenme metodolojisinin geliştirileceği belirtilmiştir. Böylece bireylerin tecrübe ve yeteneklerinin geliştirilmesi için, başta üniversiteler olmak üzere örgün ve yaygın eğitim kurumlarının imkan ve bilgilerini bireylere aktarılmasının sağlanması, mesleki eğitim çıraklık ve halk eğitim kurslarının bu alanda da faaliyet göstermesi, özel sektör ve sivil toplum kuruluşlarının da yaşam boyu öğrenme faaliyetleri içinde aktif olarak yer almasının altı çizilmiştir(9. BYKP,2007:116-117).

Yukarıda kısaca son yarım asırlık Türkiye Ekonomisi tarihindeki kalkınma planları içerisinde istihdama nasıl bakıldığı özetlenmeye çalışılmıştır. Dikkati çeken unsur ilk dönemlerde istihdamı hedef almaktan ziyade yatırımların ve büyümenin öne alınması ve istihdamın da onlarla ilişkilendirmesidir. Son dönemlerde ise değişen ekonomik yapı, üretim ,tüketim süreçlerindeki değişim, sosyal ve kültürel etkenlerin üretim ve istihdam içerisinde yer alması, bilgi toplumu içinde bireylerin kendine yer bulma zorunluluğu, rekabetin üretimde olduğu gibi kişiler arasında da olması bireylerin kişisel gelişimlerine yönelik istihdam stratejilerini öne çıkarmıştır. Bu hususda da Türkiye'nin AB'ye üye ülke olma isteğinin ve oluşturması gereken işgücü alt yapısının önemli payı vardır.

Ülkemizin 1999 yılında AB'ne aday ülke olma statüsünden sonra,gerekli altyapı çalışmalarını AB komisyonu ile birlikte diğer aday ülkelerde de olduğu gibi üç ana başlıkta ele almıştır. Katılım Ortaklığı Belgeleri(KOB),Ulusal Programlar ve İlerleme Raporları Türkiye'nin diğer alanlarda olduğu gibi istihdam alanında da oluşturması gereken altyapının sınırlarını yani AB müktesebatı içinde görülen hukuki ve kurumsal çerçeveyi belirlemiştir. 2001,2003,2006,2008 yılında komisyon tarafından yeniden düzenlenen katılım ortaklığı belgelerinde sosyal politika ve istihdam başlığı altında alınması gereken öncelikler sayılmıştır. Kayıt dışı istihdam, genç nüfus için mesleki eğitimin yaygınlaştırılması, iş ortamının iyileşmesi, çocuk işçiliği, sosyal diyaloğun sürdürülmesi, ulusal istihdam stratejisinin oluşturulması gibi önlemler Katılım Ortaklığı Belgesinde yer almış bunlar da Ulusal Programlarda detaylandırılmıştır. Bunlardan birisi de Çalışma ve Sosyal Güvenlik Bakanlığı tarafından hazırlanan ve 2014 yılında yasalaşan Ulusal İstihdam Stratejisidir. Strateji; eğitim-istihdam, esnekleşme, özel politika gerektiren kesimin istihdamı ve sosyal koruma-istihdam ilişkisi olmak üzere dört temel üzerine kurulmuş,(Özen,2015:89-101) ana hedefleri de;

- İşsizlik oranının 2023 yılı itibariyle % 5'ler düzeyine çekilmesi,
- İstihdam oranının % 50'ye yükseltilmesi;
- Tarım dışı istihdamın büyüme esnekliğinin 0,52 düzeyinden, 0,62'ye yükseltilmesi
- Tarım dışı sektörlerde % 29,1 düzeyinde olan kayıt dışı istihdam oranının, 2023 yılında % 15'in altına indirilmesi şeklinde belirlenmiştir(Yeldan,2012:7).

Gelinen noktada AB mevzuatına Türk işgücü piyasasının ve mevzuatının uyarlanması hususunda ciddi ilerlemeler kaydedilmiş, sendikal haklardan, iş kanunlarına, kayıt dışı istihdamdan işgücü piyasasındaki düzenlemelere, çocuk işçiliğinden, kurumsal kapasitenin artırılmasına kadar bir çok önemli düzenleme gerçekleştirilmiştir.

## Türkiyede Uygulanan Aktif İstihdam Politikaları ve İşkur

Türkiye'de aktif istihdam politikaları bağlamında uygulanan programların önemli ayağı İŞKUR tarafından gerçekleştirilmektedir.5 Temmuz 2003 tarihli 4904 sayılı kanunla birlikte görev alanı genişleyen İŞKUR'un görevleri;

- Ulusal istihdam politikalarının oluşturulmasına katkı sağlamak,
- İşgücü piyasası verilerini derlemek, analiz etmek ve yorumlamak,
- İşgücü arz ve talebi arasında aracılık hizmeti yapmak,
- Çalışma hayatı ve endüstriyel işlemleri yürütmek,
- Aktif-pasif istihdam politikalarını yürütmek şeklinde belirtilmiş,

Aktif istihdam politikalar içerisinde ise; işgücü yetiştirme/geliştirme kursları, girişimcilik eğitimleri, çalışanların mesleki yeteneklerinin artırılması eğitimi, işbaşında eğitim programları, toplum yararına çalışma(TYB) projeleri gibi uygulamalar öne çıkmıştır.Bununla birlikte meslek seçiminde ve edinmesinde sıkıntıları olan bireylere, mesleki uyumsuzluk içinde olan, mesleki becerilerini geliştirmek ve işini değiştirmek isteyen bireylere yönelik olarak iş ve meslek danışmanlığı uygulaması da önemli aktif istihdam politikaları arasında sayılmıştır(Erol,2013: 40).

Ayrıca dezavantajlı guruplara yönelik olarak uygulanan ve işgücü piyasasına girmede görece zorluk çekenlere yönelik özel eğitimlerde aktif işgücü politikası kapsamında İŞKUR'un sorumluluğundadır. Bu bağlamda düzenli olarak; istihdam garantili işgücü yetiştirme eğitimleri, kendi işini yapmak isteyenlere yönelik meslek edindirme kursları, mesleki geliştirme kursları, özürlülere yönelik mesleki eğitim ve rehabilitasyon eğitimleri, hükümlülere yönelik mesleki eğitim çalışmaları, işsizlik sigortası kapsamında işsizlere eğitimler verilmektedir(Şahin,Sevimli,2013: 6).

İŞKUR'un 2007 yılından bu tarafa işgücü piyasasına yönelik ihtiyaç analiz tabanlı işgücü piyasası araştırması yapmaktadır. Bu araştırma, işgücü talebinin bugün ve gelecekte sektörel ve mesleki açıdan hangi boyutta olacağı, ne kadar elemana ihtiyaç duyulacağı ve hangi mesleklerde işgücü temininde güçlük çekildiği gibi bilgilerin yanında aktif işgücü uygulamalarının piyasa gereksinimlerine göre planlanmasına ve uygulanmasına katkıda bulunması açısından önemli görülür(Bulut, 2010; 132).

İŞKUR'un yanında aktif istihdam politikası kapsamında uygulamada insiyatif alan kurum ve kuruluşlar bulunmaktadır. MEB ,üniversiteler, halk eğitim merkezleri, belediyeler, KOSGEB, Başbakanlık Sosyal Yardımlaşma ve Dayanışma Genel Müdürlüğü, Kültür ve Turizm Bakanlığı, kalkınma ajansları, özel istihdam büroları, sivil toplum kuruluşları istihdamla ilgili bazı programları kendi bünyelerinde ya da İŞKUR ile koordineli şekilde yürütebilmektedirler. Örnek olarak özellikle büyükşehir belediyeleri bünyesinde kurulan ve İŞKUR ile de protokol kapsamında yürütülen sonu "MEK" ile biten İSMEK,KOMEK,GAZMEK v.b. programlarda bir çok branşta meslek kurslarının açıldığını ve istihdam ile ilgili önemli gelişmelerin sağlandığını görmek mümkündür.

## Dünyada ve Türkiye'de İşsizlik ve İstihdama Genel Bakış

Türkiye'deki istihdam ve işsizliği irdelemeden önce dünyadaki duruma genel olarak bakmak yararlı olabilir. Bu amaçla özellikle OECD ülkeleri bağlamında işsizlik ve işgücüne katılım oranları üzerinden bazı saptamalar yapılacaktır.

OECD ülkeleri bağlamında Tablo1'e baktığımızda son 16 yılda bazı ülkelerin işsizlikle mücadelede başarılı oldukları görülürken bazılarının aynı oranlarda işsizlik rakamlarına sahip oldukları görülmektedir. Bunun yanında makro ekonomik anlamda zayıf karakterli olan Yunanistan, İspanya, Portekiz gibi ülkelerde ise işsizlik oranlarının ciddi seviyelerde olduğu tespit edilmiştir. Bu ülkelerin ortak özelliklerine bakıldığında yüksek oranda kamu borç stoklarına sahip olmaları, ekonomik sektör çeşitlilik eksiklikleri, istikrarlı büyümeye sahip olamamaları gibi etkenleri görmek mümkündür. Tablodan ortaya çıkan diğer bir unsur 2008 küresel krizinden sonra tüm ülkelerde işsizlik oranlarının artış gösterdiğidir. İzleyen yıllarda ise bazı ülkelerde bu oranların kalıcı bir seviyede devam ettiği görülmektedir. Örnek olarak Yunanistan, Slovenya, Portekiz, Letonya, Kanada, İrlanda, İspanya İsveç gibi ülkelerde küresel kriz sonrası işsizlik oranları kalıcı bir seviyede seyretmiştir. Türkiye'de 2009 yılında %14'e yükselen işsizlik oranları da izleyen yıllarda ortalama %9-10 bandına oturmuştur.

Tablodaki diğer bir unsur ise işgücüne katılım oranları ile ilgili rakamlardır. Bu oranlara bakıldığında dikkat çeken birkaç unsur göze çarpar. Birincisi OECD ülkelerinde işgücüne katılım oranları genelde %60-70 bandında seyretmekte, hatta kuzey ülkeleri olarak ifade edilen Norveç, İzlanda, İsveç,İsviçre gibi ülkelerde ise bu oranların %75-80'e kadar çıktığı görülür. İkincisi Türkiye'deki işgücüne katılım oranları bütün OECD ülkeleri arasındaki en düşük rakamı %45'le göstermektedir. Üçüncü olarak Yunanistan, Portekiz, İspanya gibi ekonomik krizin makro ekonomik dengeleri değiştirdiği ülkelerde işgücüne katılım oranlarında düşme görülmektedir.

*Tablo 1.OECD Ülkelerindeki İşsizlik ve İşgücüne Katılma Oranları 2000-2016*

| ÜLKE | 2000 | 2001 | 2002 | 2003 | 2004 | 2005 | 2006 | 2007 | 2008 | 2009 | 2010 | 2011 | 2012 | 2013 | 2014 | 2015 | 2016 |
|---|---|---|---|---|---|---|---|---|---|---|---|---|---|---|---|---|---|
| ABD | 4.0<br>74.1 | 4.7<br>73.1 | 5.8<br>71.9 | 6.0<br>71.5 | 5.5<br>71.2 | 5.1<br>71.5 | 4.6<br>72.0 | 4.6<br>71.8 | 5.8<br>70.9 | 9.3<br>67.6 | 9.6<br>66.7 | 8.9<br>66.6 | 8.1<br>67.1 | 7.4<br>67.4 | 6.2<br>68.1 | 5.3<br>68.7 | 4.9<br>69.4 |
| Almanya | 6.9 | 6.9 | 9.8 | 10.5 | 10.6 | 11.7<br>65.5 | 10.8<br>67.2 | 8.7<br>69.0 | 7.5<br>70.1 | 8.1<br>70.3 | 7.7<br>71.3 | 7.1<br>72.7 | 6.8<br>73.0 | 6.9<br>73.5 | 6.7<br>73.8 | 4.6<br>74.0 | 4.1<br>74.7 |
| Avusturya | 3.9<br>68.5 | 4<br>68.4 | 4.4<br>68.8 | 4.8<br>69.0 | 5.5<br>66.5 | 5.6<br>67.4 | 5.3<br>68.6 | 4.9<br>69.9 | 4.1<br>70.8 | 5.3<br>70.3 | 4.8<br>70.8 | 4.6<br>71.1 | 4.9<br>71.4 | 5.4<br>71.4 | 5.6<br>71.1 | 5.7<br>71.1 | 6.0<br>71.5 |
| Avustralya | 6.3<br>69.1 | 6.8<br>69.0 | 6.4<br>69.3 | 5.9<br>70.1 | 5.4<br>70.3 | 5.0<br>71.5 | 4.8<br>72.1 | 4.4<br>72.8 | 4.22<br>73.2 | 5.6<br>72.1 | 5.2<br>72.3 | 5.1<br>72.6 | 5.2<br>72.3 | 5.7<br>71.9 | 6.1<br>71.5 | 6.1<br>72.1 | 5.7<br>71.8 |
| Belçika | 6.9<br>60.5 | 6.6<br>59.9 | 7.5<br>59.9 | 8.2<br>59.6 | 8.4<br>60.3 | 8.5<br>61.1 | 8.3<br>61.0 | 7.5<br>62.0 | 7.0<br>62.4 | 7.9<br>61.6 | 8.3<br>62.0 | 7.2<br>61.9 | 7.6<br>61.8 | 8.4<br>61.8 | 8.5<br>61.9 | 8.5<br>61.8 | 7.8<br>62.3 |
| Çek Cum. | 8.8<br>64.9 | 8.1<br>65.0 | 7.3<br>65.4 | 7.8<br>64.7 | 8.3<br>64.1 | 7.9<br>64.8 | 7.1<br>65.2 | 5.3<br>66.0 | 4.4<br>66.5 | 6.7<br>65.3 | 7.3<br>64.9 | 7.0<br>65.7 | 7.0<br>66.5 | 6.1<br>67.7 | 5.1<br>68.9 | 4.0<br>70.0 | 6.9<br>71.9 |
| Danimarka | 5.4<br>76.3 | 4.6<br>76.2 | 4.8<br>75.9 | 5.7<br>75.1 | 5.8<br>75.7 | 5.1<br>75.9 | 3.9<br>77.4 | 3.6<br>77.0 | 2.6<br>77.8 | 4.7<br>75.4 | 6.0<br>73.3 | 6.0<br>73.2 | 6.0<br>72.6 | 5.6<br>72.5 | 4.9<br>72.8 | 6.2<br>73.5 | 6.2<br>74.8 |
| Estonya | 14.3<br>60.3 | 13.0<br>61.1 | 11.2<br>61.3 | 10.3<br>63.0 | 10.1<br>63.1 | 8.0<br>64.8 | 5.9<br>68.4 | 4.6<br>69.7 | 5.5<br>70.1 | 13.5<br>63.8 | 16.7<br>61.3 | 12.3<br>65.3 | 10.0<br>67.2 | 8.6<br>68.5 | 7.4<br>69.6 | 6.2<br>71.9 | 6.8<br>72.1 |
| Finlandiya | 9.8<br>67.2 | 9.1<br>68.1 | 9.1<br>68.1 | 9.0<br>67.7 | 8.8<br>67.7 | 8.4<br>68.4 | 7.7<br>69.3 | 6.9<br>70.3 | 6.4<br>71.0 | 8.2<br>68.7 | 8.4<br>68.2 | 7.8<br>69.0 | 7.7<br>69.4 | 8.2<br>68.9 | 8.7<br>68.7 | 9.4<br>68.5 | 8.8<br>69.1 |
| Fransa | 8.5 | 7.8 | 7.9 | 8.5<br>64.0 | 8.9<br>66.3 | 8.9<br>63.8 | 8.8<br>63.7 | 8.0<br>64.3 | 7.4<br>64.9 | 9.1<br>64.1 | 9.3<br>64.0 | 9.2<br>63.9 | 9.8<br>64.0 | 10.3<br>64.0 | 10.3<br>63.8 | 10.4<br>63.8 | 10.1<br>64.2 |
| Hollanda | 3.7<br>73.0 | 3.1<br>74.1 | 3.7<br>74.4 | 4.8<br>73.7 | 5.7<br>73.1 | 5.9<br>73.2 | 5.0<br>74.3 | 4.2<br>76.0 | 3.7<br>77.2 | 4.4<br>79.0 | 5.0<br>74.7 | 5.0<br>74.2 | 5.8<br>74.3 | 7.2<br>73.6 | 7.4<br>73.1 | 6.9<br>74.2 | 6.0<br>74.8 |
| İsrail | 8.8<br>56.1 | 9.3<br>55.6 | 10.3<br>54.8 | 10.7 | 10.4<br>55.7 | 9.0<br>56.7 | 8.4<br>57.6 | 7.3<br>58.9 | 6.1<br>59.8 | 7.5<br>59.2 | 6.7<br>60.2 | 5.6<br>60.9 | 6.8<br>66.5 | 6.2<br>67.1 | 5.9<br>67.9 | 5.2<br>68.3 | 4.8<br>68.6 |
| İngiltere | 5.1<br>71.2 | 5.2<br>71.4 | 5.0<br>71.4 | 4.7<br>71.5 | 4.8<br>71.7 | 5.4<br>71.7 | 5.3<br>71.6 | 5.7<br>71.4 | 7.6<br>71.5 | 7.9<br>69.9 | 7.9<br>69.3 | 8.1<br>69.3 | 8.0<br>69.9 | 7.6<br>70.5 | 6.2<br>71.9 | 5.4<br>72.7 | 4.9<br>73.5 |
| İtalya | 10.1<br>53.7 | 9.0<br>54.8 | 8.5 | 8.4 | 8.0<br>57.7 | 7.7<br>57.6 | 6.8<br>58.3 | 6.1<br>58.6 | 6.7<br>58.6 | 7.8<br>57.4 | 8.4<br>56.8 | 8.4<br>56.8 | 10.6<br>56.6 | 12.1<br>55.5 | 12.7<br>55.7 | 11.9<br>56.3 | 11.7<br>57.3 |
| İsveç | 4.7 | 4.0<br>74.1 | 4.0<br>73.6 | 4.9<br>72.8 | 5.5<br>72.0 | 7.6<br>72.3 | 7.0<br>73.1 | 6.1<br>74.1 | 6.2<br>74.3 | 8.3<br>72.2 | 8.6<br>72.1 | 7.8<br>73.5 | 8.0<br>73.7 | 8.0<br>74.4 | 7.9<br>74.8 | 7.4<br>75.5 | 6.9<br>76.2 |
| İsviçre | 2.0 | 1.9 | 2.8 | 3.8 | 4.3 | 3.8<br>77.2 | 3.3<br>77.9 | 2.8<br>78.6 | 2.6<br>79.5 | 3.7<br>79.0 | 3.8<br>77.3 | 3.1<br>78.3 | 2.9<br>78.4 | 3.2<br>78.4 | 3.2<br>78.7 | 3.2<br>79.2 | 3.3<br>79.6 |
| İspanya | 11.9<br>56.2 | 10.6<br>57.8 | 11.5<br>58.9 | 11.5<br>60.1 | 11.0<br>61.3 | 9.2<br>63.5 | 8.5<br>65.1 | 8.2<br>65.8 | 11.3<br>64.4 | 17.9<br>59.9 | 19.9<br>58.8 | 21.4<br>58.0 | 24.8<br>55.7 | 26.1<br>54.8 | 24.5<br>56.0 | 22.1<br>57.8 | 19.6<br>59.5 |
| İrlanda | 4.3<br>65.2 | 3.9<br>65.8 | 4.5<br>65.5 | 4.6<br>65.5 | 4.5<br>66.3 | 4.4<br>67.6 | 4.5<br>68.7 | 4.7<br>69.2 | 6.4<br>67.3 | 12.0<br>61.9 | 13.9<br>59.6 | 14.7<br>58.9 | 14.7<br>58.9 | 13.1<br>60.5 | 11.3<br>61.7 | 9.4<br>63.3 | 7.9<br>64.8 |
| İzlanda | 1.3 | 1.4 | 2.5 | 3.3<br>83.2 | 3.1<br>82.2 | 2.6<br>83.7 | 2.9<br>84.6 | 2.3<br>85.1 | 3.0<br>83.5 | 7.2<br>78.3 | 7.6<br>78.1 | 7.1<br>78.4 | 6.0<br>79.6 | 5.4<br>81.1 | 5.0<br>82.9 | 4.0<br>84.7 | 3.0<br>86.5 |
| Japonya | 4.7 | 5.0 | 5.4 | 5.3 | 4.7 | 4.4 | 4.1 | 3.9 | 4.0 | 5.1 | 5.<br>70.3 | 4.6 | 4.3 | 4.1 | 3.6 | 3.4 | 3.1<br>74.4 |
| Kanada | 6.8<br>70.9 | 7.2<br>70.7 | 7.7<br>71.4 | 7.6<br>72.1 | 7.2<br>72.4 | 6.8<br>72.4 | 6.3<br>72.7 | 6.0<br>73.5 | 6.1<br>73.5 | 8.3<br>71.3 | 8.1<br>71.4 | 7.5<br>71.8 | 7.3<br>72.0 | 7.1<br>72.4 | 6.9<br>72.3 | 6.9<br>72.5 | 7.0<br>72.5 |
| Kore | 4.4 | 4.0<br>62.1 | 3.3<br>63.3 | 3.6<br>63.0 | 3.7<br>63.6 | 3.7<br>63.7 | 3.5<br>63.8 | 3.2<br>63.9 | 3.2<br>63.8 | 3.6<br>62.9 | 3.7<br>63.3 | 3.4<br>63.8 | 3.2 | 3.1 | 3.5<br>65.3 | 3.6<br>65.7 | 3.7<br>66.1 |
| Lüksemburg | 2.2 | 1.9 | 2.6 | 3.8<br>62.2 | 5.0<br>62.5 | 4.6 | 4.6<br>63.6 | 4.2<br>64.2 | 4.9<br>63.4 | 5.1<br>65.2 | 4.6<br>65.2 | 4.8<br>64.6 | 5.1<br>65.8 | 5.9<br>65.7 | 6.0<br>66.6 | 6.5<br>66.2 | 6.3<br>65.6 |
| Letonya | 8.4 | 7.8 | 12.1<br>60.0 | 10.6<br>60.8 | 11.7<br>61.0 | 10.0<br>62.1 | 7.0<br>65.9 | 6.1 | 7.7<br>68.2 | 17.5<br>60.4 | 19.5<br>58.5 | 16.2<br>60.8 | 15.0<br>63.0 | 11.9<br>65.0 | 10.8<br>66.3 | 9.9<br>68.1 | 9.6<br>68.7 |
| Macaristan | 6.3<br>56.2 | 5.6<br>56.2 | 5.6<br>56.2 | 5.8<br>57.0 | 6.1<br>56.8 | 7.2<br>56.9 | 7.5<br>57.4 | 7.4<br>57.0 | 7.8<br>56.4 | 10.0<br>55.0 | 11.2<br>55.0 | 11.0<br>55.4 | 11.0<br>56.7 | 10.2<br>58.1 | 7.7<br>61.8 | 6.8<br>64.0 | 5.1<br>66.5 |
| Meksika | 1.6 | 1.8 | 3.0 | 3.4 | 3.9 | 3.6<br>60.1 | 3.6<br>61.0 | 3.6<br>61.0 | 3.9<br>60.7 | 5.4<br>59.8 | 5.3<br>59.7 | 5.2<br>60.0 | 4.9<br>60.9 | 4.9<br>60.8 | 4.8<br>60.4 | 4.3<br>60.7 | 3.9<br>61.0 |
| Norveç | 3.2<br>77.5 | 3.4<br>77.2 | 3.7<br>76.8 | 4.2<br>75.5 | 4.3<br>75.1 | 4.5<br>74.8 | 3.4<br>75.4 | 2.5<br>76.8 | 2.5<br>78.0 | 3.2<br>76.4 | 3.6<br>75.3 | 3.3<br>75.3 | 3.2<br>75.8 | 3.5<br>75.4 | 3.5<br>75.2 | 4.4<br>74.8 | 4.7<br>74.3 |
| Polonya | 16.1<br>55.0 | 18.3<br>53.6 | 20<br>51.5 | 19.8<br>51.2 | 19.1<br>51.6 | 17.9<br>52.8 | 13.9<br>54.5 | 9.6<br>57.0 | 7.1<br>59.2 | 8.1<br>59.4 | 9.7<br>59.0 | 9.7<br>59.3 | 10.1<br>59.7 | 10.3<br>60.0 | 9.0<br>61.7 | 7.5<br>62.9 | 6.2<br>64.5 |
| Portekiz | 5.1<br>68.4 | 5.1<br>69.0 | 6.2<br>68.8 | 7.4<br>68.0 | 7.8<br>67.7 | 8.8<br>67.3 | 8.9<br>67.6 | 9.1<br>67.6 | 8.8<br>68.0 | 10.7<br>66.1 | 12.0<br>65.3 | 12.9<br>63.8 | 15.6<br>61.4 | 16.2<br>60.6 | 13.9<br>62.6 | 12.4<br>63.9 | 11.2<br>65.3 |
| Slovak Cum. | 18.9<br>56.8 | 19.5<br>56.8 | 18.8<br>56.8 | 17.7<br>57.7 | 18.4<br>57.0 | 16.4<br>57.7 | 13.5<br>59.4 | 11.2<br>60.7 | 9.6<br>62.3 | 12.1<br>60.2 | 14.5<br>58.8 | 13.6<br>59.3 | 14.0<br>59.7 | 14.2<br>59.9 | 13.2<br>61.0 | 11.5<br>62.7 | 9.7<br>64.8 |
| Slovenya | 6.7<br>62.9 | 6.2<br>63.8 | 6.3<br>63.5 | 6.7<br>62.6 | 6.3<br>65.3 | 6.5<br>66.0 | 6.0<br>66.5 | 4.9<br>67.8 | 4.4<br>68.6 | 5.9<br>67.5 | 7.3<br>66.2 | 8.2<br>64.4 | 8.9<br>64.1 | 10.1<br>63.3 | 9.7<br>63.9 | 9.0<br>65.2 | 8.0<br>65.8 |
| Şili | 8.3 | 7.9 | 8.9 | 8.5 | 10.0 | 9.2<br>54.4 | 7.8<br>55.5 | 7.1<br>56.3 | 7.8<br>57.2 | 9.7<br>56.1 | 8.1<br>59.3 | 7.1<br>61.3 | 6.4<br>61.8 | 6.0<br>62.3 | 6.4<br>62.2 | 6.2<br>62.4 | 6.7<br>62.2 |
| Türkiye | 6.5 | 8.4 | 10.3 | 10.5 | 10.8 | 10.6 | 10.2<br>44.5 | 10.3<br>44.6 | 11.0<br>44.8 | 14.0<br>44.2 | 11.9<br>46.2 | 9.8<br>48.4 | 9.2<br>48.9 | 9.7<br>49.5 | 9.9<br>49.5 | 10.3<br>50.0 | 10.9<br>50.6 |
| Yeni Zelenda | 5.9 | 5.4 | 5.2 | 4.6 | 4.0 | 3.9 | 3.8 | 3.7 | 4.5 | 6.4<br>72.8 | 6.1<br>72.2 | 6.0<br>72.5 | 6.4<br>72.0 | 5.8<br>72.8 | 5.4<br>74.2 | 5.3<br>74.3 | 5.1<br>75.6 |
| Yunanistan | 11.2<br>56.5 | 10.7<br>56.3 | 10.3<br>57.4 | 9.7<br>58.5 | 10.6<br>59.1 | 10.0<br>59.6 | 9.0<br>60.5 | 8.4<br>60.9 | 7.8<br>61.4 | 9.6<br>60.9 | 12.7<br>59.1 | 17.9<br>55.1 | 24.5<br>50.8 | 27.5<br>48.8 | 26.5<br>49.4 | 24.9<br>50.8 | 23.5<br>52.0 |

*Kaynak:OECD*

İşgücüne katılım oranının düşük olması, toplumun üretken kesimindeki daralmayı ifade eder. Bu durum ise bir yandan büyüme oranlarının düşmesine ya da sabit kalmasına diğer yandan üretmeyen ya da üretemeyen bireylerin üretken kesime bağımlılığının artmasına sebep olur. Yani üretilen hasıla üreten kesim ile birlikte üretmeyen bireylerinde paylaştığı bir büyüklük olarak görülür(Karagöl,Akgeyik,2010:6). Bu durumun bir diğer tarafı da üretmeyen kişilerin mevcut sosyal güvenlik sistemine olası katkı eksikliği sebebiyle ülke ekonomisine olan dolaylı yükleridir.

Türkiye'de işgücüne katılım oranlarının oldukça düşük olduğu tablodan açıkça görülmektedir. Göreceli olarak yaklaşık %30'luk bir işgücü kaybı demek olan işgücüne katılım oranının düşük olmasının nedenlerine bakıldığında ilk olarak çalışma çağındaki kurumsal olmayan nüfusun eğitim düzeyinin düşük olması görülür. Çünkü eğitim düzeyi ile işgücüne katılım oranları arasında doğrusal bir ilişkinin olduğu bilinmektedir. Özellikle tarım dışı sektörlerde eğitimin daha önemli bir değişken olduğu ve istihdam-eğitim ilişkisinin çok kuvvetli olduğu aşikardır. Bütün ekonomilerde olduğu gibi ülkemizde de yapısal dönüşümle beraber eğitim seviyesi yükseldikçe istihdam ve işgücüne katılım oranlarındaki bariz artış dikkat çekicidir. 2016 yılı verilerine göre işgücüne katılım oranı, okur yazar olmayanlarda % 17.8,ortaokul ve dengi okullarda %41.3,genel liselerde %54.4 lise yüksekokul ve fakülte mezunlarında ise % 79.7 olarak görülmüştür. İşgücüne katılımın düşük olmasının ikinci sebebi, kadınların işgücüne katılımındaki düşük oransal etkidir. Türkiye'de 2016 yılı verilerine göre 15 yaş ve üstü kadınların işgücüne katılma oranı %31.5 seviyesinde iken bu oranın AB Ülkeleri ortalaması Eurostat'ın 2015 verilerine göre % 62,3 düzeyindedir. Kadınların eğitim düzeylerinin erkeklere göre daha düşük olması ve düşük eğitimli kadınların işgücü piyasasında yer almasının zor olması kadınların toplam işgücü içindeki oransal payını belirleyen önemli bir faktör olarak karşımıza çıkar. Genel olarak eğitim-istihdam korelasyonu kadın işgücü-eğitim ilişkisinde de görülür. Yani kadınların eğitim düzeyi yükseldikçe işgücüne daha fazla katıldıkları görülür. 2015 yılı verilerine göre Okuma yazma bilmeyen kadınların işgücüne katılım oranı %16,1 iken lise altı eğitimli kadınların işgücüne katılım oranı %26,6, lise mezunu kadınların işgücüne katılım oranı %32,7, mesleki veya teknik lise mezunu kadınların işgücüne katılım oranı %40,8 ve yükseköğretim mezunu kadınların işgücüne katılım oranı %71,6 olduğu görülmektedir. Eğitim seviyesinin yanında kadınların işgücüne katılımını azaltan bir diğer faktörde ailevi ve geleneksel etkenleri söylemek gerekir.(TUİK)

## Türkiye'de İstihdamın Genel Görünümü

Diğer bir çok ülkede olduğu gibi Türkiye'nin de en önemli makro ekonomik sorunlarından birisi istihdam problemi olmuştur. Planlı dönemlerin genelinde istihdam, yatırımlar ile ilişkilendirilmiş ayrı bir makro ekonomik hedef olarak görülmemiştir. Yatırımların artırılması büyümenin sağlanması ile işsizlik sorununun çözüleceği düşünülmüştür. Özellikle kırsal kesimden kentlere doğru göç akımı bir taraftan tarımsal istihdamın çözülmesine diğer yandan kentleşme ile birlikte ortaya çıkan işsizlik sorununa sebep olmuştur.

Siyasi iradelerin devamlılık problemleri, ülkenin iç ve dış konjokturel dinamiklerden(terör, siyasi istikrarsızlık, petrol krizi,vs.) etkilenmesi, karşılaşılan ekonomik güçlükler, krizler, askeri darbe girişimleri, etkin olmayan para ve maliye politikaları gibi etkenler ekonomik yapıda derin etkiler bırakmış istihdam sorunu da bu etkiler içinde hep yer almıştır. Bunların yanında üretim süreçlerindeki değişmeler, teknolojik ilerlemelere adaptasyon güçlükleri, esnek uzmanlaşmanın getirdiği beşeri sermaye niteliğindeki artış zorunluluğu, katma değeri yüksek ürün sektörlerinde çalışmanın getirdiği bilgi, donanım, tecrübe ve yetenek mecburiyeti gibi sebeplerde niteliği düşük işgücünü istihdam dışında bırakmıştır.

*Tablo2. Türkiye'de İstihdam Göstergeleri 2000-2016*

| Yıllar | Kurumsal olmayan çalışma çağındaki nüfus | İşgücü | İstihdam edilenler | İşsiz | İşgücüne katılma oranı % | İşsizlik oranı % | Tarım dışı işsizlik oranı % | İstihdam oranı % | İşgücüne dahil olmayan nüfus |
|---|---|---|---|---|---|---|---|---|---|
| **2000** | 46.211 | 23.100 | 21.581 | 1.497 | 49,90 | 6,50 | - | 46,70 | 23.133 |
| **2001** | 47.158 | 23.491 | 21.524 | 1.967 | 49,80 | 8,40 | - | 45,60 | 23.667 |
| **2002** | 48.041 | 23.818 | 21.354 | 2.464 | 49,60 | 10,30 | - | 44,40 | 24.223 |
| **2003** | 48.912 | 23.640 | 21.147 | 2.493 | 48,30 | 10,50 | - | 43,20 | 25.272 |
| **2004** | 47.544 | 22.016 | 19.632 | 2.385 | 46,30 | 10,80 | - | 41,30 | 25.527 |
| **2005** | 48.358 | 22.454 | 20.066 | 2.388 | 46,40 | 10,60 | 13,50 | 41,50 | 25.904 |
| **2006** | 49.174 | 22.751 | 20.423 | 2.328 | 46,30 | 10,20 | 12,70 | 41,50 | 26.423 |
| **2007** | 49.994 | 23.114 | 20.738 | 2.377 | 46,20 | 10,30 | 12,60 | 41,50 | 26.879 |
| **2008** | 50.772 | 23.805 | 21.194 | 2.611 | 46,90 | 11,00 | 13,60 | 41,70 | 26.967 |
| **2009** | 51.686 | 24.748 | 21.277 | 3.471 | 47,90 | 14,00 | 17,40 | 41,20 | 26.938 |
| **2010** | 52.541 | 25.641 | 22.594 | 3.049 | 48,80 | 11,90 | 14,80 | 43,00 | 26.901 |
| **2011** | 53.593 | 26.728 | 24.410 | 2.615 | 49,90 | 9,80 | 12,40 | 45,00 | 26.867 |
| **2012** | 54.724 | 27.339 | 24.821 | 2.518 | 50,00 | 9,20 | 12,40 | 45,40 | 27.385 |
| **2013** | 55.608 | 28.271 | 25.524 | 2.747 | 50,80 | 9,70 | 12,00 | 45,90 | 27.337 |
| **2014** | 56.986 | 28.786 | 25.933 | 2.853 | 50,50 | 9,90 | 12,00 | 45,50 | 28.200 |
| **2015** | 57.854 | 29.678 | 26.621 | 3.057 | 51,30 | 10,30 | 12,40 | 46,00 | 28.176 |
| **2016** | 58.720 | 30.535 | 27.205 | 3.330 | 52,00 | 10,90 | 13,00 | 46,30 | 28.185 |

*Kaynak :TUİK*

Yukarıdaki Tablo 2000-2016 yılı arasındaki kurumsal olmayan nüfus, işgücü, istihdam edilen sayısı, işsizler ve istihdam ile ilgili bazı oranları göstermektedir. Buna göre son 16 yılda kurumsal olmayan nüfus yaklaşık %25 oranında artış göstererek 46.2 milyondan 58.7 milyona yükselmiştir. Bu artış oranı daha fazla bir şekilde (%32) işgücünde de kendini göstermiş, ilave 7.4 milyon kişi bu sürede işgücüne katılmıştır. İşgücüne katılan bu 7.4 milyon kişiden 5.7 milyonuna iş bulunmuş 1.7 milyon kişi ise işsiz kitlesine dahil olmuştur. İşgücüne katılma oranı bu dönemde %30 artmış, buna mukabil istihdam oranı değişmemiştir. İşsizlik oranı ise bu dönemde nerdeyse iki katına yaklaşacak şekilde artmıştır. Tablonun son sütununda ise işgücüne dahil olmayanlardaki yaklaşık %20'lik bir artış dikkati çekmektedir.

Türkiye'nin son 16 yılda milli gelirini sürekli artırdığı halde işsizlikte kalıcı ve sürekli başarı sağlayamadığı bir gerçektir. İstikrarlı büyüme performansına karşın ülkemizde işsizliğin düşürülemeyişi iki ana değişkene bağlanabilir. Bunlar işgücü talebinden kaynaklanan faktörler ve ekonomideki yapısal sorunlardır. İşgücü talebinin istenildiği gibi gelişmemesi yeni iş imkanlarının oluşmamasından ziyade işgücü başına verimlilik düzeyinin artmasına ve firmaların istihdam politikalarında rasyonalize davranmasına bağlanabilir. Çalışma sürelerine bakıldığında 2002 yılında 80,7 olan çalışma endeksi,2008 yılında 84,6'ya yükselmiş bu durum çalışma süreleri bazında istihdam artırmış fakat işsizliği gidermede etkisi olmamıştır. (İşçi başına ortalama çalışma süresi yıllık 2396 saat) Bununla beraber ülkemizin ekonomik politikalarda görülen uygulamaları ile istihdam arasında da direkt bir ilişki görülmektedir. Son dönemlere kadar uygulanan yüksek faiz-düşük kur politikası, özellikle imalat sanayi sektöründe ithal bağımlılığını artırmış,bu durum ithalata dayalı üretim stratejisiyle birlikte tekstil ve iplik gibi istihdam hacmi yüksek olan iş alanlarında üretimi yurt dışına kaydırmıştır. Bundan başka enflasyon oranlarındaki aşağıya doğru katılık ve döviz kurlarındaki dalgalanmalar, küresel kriz dalgasının oluşturduğu gelecek belirsizliği ve talep daralması, yüksek reel faiz oranlarına bağlı olarak kısa dönemli uluslararası sermaye hareketleri yatırımların yukarı gidebilecek yönünü engellemiş görünürde büyüyen ekonomi her gecen yıl artan işgücünü istihdama yöneltememiştir. Bunlara ek olarak,tarım sektöründeki makineleşme, teşviklerin azalması, toprak bölünmesi, ücret düşüklüğü gibi sebeplerle oluşan tarımsal çözülme, kırsal kesimdeki kitleleri şehirlere yöneltmiş işsizlik oranlarını da olumsuz etkilemiştir (Karagöl ve Akgeyik,2010 :6).

İşgücü üzerinde baskı oluşturan konulardan biriside işgücü piyasasındaki katılıklardır. Çeşitli isimler altında alınan vergi ve primler işgücü üzerine ekstra yük olmakta ve işgücü talebini düşürmektedir. Ücret dışı maliyet olarak da adlandırılabilecek istihdam vergileri hem işgücü talebini azaltmakta hem de firmaların rekabetçi düzeylerini düşürmektedir. Bu durum başka bir sorunu da gündeme getirmekte kayıt dışı istihdam ile yüzleşilmek zorunda kalınmaktadır. Yapılan araştırmalarda istihdam üzerindeki vergilerde yapılan % 10'luk bir azalmanın uzun dönemli istihdamı %2 düzeyinde artırdığını göstermektedir (Kara,Duruel,2005:383-385).

### *İstihdam Esnekliği ve İstihdam Eşiği Bağlamında Türkiye İstihdamına Bakış*

Büyüme ile istihdam arasındaki ilişkiye bir başka bakış açısı da istihdam esneklikleri ve istihdam eşiği boyutuyla olmaktadır. İstihdam esnekliği, üretimdeki yüzde değişme ile istihdamda meydana gelen yüzde değişme arasındaki ilişkidir. İstihdam esnekliği aynı zamanda büyümenin istihdam yoğunluğu adı ile de anılır. Esneklik işaretinin pozitif olması, iki değişkenin aynı yönlü hareketini yani üretim miktarındaki artışla birlikte istihdamın da artacağını ya da üretimdeki azalış istihdamı da azaltacağını ifade ederken, negatif olması ise, üretim miktarı ile istihdam arasındaki ters yönlü bir ilişkiyi yani birindeki artışın diğerindeki azalmaya oranını gösterir. Buna mukabil istihdam eşiği ise istihdam oluşturamayan büyüme oranını yani bir başka deyişle istihdamda artış oluşturan büyümenin sınırıdır.Dolayısıyla istihdam eşiği aynı zamanda bu sınır oranının üzerindeki bir oranda işsizlik oranının azalmaya başladığını gösterir(Murat ve Eser,2013:103-105).

*Tablo3. İstihdam Esnekliği 2000-2016*

| | 2000 | 2001 | 2002 | 2003 | 2004 | 2005 | 2006 | 2007 | 2008 | 2009 | 2010 | 2011 | 2012 | 2013 | 2014 | 2015 | 2016 |
|---|---|---|---|---|---|---|---|---|---|---|---|---|---|---|---|---|---|
| **GSMH% değişim** | 6.6 | -6.0 | 6.4 | 5.6 | 9.6 | 9.0 | 7.1 | 5.0 | 0.8 | -4.7 | 8.5 | 11.1 | 4.8 | 8.5 | 5.2 | 6.1 | 2.9 |
| **İst değişim%** | -2.12 | -0.26 | -0.79 | -0.97 | -7.16 | 2.22 | 1.77 | 1.5 | 2.2 | 0.39 | 6.1 | 6.7 | 1.6 | 2.8 | 1.6 | 2.6 | 2.1 |
| **İst esnekliği** | -0.32 | 0.04 | -0.12 | -0.17 | -0.74 | 0.24 | 0.24 | 0.30 | 2.75 | -0.08 | 0.71 | 0.6 | 0.33 | 0.32 | 0.30 | 0.42 | 0.72 |

*Kaynak: World Bank ve Kendi Hesaplamalarımız*

Tablodan görülen husus son beş yılda istihdam esnekliğinin az da olsa arttığı yani her yüzde 1'lik büyümenin daha çok istihdam oluşturabildiğini göstermektedir. 2016 yılı istihdam esnekliği rakamı ise bu anlamda 2010 yılındaki rakama ulaşmıştır.

Yapılan araştırmalarda Türkiye ekonomisindeki büyüme oranları ile işsizlik oranı arasında tek taraflı bir nedensellik ilişkisi görülür. İlişkisinin yönü ise işsizlik oranından büyüme oranına doğrudur. Aksi yönde yani büyümeden işsizliğe doğru bir ilişki görülmemiştir. Bu ise ekonomideki işsizlik değişkeni büyümeyi etkileyen faktörler arasında yer alırken, büyümenin oluşması işsizliğin önlenebilmesinde her hangi bir etkiye ya da istenen etkiye sahip olmadığını gösterir. Bu durum Türkiye Ekonomisinde yüksek büyüme oranlarına rağmen giderilemeyen işsizlik oranlarını açıklar. Başka bir deyişle işsizlik oranlarındaki görülen yüksek rakamların sebeplerinin büyüme oranları ile birebir ilişkisinin olmadığını, işsizliğe yol açan başka sebeplerin olduğunu göstermektedir(Yılmaz,2005:74).

*Tablo 4. Türkiye'de İstihdam Eşikleri 2000-2016*

| | 2000 | 2001 | 2002 | 2003 | 2004 | 2005 | 2006 | 2007 | 2008 | 2009 | 2010 | 2011 | 2012 | 2013 | 2014 | 2015 | 2016 |
|---|---|---|---|---|---|---|---|---|---|---|---|---|---|---|---|---|---|
| Büyüme % | 6.6 | -6.0 | 6.4 | 5.6 | 9.6 | 9.0 | 7.1 | 5.0 | 0.8 | -4.7 | 8.5 | 11.1 | 4.8 | 8.5 | 5.2 | 6.1 | 2.9 |
| İstihdam Artışı% | -2.1 | -0.2 | -0.7 | -0.9 | -7.1 | 2.2 | 1.7 | 1.5 | 2.1 | 0.3 | 6.1 | 8.0 | 1.6 | 2.8 | 1.6 | 2.6 | 2.1 |

*Kaynak :Worldbank Databank,Kendi Hesaplamalarımız*

Bir ülkenin yıllık GSMH büyüme ortalaması ile istihdam artış ortalama farkı, istihdam oluşturmada gerekli asgari büyüme oranını yani istihdam eşiğini gösterir. Gelişmiş ülkelerde istihdam eşiği gelişmekte olan ülkelere göre daha düşüktür. Yani ekonominin azda olsa büyümesi istihdam oluşturabilmektedir. Gelişmiş ekonomilerde bu eşik yüzde 1-2 seviyelerinde gerçekleşmekte hatta "İstihdam Dostu" olarak adlandırılan ekonomilerde de yüzde 1'e kadar inebilmektedir. Gelişmekte olan ülkelerde ise bu oranların en az yüzde 3'ler civarında olduğu görülür( Kara ve Duruer,2005:374). Türkiye ekonomisinde son 16 yıllık süreçte milli gelir %5.3 artarken ortalama istihdam artışı %1.3'lerde kalmış buna mukabil yıllık ortalama yüzde 2'lik işgücü artışını karşılayamadığı içinde işsizlik oranı ve sayısında artış yaşanmıştır.

*Tablo 5. Eğitim Düzeyi ile İşsizlik Arasındaki İlişki 2000-2016*

| ( 15 + yaş ) | Okuma-yazma bilmeyen | Okuma yazma bilen fakat bir okul bitirmeyen | İlkokul | Ortaokul veya dengi meslek okul | Genel lise | Lise dengi meslek okul | Yüksekokul veya fakülte | İlköğretim |
|---|---|---|---|---|---|---|---|---|
| **2000** | 3,40 | 5,60 | 5,20 | 8,30 | 10,50 | 10,90 | 7,00 | 10,30 |
| **2001** | 3,10 | 5,80 | 7,40 | 10,80 | 13,30 | 13,20 | 7,80 | 9,30 |
| **2002** | 4,60 | 6,10 | 9,20 | 12,60 | 14,60 | 14,80 | 11,10 | 10,70 |
| **2003** | 7,00 | 9,50 | 9,70 | 12,10 | 13,20 | 12,30 | 11,10 | 11,30 |
| **2004** | 4,30 | 7,50 | 9,10 | 12,60 | 14,70 | 16,00 | 12,20 | 13,30 |
| **2005** | 4,90 | 9,70 | 9,30 | 12,20 | 13,90 | 13,60 | 10,00 | 14,50 |
| **2006** | 4,80 | 9,30 | 9,10 | 11,20 | 14,00 | 11,80 | 9,60 | 15,20 |
| **2007** | 5,20 | 10,30 | 8,70 | 10,20 | 13,90 | 12,00 | 9,70 | 16,80 |
| **2008** | 6,30 | 12,10 | 9,40 | 10,90 | 14,10 | 11,70 | 10,30 | 17,70 |
| **2009** | 8,00 | 15,30 | 12,20 | 14,00 | 18,00 | 15,60 | 12,10 | 22,20 |
| **2010** | 6,00 | 12,50 | 10,00 | 11,50 | 15,90 | 13,20 | 11,00 | 18,30 |
| **2011** | 4,60 | 10,70 | 7,80 | 9,50 | 12,60 | 11,00 | 10,40 | 14,30 |
| **2012** | 3,90 | 10,00 | 7,00 | 9,00 | 11,80 | 10,10 | 10,10 | 14,00 |
| **2013** | 4.90 | 10.70 | 7.50 | 9.10 | 12.00 | 10.50 | 10.30 | 14.80 |
| **2014** | 7.20 | 12.10 | 7.80 | 9.00 | 11.90 | 10.60 | 10.60 | 13.90 |
| **2015** | 6.20 | 12.60 | 8.20 | 10.10 | 12.40 | 10.20 | 11.0 | 14.70 |
| **2016** | 6.60 | 12,70 | 8,50 | 10.40 | 13.40 | 11.60 | 12.0 | 14,60 |

*Kaynak :TUİK*

Türkiye'deki işsizliğin eğitim seviyesindeki dağılımı Tablo 5.'degörülmektedir. Dikkat çeken birkaç unsurdan birisi her düzeyde işsizliğin arttığıdır. Oransal olarak bakıldığında ise okuma yazma bilmeyen,bir okul mezunu olmayan ve ilkokul mezunu kişilerin işsiz kalma ihtimallerin daha yüksek olduğudur.2009 yılı her eğitim düzeyinde işsizliğin yüksek seviyelerde arttığı bir yıl olmuştur. Küresel krizin etkileri bütün ülkelerde olduğu gibi ülkemizde de kendini hissettirmiş, birçok kişi işini kaybetmek zorunda kalmıştır. Tablodan okunan başka bir sonuç da lise ve yüksek okul mezunu kişilerin işsizlik oranlarının 2002'den itibaren nerdeyse sabit kaldığıdır.

*Tablo. 6.İşsizlik ve Yaş Gurupları 2000-2016*

| Yıl/yaş | 15-19 | 20-24 | 25-29 | 30-34 | 35-39 | 40-44 | 45-49 | 50-54 | 55-59 | 60-64 | 65+ |
|---|---|---|---|---|---|---|---|---|---|---|---|
| **2000** | 10,7 | 14,8 | 7,2 | 5,0 | 4,5 | 3,5 | 3,0 | 3,8 | 2,2 | 2,0 | 0,5 |
| **2001** | 14,6 | 17,3 | 9,6 | 6,7 | 6,5 | 4,9 | 5,1 | 4,1 | 2,9 | 1,5 | 0,8 |
| **2002** | 16,7 | 20,8 | 11,9 | 8,6 | 8,1 | 7,3 | 6,6 | 5,8 | 4,8 | 1,6 | 0,8 |
| **2003** | 17,9 | 22,1 | 12,7 | 9,0 | 7,4 | 6,5 | 6,5 | 6,0 | 4,5 | 2,5 | 0,7 |
| **2004** | 17,7 | 22,2 | 13,9 | 9,3 | 7,8 | 6,8 | 6,3 | 6,5 | 4,0 | 2,9 | 1,1 |
| **2005** | 18,2 | 20,9 | 13,2 | 9,3 | 7,7 | 6,9 | 6,9 | 6,9 | 4,6 | 2,9 | 0,8 |
| **2006** | 17,4 | 20,1 | 12,9 | 8,6 | 7,4 | 6,9 | 6,6 | 6,8 | 5,3 | 2,8 | 0,8 |
| **2007** | 19,7 | 20,1 | 12,4 | 8,7 | 7,4 | 6,8 | 7,0 | 6,2 | 5,0 | 3,2 | 0,8 |
| **2008** | 19,6 | 21,0 | 13,2 | 9,7 | 8,2 | 7,7 | 7,6 | 6,8 | 6,0 | 3,7 | 1,0 |
| **2009** | 23,6 | 26,3 | 17,5 | 12,6 | 11,2 | 10,2 | 9,5 | 9,2 | 7,7 | 4,1 | 1,4 |
| **2010** | 18,8 | 23,5 | 14,9 | 10,3 | 9,6 | 8,5 | 8,6 | 8,3 | 6,7 | 4,4 | 1,5 |
| **2011** | 15,8 | 19,8 | 12,5 | 8,6 | 7,5 | 7,0 | 7,0 | 6,8 | 5,9 | 3,1 | 1,2 |
| **2012** | 14,9 | 19,0 | 12,2 | 8,3 | 6,9 | 6,5 | 6,7 | 6,4 | 5,3 | 3,3 | 0,9 |
| **2013** | 16.4 | 20.0 | 12.6 | 8.8 | 7.8 | 6.7 | 6.4 | 6.7 | 5.8 | 4.2 | 1.1 |
| **2014** | 16.1 | 18.9 | 13.0 | 8.8 | 7.7 | 7.1 | 6.9 | 7.8 | 6.7 | 4.7 | 2.1 |
| **2015** | 16.5 | 19.7 | 13.2 | 8.9 | 8.2 | 7.8 | 7.0 | 8.3 | 7.2 | 5.8 | 2.5 |
| **2016** | 16,2 | 21.5 | 14,6 | 10.2 | 8.7 | 8.0 | 7.8 | 7.8 | 6.6 | 5.6 | 2.6 |

*Kaynak:TUİK*

Tablo 6.'da işsizliğin yaş guruplarına göre dağılımı görülmektedir. Hemen dikkati çekeceği üzere genç işsizliği yaş gurupları içinde öne çıkmaktadır. İlginç bir husus da yaş düzeyi arttıkça işsizlik oranın düştüğüdür. Bu durum gelir hipotezlerindeki yaşam boyu gelir hipotezindeki orta ve ileri yaştaki bireylerin gelir düzeylerinin yüksek olmasıyla uyum gösterir.

## Genç İşsizliği ve Türkiyede Genç İşsizlik Sorununun Sebebleri ve Çözüm Yolları

Genç işsizliği ifadesi adından da anlaşılacağı gibi belirli bir yaş gurubuna yönelik bir istihdam kavramıdır.15-24 yaş gurubu toplam işgücü içindeki işsiz sayısını ifade eden kavram tüm ülkelerde ayrı bir zeminde izlenir.

Genç işsizlik sorunu kendi özel yapısına münhasıran gelişmiş ve gelişmekte olan ülkeler için önemli ve özellikli bir sorundur. Gerek yaş gurubunun kendi özelliği, gerekse ekonomideki yapısal değişimler ya da istihdamın genel karakteristik yapısı,işgücü talebinin getirdiği tecrübe ve birikim gibi değişkenler bu yaş gurubundaki bireylerin istihdama ulaşmasındaki engellerden bazılarıdır. Önemli diğer bir etkende bu yaş grubunun eğitimden yeni çıkmış bir durumda olmasıdır. Dolayısıyla eğitim istihdam ilişkisinin en somut bağı genç işsiz gurubunda görülür.

Gençlerin işsiz kalmalarıyla ilgili yaygın kanaat, gençlerin yetişkin bireylere göre daha fazla sosyal risk altında kaldıkları ve erken kariyer imkanlarının gençler açısından belirsizlik içinde ve düzensiz bir periyotta ilerlediğidir(Murat, Şahin, 2011:12). Ayrıca gençlerin iş beğenmeme, daha iyisini seçme tercihleri de geçici olarak işsiz kalmayı göze almalarına yol açabilmektedir.

Genç nüfusun eğitimini tamamladıktan sonra belli bir yaşta bir aile kurma ve geçimini sağlama yükümlülüğü vardır. Bu yükümlülük yerine getirilemediği zaman psikolojik sorunlar başta olmak üzere bir çok sorunla hem kendileri hem de çevreleri karşı karşıya kalır.

Genç işsizliğinin bir özelliği uzun süreli işsizlik niteliğinde olabilmesidir. Bu durum vasıf seviyesindeki durağanlık, işgücü piyasalarında pasifizasyon, finansal eksiklikler, yeterli olmayan sosyal destek ve az görülen kurumsal destek faktörleriyle bir araya geldiğinde gençler için sosyal dışlanma riskini beraberinde getirir. Bir çok genç işsiz deneyimi olmadığı için bir işe girememekte, işsizlik yardımlarından da faydalanamamakta ailelerine yük olduklarını düşünerek hayatlarını devam ettirmektedirler(Şanal, 2010:7).

Dünyada bir çok ülkede gençlerin istihdamına yönelik birbirini tamamlayan iki politika benimsenmiştir. Genç istihdamına yönelik bu politikalar; eğitim ve aktif istihdam politikalarıdır. Bu politikaların amacı genç bireylerin işgücü piyasasına girişlerindeki engelleri kaldırmak, etkin biçimde bu piyasada var olmayı sağlamak ve karşılaşılacak sorunlara yönelik önlemler almaktır (Alper vd., 2013:63).

Genç işsizliğe yönelik uygulanan eğitim politikaları genç işsizliği sorununun ortadan kaldırılmasında birinci derecede öneme sahiptir. Zira işgücü piyasasının beklenti ve ihtiyaçlarını dikkate almayan eğitim sistemi genç işsizliğinin en önemli nedenlerinden birisidir. Hangi düzeyde olursa olsun genç bireyin aldığı eğitim, işgücü piyasasında ön istihdam/yardımcı eleman/stajyer,geçiçi pozisyon v.b gibi bile yer almasına olanak vermiyorsa eğitim sistemini her seviyede tekrar gözden geçirmek elzemdir. Zira dünyadaki mesleki trendleri iyi okuyan rekabetçi ,verimli, üretim bazlı ve innovatif bir eğitim sistemi bütün ülkeler için çok önemlidir.

Genelde eğitim dönemi sonrasına denk gelen genç işsizliğinde kamu kesimi politikaları, piyasa şartları, işveren tutum ve davranışları gibi değişik faktörler ön plana çıkar. Bununla beraber gençlerin iyi yetişmeleri hususunda kendilerine düşen görevleri de yerine getirmeleri gerekmektedir. Yenilikçi düşünceye açık,analitik analiz yeteneğine sahip, dünyadaki trendleri iyi okuyabilen, işgücü piyasasının istediği şartları tahmin edebilen bu doğrultuda eğitim sürecini tamamlayan gençlerin iş hayatına girmeleri daha kolay olmaktadır.

*Tablo7. Bazı Ülkelerdeki Genç İşsizlik Oranları*

| Ülkeler | 2000 | 2001 | 2002 | 2003 | 2004 | 2005 | 2006 | 2007 | 2008 | 2009 | 2010 | 2011 | 2012 | 2013 | 2014 | 2015 | 2016 |
|---|---|---|---|---|---|---|---|---|---|---|---|---|---|---|---|---|---|
| ABD | 9.3 | 10.6 | 12.0 | 12.4 | 11.8 | 11.3 | 10.5 | 10.5 | 12.8 | 17.6 | 18.4 | 17.3 | 16.2 | 15.5 | 13.4 | 11.6 | 10.4 |
| İngiltere | 12.6 | 11.8 | 12.0 | 12.2 | 11.9 | 12.7 | 13.9 | 14.3 | 15.0 | 19.1 | 199 | 21.3 | 21.2 | 20.6 | 16.9 | 14.6 | 13.0 |
| İtalya | 31.1 | 28.2 | 27.2 | 27.1 | 23.5 | 24.1 | 21.8 | 20.4 | 21.2 | 25.3 | 27.9 | 29.1 | 35.3 | 40.0 | 42.7 | 40.3 | 37.8 |
| İspanya | 26.0 | 21.0 | 22.2 | 22.7 | 22.0 | 19.6 | 17.6 | 18.1 | 24.5 | 37.8 | 41.5 | 46.2 | 52.9 | 55.0 | 53.2 | 48.4 | 44.5 |
| Kore | 10.8 | 10.2 | 8.5 | 10.1 | 10.4 | 10.2 | 10.0 | 8.8 | 9.3 | 9.8 | 9.8 | 9.6 | 9.0 | 9.3 | 10.0 | 10.5 | 10.7 |
| Türkiye | | | | | | | 16.5 | 17.3 | 18.5 | 22.9 | 19.8 | 16.7 | 15..7 | 16.9 | 17.8 | 18.5 | 19.5 |

*Kaynak:OECD*

2016 yılı itibariyle dünyada ortalama toplam işsizlik oranı %5.7 iken, genç işsizliği oranı %13.1 ile toplam işsizlik oranının iki katından daha fazlasına tekabül etmektedir.2015 yılı itibariyle gençlerin iş bulmakta en çok zorlandıkları ülkelerden bazıları yukarıda tabloda gösterilmiş, üçlü ayrım şeklinde de ayrıntılı olarak sınıflanmıştır. Buna göre; en yüksek risk grubundaki ülkeler olarak İtalya, İspanya, Yunanistan, Bosna Hersek, Sırbistan, Tunus, Güney Afrika gibi ülkelerde genç işsizlik oranı %35lerin üzerinde yer alırken,orta risk grubundaki ülkeler olarak Finlandiya, Ukrayna, Fransa, Romanya, Brezilya, Slovakya, Endonezya,İran, Kenya gibi ülkelerde % 30 civarlarında bir genç işsizliği mevcuttur. Türkiye ise ABD, Meksika, İsviçre, Norveç, İsveç, Hollanda, İngiltere, İrlanda, Avusturya, Çek Cumhuriyeti, Lüksemburg, Rusya, Polonya, Macaristan, Avustralya, Çin, Hindistan, Pakistan gibi ülkelerle bir gurupta %7-25 aralığında düşük-orta riskli düzeyde bulunmaktadır(Cem Kılıç,http://www.milliyet.com.tr/yazarlar/cem-kilic/genc-issiz-liginde--dunya-tirmanista--turkiye--daha-iyi Erişim Tarihi28.08.2016).

Bu genel sorun dünyada nasılsa Türkiye için de aynısı geçerlidir. Türkiye'de genç işsizlik oranları, toplam işsizlik oranlarının yaklaşık iki katı düzeyde seyretmekteyken, ekonomide son yıllarda yaşanan yüksek büyüme rakamlarına bakıldığında genç işsizlik oranlarında sağlıklı ve sürdürülebilir bir azalma yakalanamamıştır.Türkiye'deki genç işsizliğe ilişkin ilginç durum eğitim seviyesi artıkça genç işsizlik oranlarının yükseliyor olmasıdır(Ercan,2007:31).

## SONUÇ

İşsizlik konusu her ülkenin üzerinde durduğu önemli bir konudur. Önemi ise ekonomik olduğu kadar sosyal kültürel politik açmazlara da sürükleyebilecek özellikte olması, bir toplumun bütününü doğrudan ya da dolaylı olarak etkileyebilmesinden gelir. Ekonomik faktörler içinde görülen işgücünün üretim içinde yer almaması olarak ifade edilen işsizlik çeşitleri itibariyle de sınıflandırılmaya tabi tutulur. İradi, gayri iradi, geçici, gizli, mevsimsel, konjokturel, teknolojik, yapısal işsizlik olarak ayrılabilen işsizlik, maliyetleri itibariyle de ekonomik ve ekonomik olmayan maliyet olarak ikiye ayrılır. Ekonomik maliyet GSMH'daki potansiyel ve gerçekleşen rakamlar arasındaki fark iken ekonomik olmayan maliyetler ise toplumsal değerlere aykırı tutum ve davranışların içselleştirme sorunudur.

İşsizlikle mücadelede genel olarak aktif ve pasif politikalar olmak üzere iki tip politika uygulanmaktadır. Pasif politikalar daha çok işsiz kişilere gelir ödemeleri şeklinde yapılan uygulamalar iken aktif istihdam politikaları ise dezavantajlı kesim olarak nitelendirilen kadın, hükümlü, genç, engelliler, göçmenler gibi kesimlerin işgücüne uyumunu ve tutunmasını sağlayıcı önlemler paketi olarak bilinir. Aktif işgücü politikaları son onlu yıllarda bir çok ülke tarafından uygulanan iş ve meslek eğitimlerini de içeren meslek seçiminden işgücü entegrasyonuna, engellilere yönelik iş kurslarından gençler için işgücüne girişteki engellerin kaldırılmasına kadar bir çok tedbir aktif işgücü politikaları içinde gösterilir. Türkiye'de de aktif işgücü politikaları bağlamında İŞKUR çalışmalarını devam ettirmektedir.

Dünyada işsizlik gittikçe daha önemli bir hal almaktadır. Teknolojik gelişmelerin üretim süreçlerini daha çok etkilediği günümüzde küresel düzeydeki ekonomik kırılmalar, şavaşlar, göçler ve daralan talep düzeyleri gittikçe daha fazla bireyi istihdam dışına itmek durumunda kalmaktadır. Bunun yanında ülkelerin gösterdiği ekonomik performansın istihdama yansımasındaki problemler de beklenen düzeydeki istihdamın önündeki engel olarak görülebilir. İstihdam dostu büyüme kavramı bunu açıklar. İstihdam üretmeyen büyüme bir ülkenin istediği bir durum değildir. Bu durum istihdam eşiği kavramı ile açıklanır. Gelişmiş ülkelerde istihdam eşiği düşük düzeylerde iken yani düşük büyüme oranlarında bile istihdam oluştururken gelişmekte olan ülkelerde bu oranların yüksek rakamlarda gerçekleştiği görülür.

Türkiye'de istihdam sorunu bir çok sebebe bağlı olarak katılaşma yolunda olan bir ekonomik gösterge olarak durmaktadır. İşgücüne katılımın yüksek olduğu ülkemizde (son 16 yılda 7.5 milyon) istihdam durumu da aynı ölçüde artmamış (5.8 milyon)aradaki fark ise işsiz olarak istihdam dışı işgücü sınıfına dahil olmuştur. Eğitim düzeyi ve yaş guruplarına göre bakıldığında ilk öğretim düzeyinde işsizlik oranının yüksek olduğu ardından okuma yazma bilmeyen ve lise mezunu gurubun geldiği görülür. Yaş olarak da birçok ülkede görülen ve en önemli istihdam sorunları arasında gösterilen genç yaş işsizliği öne çıkmaktadır. Bu işsizlik türü eğitimini yeni tamamlamış ve/veya hayata yeni atılmış bireyleri istihdam dışında tutmak gibi önemli durumu ortaya koyar. Eğitim sistemi ile reel piyasa işgücü talebi arasındaki uzlaşı eksikliği genç işsizliğinde önemli bir etkendir. Bu yüzden reel sektörün taleplerini dikkate alan bir yüksek öğretime ihtiyaç vardır.

İstihdama doğrudan ya da dolaylı taraf bütün kesimlerin (işçi,işveren,-devlet,eğitim kurumları,yerel yönetimler,sendikalar,v.b.) bu sorunu birlikte ele almaları birbirlerini tamamlar politika izlemeleri önemlidir. Bu sorunun tek başına ve tek taraflı üstesinden gelinebilecek bir problem olmadığı aşikardır.

## KAYNAKÇA


Ay,Sema(2012).*"Türkiye'de İşsizliğin Nedenleri: İstihdam Politikaları Üzerine Bir Değerlendirme"*,Yönetim ve Ekonomi,Yıl:2012,Cilt:19,Sayı:2,Celal Bayar Üniversitesi İ.İ.B.F. Manisa.

Bekiroğlu,Cemil(2010).Türkiye'de İşsizlik Sorununun Çözümlenmesinde Uygulanan Ekonomi Politikalarının Analizi,Kadir Has Üniversitesi Sosyal Bilimler Enstitüsü Yayınlanmamış Yüksek Lisans Tezi, İstanbul.

Biçerli, Mustafa Kemal(2004). İşsizlikle Mücadelede Aktif İstihdam Politikaları, Eskişehir, Anadolu Üniversitesi Yayınları,No:1563.

Biçerli,Mustafa Kemal(2005). *"Aktif İstihdam Politikaları İşsizliği Azaltır mı?"*,Çimento İşveren ,2-14.

Bozdağlıoğlu,Yasemin(2008).*"Türkiye'de İşsizliğin Özellikleri Ve İşsizlikle Mücadele Politikaları"* Kırgizistan Manas Üniversitesi Sosyal Bilimler Dergisi,Sayı 20,45-65.

Bulut,Selahattin(2010).Türkiye'de Aktif İstihdam Politikası Aracı Olarak Düzenlenen İşgücü Eğitim Kurslarının İstihdam Açısından Belirleyiciliği,Gazi Üniversitesi Sosyal Bilimler Enstitüsü Çalışma Ekonomisi ve Endüstri İlişkileri Anabilimdalı,Yayınlanmamış Yüksek Lisans Tezi.

Çondur,Funda ve Mehmet Bölükbaş(2014). *"Türkiye'de İşgücü Piyasası Ve Genç İşsizlik-Büyüme İlişkisi Üzerine Bir İnceleme"*,Amme İdaresi Dergisi, Cilt 47,Sayı 2,77-93.

Duruel,Mehmet,Mehmet Kara(2009). *"Küresel İşsizlik Ve İstihdamda Yeni Perspektifler"* Sosyal Siyaset Konferansları Dergisi ,Sayı 57,357-363.

DPT 1-9 Kalkınma Planları,DPT,Ankara.

Erol,Sevgi Işık(2013). *"Gençlere Yönelik Aktif İstihdam Politikaları: Japonya, Kore, Çin Ve Türkiye Örnekleri"*, Tühis İş Hukuku Ve İktisat Dergisi, Cilt: 25,Sayı: 1-2.

Gökçen,Ahmet M.(1973) "Türkiye'de İstihdam Politikası" İktisat Fakültesi Mecmuası, Cilt 33, Sayı 1-4.

Kapar,Recep,(2006)."Aktif İşgücü Piyasası Politikaları", İstanbul Üniversitesi İktisat Fakültesi Mecmuası, 55:1, 341-371.

Kara,Mehmet,Duruel Mehmet(2005). *"Türkiye'de Ekonomik Büyümenin İstihdam Yaratamama Sorunu"*,Sosyal Siyaset Konferansları, (Prof. Dr. Nevzat Yalçıntaş'a Armağan Özel Sayısı), Sayı: 50, 2005, 368–396.

Karabulut,Alpaslan(2007).Türkiye'deki İşsizliği Önlemede Aktif İstihdam Politikalarının Rolü Ve Etkinliği ,Çalışma Ve Sosyal Güvenlik Bakanlığı Türkiye İş Kurumu Genel Müdürlüğü Uzmanlık Tezi, Ankara.

Karagöl,Erdal Tanas veTekin Akgeyik(2010). Türkiye'de İstihdam Durumu: Genel Eğilimler, Seta Analiz Sayı 21.

Martin, J. (1998)."What Works Among Active Labour Market Policies: Evidence From Oecd Countries' Experiences", Oecd Labour Market And Social Policy Occasional Papers, No. 35, Oecd Publishing, Paris

Murat, Sedat ve Levent Şahin (2011).*"Nedenleri ve Sonuçları Bakımından Gençler Arasında Yaygınlaşan İşsizlik"*,İstanbul Üniversitesi Sosyoloji Konferansları Dergisi, Sayı: 44,ss1-48.

Murat Sedat ve Burçin Yılmaz-Eser(2013). *"Türkiye'de Ekonomik Büyüme Ve İstihdam İlişkisi: İstihdam Yaratmayan Büyüme Olgusunun Geçerliliği"*,Uluslararası Emek Ve Toplum Dergisi ,Cilt: 2, Yıl: 2, Sayı: 3.

Özen,Şerif Olgun(2015).*"Türkiye'nin İstihdam Politikaları ve Avrupa İstihdam Stratejisi'ne Uyumu"*,ÇSGB Çalışma Dünyası Dergisi ,Cilt: 3,Sayı: 1,78-105.

Özdemir,Süleyman ve Halis Yunus Ersöz,İbrahim Sarıoglu(2006). İşsizlik Sorununun Çözümünde Kobilerin Desteklenmesi, İstanbul Ticaret Odası, Yayın No: 2006-45, İstanbul.

Parasız,İlker(2002). İşletmeciler ve İktisatçılar İçin İktisat,Ezgi Kitabevi,Bursa.

Selamoğlu,Ahmet(2002).*"Gelişmiş Ülkelerde İstihdam Politikaları, Esneklik Arayışı Ve Etkileri"* Kocaeli Üniversitesi Sosyal Bilimler Enstitüsü Dergisi ,(4) ,2002/2,33-63.

Şahin,Hüseyin(2006). İktisada Giriş,Ezgi Kitabevi ,7.Baskı,Bursa.

Şanal,Engin(2013). *"Aktif İşgücü Politikaları"* Toprak İşveren Dergisi, Sayı 99.

Şanal,Engin (2010). *"Küresel Ekonomik Kriz İle Dünyada Ve Türkiye'de Artan Genç İşsizliği"* Toprak İşveren Sendikası Dergisi, 1-11.

Şenkal,Abdülkadir(2011). İşgücü Piyasası İş Ve Meslek Danışmanlığı 2011,İş ve Meslek Danışmanlığı Derneği Yayınları,Ankara.

Terzi,Burçin ve Harun Yılmaz Eser (2008). *"Türkiye'de İşsizlik Sorunu ve Avrupa İstihdam Strateji"*,Erciyes Üniversitesi İktisadi Ve İdari Bilimler Fakültesi Dergisi, Sayı 30, 229-250

TRC1 İstihdam Raporu T.C. İpekyolu Kalkınma Ajansı TRC1 Bölgesi (Gaziantep, Adıyaman, Kilis) İstihdam Raporu.

Tuik(2007). İşgücü İstihdam ve İşsizlik İstatistikleri Sorularla Resmi İstatistikler Dizisi-1 Yayın No:3095,Ankara.

Uyanık, Yücel (2008).*"Neoliberal Küreselleşme Sürecinde İşgücü Piyasaları"*, Gazi Üniversitesi İktisadi ve İdari Bilimler Fakültesi Dergisi, Cilt 10, Sayı 2, 209-224.

Werner,Sengenberger(2014).Uluslararası Çalışma Örgütü Amaçları, İşlevleri ve Politik Etkileri Friedrich Ebert Stiftung Derneği, Çev.Osman Tezgel.

Yeldan,Erinç(2012).Ulusal İstihdam Stratejisi Belgesi Üzerine Makro Ekonomik Bakış,Ulusal İstihdam Stratejisi Sempozyumu,13 Nisan 2012, Ankara.

Yılmaz, Özlem Göktaş (2005).*"Türkiye Ekonomisinde Büyüme İle İşsizlik Oranları Arasındaki Nedensellik İlişkisi"*,İstanbul Üniversitesi İktisat Fakültesi Ekonometri ve İstatistik Dergisi, Sayı: 2,63-76.

# VIII.

# BÖLÜM

## YENİ EKONOMİDE İNOVASYON GÖSTERGELERİ

*Doç. Dr. Birol MERCAN*

*Arş. Gör. Mustafa GÖMLEKSİZ*

***Necmettin Erbakan Üniversitesi SBF İktisat Bölümü***

*"İnovasyon kabiliyeti tüm disiplinlerde iyi sonuçlar gerektiren bir dekatlondur." Prof. Dr. Axel Werwatz*

## GİRİŞ

Genel olarak batının ilerlemesi ve buna karşılık doğunun geri kalması sorunu birçok araştırmaya konu olmuş ve bu kapsamda farklı sonuçlara ulaşılmıştır. Geri kalmışlığın nedenleri arasında sıklıkla coğrafya ve biyoloji, din ve kültür, cehalet, sömürgeci ekonomiler, savaş, büyük şehirler, enerji tüketimi, kurumsal gelişmeler, zihniyet vb. faktörlere vurgu yapıldığı görülmektedir (Diamond, 2013; Acemoğlu ve Robinson, 2014; Morris, 2014; Öksüz, 2014). Bunların yanı sıra, batının 16. Yüzyıldan itibaren hızlı ilerleyişinin nedeni olan temel gelişmeleri altı madde altında toplamak mümkündür (Hotz-Hart ve Rohner, 2014:1-3):

i. *Rekabet ve pazarlar:* Avrupa'da iktisadi birimler ve kurumlar arasındaki rekabet biçimi pazar ekonomisine dayalı olarak gelişmiştir.

ii. *Bilim tabanının piyasalardaki kullanımı:* Batının kendine özgü ideolojik ve politik gelişme sürecinde bilimdeki gelişmeler ön plandadır. Bu bağlamda, matematik, astronomi, fizik, kimya ve biyoloji alanındaki önemli atılımlar ve bulgular piyasalara daha fazla ürün ve hizmetin sunulmasına ve bunların ticari olarak başarılı bir şekilde değerlendirilmesine katkı sağlamıştır.

iii. *İstikrarlı yasal çerçeve ve özel mülkiyet:* İngilizcenin dünyada hızlı bir şekilde yaygınlaşması, İngilizce konuşulan ülkelerdeki sosyal ve siyasal düzenin oluşumunu ve özel mülkiyet hakkının geniş bir kitleyi kapsayacak şekilde yasal zeminde tanınmasını sağlayarak mal ve hizmet piyasalarındaki gelişmeleri hızlandırmıştır.

iv. *Tıp ve sağlık hizmetleri:* Tıp alanında özellikle Batı Avrupa ve Kuzey Amerika'da yaşanan ilerlemeler sağlık hizmetlerinin gelişmesini ve toplumun etkinliğinin artmasını sağlamıştır.

v. *Tüketim ve talep:* Avrupa'da 18. Yüzyıl itibariyle başlayan Sanayi Devrimi, verimliliği artıran teknolojiler ve çeşitlenen ürün arzının yanı sıra, daha iyi ve ucuz mallara olan artan talebi de beraberinde getirmiştir.

vi. *Girişimcilik, iş etiği ve tasarruf oranı:* Belirli bir iş etiğine bağlı olarak gelişen iş fikirleriyle birlikte, Batı Avrupa ve Kuzey Amerika'daki şirketler tasarruf sermayesini birleştiren ilk kuruluşlar olmuşladır.

Geçtiğimiz otuz yıllık süreçte, bilgi ve iletişim teknolojilerinde yaşanan gelişmelerle birlikte artan küreselleşmenin sosyal ve kültürel çevrenin yanı sıra üretim sistemleri ve buna bağlı olarak dünya ekonomileri üzerinde farklı yansımaları olmuştur. Bilginin kritik bir öneme sahip olduğu ve teknolojideki değişimlere uyumun giderek zorlaştığı bu dönemde yeni bilgi ve teknolojilerin anlaşılması iktisadi büyüme ve refah artışını hedefleyen her ulusun ortak gayesi olmaktadır. Bu amaç doğrultusunda öncelikle, bilgi ve teknolojinin ekonomik ve sosyal sistem içerisindeki rolünün tespit edilmesi gerekmektedir. Tarihsel süreçte, artan bilgi düzeyi ve bunu takiben ortaya çıkan teknolojik gelişmeler ile ekonomik ve sosyal sistem arasında karşılıklı bir ilişkinin varlığından bahsetmek mümkündür (Gömleksiz, 2012). Bu süreçte edinilen deneyimler, bir ülkenin ekonomik veya siyasi güç kazanmak için ulusal sınırları içinde ortaya çıkan veya dışarıdan elde edilen bilgiyi birbiriyle ilişkili iki yolla kullanabildiğini göstermektedir. Bunlardan birincisi, güç faktörü olarak bilginin kullanılmasıdır. Bu yolla ortaya çıkan bilimsel bulgular, buluşlar ve teknolojik yeniliklerin belirli stratejik alanlarda kullanılması devletlere güvenlik avantajı ve ekonomik güç kazandırmıştır. Bu gücün en belirgin örnekleri askeri buluşlar, yeni enerji kaynaklarının keşfi ve büyük ticaret yollarının ele geçirilmesidir. İkinci yol ise bilgi birikimini yenilikler için bir temel olarak görmek ve bundan bir güç faktörü olarak faydalanmak şeklinde ortaya çıkmaktadır. Buradan hareketle, bilgi ve güç arasındaki karşılıklı ilişkinin teknoloji ve inovasyon çıktılarına bağlı bir eksende geliştiği görülmektedir. İnsanlığın başlangıcından bu yana toplumlar keşifler ve yaratıcı becerilere bağlı olarak gelişmişlerdir. Bununla birlikte, eski çağlardan bu yana ortaya çıkmış birçok teknolojik buluş ve yapıtın devletlerin gücünün somut göstergeleri olmasına rağmen, bir fikrin ekonomik getiri amaçlı uygulanması ve pazarlanması bağlamında inovasyon olmadıkları görülmektedir. Diğer taraftan inovasyonların ekonomik güç üzerindeki sonuçları adem-i merkezileşmiş piyasa ekonomilerinin ortaya çıkışı ile belirginleşmiştir. Baumol'un (2004) ifadesiyle kapitalizmi eşsiz kılan buluş yapma yeteneği değil bilakis inovasyon yeteneğidir (Hotz-Hart ve Rohner,2014:V).

2. Dünya Savaşı sonrası dönemde kitle üretimine dayalı Fordist üretim biçiminin küresel ekonomik sistemin ihtiyaçlarını karşılamada yetersiz kalması, temeli esneklik ve çeşitliliğe dayalı olan Post-Fordist üretim sürecinin ortaya çıkışına zemin hazırlamıştır. Bu dönemde bilgi ve teknolojiye duyulan yoğun ihtiyacın sonucu olarak, birçok ekonomiye ilişkin üretim süreçlerinde standart mal ve hizmetlerin yerini ticarileştirilmiş bazı yeniliklerin aldığı görülmektedir. Bahsedilen bu yenilikler, teknik bir ifade olarak inovasyonların iktisadi faaliyetlerdeki artan öneminin altını çizmektedir. Schumpeter (1934) inovasyonları;

i. Tüketicilerin daha önce karşılaşmadıkları yeni bir ürünün icadı,

ii. Daha önce keşfedilmemiş ve bilimsel olarak yeni olan bir üretim yönteminin bulunması,

iii. İmalat endüstrisinde daha önceleri var olmayan bir alanda yeni bir piyasanın oluşumu,

iv. Yeni hammadde kaynakları ya da ara malların bulunması/ele geçirilmesi veya

v. Herhangi bir endüstride yeni örgütsel oluşumların ortaya çıkması şeklinde tanımlamaktadır.

Ekonomik olarak yüksek katma değer ve fayda içeren inovasyonlar yeni ürün, hizmet ve üretim yöntemlerinin yanı sıra mevcut ürün ya da üretim düzenlerinin önemli ölçüde farklılaştırılmış formları olarak ortaya çıkabilmektedirler. Ayrıca, verimliliği artırarak maliyetleri düşüren yeni teknoloji ve süreçlerin benimsenmesi de inovasyon faaliyetleri içerisinde değerlendirilebilmektedir. Yeni teknolojilere adaptasyonun sağlanması, üretim sisteminin daha etkin hale gelmesine olanak sağlarken, bu kapsamda oluşacak yeni iş modelleri ve örgütsel yapılar firmaların mesleki ihtiyaçlarının karşılanmasına katkı sağlamaktadır. Dolayısıyla inovasyonların maliyetleri düşürerek kârlılığı artırdığı da söylenebilmektedir (Slaper vd., 2011). Bunun yanı sıra inovasyonların temel araştırmalardan piyasalara yeni ürünlerin sunulmasına kadarki süreçte birçok aşamanın bir sonucu olarak ortaya çıktıkları görülmektedir. Bu aşamalar karmaşık geri bildirim mekanizmaları ve içerisinde bilim, teknoloji, öğrenme, üretim, politika ve talebi barındıran etkileşimli ilişkilerden oluşmaktadır. Farklı kurumsal çevrelerde faaliyet gösteren bu bileşenler arasındaki etkileşimler inovasyon süreçleri için önemlidir. Bu bileşenler aynı zamanda, iktisadi amaçlar çerçevesinde bilgi yaratımı ve kullanımını amaçlayan sistemlerin unsurlarıdır. İnovasyonlar da bu gibi sistemlerin içerisinde ortaya çıkmaktadırlar (Edquist, 1997). 90'lı yıllar öncesi dönemde ortaya çıkan çeşitli yaklaşımların bu karmaşık süreçleri yeterince dikkate almadıkları görülürken, son yıllarda yapılan birçok çalışmada inovasyonları meydana getiren çevrenin daha detaylı analiz edilmesinin ve bu bağlamda ülke performanslarının sağlıklı bir şekilde ortaya konmasının gerekliliği üzerinde durulmaktadır.

Modern dünyada inovasyonlar aynı anda birden fazla yerde bulunan bir olgu olarak karşımıza çıkmaktadır. Bu bağlamda inovasyonların ekonomideki tüm alanlarda sürekli şekilde devam eden ve yeni ürünler, teknikler, organizasyon çeşitleri ve yeni piyasalarla sonuçlanan öğrenme süreçleri, araştırmalar ve keşifleri bünyesinde barındırdığı söylenebilir (Lundvall, 1992). İnovasyonların verimlilik artışları ve ekonomik büyüme kapsamında yeni ve daha iyi iş imkânları yarattığı, küresel rekabet gücü kazandırdığı ve ulusal/uluslararası ticari faaliyetleri teşvik ettiği görülmektedir. Dolayısıyla inovasyonlar, firma veya ülke bazında, yenilikleri fırsata çevirme süreçlerinin toplamı olarak formüle edilebilirler. Bu bağlamda, inovasyonları ortaya çıkaran sistemlere ait belirleyicilerin ölçümü ve değerlendirilmesi önem arz etmektedir. Günümüzde birçok gelişmiş/gelişmekte olan ülkenin yanı sıra Avrupa Birliği (AB) ve Ekonomik Kalkınma ve İşbirliği Örgütü (OECD) gibi uluslararası bütünleşmeler/işbirliği organizasyonlarının büyüme ve kalkınma politikalarında da bilim, teknoloji ve inovasyonun önemli bir yere sahip olduğu görülmektedir. Bu bölümde, inovasyona ilişkin göstergelerin gerek teorik temelde gerekse de başlıca uluslararası uygulamalı çalışmalar ekseninde ele alınması ve karşılaştırılması amaçlanmaktadır.

## Yeni Ekonomi ve İnovasyon Göstergeleri

Günümüzde dünyanın kıyasıya rekabet, sürekli değişim, hızlı bilgi ve iletişim ağları, karmaşık ticari ilişkiler ve yaygın küreselleşme ile şekillenen yeni bir çağa doğru kaotik bir geçiş döneminde olduğu görülmektedir. Bu dönemde ortaya çıkmış "Yeni Ekonomi" yaklaşımı temel olarak yüksek katma değer üreten, ileri teknoloji kullanan ve bunları bir araya getiren, adaptasyon hızı yüksek mal ve hizmet endüstrilerini tanımlanmaktadır. Yeni ekonomi yaklaşımının merkezinde yer alan anahtar kavramlardan ilki bilgi kavramıdır. Bilgi kavramı yeni ekonomide, entelektüel bir sermaye olarak, iktisadi kararlar ve faaliyetlere ilişkin stratejik bir aktör olarak ön plana çıkmaktadır. Yeni ekonominin temel özelliklerinden ikincisi sürekli değişimdir. Bu bağlamda, iktisadi çevredeki hızlı ve karmaşık değişim belirsizliği artırmakta ve bu çevrede iktisadi birimlere yönelik sürekli bir uyumu gerekli hale getirmektedir. Üçüncü olarak ise küreselleşme sürecinin Ar-Ge, teknoloji, üretim, ticaret, finans, bilgi ve iletişim alanlarında yarattığı değişimle birlikte hat safhaya çıkan rekabet ve ticari bağımlılıklardan bahsedilebilir.

Yeni ekonomide, gelişmiş ve gelişmekte olan ülkeler için bilim ve teknolojiye ilişkin göstergelerin sürdürülür ekonomik ve sosyal gelişme bağlamındaki rollerinin anlaşılması bir gereklilik halini almıştır. Teknolojik ve teknolojiyle ilişkili değişimler temel olarak firmalar, kamu kurumları ve bireyler gibi aktörler tarafından gerçekleştirilmektedir. Bu aktörler ekonomik ve toplumsal düzlemde birbirleriyle bağlantılı olmakla birlikte, söz konusu bu bağlantıların doğru şekilde tespiti inovasyon sistemlerine ilişkin dinamiklerin anlaşılmasında önemlidir.

İnovasyonun ölçümünde sistemik bir yaklaşımın kullanılması içinde bulunduğumuz dönemdeki hızlı ekonomik ve toplumsal dönüşümün anlaşılmasına katkı sağlamaktadır. Böyle bir yaklaşımın başlangıç noktası ekonomik birimler olmakla birlikte, sistemin sürdürülebilirliğindeki temel faaliyetlerin araştırma ve geliştirme (Ar-Ge) faaliyetleri, bilgi ve teknolojilerin yayılımı, beşeri sermayenin gelişimi ve birtakım işbirlikleriyle ilişkili olduğu söylenebilir. Söz konusu aktörler ve faaliyetlerin birer sonucu olarak ticarette, verimlilikte ve piyasa paylarında artış şeklinde ortaya çıkan ekonomik etkilerin yanı sıra sosyal dönüşüm ve endüstriyel organizasyonlarda/uygulamalarda değişim gibi sosyal etkilerden de bahsetmek mümkündür (OECD, 2007).

İnovasyon sistemleri yaklaşımı çerçevesinde bu sistemleri oluşturan çeşitli bileşenlerin genel bir özetine Şekil 1'de yer verilmektedir. İnovasyon sistemleri kapsamlı bağlantılar ve geri bildirim mekanizmalarından oluşmakta ve bu sistemlerin ulusal, bölgesel, endüstriyel veya sektörel farklı tür karakteristiklere bağlı olarak şekillendiğinden bahsedilebilir. Bu bağlamda sistem içerisindeki bazı aktörler ve bağlantılar belirli bir mekânsal birim için söz olabilmekte ya da bu bağlantılar örtük şekilde ortaya çıkabilmektedir. Bununla birlikte, ortak şekilde, bu tür sistemlerin nihai amacının ekonomik büyüme ve kalkınma olduğundan söz edilebilir.

*Şekil 1: Ulusal İnovasyon Sistemlerinin Temel Bileşenleri ve Bağlantılar*

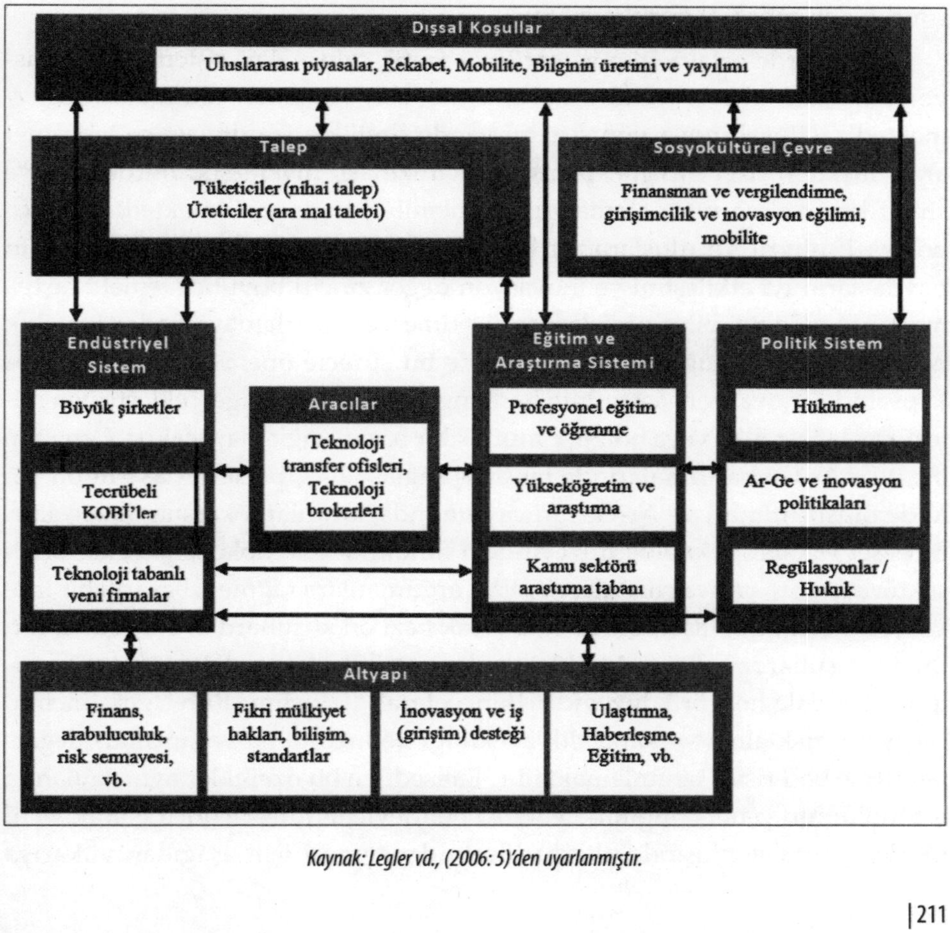


*Kaynak: Legler vd., (2006: 5)'den uyarlanmıştır.*

Küreselleşmenin günümüzde geldiği noktada inovasyon sistemlerinin yalnızca ulusal ölçekte incelenmesi tek başına yeterli değildir. Bu bağlamda küresel piyasalar ve uluslararası rekabeti içerisine alan dışsal koşullardan da bahsetmek gerekmektedir. Ayrıca uluslararası ilişkiler ekseninde faktör ve emek piyasalarındaki mobilite ve bu sayede bilginin yayılımı da söz konusu sistemler içerisinde önemli belirleyiciler olarak ortaya çıkmaktadır. Bu bileşenlerin etkilerini özellikle uluslararası ticaret (ihracat ve ithalat), küresel çaptaki firma faaliyetleri ve doğrudan yabancı yatırımlar aracılığıyla gözlemleyebilmek mümkündür.

İnovasyon sistemlerinin kapsamlı bir şekilde gelişimi için finansal çevre, talep yapısı, yeni teknolojilere yönelik bakış açısı ve politik sistemin çeşitli unsurlarıyla ilişkili çerçeve koşullarına önem verilmesi gerekmektedir. Bu kapsamda ayrıca, hoşgörü (tolerans) düzeyi, risk alma ve siyasi tutumlar gibi sosyokültürel göstergelerin de ulusal inovasyon performansı üzerindeki etkilerinden bahsedilebilir. Buna rağmen, sosyopolitik çevreye ait bir dizi unsurun göstergelerle açıklanamaz olmasının inovasyonun ölçümüne bazı sınırlılıklar getirdiği görülmektedir.

Literatürde ortaya çıkmış teorik ve pratik çalışmalar, sistematik inovasyon süreçlerinin merkezinin ulusal inovasyon sistemleri olduğunu göstermektedir. Ulusal inovasyon sistemi içinde özellikle iş dünyası ve hükümet arası ilişkiler, özel girişim, piyasa mekanizması, hiyerarşik, bürokratik ve siyasi karar alma mekanizmalarının önemli olduğu görülmektedir. Ayrıca bölgesel, ulusal ve uluslararası boyutta *"inovasyon ekosistemlerindeki"* tüm paydaşların iyi etkileşimi ve inovasyon değer zinciri boyunca temel araştırmadan Ar-Ge ye, pilot projelerden üretime ve pazarlamaya kadar bir ekonominin sahip olduğu tüm beceriler de bu süreçte önem taşımaktadır. Bu kapsamda, inovasyon sisteminin herhangi bir boyutunda gerçekleştirilen iyileştirmeler bir ülke veya bölgeye mutlak bir başarı sağlamayacaktır. Örneğin, bir ülke Ar-Ge harcamalarında bir artış sağlasa bile, pazarın başarılı bir şekilde oluşturulması ve Ar-Ge'nin yayılımında sorunlarla karşılaşabilecektir. Bireysel vakalar, teknoloji düzeyindeki farklılıklar ve dolayısıyla ekonomik sektörlere göre ortaya çıkabilecek farklı argümanlara rağmen, başarılı bir inovasyon sisteminin tasarlanmasında ortak bazı ön koşullardan bahsedilebilir. Bu ön koşullardan ilki, farklı düşünenler, yeni fikirler ve diğer çözüm önerileri arasındaki hoşgörü düzeyidir. İkinci olarak "Girişimci Ruh", girişimcinin inisiyatif, risk alma ve kararlılık istekliliği ile hızlı olma ve fırsatları değerlendirme becerisini tanımlamaktadır. Bahsedilen bu özellikler aynı zamanda bir toplumun yenilikçiliğinin de temel belirleyicileridir. Üçüncü olarak, yeni fikirlerin ortaya çıkışında alternatiflerin denenmesi için aşağıdan yukarıya doğru ilişkilere izin veren adem-i merkeziyetçi yapılar inovasyon performansını artırırken, yukarıdan aşağı doğru ilişkiler inovasyonlara engel teşkil edebilmektedir. Dördüncü olarak, inovasyonlara ilişkin belirsizlikler ve risklere karşı fikri mülkiyet de dâhil olmak üzere mülkiyetin korunması güvenilir ve istikrarlı kurumlar ve çerçeve koşullarını gerekli kılmaktadır. Bu sistemler içinde başka bir kritik kaynak olan finansman kapsamında ise yeni ve riskli projelerin sürdürülebilmesi için etkin bir bankacılık ve finans sistemine gerek duyulmaktadır. Ayrıca, çokuluslu şirketlerin sahip oldukları ağların bilgi ve teknolojilerin yaygınlaştırılmasında önemli bir ön koşul olduğu söylenebilir (Hotz-Hart ve Rohner, 2014: 296).

Teknik bilgiye yapılan yatırımların yanı sıra nitelikli emeğin varlığı da uzun dönem ekonomik büyümenin belirleyici unsurları arasındadır. Özellikle, modern ekonomik büyüme teorisi, teknolojik ilerlemeyi endojen hale getirmiştir. Bu modeller, firmaların ve bilimsel kuruluşların, teknik ilerlemenin temeli olarak araştırma ve deneysel geliştirmeye daha yoğun yatırım yapması gerekliliği üzerinde durmaktadır. Ar-Ge ile yeni ürünler ve yeni üretim teknikleri oluşturulmakta ve mevcut ürünler ve süreçler geliştirilmektedir. Bu yenilikler, ürün kalitesinde ilerlemeye, üretim maliyetleri ve dolayısıyla ürün fiyatlarında azalmaya imkân vermektedirler. Bu avantajlar aynı zamanda, firmaların rekabet edebilirliğini ve büyümesini önemli şekilde etkileyen stratejik unsurlardır. Bu nedenle, teknolojik ilerlemenin sağlanması ve sürdürülmesine yönelik kabiliyetlerin, firmalar ve ulusal ekonomiler arasında ortaya çıkan büyüme farklılıklarını açıklayan ana faktörler oldukları ifade edilebilir. İnovasyon sistemlerine ilişkin göstergelerin analizinde Ar-Ge verilerinin kullanımına yönelik olarak orta ve uzun vadede; Ar-Ge personeli, belirli bir Ar-Ge'ye yönelik sermaye malları, araştırma kurumları ya da işbirlikleri yoluyla bilgi transferi ile başarılı inovasyon faaliyetleri (yeni ürünler ve üretim süreçleri, maliyet minimizasyonu, artan rekabetçilik, büyüme ve istihdam) arasında istikrarlı ilişkilerin var olduğu kabul edilmektedir (Legler vd., 2006).

Günümüzde gerek gelişmiş gerekse de gelişmekte olan ekonomilerde inovasyonların çeşitli politikalar ve eylem planları ile desteklenmesi kamu ve özel sektör bünyesindeki öncelikli stratejiler arasında yer almaktadır. Geniş kapsamda bu stratejiler, inovasyon sistemleri içerisinde özellikle üniversiteler, kamu kurumları ve sanayi gibi aktörler arasındaki bilgi ve teknoloji transferinin artırılmasına odaklanmaktadırlar. Bu sayede söz konusu aktörler arasında ortak araştırma, bilimsel yayınlar, patentler, lisanslar, teknoloji edinimi veya belirli bir teknolojinin transferi şeklinde ortaya çıkan formel ya da enformel bağlantılara dayalı etkileşimler inovasyon faaliyetlerini desteklemektedir (Jofre, 2011).

Altyapılar, özellikle gelişmekte olan ülkelerin sahip oldukları beşeri ve fiziksel kaynaklara ilişkin potansiyellerin açığa çıkarılmasına katkı sağlamaktadırlar. Ulusal sınırlar içinde bölgelerin fiziksel çevresini teşkil eden altyapı sistemleri, ekonomide faaliyet gösteren farklı birimler arasındaki etkileşimlere de zemin hazırlamaktadır. İnovasyon sistemleri kapsamında, dar manada, haberleşme ve ulaştırmaya ilişkin altyapıların yanı sıra, inovasyon faaliyetlerinde önemli pay sahibi olan yaratıcı, beşeri ve kültürel kaynakların oluşumuna yönelik altyapılardan da bahsedilebilir (Cooke vd., 1997).

## İnovasyonun Ölçümü ve Göstergelerin Yorumlanması

İnovasyonların ölçümüne yönelik ihtiyaç, inovasyon süreçlerinin iktisadi faaliyetler, küresel rekabet ve buna bağlı olarak ulusal ve bölgesel politikalardaki artan öneminden kaynaklanmaktadır. Bu bağlamda teknolojik ilerleme ve refah artışının sağlanmasında inovasyona ilişkin bir dizi kaynakla alakalı etkin kararların alınması, inovasyon faaliyetleri aracılığıyla ekonomik değişimin sağlanacağı alanların doğru belirlenmesi ve yenilikçi stratejilerin firmalarla birlikte yönetimi önemlidir (Archibugi ve Pianta, 1996). Literatürde inovasyonun ölçümünü amaçlayan çok sayıda çalışma mevcuttur. Bu kapsamda uluslararası organizasyonlar tarafından ortaya konan referans kaynakların yanı sıra, bireysel araştırmacıların gerçekleştirdikleri çalışmalardan da bahsetmek mümkündür. Bu kısımda, inovasyon ölçümüne yönelik ortaya çıkmış uluslararası temel çalışmalar ekseninde ülkeler ve ülke grupları arası karşılaştırmalara yer verilmektedir.

### *Küresel İnovasyon Endeksi*

"Küresel İnovasyon Endeksi" (Global Innovation Index) çalışması 2007 yılından bu yana yıllık olarak düzenli yayınlanan bir çalışmasıdır. Çalışma, inovasyon sistemleri içerisinde yer alan çeşitli bileşenlerin ulusal düzeydeki performanslarının ölçümünü ve bu yolla inovasyona yönelik çeşitli politika araçlarının geliştirilmesine katkı sağlamayı amaçlamaktadır. Dünyadaki 120'den fazla ekonomiyi kapsayan çalışmada ülkelere ait genel inovasyon endeksleri temel olarak inovasyon girdi ve çıktı alt endeksleri aracılığıyla elde edilmekte ve genel endeks puanları 2011 yılından itibaren 0 ile 100 puan aralığında hesaplanmaktadır. Endeks çalışmasında inovasyon girdi endeksi alt bileşenleri; (i) kurumlar, (ii) beşeri sermaye ve araştırma, (iii) altyapı, (iv) piyasa gelişimi ve (v) ticari gelişmişlik iken, çıktı alt endeksi (i) bilgi ve teknoloji çıktıları ile (ii) yaratıcı çıktılardan oluşmaktadır. Çalışmada 2017 yılı itibariyle söz konusu alt bileşenlerin ölçümüne ilişkin 81 gösterge kullanılmaktadır. Şekil 2'de endeks çalışmasının genel çerçevesinin bir özeti sunulmaktadır.

*Şekil 2: Küresel İnovasyon Endeksinin Bileşenleri*

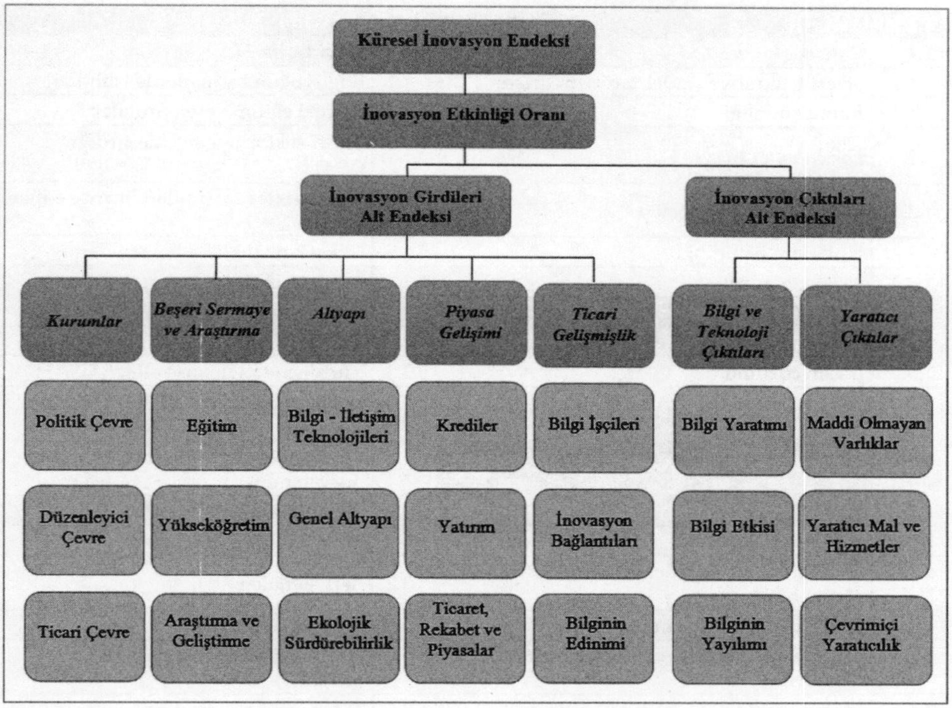


*Kaynak: Cornell University, INSEAD, WIPO (2017).*

Küresel İnovasyon Endeksini oluşturan alt endeksler ve bunlara ait bileşenler Tablo 1'de verilmektedir. Ülkelere ait alt endeks bileşenlerinin puanlarının hesaplanmasında bu bileşenlere ilişkin göstergelerin ağırlıklı ortalaması kullanılırken, benzer şekilde, alt endeks puanları da söz konusu bileşenlerin ağırlıklı ortalamasıyla elde edilmektedir. Bu kapsamda endeks hesaplanmasında izlenen yöntem şu şekildedir (Cornell University, INSEAD, WIPO, 2017):

- İnovasyon girdileri alt endeksi bu endeks kapsamındaki beş bileşene ait puanların basit ortalamasıdır.
- İnovasyon çıktıları alt endeksi bu endekse ilişkin iki bileşene ait puanların basit ortalamasıdır.
- Endekse ait genel inovasyon puanları inovasyon girdi ve çıktı alt endekslerinin basit ortalamasıdır.
- Son olarak, inovasyon etkinliği oranları inovasyon çıktıları alt endeks puanının inovasyon girdileri alt endeks puanına oranı şeklinde hesaplanmaktadır.

*Tablo 1: Küresel İnovasyon Endeksi Ana ve Alt Endeks Bileşenleri*

| | | | |
|---|---|---|---|
| **1.KURUMLAR** | | **5.TİCARİ GELİŞMİŞLİK** | |
| *1.1.* | *Politik Çevre* | *5.1.* | *Bilgi İşçileri* |
| 1.1.1. | Siyasi İstikrar ve şiddet/terörizm ortamı | 5.1.1. | Bilgi-yoğun hizmetlerde istihdam |
| 1.1.2. | Kamu etkinliği | 5.1.2. | Formel eğitim veren firmalar |
| *1.2.* | *Düzenleyici Çevre* | 5.1.3. | Ticari sektörün gerçekleştirdiği GSAH |
| 1.2.1. | Regülasyonların niteliği | 5.1.4. | Ticari sektör tarafından finanse edilen GSAH |
| 1.2.2. | Hukukun üstünlüğü | 5.1.5. | Yüksek nitelikli kadın istihdamı |
| 1.2.3. | İşsizlik maliyeti | *5.2.* | *İnovasyon Bağlantıları* |
| *1.3.* | *Ticari Çevre* | 5.2.1. | Üniversite-sanayi işbirliği |
| 1.3.1. | İş kurma kolaylığı | 5.2.2. | Küme gelişimi |
| 1.3.2. | İflasın çözümü | 5.2.3. | Yurtdışından finanse edilen GSAH |
| 1.3.3. | Vergi ödemesi kolaylığı | 5.2.4. | Ortak girişim/stratejik işbirliklerinin durumu |
| **2.BEŞERİ SERMAYE ve ARAŞTIRMA** | | 5.2.5. | Patent ailesi (en az iki ofiste dosyalanmış) |
| *2.1.* | *Eğitim* | *5.3.* | *Bilginin Edinimi* |
| 2.1.1. | Eğitim harcaması | 5.3.1. | Fikri mülkiyet ödemeleri |
| 2.1.2. | Ortaöğretimde öğrenci başına düşen kamu eğitim harcaması | 5.3.2. | İleri teknoloji ithalatı |
| 2.1.3. | Eğitimde beklenen süre | 5.3.3. | BİT hizmetleri ithalatı |
| 2.1.4. | Okuma, matematik ve fen bilimlerinde değerlendirme | 5.3.4. | Net doğrudan yabancı yatırım girişleri |
| 2.1.5. | Ortaöğretimde öğrenci/öğretmen oranı | 5.3.5. | Ticari sektörde araştırma yeteneği |
| *2.2.* | *Yükseköğretim* | **6.BİLGİ ve TEKNOLOJİ ÇIKTILARI** | |
| 2.2.1. | Yükseköğretime katılım | *6.1.* | *Bilgi Yaratımı* |
| 2.2.2. | Fen bilimleri ve mühendislik mezunları | 6.1.1. | Menşeine göre patent başvuruları |
| 2.2.3. | Yükseköğretim düzeyinde öğrenci hareketliliği | 6.1.2. | Menşeine göre PCT patent başvuruları |
| *2.3.* | *Araştırma ve Geliştirme (Ar-Ge)* | 6.1.3. | Menşeine göre faydalı model başvuruları |
| 2.3.1. | Araştırmacılar | 6.1.4. | Bilimsel ve teknik yayınlar |
| 2.3.2. | Gayri Safi Ar-Ge harcaması (GSAH) | 6.1.5. | H-endekste alıntılanabilir dökümanlar |
| 2.3.3. | Küresel Ar-Ge şirketleri ortalama harcaması (ilk 3) | *6.2.* | *Bilgi Etkisi* |
| 2.3.4. | QS Dünya Üniversite Sıralaması ortalama puanı (ilk 3) | 6.2.1. | Kişi başına GSYH büyüme hızı |
| **3.ALTYAPI** | | 6.2.2. | Yeni girişim yoğunluğu |
| *3.1.* | *Bilgi ve İletişim Teknolojileri (BİT)* | 6.2.3. | Toplam bilgisayar yazılımı harcaması |
| 3.1.1. | BİT erişimi | 6.2.4. | ISO 9001 kalite sertifikaları |
| 3.1.2. | BİT kullanımı | 6.2.5. | İleri ve orta teknolojili ürünler |
| 3.1.3. | Kamunun çevrimiçi hizmetleri | *6.3.* | *Bilgi Yayılımı* |
| 3.1.4. | Çevrimiçi katılım | 6.3.1. | Fikri mülkiyet gelirleri |
| *3.2.* | *Genel Altyapı* | 6.3.2. | İleri teknoloji ihracatı |
| 3.2.1. | Elektrik üretimi | 6.3.3. | BİT hizmetleri ihracatı |
| 3.2.2. | Lojistik performansı | 6.3.4. | Net doğrudan yabancı yatırım çıkışları |

| | | | |
|---|---|---|---|
| 3.2.3. | Gayri safi sabit sermaye birikimi | 7.YARATICI ÇIKTILAR | |
| ***3.3.*** | ***Ekolojik Sürdürülebilirlik*** | ***7.1.*** | ***Maddi Olmayan Varlıklar*** |
| 3.3.1. | Enerji kullanımı başına GSYH | 7.1.1. | Menşeine göre ticari marka başvuruları |
| 3.3.2. | Çevresel performans | 7.1.2. | Menşeine göre endüstriyel tasarımlar |
| 3.3.3. | ISO 14001 çevresel sertifikalar | 7.1.3. | BİT ve iş modeli yaratımı |
| 4.PİYASA GELİŞİMİ | | 7.1.4. | BİT ve organizasyonel model yaratma |
| ***4.1.*** | ***Kredi*** | ***7.2.*** | ***Yaratıcı Mal ve Hizmetler*** |
| 4.1.1. | Kredi kullanım kolaylığı | 7.2.1. | Kültürel ve yaratıcı hizmetler ihracatı |
| 4.1.2. | Özel sektöre sağlanan yerel krediler | 7.2.2. | Ulusal uzun metrajlı filmler |
| 4.1.3. | Mikro finans kuruluşlarının brüt borç portföyü | 7.2.3. | Küresel eğlence ve medya piyasası |
| ***4.2.*** | ***Yatırım*** | 7.2.4. | Yazılı ve basılı çıktılar |
| 4.2.1. | Azınlık yatırımcıların korunması | 7.2.5. | Yaratıcı mal ihracatı |
| 4.2.2. | Piyasa sermayesi | ***7.3.*** | ***Çevrimiçi Yaratıcılık*** |
| 4.2.3. | Risk sermayesi işlemleri | 7.3.1. | Kapsamlı üst düzey alan adları |
| ***4.3.*** | ***Ticaret, Rekabet ve Piyasa Ölçeği*** | 7.3.2. | Ülke koduna özgü üst düzey alan adları |
| 4.3.1. | Ticarete uygulanan tarifeler (ağırlıklı ortalama) | 7.3.3. | Wikipedia yıllık düzeltmeler |
| 4.3.2. | Yerel rekabetin yoğunluğu | 7.3.4. | YouTube üzerinden video yükleme |
| 4.3.3. | Yerel piyasa ölçeği | | |

*Kaynak: Cornell University, INSEAD, WIPO (2017).*

Küresel İnovasyon Endeksi 2017 kapsamında 127 ülkeye ait elde edilen sonuçlar aynı zamanda bu ülkelerin inovasyon sistemleri yaklaşımı çerçevesindeki performanslarının değerlendirilmesine de imkân vermektedir (www.globalinnovationindex.org). Bu kısımda söz konusu çalışmaya ait özet bulgular OECD ülkeleri kapsamında incelenmektedir. Günümüzde 35 üyesi bulunan OECD'de gelişmekte olan ülkelerden Türkiye ve Meksika da bulunmaktadır. Diğer üyelerin ise gelişmiş ekonomilerden oluştuğu görülmektedir. Tablo 2'de OECD üyesi ülkelerin listesine yer verilmektedir.

*Tablo 2: OECD Üyesi Ülkeler*

| | | | | |
|---|---|---|---|---|
| ABD | Estonya | İspanya | Kanada | Portekiz |
| Almanya | Finlandiya | İsrail | Letonya | Slovakya |
| Avustralya | Fransa | İsveç | Lüksemburg | Slovenya |
| Avusturya | Güney Kore | İsviçre | Macaristan | Şili |
| Belçika | Hollanda | İtalya | Meksika | Türkiye |
| Çek Cumhuriyeti | İngiltere | İzlanda | Norveç | Yeni Zelanda |
| Danimarka | İrlanda | Japonya | Polonya | Yunanistan |

Şekil 3'de Küresel İnovasyon Endeksi 2017 çalışması kapsamında OECD ülkelerine ait girdi ve çıktı alt endeks puanlarının dağılımı gösterilmektedir. Buna göre başta Batı Avrupa ülkelerinden İsviçre ve İskandinav Yarımadasından İsveç olmak üzere ABD, Hollanda ve İngiltere'nin görece yüksek endeks puanlarına sahip oldukları görülmektedir. Bu ülkeleri Danimarka, Finlandiya, Almanya, İrlanda ve Kore takip ederken, alt endeks bileşenleri kapsamında orta sıralarda Çekya, Estonya, İspanya, Belçika ve İtalya gibi ülkelerin yer almaktadır. Alt endeks bileşenleri sıralamasında OECD üyesi yüksek gelirli ekonomilerden Macaristan, Şili, Yunanistan, Polonya ve Slovakya'nın ise son sıralarda oldukları görülmektedir. İnovasyon alt endekslerine ilişkin performans göstergeleri ayrı ayrı incelendiğinde, en yüksek çıktı endeksi puanına sahip ilk üç ülke İsviçre (65,8), Hollanda (60,9) ve İsveç (57,9) iken, yüksek gelirli ülkelerden en düşük çıktı endeksi puanlarının Yunanistan (28), Şili (29,1) ve Polonya'ya (33,8) ait olduğu görülmektedir.

OECD üyesi gelişmekte olan ülke ekonomilerinden Türkiye ve Meksika inovasyon alt endeksleri puanlarının dağılımına göre son sıralarda yer almaktadır. Bu kapsamda Meksika'nın düşük çıktı endeksi puanına (27,1) karşılık görece yüksek bir girdi puanına (44,5) sahip olması inovasyon etkinliği performansına da olumsuz yansımaktadır. Bu sonuç aynı zamanda, ülkenin inovasyon faaliyetlerine yönelik sahip olduğu girdilere karşılık görece düşük seviyede bir inovasyon çıktısı ürettiği anlamına gelmektedir. Benzer şekilde, Türkiye de düşük bir çıktı endeksi puanına (35,5) karşılık görece yüksek bir girdi puanına (42,3) sahiptir. Bununla birlikte, 2017 çalışmasına ait inovasyon etkinliği oranı sıralamasında Türkiye'nin 9. sırada yer aldığı görülmektedir.

*Şekil 3: Küresel İnovasyon Endeksi 2017 ve OECD Ülkeleri*

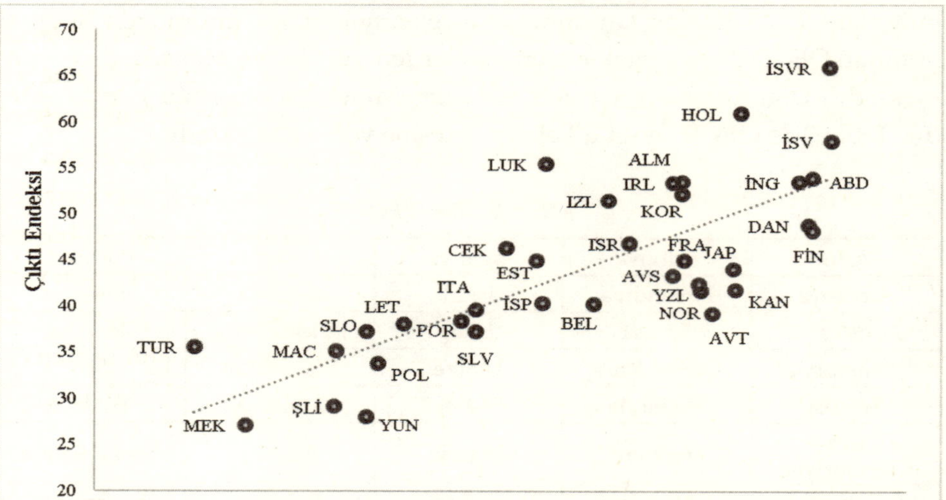


*Kaynak: Cornell University, INSEAD, WIPO (2017).*

Küresel İnovasyon Endeksi 2017 çalışmasından elde sonuçlar çerçevesinde OECD ülkeleri ve bu kapsamda Türkiye'nin alt endeks bileşenlerine ait performans göstergelerinin karşılaştırılmasına Şekil 4'te yer almaktadır. OECD üyesi ülkelerden Türkiye ve diğer 34 ülkeye ait ortalama bileşen puanlarının verildiği şekilde, Türkiye'nin görece en düşük puana sahip olduğu bileşenin kurumlar bileşeni olduğu görülmektedir. İlgili bileşene ait OECD 34 ortalaması 81,4 puanken, Türkiye'nin bu bileşene ait puanı 50,6 puan seviyesindedir. Söz konusu bileşen kendisine ait politik, düzenleyici ve ticari çevreye ilişkin göstergeler özelinde incelendiğinde, Türkiye'nin siyasi istikrar ve güvenlikte 127 ülke arasında 117. sırada, işsizlik maliyeti ve haftalık ücretlerde 116. sırada, iflas ve aczin çözümünde 106. sırada ve vergi ödemesi kolaylığında ise 92. sırada olduğu görülmektedir.

OECD ülkeleri ortalamasına ait alt endeks puanları kapsamında Türkiye'nin görece düşük performansa sahip olduğu ikinci bileşen ticari gelişmişlik bileşenidir. Ticari gelişmişlik bileşenine ait göstergeler kapsamında Türkiye'nin performans göstergeleri incelendiğinde, bilgi ve iletişim teknolojilerine ilişkin hizmet ithalatında 121. sırada, yurtdışından finanse edilen gayri safi Ar-Ge harcamalarında 85. sırada ve net doğrudan yabancı sermaye girişlerinde ise yine 85. sırada olduğu görülmektedir. Bu bağlamda ayrıca bilgi yoğun istihdam ve stratejik işbirlikleri göstergelerinde de Türkiye'nin görece düşük performansı dikkat çekmektedir.

Şekil 4'ye yer alan performans göstergeleri kapsamında değinilebilecek bir diğer bileşen beşeri sermaye ve araştırmadır. Söz konusu bileşene ait OECD 34 ortalaması 40,7 puan seviyesindeyken, Türkiye'nin ilgili bileşene ait puanı 27,6'dır. Bu bileşen özelinde, Türkiye'nin ortaöğretimde öğrenci başına kamu harcaması ve yükseköğretimde yurtiçine yabancı öğrenci hareketliliği göstergelerinin her ikisinde de 84. sırada, ortaöğretimde öğrenci başına düşen öğretmen oranında ise 81. sırada yer aldığı görülmektedir. Bunun yanı sıra, ilgili bileşene ait diğer göstergelerden eğitim harcamaları kapsamında Türkiye'nin 59. sırada, PISA skorları kapsamında 49. sırada ve tam zaman eşdeğeri araştırmacı sayısı kapsamında ise 46. sırada olduğu anlaşılmaktadır.

*Şekil 4: Küresel İnovasyon Endeksi Alt Bileşenleri Kapsamında OECD ve Türkiye*

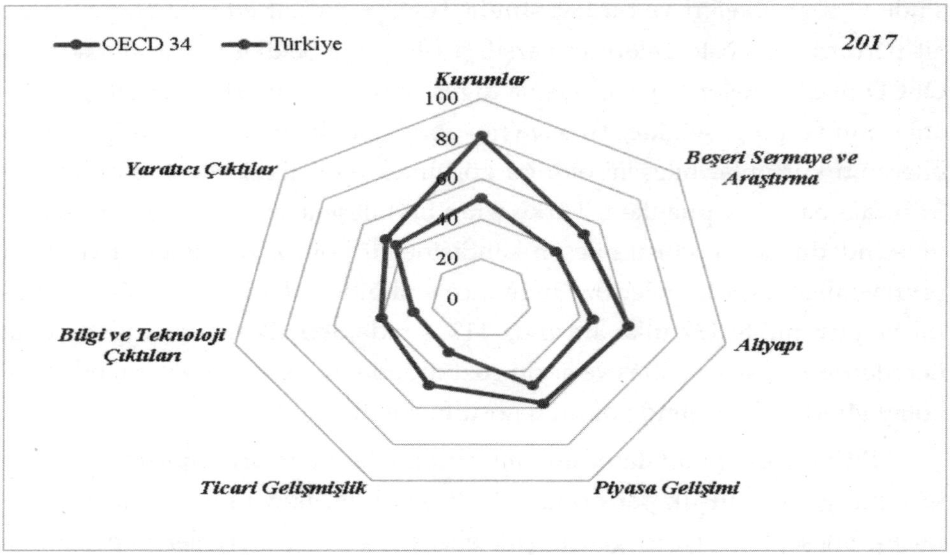


*Kaynak: Cornell University, INSEAD, WIPO (2017); yazarların hesaplamaları.*

2017 çalışmasında, OECD ülkelerine kıyasla Türkiye'nin düşük performans sergilediği bileşenlerden biri olan bilgi ve teknoloji çıktılarına ait göstergelerden bilgi ve iletişim teknolojilerine ilişkin hizmet ihracatında 121. sırada, doğrudan ileri teknoloji ihracatında 66. sırada ve 15-64 yaş arası nüfus başına düşen yeni kurulan işletme sayısında 64. sırada olunduğu görülmektedir. 2017 endeks çalışmasında Türkiye'nin görece yüksek performansa sahip olduğu bileşenlere ait göstergeler ise endüstriyel tasarım tescilleri (1. sıra), ticari marka tescilleri (7. sıra), yükseköğretime katılım (8. sıra), yerel rekabetin yoğunluğu (11. sıra), faydalı model tescilleri (12. sıra), yaratıcı mallara yönelik ihracat (17. sıra) ve ticari sektör tarafından finanse edilen gayri safi Ar-Ge harcaması (19. sıra) ve azınlık yatırımcıların korunması kolaylığı (22. sıra) olarak sıralanabilir.

*Şekil 5: Küresel İnovasyon Endeksi ve Türkiye*

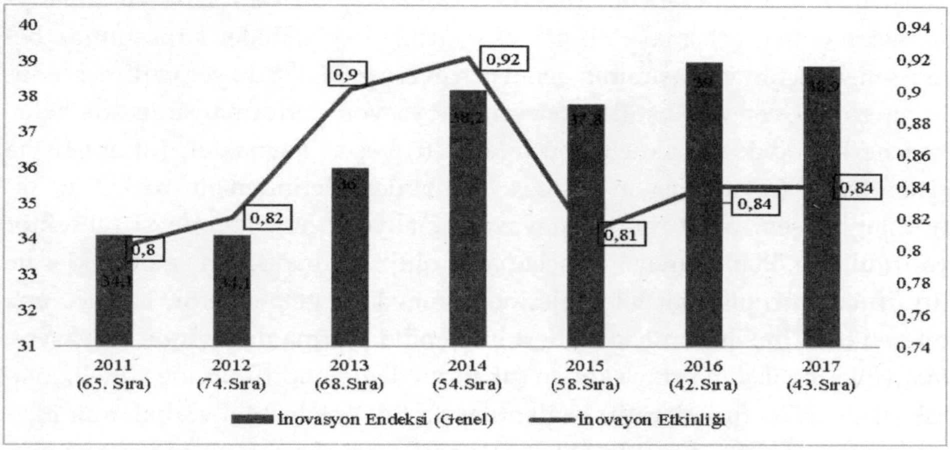


*Kaynak: Cornell University, INSEAD, WIPO (2017).*

Şekil 5'de Türkiye'nin endeks sıralaması ve inovasyon etkinliği kapsamındaki performansı yıllar itibariyle gösterilmektedir. Buna göre 2011 yılında endekste 65. sırada yer alan Türkiye, 2017 çalışmasında 43. sırada yer almış ve genel endeks puanı 38,9 olarak hesaplanmıştır. İnovasyon etkinliğinde ise 2013-2014 dönemine kıyasla genel bir düşüşün olduğu görülmektedir. Bu kapsamda 2014 yılı itibariyle 0,92 düzeyinde olan etkinlik puanı 2015 yılında 0,81'e inerken, geçtiğimiz iki yıl 0,84 seviyesinde seyretmiştir. Bunun yanı sıra, 2017 yılı endeks çalışmasında yer alan 35 orta-üst gelirli ülke içerisinde Türkiye'nin Çin (22. sıra), Bulgaristan (36. sıra), Malezya (37. sıra) ve Romanya'nın (42. sıra) ardından dördüncü sırada yer aldığı söylenebilir. Türkiye'yi bu grupta Rusya (45. sıra), Karadağ (48. sıra) ve Tayland (51. sıra) izlemektedir.

## Avrupa İnovasyon Skorbordu

Avrupa İnovasyon Skorbordu (European Innovation Scoreboard) Avrupa Komisyonu tarafından yıllık olarak yayınlanan ve Avrupa Birliği (AB) üye ve aday ülkelerinin inovasyon performanslarının karşılaştırmalı olarak analiz etmeyi amaçlayan bir çalışmadır. Maastricht Üniversitesi (Maastricht Economic and Social Research Institute on Innovation and Technology – MERIT) tarafından hazırlanan çalışmada, ulusal inovasyon sitemleri kapsamında ortaya çıkan göreli zayıflıklar ve güçlüklerin değerlendirilmesi ve ülkelerin geliştirmeye ihtiyaç duydukları alanların tespit edilmesi temel hedefler arasındadır.

Avrupa İnovasyon Skorbordu çalışması temel olarak 4 ana inovasyon bileşeni ve 10 alt bileşene ait 27 göstergeden oluşmaktadır. 2017 yılı itibariyle revize edilen çalışmaya ait gerçekleştirilen değişiklikler kapsamında benimsenen ölçüm yaklaşımının genel çerçevesine Şekil 6'da yer verilmektedir. Buna göre, Çerçeve Koşulları bileşeni inovasyon performansının ana belirleyicilerine odaklanmakta ve bu bileşen (i) beşeri kaynaklar, (ii) araştırma sistemleri ve (iii) inovasyon dostu çevre alt bileşenlerinden oluşmaktadır. Yatırımlar bileşeni, araştırma ve inovasyon faaliyetlerinde kamu ve özel sektör yatırımlarını ölçümlemeye amaçlamakta olup, (i) finansman ve destekler ile (ii) firma yatırımları alt bileşenlerinden meydana gelmektedir. Üçüncü ana bileşen olan İnovasyon Faaliyetleri bileşeninde, firma düzeyinde inovasyon faaliyetlerine ilişkin ortaya konan çabaların değerlendirilmesine yönelik olarak (i) yenilikçi firmalar, (ii) bağlantılar ve (iii) entelektüel varlıklar alt bileşenleri yer almaktadır. Etki Düzeyi ana bileşeni, firmaların inovasyon faaliyetleri sonucu ortaya konan çıktıların ölçümünü amaçlamaktayken, ilgili bileşen (i) istihdam etkisi ve (ii) hasılat etkisi alt bileşenlerinden meydana gelmektedir.

Tablo 3'de gösterildiği üzere Avrupa İnovasyon Skorbordu çalışmasının 2017 versiyonunda gerçekleştirilen değişikliklerden ilki ana bileşenler kapsamında ortaya çıkan yeniden gruplamayla ilgilidir. İlgili değişikliğin amacı, inovasyona yönelik firma faaliyetleri ve bu faaliyetlerin etkileri bağlamında çerçeve koşulları ile yatırımlar arasında daha etkin bir ayrımın yapılmasıdır. İkinci değişiklik, firmaların faaliyet gösterdikleri çevrenin daha iyi gözlemlenebilmesi doğrultusunda ölçüm çerçevesine ilave bir ana bileşen eklenerek gerçekleştirilmiştir. Firmalar çevrelerinde meydana gelen değişimlere karşılık, yeni fırsatlar yakalayabilme, faaliyetlerini artırabilme ya da yeni veya mevcut rakiplerden kaynaklanabilecek olası tehditlere karşı ayakta kalabilme amacıyla inovasyon yapmaktadırlar. Endeks çalışmasına ilişkin verilerin bir kısmına kaynaklık eden ve AB kapsamında önemli bir anket çalışması olan Topluluk İnovasyon Anketinden (Community Innovation Survey) elde edilen sonuçlar, birçok firmanın ürettikleri mal ve hizmetlerin kalitesini iyileştirmek, ürün çeşitliliğini artırmak ya da piyasa payını genişletmek amacıyla inovasyon yaptıklarını göstermektedir. Bunun yanı sıra anket sonuçlarında, firma içi kaynak yetersizliği, aşırı inovasyon maliyetleri ve firma dışı finansman eksikliğinin birçok firmanın inovasyon faaliyetlerini engelleyen en önemli faktörler oldukları görülmektedir.

*Tablo 3: Avrupa İnovasyon Skorbordu Alt Bileşenleri ve Göstergeler*

| 2016 Ölçüm Çerçevesi | 2017 Ölçüm Çerçevesi |
|---|---|
| **KOLAYLAŞTIRICILAR**<br>***Beşeri Kaynaklar***<br>1.1.1 Yeni Doktora mezunları<br>1.1.2 30-34 yaş arası yükseköğretim mezunu nüfus<br>1.1.3 En az lise mezunu genç nüfus<br><br>***Açık & Etkin Araştırma Sistemleri***<br>1.2.1 Uluslararası bilimsel ortak yayınlar<br>1.2.2 En çok atıf alan %10'luk dilimdeki yayınlar<br>1.2.3 AB vatandaşı olmayan doktora öğrencileri<br><br>***Finansman ve Destekler***<br>1.3.1 Kamu sektörün Ar-Ge harcamaları<br>1.3.2 Risk sermayesi harcamaları<br><br>**FİRMA FAALİYETLERİ**<br>***Firma yatırımları***<br>2.1.1 Ticari sektör Ar-Ge harcamaları<br>2.1.2 Ar-Ge dışı inovasyon harcamaları<br><br>***Bağlantılar ve Girişimcilik***<br>2.2.1 Firma içi inovasyon yapan KOBİ'ler<br>2.2.2 İşbirliği yapan yenilikçi KOBİ'ler<br>2.2.3 Kamu-özel sektör ortak yayınları<br><br>***Entelektüel Varlıklar***<br>2.3.1 PCT patent başvuruları<br>2.3.2 Toplumsal alanlara yönelik PCT patent başvuruları<br>2.3.3 Marka başvuruları<br>2.3.4 Endüstriyel tasarım başvuruları<br><br>**ÇIKTILAR**<br>***Yenilikçi Firmalar***<br>3.1.1 Ürün veya süreç inovasyonu yapan KOBİ'ler<br>3.1.2 Pazarlama veya organizasyonel inovasyon yapan KOBİ'ler<br>3.1.3 Yenilikçi sektörlerdeki hızlı büyüyen firmalarda istihdam<br><br>***Ekonomik Etkiler***<br>3.2.1 Bilgi yoğun faaliyetlerde istihdam<br>3.2.2 Orta ve İleri teknoloji ürün ihracatı<br>3.2.3 Bilgi yoğun hizmetler ihracatı<br>3.2.4 Piyasa ve firma kapsamında yeni ürün inovasyonlarına ilişkin satış hasılatı<br>3.2.5 Yurtdışından lisans ve patent gelirleri | **ÇERÇEVE KOŞULLARI**<br>***Beşeri Kaynaklar***<br>1.1.1 Yeni Doktora mezunları<br>1.1.2 25-34 yaş arası yükseköğretim mezunu nüfus<br>1.1.3 Yaşam boyu öğrenme<br><br>***Etkin Araştırma Sistemleri***<br>1.2.1 Uluslararası bilimsel ortak yayınlar<br>1.2.2 En çok atıf alan %10'luk dilimdeki yayınlar<br>1.2.3 Yabancı doktora öğrencileri<br><br>***İnovasyon Dostu Çevre***<br>1.3.1 Geniş bant penetrasyon<br>1.3.2 Fırsat güdümlü girişimcilik<br><br>**YATIRIMLAR**<br>***Finansman ve Destekler***<br>2.1.1 Kamu sektörü Ar-Ge harcaması<br>2.1.2 Risk sermayesi harcamaları<br><br>***Firma Yatırımları***<br>2.2.1 Ticari sektör Ar-Ge harcaması<br>2.2.2 Ar-Ge dışı inovasyon harcamaları<br>2.2.3 Personellerinin BİT becerileri/ni kazandırmak veya geliştirmek yönelik eğitim veren firmalar<br><br>**İNOVASYON FAALİYETLERİ**<br>***Yenilikçi Firmalar***<br>3.1.1 Ürün veya süreç inovasyonu yapan KOBİ'ler<br>3.1.2 Pazarlama veya organizasyonel inovasyon yapan KOBİ'ler<br>3.1.3 Firma içi inovasyon yapan KOBİ'ler<br><br>***Bağlantılar***<br>3.2.1 İşbirliği yapan yenilikçi KOBİ'ler<br>3.2.2 Kamu-özel sektör ortak yayınları<br>3.2.3 Öze sektör ortak finansmanlı kamu Ar-Ge harcamaları<br><br>***Entelektüel Varlıklar***<br>3.3.1 PCT patent başvuruları<br>3.3.2 Marka başvuruları<br>3.3.3 Endüstriyel tasarım başvuruları<br><br>**ETKİ DÜZEYİ**<br>***İstihdam Etkisi***<br>4.1.1 Bilgi yoğun faaliyetlerde istihdam<br>4.1.2 Yenilikçi sektörlerdeki hızlı büyüyen firmalarda istihdam<br><br>***Hasılat Etkisi***<br>4.2.1 Orta ve İleri teknoloji ürün ihracatı<br>4.2.2 Bilgi yoğun hizmetler ihracatı<br>4.2.3 Piyasa ve firma kapsamında yeni ürün inovasyonlarına ilişkin satış hasılatı |

*Kaynak: Avrupa Komisyonu (2017a).*

İnovasyon anketinde ayrıca, nitelikli personel eksikliği, yerleşik firmaların hakim olduğu piyasalar ve yenilikçi mal/hizmetlere ilişkin talep belirsizliğinin inovasyon faaliyetlerini aksatan etmenler olduklarına ulaşılmaktadır. Bu kapsamda inovasyon dostu bir çevre, firmaların inovasyon faaliyetlerine adım atmasında veya mevcut faaliyetlerini artırmasında katalizör işlevi görebilmektedir. Üçüncü değişiklik olarak, inovasyon ana bileşenleri kapsamında ölçümlenmesi amaçlanan ekonomik etkiler istihdam ve hasılat olmak üzere iki alt bileşene ayrılmıştır (Avrupa Komisyonu, 2017b).

Avrupa İnovasyon Skorbordu endeks değerlerinin oluşturulmasında toplam yedi adımdan oluşmaktadır. Bu adımlarda gerçekleştirilen aşamalar aşağıdaki şekilde özetlenebilir (Avrupa Komisyonu, 2017b):

*Adım 1: Uç değerlerin belirlenmesi ve değiştirilmesi*

Endekse ait veri setinde pozitif uç değerlere ilişkin sınır değerleri, ele alınan göstergeye ilişkin ortalamanın üzerinde olan ülke puanlarına yine söz konusu göstergeye ait standart sapmanın iki katı eklenerek belirlenmiştir. Negatif işarete sahip uç değerler ise, benzer şekilde, göstergelere ilişkin ortalamaları altında kalan ülke puanlarından yine bu göstergelere ait standart sapmaların iki katı çıkarılarak bulunmaktadır. Bu uç değerler, ele alınan tüm yıllar ve ülkeler genelinde her bir gösterge için minimum ve maksimum değerler olarak belirlenmektedir.

*Adım 2: Referans yılların belirlenmesi*

Endekste yer alan her bir göstergeye ilişkin referans yıl, tüm ülkeler için ele alınan göstergeye ilişkin veri ulaşılabilirliğinin en az %75 oranında olduğu yıllar göz önüne alınarak belirlenmiştir. Bu kapsamda birçok gösterge için referans yılın endekste belirlenen dönemden bir veya iki yıl gecikmeli olduğu görülmektedir.

*Adım 3: Kayıp değerler için veri ataması*

Endeks hesaplamasında bir sonraki adımda, ulaşılamayan veriler için iki farklı yöntem uygulanmaktadır. Bunlardan ilki, ele alınan bir göstergeye ilişkin zaman serisinin başlangıcı harici herhangi bir yılında kayıp veri bulunması halinde, bu veri için bir önceki yıl verisinin atanması şeklindedir. İkinci olarak, ele alınan göstergeye ait başlangıç yıl verisinin ulaşılabilir olmaması durumunda, bir sonraki yıl verisi başlangıç yıl verisi olarak atanmaktadır.

*Adım 4: Maksimum ve minimum puanların belirlenmesi*

Endeks hesaplamasında maksimum puanların belirlenmesinde, pozitif uç değerler hariç, tüm ülkeler için ele alınan zaman periyodundaki en yüksek değerler kullanılmaktadır. Benzer şekilde, göstergelere ilişkin minimum değerler de, negatif uç değerler hariç, tüm ülkeler için ele alınan zaman dönemindeki en düşük değerler kullanılarak elde edilmektedir.

*Adım 5: Yüksek derecede çarpık dağılıma sahip verilerin dönüştürülmesi*

Endekste yer alan göstergelerin birçoğunun oldukça küçük değerlere sahip olmalarının yanı sıra, bazı göstergelere ilişkin değer aralıklarının oldukça geniş olduğu görülmektedir. Endeks çalışmasında yer alan ülkelerin söz konusu göstergelerde sergiledikleri çok yüksek ve çok düşük performanslardan kaynaklanan bu durum, ilgili göstergelerin oldukça oynak ve çarpık dağılıma sahip olmalarına neden olmaktadır. Bu kapsamda, ele alınan herhangi bir göstergeye ilişkin çarpıklığın 1'in üstünde olması durumunda, bu göstergeye ait veriler karekök alınması yoluyla dönüştürülmektedir. 2017 çalışmasında söz konusu dönüştürme işleminin uygulandığı göstergeler fırsat güdümlü girişimcilik, kamu-özel sektör ortak yayınları, PCT patent tescil başvuruları ve marka tescil başvurularıdır.

*Tablo 4: Avrupa İnovasyon Skorbordu Endeks Puanları*

| | 2010 | 2011 | 2012 | 2013 | 2014 | 2015 | 2016 | 2016 Sıralama | Performans Düzeyi (2016) |
|---|---|---|---|---|---|---|---|---|---|
| *AB28* | 0,493 | 0,496 | 0,489 | 0,495 | 0,489 | 0,497 | 0,503 | | |
| **Almanya** | 0,627 | 0,635 | 0,635 | 0,636 | 0,614 | 0,617 | 0,609 | 7 | Lider |
| **Avusturya** | 0,555 | 0,557 | 0,561 | 0,567 | 0,568 | 0,566 | 0,599 | 10 | Güçlü |
| **Belçika** | 0,59 | 0,588 | 0,587 | 0,582 | 0,583 | 0,584 | 0,597 | 11 | Güçlü |
| **Bulgaristan** | 0,234 | 0,245 | 0,199 | 0,223 | 0,223 | 0,227 | 0,234 | 33 | Zayıf |
| **Çekya** | 0,434 | 0,439 | 0,423 | 0,421 | 0,412 | 0,421 | 0,416 | 17 | Orta |
| **Danimarka** | 0,688 | 0,693 | 0,713 | 0,718 | 0,708 | 0,691 | 0,675 | 3 | Lider |
| **Estonya** | 0,411 | 0,439 | 0,446 | 0,451 | 0,427 | 0,45 | 0,393 | 19 | Orta |
| **Finlandiya** | 0,671 | 0,664 | 0,667 | 0,66 | 0,642 | 0,645 | 0,646 | 4 | Lider |
| **Fransa** | 0,525 | 0,527 | 0,517 | 0,522 | 0,526 | 0,522 | 0,539 | 15 | Güçlü |
| **Hırvatistan** | 0,277 | 0,276 | 0,254 | 0,265 | 0,243 | 0,267 | 0,27 | 31 | Orta |
| **Hollanda** | 0,588 | 0,589 | 0,631 | 0,638 | 0,624 | 0,635 | 0,639 | 5 | Lider |
| **İngiltere** | 0,56 | 0,558 | 0,556 | 0,557 | 0,57 | 0,583 | 0,618 | 6 | Lider |
| **İrlanda** | 0,554 | 0,553 | 0,543 | 0,55 | 0,538 | 0,537 | 0,571 | 12 | Güçlü |
| **İspanya** | 0,395 | 0,397 | 0,393 | 0,389 | 0,361 | 0,367 | 0,386 | 21 | Orta |
| **İsrail** | 0,588 | 0,58 | 0,581 | 0,586 | 0,547 | 0,552 | 0,548 | 14 | Güçlü |
| **İsveç** | 0,697 | 0,705 | 0,714 | 0,716 | 0,698 | 0,703 | 0,708 | 2 | Lider |
| **İtalya** | 0,372 | 0,372 | 0,378 | 0,37 | 0,374 | 0,383 | 0,371 | 23 | Orta |
| **İzlanda** | 0,599 | 0,605 | 0,625 | 0,623 | 0,622 | 0,614 | 0,6 | 8 | Güçlü |
| **Kıbrıs** | 0,432 | 0,448 | 0,426 | 0,437 | 0,367 | 0,368 | 0,369 | 24 | Orta |
| **Letonya** | 0,244 | 0,257 | 0,235 | 0,241 | 0,27 | 0,302 | 0,287 | 30 | Orta |
| **Litvanya** | 0,288 | 0,286 | 0,302 | 0,304 | 0,299 | 0,323 | 0,391 | 20 | Orta |
| **Lüksemburg** | 0,592 | 0,609 | 0,641 | 0,641 | 0,615 | 0,616 | 0,599 | 9 | Güçlü |
| **Macaristan** | 0,35 | 0,349 | 0,325 | 0,326 | 0,329 | 0,332 | 0,332 | 27 | Orta |

| | | | | | | | | | |
|---|---|---|---|---|---|---|---|---|---|
| **Malta** | 0,318 | 0,311 | 0,307 | 0,359 | 0,397 | 0,403 | 0,378 | 22 | Orta |
| **Polonya** | 0,261 | 0,263 | 0,251 | 0,254 | 0,251 | 0,257 | 0,27 | 32 | Orta |
| **Portekiz** | 0,421 | 0,415 | 0,407 | 0,411 | 0,417 | 0,419 | 0,409 | 18 | Orta |
| **Romanya** | 0,236 | 0,242 | 0,217 | 0,205 | 0,168 | 0,157 | 0,167 | 35 | Zayıf |
| **Slovakya** | 0,306 | 0,329 | 0,34 | 0,357 | 0,328 | 0,348 | 0,345 | 25 | Orta |
| **Slovenya** | 0,483 | 0,49 | 0,483 | 0,48 | 0,487 | 0,483 | 0,482 | 16 | Güçlü |
| **Yunanistan** | 0,333 | 0,338 | 0,341 | 0,346 | 0,304 | 0,315 | 0,337 | 26 | Orta |
| | | | | | | | | | |
| **İsviçre** | 0,767 | 0,772 | 0,762 | 0,78 | 0,781 | 0,798 | 0,812 | 1 | Lider |
| **Makedonya** | 0,167 | 0,181 | 0,188 | 0,182 | 0,2 | 0,208 | 0,218 | 34 | Zayıf |
| **Norveç** | 0,499 | 0,51 | 0,502 | 0,504 | 0,494 | 0,499 | 0,571 | 13 | Güçlü |
| **Sırbistan** | 0,231 | 0,228 | 0,289 | 0,299 | 0,307 | 0,31 | 0,317 | 28 | Orta |
| **Türkiye** | 0,229 | 0,232 | 0,231 | 0,231 | 0,292 | 0,3 | 0,294 | 29 | Orta |
| **Ukrayna** | 0,163 | 0,163 | 0,157 | 0,153 | 0,159 | 0,154 | 0,142 | 36 | Zayıf |

*Kaynak: Avrupa Komisyonu (2017a).*

*Adım 6: Yeniden ölçeklendirilmiş verilerin hesaplanması*

Endekste, uç değerler ve dönüştürmeye ilişkin işlemlerin sonrasında elde edilen değerler basit normalizasyon yöntemiyle yeniden ölçeklendirilerek endeks puanları hesaplanmaktadır. Bu hesaplamaya ilişkin aşamada, ele alınan tüm yıllar için her bir veriden minimum değerler çıkarılmakta ve ardından maksimum ile minimum değerler arasındaki farka bölünmektedir. Bu sayede endeks puanları 0 ile 1 puan aralığında olmak üzere elde edilmektedir.

*Adım 7: Genel endeks puanlarının elde edilmesi*

Çalışmada, genel endeks puanlarının hesaplanması aşamasında yeniden ölçeklendirilmiş verilere ilişkin ağırlıksız ortamalar kullanılmaktadır. Başka bir deyişle hesaplamada, göstergelerin tümü ulaşılabilir olduğu durumda, her bir gösterge için 1/27 oranındaki eşit bir ağırlık kullanılarak genel puanlar elde edilmektedir.

Endeks çalışmasında ayrıca, ülkelerin inovasyon performanslarının AB geneli ile karşılaştırılabilmesi amacıyla göreli performans puanları da hesaplanmaktadır. Bu puanlar basit şekilde, her bir ülkeye ait genel inovasyon puanlarının AB ortalamasına bölünerek 100 ile çarpılması sonucu elde edilmektedir.

Tablo 4'te, Avrupa İnovasyon Skorbordundan ülkeler özelinde elde edilen genel inovasyon puanları 2010-2016 yılları kapsamında yıllar itibariyle verilmektedir. Bu kapsamda, AB üye ülkeleri diğer Avrupa ve komşu bazı ülkeler ile karşılaştırıldığında, İsviçre'nin en yüksek inovasyon puanına sahip ülke olduğu görülmektedir. 2017 çalışmasında bu ülkeyi İsveç, Danimarka, Finlandiya ve Hollanda izlerken, Türkiye sıralamada 29. olarak yer almıştır. Buna göre Türkiye, AB ülkelerinden Letonya, Hırvatistan, Polonya, Bulgaristan ve Romanya'nın önünde yer almaktadır. Göreli inovasyon performansına ilişkin puanlara göre, sıralamadaki ilk beş ülkeye ilaveten Almanya ve İngiltere'nin inovasyon lideri ülkeler arasında olduğu görülürken, İzlanda, İsrail ve Norveç AB ortalamasının üzerinde performans sergileyen ülkeler olarak belirlenmiştir. Performans değerlendirmesinde ayrıca, Türkiye ve Sırbistan orta derece inovasyon performansına sahip ülkeler olurken, Makedonya ve Ukrayna'nın görece düşük performansları dikkat çekmektedir.

*Şekil 6: Avrupa İnovasyon Skorbordu Alt Bileşenleri Kapsamında AB ve Türkiye*

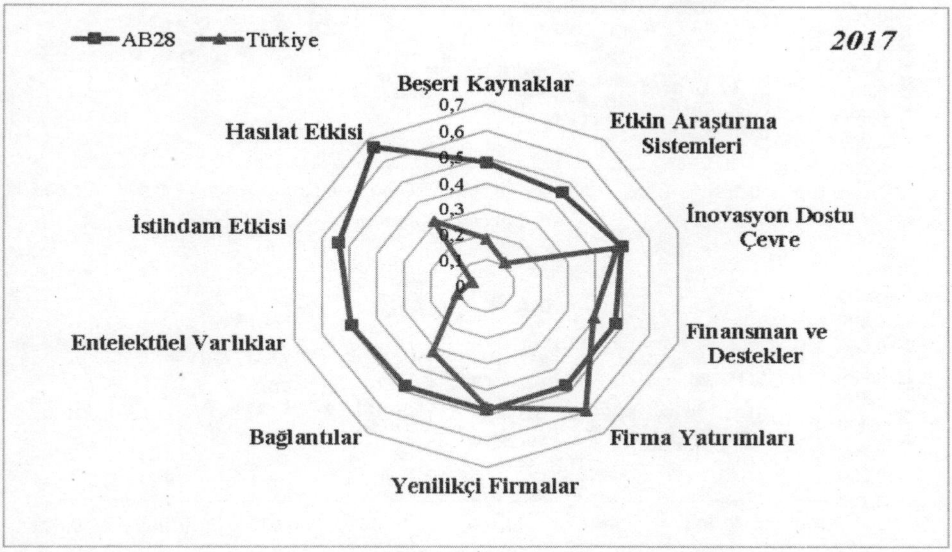


*Kaynak: Avrupa Komisyonu (2017a).*

Şekil 6'da, Avrupa İnovasyon Skorbordu 2017 kapsamında elde edilen alt bileşen puanlarının AB28 ortalaması ve Türkiye özelindeki karşılaştırmasına yer verilmektedir. Bu doğrultuda, AB ortalaması ile Türkiye arasında ortaya çıkan en büyük farkın istihdam etkisi ana bileşeninde (Bilgi yoğun faaliyetlerde istihdam, Yenilikçi sektörlerdeki hızlı büyüyen firmalarda istihdam) ortaya çıkmaktadır. İstihdam etkisi göstergesine ait gösterge puanının (0,052) AB ortalamasına (0,488) kıyasla oldukça düşük olduğu görülmektedir. Buna karşın firma yatırımları (ticari sektör Ar-Ge harcaması, Ar-Ge dışı inovasyon harcamaları, personellere BİT becerileri/ni kazandırmak veya geliştirmeye yönelik eğitim veren firmalar) ortalamanın üzerine çıktığı( TR: 0,594 – AB28: 0,475) görülmektedir. Bu durum Türkiye'de firmaların Ar-Ge ve inovayon yatırımlarını beşeri sermayeden daha çok fiziki sermayeye yönelik yaptıkları şeklinde yorumlanabilir. Bir diğer gösterge beşeri kaynaklarda Türkiye'nin AB ortalamasının oldukça altında olması istihdam etkisi bileşeninin de buna bağlı olarak düşük kalmasına neden olmuştur. Türkiye'nin beşeri kaynaklar bileşenindeki düşük performansının etkin araştırma sistemlerindeki eksiklikler ile ilişkilendirilebilir. Bu durum aynı zamanda teknolojideki mevcut bağımlılığın ilerleyen yıllarda da devam edeceğinin bir işareti olarak görülebilir.

*Şekil 8: Avrupa İnovasyon Skorbordu Ana Bileşenlerinde AB ve Türkiye*

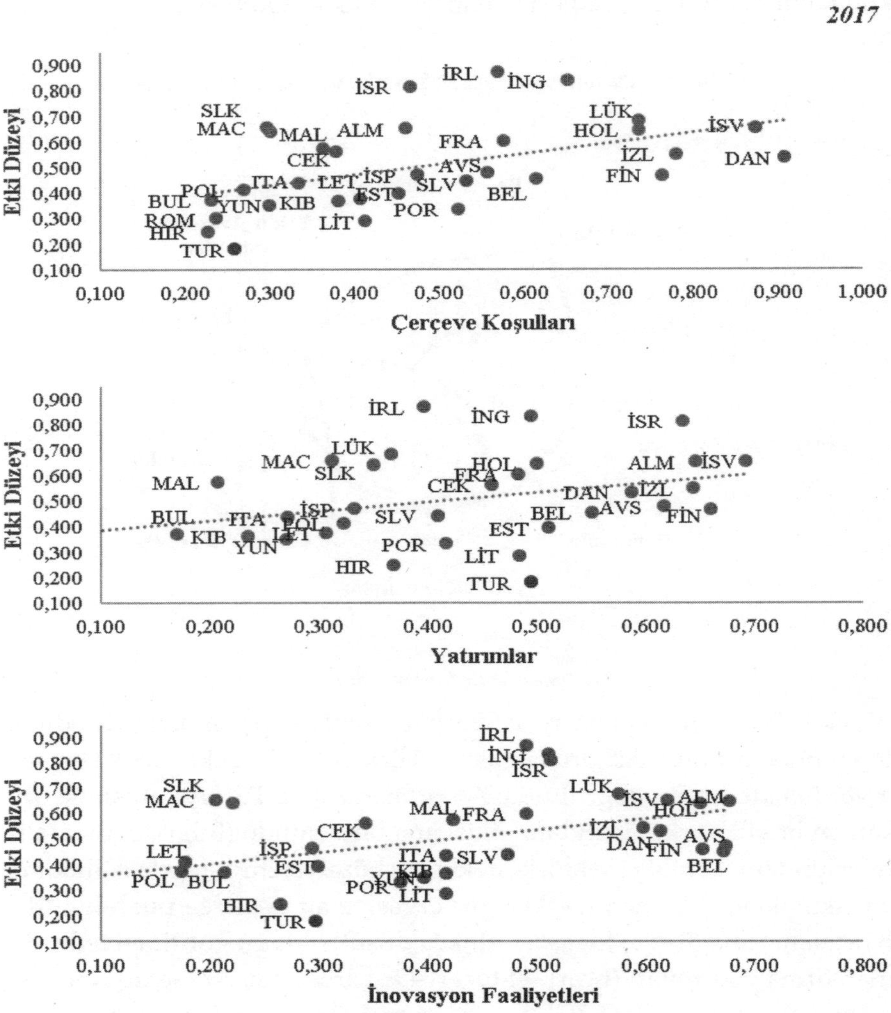


*Kaynak: Avrupa Komisyonu (2017a); yazarların hesaplamaları.*

Şekil 6'daki sonuçlarda, entelektüel varlıklar alt bileşeninde de AB ortalaması ile Türkiye arasındaki performans farkı önemli seviyededir. hasılat etkisi de ortalamanın altında olmasına rağmen entelektüel varlıklara göre daha iyi durumdadır. Hasılat etkisi genel olarak inovasyon sonucu olarak elde edilen ürünleri çağrıştırmaktadır. Göreceli olarak entelektüel varlıkların bundan düşük olması hasılata etkisine neden olan ürünlerde koruma altına alma fikrinin düşüklüğü veya koruma altına alacak kadar temel özelliğinin olmadığı sonucu çıkarılabilir. Araştırma sistemleri kapsamında ise özellikle uluslararası bilimsel ortak yayınlar ve en çok atıf alan %10'luk dilimdeki yayınlara ilişkin düşük gösterge puanları dikkat çekmektedir.

Şekil 7'de, Avrupa İnovasyon Skorbordu 2017 çalışmasına ilişkin ana bileşen puanlarının AB ülkeleri ve Türkiye kapsamındaki dağılımı gösterilmektedir. Bu doğrultuda Türkiye'nin özellikle, ikinci şekilde, yatırım bileşenine ilişkin yüksek endeks puanına karşılık, inovasyon çıktılarının genelini temsil eden etki düzeyi bileşeninde düşük bir puana sahip olduğu anlaşılmaktadır. Benzer şekilde, üçüncü şekilde yer alan sonuçlarda inovasyon faaliyetleri bileşenine ait endeks puanı etki düzeyi bileşenine kıyasla yüksek bir seviyededir. Bu durumun, sistem yaklaşımı çerçevesinde inovasyona ilişkin görece yüksek seviyedeki bir girdi bileşimine rağmen, inovasyon çıktılarının yetersiz olduğuna işaret ettiği söylenebilir.

## Sonuç ve Değerlendirme

İnovasyonlar, içinde bulunduğumuz bilgi ve teknoloji çağında ülkelerin iktisadi refah arayışlarında güncel ve verimli bir araç olarak ön plana çıkmaktadır. Bu ihtiyacın temelinde, kapitalist sistem içerisinde sürekli artan ve çeşitlenen insan ihtiyaçlarına paralel olarak karmaşıklaşan üretim süreçleri ve bu süreçlerde yeniliklere duyulan yoğun gereksinim bulunduğu görülmektedir. Böyle bir gereksinime paralel olarak, inovasyonları meydana getiren sistemler içerisinde işlev gören iktisadi, beşeri ve yapısal çok sayıdaki bileşenin tespit edilmesi ve bu bileşenler arasındaki etkileşimlerin gözlemlenerek yorumlanabilmesi önemlidir

Çalışmadan elde edilen sonuçlarda, inovasyon faaliyetlerinin ortaya çıktığı sistemlerin kurumsal, altyapısal, beşeri ve ticari birçok faktörü içerisinde barındırdığı görülmektedir. Bu faktörler, sistem içerisindeki bireysel rollerinin yanı sıra, karşılıklı ilişkiler yoluyla inovasyon faaliyetlerini hızlandırabilmekte veya tersi şekilde yavaşlatabilmektedirler. Bu bağlamda sistemin başarısının, söz konusu faktörlerin bireysel performanslarının yerine kolektif bir çevrenin inşasıyla ilişkili olduğu söylenebilir. Bunun yanı sıra, çok sayıda göstergenin tek bir sıralamaya göre değerlendirilmesi yalnızca bir ülkenin inovasyon performansına ilişkin kaba bir çerçeve sunacağından, sistem içerisindeki temel bileşenlerin ayrı ayrı analiz edilmesi daha sağlıklı sonuçlara ulaşılmasını sağlayacaktır..

## KAYNAKÇA


Acemoğlu, D., Robinson, J. A. (2014). **Ulusların Düşüşü: Güç, Zenginlik ve Yoksulluğun Kökenleri** (3. Baskı). Çev. Faruk Rasim Velioğlu. İstanbul: Doğan Kitap.

Archibugi, D., Pianta, M. (1996). Measuring Technological Change Through Patents and Innovation Surveys. *Technovation*, 16(9), 451-468.

Avrupa Komisyonu (2017a). European Innovation Scoreboard 2017. http://ec.europa.eu/DocsRoom/documents/24829 adresinden erişildi (Erişim Tarihi: 20.11.2017).

Avrupa Komisyonu (2017b). European Innovation Scoreboard 2017 - Methodology report. http://ec.europa.eu/DocsRoom/documents/25101 adresinden erişildi. (Erişim Tarihi: 22.11.2017).

Cooke, P., Uranga, M. G., Etxebarria, G. (1997). Regional Innovation Systems: Institutional and Organisational Dimensions. *Research Policy*, 26, 475-491.

Cornell University, INSEAD, and WIPO (2017): **The Global Innovation Index 2017: Innovation Feeding the World**, Ithaca, Fontainebleau, and Geneva.

Diamond, J. (2013). **Tüfek, Mikrop ve Çelik**. Çev. Ülker İnce. Ankara: TÜBİTAK Yayınları.

Edquist, C. (1997). Introduction. Charles Edquist (Ed.), **Systems of Innovation: Technologies, Institutions and Organizations**. London: Pinter, 1-35.

Gömleksiz, M. (2012). Bölgesel İnovasyon Sistemleri ve Türkiye: İstatistiki Bölge Birimleri Sınıflandırması Düzey 2 Bölgeleri İnovasyon İndeksi. Yayımlanmamış Yüksek Lisans Tezi, Selçuk Üniversitesi, Sosyal Bilimler Enstitüsü.

Hotz-Hart, B., Rohner, A. (2014). **Nationen im Innovationswettlauf Ökonomie und Politik der Innovation**. Springer: Fachmedien Wiesbaden.

Jofre, S. (2011). Exploring the role of knowledge and technology transfer in innovation systems. In Proceedings of Triple Helix IX International Conference: "Silicon Valley: Global Model or Unique Anomaly?" (Vol. IX). Stanford University Press.

Legler, H., Rammer, C., Schmoch, U. (2006). Technological Performance – Concept and Practice. Ulrich Schmoch, Christian Rammer, Harald Legler (Eds.), **National Systems of Innovation in Comparison: Structure and Performance Indicators for Knowledge Societies.** Dordrecht: Springer, 3-14.

Lundvall, B.-Å. (1992). Introduction. Bengt-Åke Lundvall (Ed.), **National Systems of Innovation – Towards a Theory of Innovation and Interactive Learning**. London: Pinter Publishers, 1-19.

Morris, I. (2014). **Dünyaya Neden Batı Hükmediyor (Şimdilik)** (3. Baskı). Çev: Gül Çağalı Güven. İstanbul: Alfa Basım Yayım.

OECD (2007). **Science, Technology and Innovation Indicators in a Chancing World**. Paris: OECD Publishing.

Öksüz, İ. (2014). **Niçin?** (2. Baskı). İstanbul: Bilge Kültür Sanat.

Schumpeter, J. A. (1934). **The Theory of Economic Development: An Inquiry into Profits, Capital, Credit, Interest and the Business Cycle**. (Çeviren: Redvers Opie). Cambridge, Mass.: Harvard University Press.

Slaper, T. F., Hart, N. R., Hall, T. J., Thompson, M. F. (2011). The Index of Innovation: A New Tool for Regional Analysis. *Economic Development Quarterly*, 25(1), 36-53.

# IX.

# BÖLÜM

# ULUSLARARASI DERECELENDİRME KURULUŞLARI: TÜRKIYE ÖRNEĞİ

*Prof. Dr. İsmail SEYREK*

***Necmettin Erbakan Üniversitesi SBF İktisat Bölümü***

## GİRİŞ

1980 sonrası yaşanan küreselleşme beraberinde sermaye piyasaları araçlarında hiç görülmemiş bir çeşitlenmeye yol açarken diğer taraftan da değer olarak sürekli bir genişleme ve derinleşme sağlamıştır. Bunun beraberinde ise risk unsuru da paralel olarak artmış ve daha karmaşık hale gelmiştir. Bu gelişmeler kredi derecelendirme firmalarının önemini ve fonksiyonunu arttırmış ve küresel çapta bir derecelendirme sektörü ortaya çıkmıştır. Günümüz itibariyle kredi derecelendirme endüstrisi sermaye piyasaları için vazgeçilmez işleve sahip bir yapıdır. Ancak kredi derecelendirme kuruluşlarının çok sayıda ülkenin kredi değerliliğini ölçerken kendilerinin de bir başka egemen gücün uyruğunda olması ve üstelik derecelendirme piyasasının belli başlı üç Amerikan firmasının elinde bulunması sektörün etkinliği konusunda ciddi şüpheler taşımaktadır.

Özellikle son küresel krizle beraber uluslararası derecelendirme firmalarının açıkladıkları bir takım kredi notlarının yanlı ve halı oldukları konusundaki iddialar sektöre olan güveni zedelemiştir. Bu makale esasen Türkiye ekonomisi ile ilgili notların objektifliğini ele alma amacında olan bir başlangıç çalışmasıdır. Türk siyasi çevreleri son dönemde kredi derecelendirme kuruluşlarının açıkladıkları notların yanlı olduğunu iddia etmektedir. Özellikle 2013 yazında Türkiye'de yaşanan yapay ve temsilci edici olmaktan uzak toplumsal olayların bunda önemli bir rolü olduğu düşünülmektedir. Bu itibarla bu makale çalışması öncelikle kredi derecelendirme kuruluşlarının çalışma usul ve yöntemleri ele almakta ve derecelendirme sürecini genel olarak tanıtmaktadır. Takip eden ilk ana başlık kredi derecelendirme kavramı başta olmak üzere kredi derecelendirme kuruluşları ile ilgili teorik açıklama ve temel kavramlarla beraber derecelendirme piyasasını ele almaktadır. Sonraki alt başlık ise uluslararası derecelendirme konusunu açıklamaktadır. Dördüncü ana başlık ise küresel kriz ve derecelendirme kuruluşlarıyla ilgili iddiaları ve tartışmaları sunmaktadır. Sonuçtan önceki son ana başlık Türkiye'de derecelendirme ile ilgili yasal çerçeve ile birlikte 2000-2017 arası açıklanan kredi derecelendirme kuruluşlarının Türkiye ile ilgili notlarını ele almaktadır.

### Kredi Derecelendirme: Gelişme, Kavram ve Piyasa

Kredi derecelendirme günümüz finansal piyasaların vazgeçilmez kavramlarından birisidir. Derecelendirme kuruluşlarının sundukları derecelendirmeler sonucu yatırımcılar yatırım seçenekleri konusunda risk bilgisi edinirken şirketler ve hükümetler de borçlanma imkanlarını arttırırken maliyetlerini de düşürebilmektedirler. Derecelendirme konusunda geniş bir literatür olmasına rağmen, derecelendirme kuruluşları, derecelendirme piyasası, verilen hizmetler ve hizmetlerin fiyatlandırılması hususunda net bir ittifak yoktur.

Kredi derecelendirme ile ilgili tanım konusunda da benzer durum geçerlidir. Sermaye piyasasının göreli olarak en etkin olduğu ve kredi derecelendirme sürecinin ana vatanı olan ABD'de Menkul Kıymetler ve Alım-Satım Komisyonuna göre kredi derecelendirme, bir kredi derecelendirme ajansının belli bir tarihte belli bir firma, menkul kıymet veya yükümlülüğün kredi değerliliğiyle ilgili fikrini yansıtmaktadır(Langohr and Langohr, 2008:23). Diğer bir tanım olarak Nickell, Demrandin ve Varotto(2000)' göre kredi derecelendirme, ihraç edilmiş bir menkul kıymet veya ihraççının nicelik ve niteliksel özelliklerini yansıtan alfa-numerik bir ölçü kullanarak özetleyen sentetik bir yapıdır(Mattarocci, 2014:2). Bu iki tanım esasen süreç üzerinden yapılan bir tanımdır. Kredi derecelendirme sürecinin amaç ve faydasına odaklanan fonksiyonel bir tanım ise şöyledir: Ebenroth ve Dillon(1993)' e göre kredi derecelendirme menkul kıymet ihraç eden bir şirketin veya menkul kıymetin kalitesi ile ilgili yargıda bulunarak bilgi asimetrisini azaltan bilgi sağlayıcıdır(Mattarocci, 2014:xviii). Benzer şekilde Ferri ve Lacitignola(2009)'a göre de derecelendirme kuruluşları bir ihraççı veya ihraç edilen kıymetle ilgili bir yargıda bulunarak (derecelendirme) bilgi asimetrisinin seviyesini azaltan bilgi sunucularıdır(Mattarocci, 2014:2)[1]. En çok itibar edilen tanım ise şöyledir: *Kredi derecelendirme, bir ihraççının finansal yükümlülüğü ile ilgili zamanında ödemeler yapmasının ne kadar olası olduğunun bir değerlendirmesidir.* Bu tanım IOSCO'ya ait olup üç büyük uluslararası derecelendirme firması da bunu kabul etmektedir[2](Cinquegrana, 2009:2).

Genel olarak kredi derecelendirme kuruluşları ne yapar sorusunun cevaplandırılması konunun anlaşılması açısından önemlidir. Kredi derecelendirme kuruluşları genel olarak menkul kıymet ihraç eden kuruluşun yükümlülüğünü yerine getirme veya borcunu zamanında ödeme olasılığının veya iflas veya temerrüt durumunda kayıpları veya zararları telafi etme olasılığını belirlemek için firmalar ve hükümetler tarafından arz edilen bono ve diğer menkul kıymetleri değerlendirirler(Hemraj, 2015:1). Kredi derecelendirme kuruluşları firma ve devletleri kredi değerliliği anlamında da değerlendirirler. Kredi derecelendirme kuruluşları menkul kıymetlerin satın alınması ile ilgili riskin iletişimini yapan tek bir derecelendirme sunarlar. Böylece alıcı ve satıcılar finansal piyasalardaki işlem maliyetlerini ciddi derecede azaltırlar.

[1] Detaylı tanımlar için bakınız Mattarocci, 2014:2-3.

[2] IOSCO the international Organization of Securities Commission; üç büyük uluslararası kredi derecelendirme firması ise Moody's, Standard and Poor's ve Fitch'dır.

Derecelendirme şirketleri çok sayıda nitelikli malumatı düzenleyerek anlamlı bilgi halinde piyasaya sunarlar. Bu işlevleri sebebiyle kredi derecelendirme kuruluşlarının notları bir tavsiyeden çok finansal düzenlemenin bir aracı ve bir standardı haline gelmiştirler. Kredi derecelendirme kuruluşlarının işlevini en iyi açıklayan teorilerden biri olan kapı muhafızlığı teorisine göre (gatekeeper theory), bir kapı muhafızı ve karar mevkii olarak kredi derecelendirme kuruluşları derecelendirdikleri menkul kıymetlerle ilgili hususlarda yatırımcıları bilgilendirmekten sorumludurlar. Kredi derecelendirme kuruluşlarının kapı muhafızı olarak rolleri bir kuruluşla ilgili çok büyük miktardaki bilgi ve malumatı izlemek ve bir kapı muhafızının önemli olduğuna inandığı bilgiyi alıcılara yani yatırımcılara ulaştırmaktır. Hangi bilgilinin aktarılacağına ve hangi bilginin aktarılmayacağına karar veren kapı muhafızıdır. Buna göre kapı muhafızlığı, sayısız bilgi malumatın seçilmesi ve günü gününe insanlara ulaşan sınırlı sayıda mesajlar haline getirilmesi sürecidir. Bu süreç sadece hangi bilgini seçileceği değil, aynı zamanda da, örneğin haber veya derecelendirme gibi, mesajların nitelik ve içeriklerini de belirler. Kredi derecelendirme kuruluşu bunu menkul kıymet araçlarını derecelendirerek yapar(Hemraj, 2015:4)

Kredi derecelendirmenin temel niteliği ve doğasıyla ilgili farkı görüşler vardır: Bir kısım literatüre göre kredi derecelendirme kuruluşları menkul kıymetleri ihraç eden şirketlerin kredi değerliliği hakkında fikir beyan eden kuruluşlardan öte bir şey olmadığını ileri sürerken diğer başka bir literatür de kredi derecelendirme şirketlerini sermaye piyasasında salt analiz yapan firmalar olmayıp esasen düzenleme benzeri bir faaliyet yürüten kamusal unsurlar olarak görmektedirler. Kredi derecelendirme firmalarının hizmetleri kredi akışı için hayati öneme sahip olduğu için belli başlı kredi derecelendirme firmalarının varlık ve faaliyetleri informel düzenleyicilere benzetilmektedir. Bazılarına göre ise belli başlı kredi derecelendirme firmalarının piyasalara etkileri ve kazançlarına bakıldığında bunların basit bir kapı muhafızlığı yapmaktan öte yığın halindeki bilgileri inleyen ve yatırımcılara yararlı özet bilgiler haline getiren hayati bir fonksiyonu yerine getirmektedirler. Ancak bazı ampirik sonuçların kredi derecelendirme kuruluşlarının yararlı enformasyon sağladıkları konusunda şüpheli bulgulara ulaştığı iddia edilmektedir. Hatta piyasaya dayanan ölçülerin, örneğin bono marjının (spreads) kısa dönem iflasları tahmin etmekte kredi derecelendirmeden daha başarılı olduğu sonucuna varıldığı iddia edilmektedir. Ancak düşük oynaklık için bir nebze tahmin etme gücünden feragat edilse de istikrar ve isabeti dengelediği için kredi derecelendirme faaliyetinin varlığını sürdürdüğü iddia edilmektedir(Cinquegrana, 2009:2-3). Kredi derecelendirmenin sermaye piyasalarına katkısı ancak genel etkinliği arttırması ve küresel olarak karşılaştırılabilir ve otoriter bir kredi değerliliği ölçüsü sağlamasına bağlıdır(Hemraj, 2015:24).

Modern finansal iktisat literatürüne göre piyasaya sunulan borçlanma araçları ve bu araçların yükümlülerinin gerek kendi finansal bünyeleri ve gerekse borç ana-para ve faizin ödenmesi süreci ile ilgili asimetrik bilgi başta olmak üzere bilgi ekonomisi kapsamında çeşitli problemler içermektedir. Örneğin Ramakrishan ve Thakor(1984)' göre finansal yatırımcılar kendi aralarında aynı bilgi setine ulaşamazlar. Özellikle Stiglitz ve Weiss(1981)'in analizlerine göre yatay bilgi asimetrisi vardır. Bu durum sermaye piyasalarına fon akımını engeller. Diğer taraftan Dimond(1989) göre ise bilgi asimetrisi bir şirketin sermaye piyasalarından temin edeceği fonun miktarını ve maliyetini etkiler. Bu durumda yeni ve genç şirketler cezalandırılır ve büyük firmalara göre daha çok finansal kısıtlamaya tabi olabilir(Mattarocci, 2014:1). Bu sorunlara çözüm olarak sermaye piyasalarındaki yatırımcılar, şirketler ve diğer kurumlar bilgi asimetrisinin üzerinden gelebilmek için objektif bilgi sağlayıcılar kiralayabilir ve aldıkları hizmet sayesinde sermaye piyasalarından daha çok miktarda ve daha düşük maliyetle fon temin edebilirler. İşte bu hizmet kredi derecelendirme kuruluşları tarafından yapılmaktadır.

Genel olarak yatırımcıların, söz konusu sorunları bertaraf etmek için finansal piyasalar ve düzenleyici kamu kurumları borçlanan birimlerin kredi değerliliğinin bağımsız bir şekilde incelenmesine ihtiyaç duymaları sebebiyle kredi derecelendirme hizmeti esasen bir yarı kamu malı olarak görülmektedir(Cinquegrana, 2009:1). Özellikle küreselleşme süreci ile beraber derecelendirme bütün finansal sisteme hizmet eden bir kamu malı haline gelmiştir(-Hemraj, 2015:1). Buna göre borçlanma piyasasının normal ve etkin çalışması için kredi derecelendirmesi süreci hayati bir husustur(Rafailov, 2001:34). Esasen derecelendirme müessesesi piyasaların ihtiyacı dolayısıyla zaman içinde kendi kendine oluşturduğu bir yapıdır. Zaman içinde kredi derecelendirme ihtiyacını hisseden girişimciler borçlanan birimlerle ilgili bilgilerin ve istatistiklerin kredi arz edenler ve yatırımcılar tarafından satın alınacağı öngörüldüğü için tedricen derecelendirme sektörünün gelişmesine yol açmıştır[3].

Kredi derecelendirme sermaye piyasalarının etkinliği artırmaktadır(Bayer, 2014:1). Derecelendirme sayesinde yatırımcıların birbirinden daha iyi bilgi alması; bilgi açısından birinin diğerinin arkasında kalması engellendiği için yatırım konusunda hepsi aynı çizgiye gelmekte böylece sermaye piyasasında yatırımcılar arasında bir bilgi eşitliği sağlanarak etkinlik tesis edil-

[3] Kredi derecelendirme faaliyeti ilk defa 1837 'de bir finansal kriz sonrasında Loise Tappan isimli bir manifaturacı tarafından yapılmaya başlanmıştır. 1841'de kredi derecelendirme faaliyeti bir meslek haline gelmiştir. 1900 başlarında John Moody şirketlerle ilgili bilgi kitapçığı çıkarmıştır.

mektedir. Yatırımcılar böylece kendi analizlerinden sonra sapmasız, bağımsız ikinci bir görüş elde ederek kendi analizlerini kabul veya ret edecek bir kritere sahip olmuş olmaktadır(Bayer, 2014:2). Kredi derecelendirme menkul kıymet ihraç eden şirketlerin ve hükümetlerin sağladığı bilgilerle bir varlığı analiz ederek menkul kıymet arzı ve talebi yani yatırımcı arasındaki bilgi asimetrisini azaltmaktadırlar. Bu da piyasa katılımını artırarak daha derin ve daha likit bir piyasa oluşmasına yardım etmektedir. Bu şekilde kredi derecelendirme kuruluşları ve sundukları hizmet bilinen klasik limon sorununa bir çözüm sunmaktadır.

İddiaya göre kredi derecelendirme kuruluşları en baştan beri piyasalarında yer almalarına rağmen yanlış anlaşılmaktadırlar. Derecelendirmenin tanımı ve fonksiyonu konusunda açıklık yoktur. Bu yanlış anlama kredi derecelendirme kuruluşlarının rollerini etkin bir şekilde ifa etmeleri konusunda zorluklar çıkarmaktadır. Esasen bu işlev bağımsız kredi değerlilik görüşü sağlayarak borç verenlerle borç alanlar arasındaki bilgi açığını kapatmaya yardımcı olmaktadır. Kredi derecelendirme kuruluşlarının en önemli rolü bilgi asimetrisini azaltmaktır. Bu daha çok bilgi açığı veya enformasyon asimetrisinin azaltılması şeklinde olmaktadır. Enformasyon açığının esas konusu kredi değerliliğidir. Borç alan birisi kendi kredi değerliliğini borç veren taraftan daha iyi bilir. Kredi değerliliği direk gözlemlenebilen bir nitelik olmadığı için borç veren birisi çeşitli yöntemler ve yaklaşımlarla onu gözlemlenebilen niteliklerden tahmin etmek zorundadır. Borç veren taraf borç yükümlüsü ile ilgili üç kaynaktan bilgi edinebilir. Birincisi bizzat kendisi analizi yapmak suretiyle bilgi edinebilir. İkincisi bağımsız derecelendirme kuruluşlarının derecelendirmelerini kullanmaktır. Son bilgi kaynağı ise diğer üçüncü şahısların sağladığı bilgileri ve analizleri kullanmaktır. Bu şekilde çok yönlü yaklaşımla borç veren borçlu konusunda kendisini daha güvenli bir bilgi seviyesine taşıyacaktır. Esasen kredi derecelendirme sektörü Akerlof'un limon sorununa tepki olarak doğduğu kabul edilen bir hizmet piyasasıdır. Akerlof un dediği gibi piyasalar belirsizliğin etkilerini önlemek için tepkiler geliştirmiş ve borç veya sermaye piyasasındaki tepkilerden birisi de kredi derecelendirme hizmetlerine olan talebin gelişmesi ve firmaların bu hizmeti karşılamak üzere hizmet sunmasıdır(Bayer, 2014:1-2).

1970'lerde kredi derecelendirme sistemi abone ödeme sisteminden ihraççı ödeme sistemi dönüşmüştür. Eleştirmenler ihraççı ödeme isteminin irsi olarak çıkar çatışması barındırdığını iddia etmektedirler. Bu ödeme modelinin derecelendirme enflasyonu yarattığı iddia edilmektedir. Bu eleştiriler genel olmakla beraber World.com ve Enron iflaslarında daha da artmıştır. ABD mahkemeleri kredi derecelendirme kuruluşlarının değerleme notlarını sadece bir fikir veya görüş olarak kabul etmektedir. Kredi derecelendirme fonksiyonları şu şekilde sayılmaktadır:

- Menkul kıymet ihraç eden şirket veya kurumun kredi riskini objektif olarak ölçerek şirket veya kumlar ile yatırımcı arasındaki enformasyon asimetrisini gidermek;
- Sermaye piyasalarının etkinlik ve işlevselliğini artırmak;
- Genel olarak kredi riski konusunda bir karşılaştırma aracı sağlamak ve bir portfolio oluşturmaya yardım etmek için tutarlı bir küresel kredi derecelendirme ölçütü sağlamak;
- Kredi derecelendirme hususunda piyasa katılımcılarına genel bir standart veya dil sağlamak(Adelson, 2012:1-3)

Kredi derecelendirme doğal olarak sermaye piyasalarını, katılımcıların davranışlarını ve fon maliyetlerini etkilemektedir: Buna göre kredi derecelendirme kuruluşları varlıkların kredi risk derecelerini belirleyerek böylece hükümetlerin, şirketlerin, bankaların ve sigorta şirketlerinin sermaye piyasalarında karşı karşıya olduğu faiz oranını da dolaylı olarak belirlemektedir. Kredi derecesi yüksek şirketler, ülkeler ve diğer işletmeler daha düşük faizle kredi kullanırken aksi olanlar daha yüksek faizle ancak kredi kullanabilir hatta sermaye piyasasından dışlanabilirler. Böylece kredi derecelendirme faaliyeti kimin ve hangi maliyet kredi kullanabileceğine de karar vermiş olmaktadır. Ancak kredi derecelendirme sürecinin sermaye piyasalarını daha etkin hale getirmesi beklenirken derecelendirme sektörünün kendisi mikroiktisadi anlamda etkinlikten uzaktır. Genel olarak bakıldığında kredi derecelendirme piyasasında oligopolistik bir yapı hakimdir. İlk üç kredi derecelendirme kuruluşu bütün piyasanın %94'üne sahiptir. Küresel olarak faaliyet gösteren çok sayıda kredi derecelendirme kuruluşu olmasına rağmen bunlar çok marjinal bir piyasa payına sahiptir. Bunun temel sebeplerinden birisi sektörü düzenleyen kamu otoritesinin standartları yüksek bir düzenleme yapması ve diğeri de piyasaya girişin ciddi derecede bir itibar (reputation) gerekmesidir(Adelson, 2012:50). Kredi derecelendirme kuruluşları müşterisini kaybetmemek, yeni müşteriler kazanmak ve/veya daha yüksek kar için yukarı sapmalı bir değerleme yapma motivasyonuna sahiptir. Ancak kredi derecelendirme kuruluşları isabetsiz değerlemelerden dolayı herhangi bir kayba uğramadıkları gibi söz konusu bu isabetsiz değerlemeler ve derecelendirme hatalarına rağmen potansiyel kazançları da artmıştır. Yeni ve karmaşık finansal varlıkları yatırımcılar yeterince tanıyamadıkları ve çözemedikleri için derecelendirme bağımlılığı oluştuğu iddia edilmektedir(Adelson, 2012:50). Bu da yatırımcıları tek bir kritere mahkum etmiş görülmektedir. İhraççının örtebileceği, kamufle edebileceği veya manipüle edebileceği bir risk vardır. Ancak kredi derecelendirme kuruluşlarının ihraççıyı daha fazla bilgi açıklaması için ikna etmeye gücü yoktur(Adelson, 2012:50). Nihayetinde kredi derecelendirme kuruluşlarına bilgi sadece ihraççı tarafında verilmektedir. Kredi derecelendirme sektörünün oligopolistik yapası derecelendirme kuruluşlarına piyasa gücünü kullanma avantajı sağladığı için piyasayı etkinlikten uzaklaştırmaktadır. Buna ilaveten ABD kamu otoriteleri kredi derecelendirme kuruluşlarını düzenlemeye başlamasıyla beraber kredi derecelendirme kuruluşları da zimmi olarak düzenleyici statüsü kazanmış oldular. Böylece finansal kurumlar ve yatırımcılar kredi derecelendirme kuruluşlarına aşırı bağımlı hale geldiler. Sonuç olarak kredi derecelendirme kuruluşları, ihraççılar ve yatırımcılar arasında karşılıklı bir bağımlılık ortaya çıkmıştır(Adelson, 2012:50).

Derecelendirme genel olarak menkul kıymet ihraç eden bir şirketin veya ilgili menkul kıymetin veya yatırım araçlarının göreli kredi gücüyle ilgili bir fikrini ifade eder. Kredi derecelendirme ölçütünün ayırt edici özelliği sıralanabilir (ordinal) olmasıdır. Sıralanabilirlik (ordinallik) bu ölçek boyunca bütün derecelendirmelerin karşılaştırılabilir olmasını ima eder. Derecelendirme kuruluşları yükümlülerle ilgili görüşlerini AA-, BBB+ veya Caa1 gibi alfabetik veya sayısal sembollerle özetlerler. Her bir sembol belli bir grubu temsil eder ki bu gruptaki yükümlüler aynı risk derecesine sahiptirler. Her kredi kuruluşunun kendi derecelendirme sistemi var olup yükümlü ve varlığa göre değişmektedir. Yükümlü derecelendirmesi onun belli bir borcuna göre değil bütün firmanın genel finansal durumuna göre yapılmaktadır. Varlık derecelendirmesi ise sadece o varlıkla ilgili yapılan bir derecelendirmedir. Ancak gerçek şu ki yükümlü derecelendirmesi ile varlık derecelendirmesi anlam olarak oldukça ayrı olsa da genel olarak birinden bağımsız değildir(-Langohr and Langohr, 2008:40-3). Derecelendirme ve maliyet farkı (spread) gayri safi derecelendirme seviyesinde de ters yönlü ilişki içindedir. Kredi maliyet farkı (credit spreads) bileşenleri birbiriyle bağlantılı olduğu için ayrıştırmak güçtür. Bu bileşenler ihraççı veya yatırım aracının karakteristiklerine dışsal olan unsurlardır. Mesela diferansiyel vergi (differential tax), likidite, işlem maliyetleri gibi içsel olan bileşen vardır ki bunlarda ihraççı veya yatırım aracının özelliğine bağlıdır. Birisi kredi derecelendirmeye yakından ilgili olup diğeri risk fiyatlandırma piyasasına bağlıdır. Bunlar kredi maliyet farkını (credit spreads) belirleyen unsurları anlamaya yardımcı olur. Kredi derecelendirmeyle ilgili esas bileşen tahvilin veya kıymetli menkulün beklenen kaybıdır. Yatırımcı tahvilin söz verilen nakit akımını iskonto etmez. Ancak beklenen nakit akımını eder. Bir tahvil veya borç ödeme aracının yükümlüsü temerrüde düşebilir ve bunun üzerine meydana gelen kayıp önemli derecede değişebilir. Diğer bir bileşen ise risk primidir. Bu risksiz getiri oranının üstünde safi bir getiri primidir. Risk primi cari derecelendirme ile daha az ilgilidir. Buna göre teorik olarak kredi derecelenmesi düştükçe kredi maliyet farkları (creedit spreads) yükselir. Derecelendirme kredi maliyet farkları (credit spreads) ile istatistiksel olarak negatif ilişkilidir. Ancak bu doğrusal değil üsseldir. Derecelendirme düştükçe ortalama kredi maliyet farkı (credit spreads) doğrusal değil üssel olarak artar(Langohr and Langohr, 2008:67). Derecelendirme temerrüt olasılığının bir ölçüsünü ifade eder, tek başına olasılıkları göstermez. Esasen derecelendirme ticari devrevi hareketler boyunca yatırımın vadesi olarak kredi riskinde bir zaman perspektifi tutar. Genel olarak derecelendirme emredici olmayıp bir fikir olarak bir borcun tanımlanmasıdır. Bir yatırım reçetesi değildir. Özel olarak derecelendirme kredi riskini ölçer onu asla fiyatlandırmaz. Kredinin fiyatı risk unsuru da içerilmek şartıyla piyasanın arz ve talep güçleri tarafından belirlenir. Kredi derecelendirme kredi derecelendirmesidir bir hisse senedi veya sermaye piyasası aracının veya finansal varlığın öz niteliğini derecelendirmez. Karlılık anlamında hisse senedi derecelendirmesi değildir(Langohr and Langohr, 2008:78-84). Kredi derecelendirmesi bir borç yükümlüsünün kredi değerliliği hakkında kamuya yapılan bir fikir açıklaması olup bir iddia veya ticari bir tavsiye değildir. Kredi derecelendirme kuruluşlarının gazeteci kapasitesi ile çalıştıkları ve kendilerinin basın özgürlüğü (freedom of press) prensibi çerçevesinde korunması ve öyle algılanması gerektiğini ifade etmektedirler(Langohr and Langohr, 2008:85). Kredi derecelendirme firmaları düzenleme veya derecelendirmenin düzenleme amaçlı kullanımı sebebiyle bu konu zorlu bir durum yaratmaktadır. Basım yayım özgürlüğü kamuoyu nezdinde her hangi bir yasal sorumluluk yaratmadan göz ardı etmek hakkını verir.

Derecelendirme doğal olarak kişisel bir görüş değildir çünkü sermaye piyasalarının dayandığı yasalara göre kıymetli evrakların işlem görmesi ve kurumsal yatırımcılarca kabul edilmesi için bir yatırım kredi derecelendirmesi şarttır. Bazı kurumsal yatırımcı firmalar derecelendirmeyi ifade eden gönüllü portfölyo yönetimi ima ederken bazıları da yasalar veya düzenlemeler tarafından empoze edilen kurallara sahiptirler. Kısaca kredi derecelendirme kuruluşlarının yatırım araçları ve firmalarla ilgili notları basım yayım özgürlüğü bağlamında basit bir fikir veya görüşün ifadesi değildir(Langohr and Langohr, 2008:84 ).

Derecelendirme şirketi ile denetim şirketi arasında önemli farklar vardır. Denetçi bir firmanın tarihsel dönemini raporlayıp olumlu veya olumsuz rapor veya not verirken kredi derecelendirme kuruluşu bir firmanın gelecek dönemde geleceğe yönelik ileriye yönelik (forward looking) fikrini verir. Kredi derecelendirme kuruluşuna verilen bilgi ve belgeler gönüllü olarak verilirken denetim elemanı her türlü bilgiye yasal olarak ulaşabilme konumundadır. Denetim elemanı kredi derecelendirme kuruluşunun ulaşamadığı bütün bilgilere ulaşır. Kredi derecelendirme kuruluşu ticari ortamlarda denetim elemanı gibi bulunmadığı için yeterli bilgiye sahip olamaz. Kredi derecelendirme kuruluşu için bir sürü alana yasaktır. Ancak denetimciye ancak çok sınırlı bir alan yasaktır. Kredi derecelendirme kuruluşu finansal şeffaflığa dayalı olarak çalışırlar oyna yolsuzluk şeffaflığın yokluğu durumu veya yanlış şeffaflık durumudur. Bu durumda derecelendirme notu sakat olmak durumundadır. Yolsuzluk kredi derecelendirme kuruluşlarının tetkik edebilecekleri bir husus değildir ancak sonuçları itibariyle firmanın temerrüdüne ve başarısızlığına mal olarak kredi derecelendirmesinde sakatlık olduğunu göstermektedir. Worldcom, Inc, Enron Corporation Adlphia Communications Corporation bunun gibi örneklerdir. Kredi derecelendirme analizi yolsuzluğun denetim aracı değildir ancak yolsuzluk sonuçları itibariyle kredi derecelendirme sürecini etkilemektedir. Kredi derecelendirme kuruluşları yolsuzluğu tespit edememekten dolayı suçlu mudur? Kesinlikle hayır çünkü bu onların işi değildir. Kredi derecelendirme kuruluşları şeffaflık varsayımı altında denetim hizmetinden farklı bir hizmet vermektedirler. Bu hizmet esasen piyasaların kullanımına sunulan derecelenme kavramının kendisidir(-Langohr and Langohr, 2008:87).

Kredi derecelendirme kuruluşları yaptıkları analiz ve incelemeler sonucunda bir takım derecelendirme notları açıklamaktadırlar. Tablo 1 Standart and Poor's şirketinin açıklamış olduğu uzun dönem temel kredi derecelendirmesine ait alfe-nümerik notlar ve tanımları gösterilmektedir. Yukarıdan aşağı doğru risk derecesi artarken yatırım yapılabilirlik özelliği azalmaktadır. Bu notların tanımlarına göre yatırımcılar kararlarını vermekte ve ne tür bir yatırım aracı veya menkul kıymet ihraççısı ile karşı karşıya oldukları konusunda fikir edinmektedirler. Notlar kredi derecelendirme kuruluşları tarafında periyodik olarak açıklandığı gibi söz konusu not derecelendirmeye tabi kuruluşun veya kıymetin izlemesi sırasında gerekli görüldüğü takdirde revize edilmekte ve tekrar açıklanmaktadır. Tablo 2 ise kısa dönem derecelendirme notlarını açıklamaktadır. Standart and Poor's, Fitch ve Moody's adlı üç büyük derecelendirme kuruluşunun kullanmış olduğu kısa dönem alfa-nümerik notlar gösterilmektedir. Benzer şekilde yatırım riski yukarından aşağı doğru artmakta ve yatırım yapılabilir olmaktan çıkmaktadır.

*Tablo 1: Uzun Dönem Temel Kredi Derecelendirme Ölçeği: Standard and Poor's Tanımı (2004)*

| Temel Derecelendirme Kategorileri | Yatırım Notu Derecelendirmesi |
|---|---|
| AAA | Finansal taahhütleri karşılamada son derece güçlü kapasite- En yüksek derece |
| AA | Finansal taahhütleri karşılamada çok güçlü kapasite |
| A | Finansal taahhütleri karşılamada güçlü kapasite, fakat ters ekonomik durum ve şartlardaki değişmelere karşı bir şekilde daha hassas |
| BBB | Finansal taahhütleri karşılamada yeterli kapasite, fakat ters ekonomik şartlara daha çok tabi |
| | Bonu statüsünde alt yatırım derecesi |
| BB | Yakın gelecekte daha az kırılgan, fakat ters ticari, finansal ve ekonomik yönelmeler ve cari belirsizliklerle karşı karşıya. |
| B | Ters ticari, finansal ve ekonomik kırılganlıklara daha açık, fakat cari olarak finansal taahhütlerini karşılama kapasitesine sahip |
| CCC | Cari olarak kırılgan ve finansal taahhütlerini karşılamak için uygun ticari, finansal ve ekonomik şartlara bağımlı |
| CC | Cari olarak son derece kırılgan |
| | Dikkat çekici bir sakıncanın gerçekleşmesi |
| C | Bir iflas talebinin yapılması veya benzer önlemin alınması, fakat ödemeler ve finansal taahhütlerin devam ediyor olması |
| D | Finansal taahhütlerde temerrüde düşme |

*Kaynak: Standard and Poor's, 2007, Standard & Poor's Ratings Definition (Langohr and Langohr, 2008:45).*

*Tablo 2: Belli Başlı KDK(2004) Kısa Dönem Yükümlülük Derecelendirme Ölçütleri*

| Kredi Derecelendirme Kuruluşlarının Derecelendirme Kategorileri | | | Tanımlama |
|---|---|---|---|
| S&P | Fitch | Moody's | |
| | | | Yatırım Notu Derecelendirmesi |
| A-1+ | F1+ | | Kısa dönem finansal taahhütlerin vaktinde ifası için son derece güçlü kapasite |
| A-1 | F1 | P-1 | Kısa dönem finansal taahhütlerin vaktinde ifası için güçlü/ yüksek kapasite |
| A-2 | F2 | P-2 | Kısa dönem finansal taahhütlerin vaktinde ifası için kafi/güçlü kapasite |
| A-3 | F3 | P-3 | Kısa dönem finansal taahhütlerin vaktinde ifası için yeterli/kabul edilebilir kapasite |
| | | | Spekülasyon notu derecelendirmesi |

| | | | |
|---|---|---|---|
| B<br>(B-1,B-2,<br>B-3) | B | SGL-1,<br>SGL-2,<br>SGL-3, | Spekülatif/ birincil olmayan. Kısa dönem finansal taahhütlerin vaktinde ifası için minimal kapasite. Ekonomik ve finansal şartlarda yakın zamanda vuku bulacak değişmelere açık, büyük cari belirsizliklerle karşı karşıya. |
| C | C | SGL-4 | Yüksek temerrüt riski. Temerrüt gerçek bir olasılıktır. Finansal taahhütleri karşılama kapasitesi uygun ve devamlı ekonomik ve ticari bir çevreye bağlıdır. |
| SD/D | RD/D | | Finansal taahhütleri yerine getirememe |

*Kaynak: Langohr and Langohr, 2008:51.*

## Uluslararası Derecelendirme

Yatırımcılar yatırım yapmak istedikleri şirket veya ülkeleri, ekonomik, mali, idari ve siyasi açıdan tanımak ve ona göre olası riskleri bilmek isterler. Ancak sermaye piyasalarından bu türden bilgileri alarak bir karar kriteri oluşturmak yatırımcılar için hem maliyetli hem de etkili değildir. Bu yüzden uluslararası derecelendirme faaliyeti sermaye piyasası katılımcıları için son derece önemli bir süreçtir. Sermaye piyasası katılımcıları periyodik olarak ülkelere ait kredi derecelendirme notlarının piyasalara bildirilmesini beklerler. Özellikle küreselleşmeyle beraber yatırımcıların karşı karşıya oldukları yatırım fırsatları artarken ve çeşitlenirken doğal olarak risk kapsamı da genişlemiş ve artmıştır. Buna paralel olarak kredi derecelendirme kuruluşları makroekonomik göstergeler yanında jeopolitik ve diğer siyasal gelişmeleri de analizlerine katarak derecelendirme yapmaya başlamışlardır(Kılıçalsan ve Giter, 2016:63).

Hükümetler genel olarak kredi derecelendirilmesinin yapılmasını istemektedirler çünkü derecelendirilmiş statüleri ile uluslararası piyasalara girmek daha kolaydır. Diğer taraftan buna paralel olarak da yatırımcılar ve özellikle ABD yatırımcıları aynı risk düzeyinde derecelendirilmiş menkul kıymetleri derecelendirilmemiş olanlara tercih etmektedirler. Hükümetler genelde uluslararası kredi piyasasına kolayca girebilecekleri bir kredi notu arayışı içindedirler çünkü yatırımcılar derecelendirilmiş varlıklara yatırım yapmayı tercih etmektedir(Contor and Packer, 1996:38).

Kredi derecelendirme endüstrisinde esasen eksik rekabet piyasası hakimdir. Moody's, Standard and Poor's ve Fitch başı çekmektedir. Bu üçlü küresel derecelendirme piyasasının %94'ne sahiptir(Cinquegrana, 2009:1). Sektörün tam rekabetçi olmayan yapısı ve firmaların ülke bağlantıları sebebiyle genel bir hoşnutsuzluk söz konusudur. Diğer egemen devletlerin finansal yapılarıyla ilgili olarak yine egemen başka bir devlet uyruğundaki bir takım dominant firmaların çeşitli yargılarda bulunması açıklanması gereken bir durum arz etmektedir. Hiçbir egemen devlet bu üç kredi derecelendirme kuruluşunun birinin veya diğer ikisinin derecelendirmesine tabi olmadan herhangi bir şekilde asla bir menkul kıymet arz edemez. Birçok egemen devlet herhangi bir şekilde kıymetli evrak ihraç etme niyetinde olmadan bile şeffaflık ve doğruluk ölçüsünün bir işareti olarak derecelendirme talep etmektediler(Bruner and Abdelal, 2005:192).

Tablo 3 Standart and Poor's ülke derecelendirmesine ait tanımlamalarını göstermektedir. Görüldüğü gibi ülke derecelendirmesinde kredi derecelendirme kuruluşu ülkenin siyasi ve ekonomik yapısı, siyasi ve ekonomik riskleri, gelir yapısı, büyüme süreci, mali yapısı, borç yükü, diğer yükümlülükler, para politikası, dış-alem gelirleri, özel ve kamu sektörünün dış borç yükümlülüklerini dikkate almaktadır.

*Tablo 3: Standard and Poors'un Ülke Derecelendirmesinin Belirleyicileri 2004*

| | |
|---|---|
| 1. | **Siyasi Risk** |
| - | Siyasal kurumların istikrarı ve yasallığı |
| - | Siyasal süreçlere popüler katılım |
| - | Liderlik silsilesindeki intizam |
| - | İktisat politikası amaç ve kararlarında şeffaflık |
| - | Kamu Güvenliği |
| 2. | **Ekonomik Yapı ve Gelir** |
| - | Ekonominin piyasa odaklı olma derecesi, refah ve çeşitlilik |
| - | Gelir nispetsizlikleri |
| - | Fonlara aracılıkta finansal sektörün etkinliği, kredi mevcudiyeti |
| - | Finansal olmayan sektörün karlılık ve rekabetçiliği |
| - | Kamu sektörünün etkinliği |
| - | Korumacılık ve diğer piyasa dışı etkiler |
| - | Emek esnekliği |
| 3. | **Ekonomik Büyüme Görünüşü** |
| - | Tasarruf ve yatırımın büyüklüğü ve kompozisyonu |
| - | Ekonomik büyüme oranı ve yapısı |
| 4. | **Mali Esneklik** |
| - | Merkezi yönetimin geliri, harcaması ve fazla/açık trendleri |
| - | Gelir arttırma esnekliği ve etkinliği |
| - | Harcama etkinliği ve baskılar |
| - | Raporlamada şeffaflık, kapsam ve vakitlilik |
| - | Emeklilik yükümlülükleri |
| 5. | **Merkezi Yönetim Borç Yükü** |
| - | GSMH'ya oranla merkezi yönetim gayri safi ve safi borç yükü |
| - | Faize tahsis edilen gelir payı |
| - | Döviz kompozisyonu ve vade yapısı |
| - | Yerel piyasaların derinlik ve genişliği |
| 6. | **Deniz Aşırı ve Beklenmedik Yükümlülükler** |

| | |
|---|---|
| - | Finansal Olmayan Kamu Teşebbüslerinin Büyüklüğü ve Sıhhati |
| - | Finansal sektörün sağlamlığı |
| **7.** | **Parasal Esneklik** |
| - | İktisadi dalgalanmalarda fiyat davranışı |
| - | Para ve kredi genişlemesi |
| - | Döviz kuru rejiminin ahengi ve parasal hedefler |
| - | Merkez bankası bağımsızlığı gibi kurumsal faktörler |
| - | Para politikası araçlarının menzili ve etkinliği |
| **8.** | **Dış Likidite** |
| - | Maliye ve para politikasının dış hesaplara etkisi |
| - | Cari hesabın yapısı |
| - | Sermaye akışının bileşimi |
| - | Rezerv yeterliliği |
| **9.** | **Kamu Sektörü Dış Borç Yükü** |
| - | Gayri safi ve safi kamu dış borç yükü, cari hesaba oranla yapılandırılan borç dahil |
| - | Vade yapısı, döviz kompozisyonu, faiz oranı değişmelerine duyarlıklık |
| - | İmtiyazlı fonlara erişim |
| - | Borç yükü servisi |
| **10.** | **Özel Sektör Dış Borç Yükü** |
| - | Gayri safi ve safi finansal sektör veya dış borç, cari hesabın oranı olarak, mevduatlar ve yapılandırılan borç dahil |
| - | Gayri safi ve safi finansal olmayan özel sektör dış borcu, cari hesabın bir oranı olarak, yapılandırılan borç dahil |
| - | Vade yapısı, döviz kompozisyonu, faiz oranı değişmelerine duyarlıklı |
| - | İmtiyazlı fonlara erişim |

*Source: Beers, D.T., and Cavanaugh, M., 2005, Sovereign credit ratings: A primer, Research: Standard & Poor's, September 27, 1–17, Table 1, page 3. (Langohr, Herwig and Langohr, Patrica (2008:288-9).*

## Küresel Kriz ve Kredi Derecelendirme

2007 küresel krizi birçok şeyi etkilemiştir. Bunların başında para ve maliye politikaları gelmekteyken iktisat bilimine özellikle makroiktisadi politikalara olan bakış açısını da kökten değiştirmiştir. En önemlisi 1979'dan beri hakim iktisadi inanç olan serbest piyasa düşüncesi ve yeni klasik iktisadi felsefe ciddi bir sorgulama sürecine girmiştir. Krizin ana sebebi olarak makro iktisadi politika hataları, risk unsurunu peçeleyen finansal yenilikler, risk yönetimi ve kontrolü konusundaki hatalar ve özellikler düzenleme zayıflıkları gösterilmektedir(Schooner and Taylor, 2010:280). Ancak bu krizin meydana gelişinde ve önlenememesinde ilaveten kredi derecelendirme kuruluşlarının ciddi derecede payı olduğu iddia edilmektedir. Örneğin eleştirmenler kredi derecelendirme kuruluşlarının kriz öncesinde somut delil olmadan yapısal olarak istikrarsız menkul kıymetlerin derecelendirilmesini usulsüzce lehte yaparak kurumsal kapı muhafızları olarak fonksiyonlarını yerine getirmede başarısızlığa uğradıklarını iddia etmektedirler(Hemraj, 2015:11).

Temel eleştirilerden bir diğeri menkulleştirmenin kontrolsüz ve karmaşık bir şekilde piyasada kullanılmasının krizin ana sebebi olarak ileri sürülmektedir. Menkulleştirme esasen finansal varlıkların orijinal borç veren kaynaktan başkalarına transfer edilmesi olarak tanımlanmaktadır. Buna göre esas sorun menkulleştirme sürecinde riskin izole edilmesidir. Finansal kurumlar fonlama riskinin risk izolasyonu ile düşürdükleri için menkulleştirmeyi cazip bulmuşturlar. Burada kredi derecelendirme kuruluşlarının payı ise onların varlığa dayalı menkul kıymetleri yanlı olarak lehte derecelendirme davranışlarında yatmaktadır. Temel süreç menkulleştirmenın likit olmayan varlıklardan bir havuz meydana getirerek onları likit menkullere dönüştürmesi ve sonrasında da büyük kredi derecelendirme kuruluşlarından birisinin onları yüksek derece notu ile derecelendirmesidir(Hemraj, 2015:34). Bankalar bu şekilde riski dağıtarak sermaye piyasasından daha fazla fon temin ederek kredi arzını arttırmışlardır(Hemraj, 2015:34). Böylece bu şekilde gizlenmiş ve izole edilmiş risklerin yoğunlaşması sonucu kriz patlak vermiştir. Kriz öncesi S&P 1.6 milyar dolarlık menkul kıymeti 3-A notu ile derecelendirmiş ancak 2007 Temmuz ayı itibariyle S&P 2005-2006 arasında satılan menkul kıymetlerden 7 milyar dolarlık kısmının derecesini düşürmüştür. S&P 2002-2007 döneminde geliri yaklaşık olarak 2.3 milyara ulaşmıştır. Peki neden konut sektöründeki bir kriz bütün Amerikan finansal sektörüne yayıldı ve dünyayı boydan boya etkidi? İleri sürülen açıklamaya göre göre bankaların sermaye gereklilik düzenlemesinden kaçınmaları sonucu geliştirdikleri iki yöntemden kaynaklanmıştır. Bunlardan birincisi sermaye yeterliliği düzenlemesini karşılamak için menkulleştirilmiş varlıkları kullanmaları iken diğer ikincisi ise sermaye düzenlemesinin 3-A dereceli varlıkları sermaye yerine kullanmalarıdır. Böylece bankalar sermaye yeterlilik düzenlemesini yerine getirmek için bilançolarında veya bilanço dışında 3-A dereceli konuta dayalı menkul kıymet (Mortgage-backed Security) tutarak verdikleri borçlara karşılık tutmaları gereken sermaye yeterlilik miktarını azaltmışlardır. Krizin banka kesimine yayılmasının kanalı işte bankalarca tutulan bu 3-A dereceli konuta dayalı menkul kıymetlerin aniden değerlerinin düşmesidir. Konut piyasasına verilen borçlar menkulleştirilerek tutulan konutların maliyetinden daha az olduğu için kriz ortaya çıkmıştır. Konutların fiyatı düşünce borç alanlar ödemelerini yapamaz durumu düşmüşlerdir. Borç verenlerde karşılığında borç verdikleri evler kendilerine intikal edip evlerin piyasa fiyatı verdikleri borçları karşılayamayınca iflas etmişlerdir(Hemraj, 2015:37).

Diğer taraftan kredi derecelendirme kuruluşları öncelikle belli kredi araçlarındaki riskleri gerçek bir şekilde yansıtmak ve eş anlı olarak değişen risk durumlarını piyasaya aktarma konularında başarısız olmaları dolayısıyla krize ciddi bir katkıda bulunmuşlardır. İkinci olarak kredi derecelendirmek kuruluşlarının konut piyasalarını ve bazı sermaye piyasası araçlarını derecelendirmek konusunda aşırı cömert davrandıkları iddia edilmektedir(-Hemraj, 2015:42). Son zamanlara kadar kredi derecelendirme kuruluşları belli şirketlerin veya borç araçlarının kredi riskini objektif bir şekilde değerleme yapan nötr bilgi sağlayıcılar olarak görüle gelmekteydi. Ancak 1990'ların başında itibaren kredi derecelendirme kuruluşları dikkat çeken yanlış derecelendirme faaliyetleri sebebiyle eleştirilmeye başlandı. 1994 Tequila krizinden 1997-98 Asya krizlerine; 2001 Enron Skandalından 2003 Parmalat iflasına kredi derecelendirme kuruluşları olması çok yakın ve çok belirgin olan şirket ve hükümet iflaslarıyla ilgili yatırımcıları uyarma hususundaki başarısızlıklarından dolayı suçlanmışlardır(Cinquegrana, 2009:1). Asya krizinin kredi derecelendirme firmalarının faaliyetlerinin sorgulanmasına neden olmuştur(-Rafailov, 2001:34). Daha sonrada 2007 küresel krizi bu eleştirilerinin artmasına neden olmuştur. Kredi derecelendirme faaliyetlerinin derecelendirme konusundaki başarısızlıkları 2007 küresel krizinin etkilerini güçlendirmiş ve ilave sistematik riskler doğurmuştur(Rafailov, 2001:34). Kredi derecelendirme kuruluşlarına atfedilen hatalar olarak öncelikle yürütülen iş modeli, çıkar çatışmaları, etkin olmayan düzenlemeler veya hiç düzenleme yapılmaması olarak ileri sürülmektedir(Rafailov, 2001:34). Kredi derecelendirme kuruluşlarının esasen yatırımcıların aleyhine faaliyet içinde oldukları ve daha çok kar elde etmek için sistematik riske neden oldukları iddia edildi(Rafailov, 2001:34). Son olarak sektördeki firmaların yarattığı doğal giriş engelleri ve çıkar çatışmalarının derecelendirme enflasyonu yarattığı ve servis kalitesini düşürdüğü iddia edilmektedir (Cinquegrana, 2009:1).

## Türkiye Ekonomisinin Derecelendirme Notu

Türkiye'de ilk defa derecelendirme Standart and Poors tarafından 1991 yılında yapılmış ve BBB notu verilmiştir. Derecelendirme konusundaki çalışmalar Sermaye Piyasası Kurulu tarafından yürütülmüş ve 1997 yılında geçerli Sermaye Piyasası Kanununa göre gerekli düzenlemeler yapılmıştır(-Kılıçalsan ve Mücahit, 2016:73). Genel olarak Türkiye'de kredi derecelendirme faaliyeti konusunda yetkilendirme iki kurum tarafından yapılmaktadır. Bunlardan birincisi Sermaye Piyasası Kurulu iken diğeri daha sonra düzenlemelerle tesis edilen Banka Denetleme ve Düzenleme Kuruludur.

Sermaye Piyasası Kurulu'na göre:'Mülga sermaye piyasası kanuna göre seri VIII NO:31 sayılı tebliğ ile 06.03.1997 yılında ilk derecelendirme tebliğ yayınlanmıştır. Takip eden dönemde dünyadaki gelişmeler çerçevesinde 2003 yılında Seri:VIII, No:40 sayılı Tebliğ ile derecelendirme faaliyeti tanımlanmış, derecelendirme kuruluşlarının kuruluş, faaliyete geçme ve listeye alınma şartları belirlenmiş ve derecelendirme faaliyetine ilişkin ilkeler tespit edilmiştir. Daha sonra da Uluslararası Menkul Kıymetler Komisyonları Örgütü ve Avrupa Birliği uyumu ve gelişen ihtiyaçlar çerçevesinde söz konusun düzenleme tekrar gözden geçirilerek Seri:VIII, No:40 sayılı Tebliğ yeniden düzenlenmiş ve Seri:VIII, No:51 "Sermaye Piyasasında Derecelendirme Faaliyeti ve Derecelendirme Kuruluşlarına İlişkin Esaslar Tebliği" (Seri:VIII, No:51 Tebliği) 12.07.2007 tarihli ve 26580 sayılı Resmi Gazete'de yayımlanarak yürürlüğe girmiştir.' Sermaye Piyasası Kanunu Madde 62-(1)'e göre, 'Kamu Gözetimi, Muhasebe ve Denetim Standartları Kurumu tarafından yetkilendirilmiş bağımsız denetim kuruluşlarından bu Kanun uyarınca bağımsız denetim faaliyetinde bulunacaklardan istenilecek ilave şartlar Kurul tarafından belirlenir ve bu şartları haiz bağımsız denetim kuruluşlarına ilişkin liste kamuoyuna açıklanır.' İlgili tebliğe (Seri:VIII, No:51) göre ise "Derecelendirme Faaliyetinde Bulunabilecek Kuruluşlar" başlıklı 7'nci maddesinde derecelendirme faaliyetinin, Türkiye'de kurulan ve derecelendirme faaliyetinde bulunmak üzere Kurulca yetkilendirilen derecelendirme kuruluşları ile Türkiye'de derecelendirme faaliyetinde bulunması Kurulca kabul edilen uluslararası derecelendirme kuruluşları tarafından yapılacağı düzenlenmiştir". Buna göre SPK sitesinde yetkilendirilmiş ulusal ve uluslararası derecelendirme firmaları ilan edilmiştir. Bu firmalar arasında yerel derecelendirme kuruluşları yanında yukarıda bahsi geçen üç büyük Amerikan uyruklu geleneksel derecelendirme firmaları da yer almaktadır[4].

5411 Sayılı Bankacılık Kanununa göre ise bağımsız denetim, değerleme ve derecelendirme kuruluşlarının yetkilendirme izni Madde 15' göre düzenlenmiştir. İlgili maddeye göre, 'Bankaların bağımsız denetim faaliyetleri ile Kurul tarafından zorunlu tutulması halinde, bankaların varlıklarının, hak ve yükümlülüklerinin ya da kredi müşterilerinden alınacak teminatların değerlemesi ve kendilerinin ya da kredi müşterilerinin derecelendirilmesi faaliyetlerini gerçekleştirecek olan kuruluşların yetkilendirilmesine, yetkilerinin geçici veya sürekli olarak kaldırılmasına Kurulca karar verilir.' Dolayısıyla bankacılıkla ilgili derecelendirme faaliyetleri Bankacılık kanununda ayrıca düzenlenmiş ve sermaye piyasasından ayrı tutulmuştur.

[4] (SPK, Mevuzat, spk.gov.tr:erişim 12/12/2017).

Üç büyükler denilen derecelendirme kuruluşlarının Türkiye ile ilgili açıklamış oldukları alfa-nümerik notların karşılaştırma amacıyla sayısallaştırılmış hali Grafik 1-3'de gösterilmektedir. Söz konusu sayısallaştırma işlemi Tablo 4'de açıklanan anahtarlara göre yapılmıştır[5]. S&P'un notunu gösteren Grafik 1'e göre Türkiye'nin derecelendirme notu 20 etrafında döngüsel bir davranış göstermektedir bu da BB'ye denk gelmektedir. Bu grafikten Türkiye'nin maruz kaldığı olumsuzlukları görmek mümkündür. 2001 krizine denk gelen dönemlerde sürekli iniş davranışı belirginken 2007-2009 küresel kriz döneminde de belirgin bir not düşüşü görülmektedir. Aynı not düşmeleri son dönemlerde de, yani 2015-2017, görülmektedir. Grafik 2 ise Fitch derecelendirme kuruluşunun Türkiye notlarını göstermektedir. Bu grafiğe göre ise benzer şekilde son dönemde olumsuz bir not girişi mevcut olmasına rağmen 2003 yılından itibaren Türkiye notunda net bir artış trendi görülmektedir. Grafik 3 ise Moody's firmasının Türkiye notunu göstermektedir. Bu grafik de 2003 yılından itibaren bir genel artış trendi göstermesine rağmen 2013 yılından itibaren net bir not düşüşü görülmektedir. 2013 yılı not düşme belirginliği ikinci grafik dışında diğer grafiklerden net olarak görülmektedir. Buna göre Türkiye'nin 2003 yılından itibaren artış trendine giren notu 2013 yılından itibaren sekteye uğramış ve ciddi bir düşme eğilimine girmiştir. Fitch hariç diğer iki derecelendirme kuruluşunun Türkiye'nin notunu sürekli olumsuz bir trend halinde girdiği görülmektedir. 2013 yılının Türkiye'de bir takım yapay toplumsal olaylara karşılık geldiği düşünülürse bu son derece manidar görülmektedir. Türk siyasi çevrelerinin sürekli düşen kredi derecelendirme notlarının büyük ölçüde Türkiye aleyhine gelişen haksız uluslararası siyasetin bir sonucu olduğu, kredi derecelendirme kuruluşlarının notlarının son derece yanlı ve ekonomik gerçeklikten uzak olarak açıklandığı hususundaki iddiaları son dönem notlar konusunda şüpheleri arttırmaktadır. Kredi derecelendirme analizinin tarafsız, objektif, sorumlu, şeffaf ve diğer temel ilkeler bazında yapıldığı varsayılırsa bu husus önemli bir araştırma alanı olarak ortaya çıkmaktadır. Özellikle son dönem notlarının Türkiye ekonomisinin fiziki gerçekleriyle ilgili temellerden yoksun olarak bir takım uluslararası siyasi amaçlara yönelik olarak baskı altında verildiği fikri genel bir görüş haline gelmiştir. Bu hususun daha detaylı bir analitik çerçeve içinde ele alınması önem arz etmektedir.

[5] S istikrarlı ( stable) ve W gözlemlenmekte(watch) ifadelerini göstermektedir.

*Grafik 1: S&P Türkiye Derecelendirme Notları (2000-2017)*

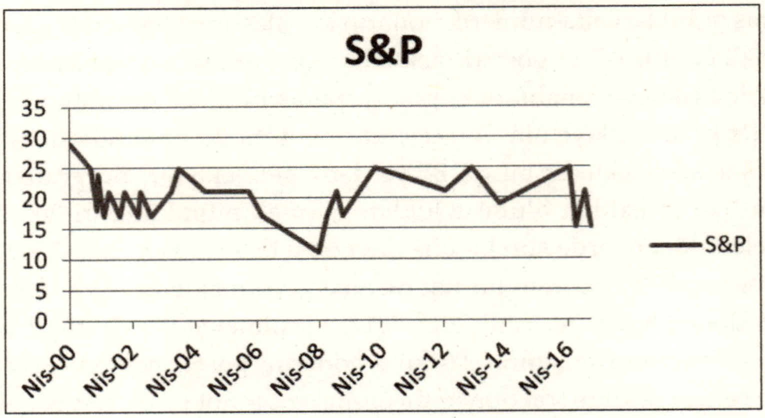


*Grafik 2: Fitch Türkiye Derecelendirme Notları (2000-2017)*

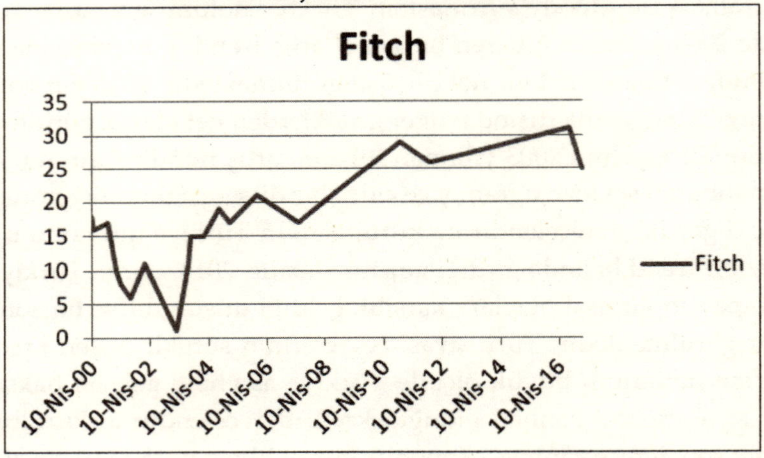


*Grafik 3: Moody's Türkiye Derecelendirme Notları (2000-2017)*

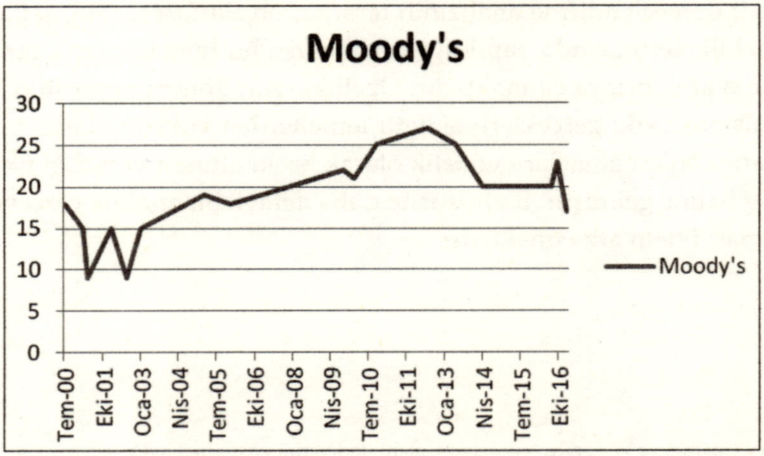

*Tablo 4: Alfa-Nümerik Dönüşüm Anahtarları*

| Anahtar | S&P | Fitch |
|---|---|---|
| | | |
| B | 20 | 10 |
| Birinci (-) + | -4 | -4 |
| İkinci (-) + | 5 | 5 |
| W | -1 | -1 |
| S | 1 | 1 |

| Anahtar | Moody's |
|---|---|
| B | 10 |
| a | 8 |
| 1 | 4 |
| 2 | 2 |
| 3 | -1 |
| İkinci (-) + | 5 |
| s | 1 |
| W | -1 |

## SONUÇ

Bu çalışma uluslararası kredi derecelendirme kuruluşlarını ve kredi derecelendirme notlarını konu almıştır. Çalışmanın esas motivasyonu son dönemde Türkiye ekonomisi ile ilgili önde gelen kredi derecelendirme kuruluşlarınca açıklanan notların Türkiye ekonomisinin gerçek performansından ziyade Türkiye ile ilgili bir takım uluslararası çevrelerin yürüttükleri kötü niyetli politika amaçlarının baskısı altında alındığı yönündeki temel iddiadır. Bu son derece önemli bir iddia olup hem teknik hem de siyasi olarak irdelenmesi gereken bir husustur. Bu makale buna yönelik bir başlangıç çalışması olup temel literatür başta olmak üzere kredi derecelendirme kuruluşlarıyla ilgili çeşitli iddiaları ve onların çalışma ve analiz yöntemlerini tanıtmaya yönelmiştir. Son olarak Türkiye ile ilgili belli başlı kredi derecelendirme kuruluşlarının açıkladıkları 2000-2017 dönemi notlarının analizi önem arz etmektedir. 2013 yılından itibaren yaşanan not düşüşleri Türk siyasi çevrelerinin bu husustaki iddialarını destekler nitelikte ipuçları vermektedir.

## KAYNAKÇA

Adelson, Mark H.(2012), 'The Role of Credit Ratings in the Financial System', Standard and Poor's May 17, 2012.

Bayer, Yılmaz(2014), 'Recent Financial Crisis and Regulations on the Credit Rating Agencies', Research in the World Economy, Vol.5, No.1, 2014.

Cantor, Richard and Packer, Frank(1996), 'Determinants and Impact of Sovereign Credit Ratings', FRBNY Economic Policy REview Octorber, 1996.

Cinguegrana, Piero(2009), 'Reform of Credit Rating Agencies: A Compartive Perspective', ECMI Policy Brief, No:12 February 2009.

Bruner, Christopher M. And Abdelal, Rawi(2005), 'To Judge Leviathan: Sovereign Credit Ratings National Law, and the World Economy', Jnl Publ. Pol, Cambridge University Press, 2005:191-217.

Hemraj, Mohammed(2015), Credit Rating Agencies, Springer, Birmingham, UK, 2015.

Kılıçalsan, Harun; Giter, Mücahit Sefer(2016), 'Kredi Derecelendirme ve Ortaya Çıkan Sorunlar', Maliye Araştırmaları Dergisi, 2016, Yıl:2, Cilt:2, Sayı:1:61-81.

Langohr, Herwig and Langohr, Patrica (2008), The Rating Agencies and Their Credit Ratings, Wiley Finance, West Sussex, England.

Mattarocci, Gianluca(2014), The Independent Credit Rating, Elsevier Inc, UK, US 2014.

Rafailov, Dimitar (2001), ' The Failures of Credit Rating Agencies during the Global Financial Crisis – Causes and Possible Solutions', Economic Alternatives, İssue 1, 2001.

Soudis, Dimitrios(2015), 'Credit Rating Agencies and the IPE: Not as influential as thought?', Review of International Political Economy, 2015:813-37.

Schooner, Heidi Mandanis and Taylor, Michael W. (2010), Global Bank Regulation Principles and Policies, Elsevier, 2010.

# YAZARLARIN ÖZGEÇMİŞLERİ

**Prof. Dr. Mustafa ACAR**

1965 yılında Karaman'da doğdu. 1986'da ODTÜ İktisat Bölümü'nden mezun oldu. Devlet İstatistik Enstitüsü (1986-87) ve Türkiye İş Bankası'nda çalıştı (1987-93). YÖK yurtdışı yüksek lisans ve doktora (YLS) bursu kazanarak yüksek lisans ve doktora için ABD'ye gitti (1994). Purdue Üniversitesi İktisat Bölümü'nden 1996'da Yüksek Lisans, 2000'de Doktora derecesi alarak Türkiye'ye döndü. İktisadi Gelişme ve Uluslararası İktisat alanında 2004 yılında Doçent, 2009'da Profesör oldu. Türkiye Bilimler Akademisi (TÜBA) asli üyesi olan Prof. Acar, halen N. Erbakan Üniversitesi Siyasal Bilgiler Fakültesi İktisat Bölümü öğretim üyesi olarak görev yapmaktadır. Çok iyi derecede İngilizce bilen Acar, evli ve 4 çocuk babasıdır. Akademik ilgi alanları bölgesel iktisadi bütünleşmeler, Avrupa Birliği, tarım, iktisat politikaları, genel denge analizi, küreselleşme, ekonomik özgürlükler ve serbest piyasa ekonomisi olarak sıralanabilir.

**Prof. Dr. Tahsin KARABULUT**

1968 doğumlu olan Karabulut, lisans eğitimini Ankara Üniversitesi Siyasal Bilgiler Fakültesi İktisat Bölümünde 1990 yılında, Yüksek Lisans eğitimini Cumhuriyet Üniversite Sosyal Bilimler Enstitüsünde 1997 yılında, doktora eğitimini Selçuk Üniversitesi Sosyal Bilimler Enstitüsünde 2002 yılında tamamlamış, 2012 yılında İktisat Politikası Alanında Doçentlik unvanı almıştır. 2006 yılında Akademik hayatına başlayan Karabulut, Cumhuriyet Üniversite, Selçuk Üniversitesi ve Necmettin Erbakan Üniversitesinde Öğretim Görevlisi-Öğretim Üyesi olarak görev yapmıştır. 2017 yılında Necmettin Erbakan Üniversitesi Siyasal Bilgiler Fakültesi İktisat Bölümüne Profesör olarak atanmış olup halen bu görevine devam etmektedir. Karabulut; gelir dağılımı, yoksulluk, yoksullukla mücadele politikaları ve sektör analizleri konusunda çalışmalar yapmaktadır.

**Prof. Dr. Erşan SEVER**

İstanbul Üniversitesi İktisat Fakültesi İktisat Bölümünden 1995 yılında mezun olmuştur. 1998 yılında Yüksek Lisansını, 2004 yılında da Doktorasını İstanbul Üniversitesi Sosyal Bilimler Enstitüsü İktisat Anabilim Dalında tamamlamıştır. Döviz kuru politikaları, ekonomik krizler, Türkiye ekonomisi ve finansal liberalleşme konularında çalışmaları bulunmaktadır. 1996 yılında Harran Üniversitesi İktisadi ve İdari Bilimler Fakültesi İktisat Bölümünde araştırma görevlisi statüsünde akademisyenliğe başlayan Erşan Sever, halen Aksaray Üniversitesi İktisadi ve İdari Bilimler Fakültesi İktisat Bölümünde öğretim üyesi olarak çalışmaktadır.

**Prof. Dr. Murat DEMİR**

1995 yılında Anadolu Üniversitesi İktisadi ve İdari Bilimler Fakültesi Maliye Bölümünden mezun olmuştur. 1998 yılında Anadolu Üniversitesi Sosyal Bilimler Enstitüsü Maliye Teorisi Anabilim Dalında Yüksek Lisansını, 2004 yılında Marmara Üniversitesi Sosyal Bilimler Enstitüsü Maliye Teorisi Anabilim Dalında Doktorasını tamamlamıştır. Kamu borçlanma politikaları, kamu konut politikaları ve vergileme konularında çalışmaları bulunmaktadır. 1996 yılında Harran Üniversitesi İktisadi ve İdari Bilimler Fakültesi Maliye Bölümünde araştırma görevlisi olarak akademik yaşama katılan Murat DEMİR, halen Harran Üniversitesi İktisadi ve İdari Bilimler Fakültesi Maliye Bölümünde öğretim üyesi olarak çalışmaktadır.

**Prof. Dr. İsmail SEYREK**

1965 Çorum doğumlu olup ilk ve orta öğrenimini Çorum'da tamamladıktan sonra A.Ü.SBF İktisat Bölümünden 1990'da mezun olmuştur. Halen Necmettin Erbakan Üniversitesi SBF İktisat Bölümü öğretim üyesi olan İsmail SEYREK İngilizce bilmekte, evli ve iki çocuk babasıdır.

**Doç. Dr. Zekeriya MIZIRAK**

1969 Konya doğumlu olan Mızırak, ilk ve orta öğretimini Konya'da tamamladıktan sonra yükseköğrenimini Ankara Üniversitesi Siyasal Bilgiler Fakültesinde tamamladı. Yüksek lisansını Selçuk Üniversitesi Sosyal Bilimler İktisat Ana Bilim dalında, doktora çalışmalarını İstanbul Üniversitesi Sosyal Bilimler Enstitüsü Ekonometri Anabilim dalında tamamladıktan sonra 2006 yılında Yardımcı Doçent 2012 yılında ise İktisat Teorisinden Doçent unvanı almıştır. Halen Necmettin Erbakan Üniversitesi Sosyal ve Beşeri Bilimler

Fakültesi İktisat Bölümünde Öğretim Üyesi olarak görev yapmaktadır. Kamu ve özel sektörde danışmanlık ve yöneticilik görevlerinde bulunan Mızırak'ın Bölgesel Ekonomi ve Mikro İktisadi konularda çeşitli kitap ve makaleleri bulunmaktadır.

**Doç. Dr. Birol MERCAN**

Birol Mercan, 1968 yılında Karaman'da doğmuş, Lisans eğitimini Selçuk Üniversitesi İktisadi ve İdari Bilimler Fakültesi İktisat Bölümünde(1992) yapmıştır. S.Ü. Sosyal Bilimler Enstitüsünde İktisat Anabilim Dalında "Türkiye Liberal İktisat Politikalarının Tarihi Temelleri(1839- 1980) " Yüksek Lisans(1996), yine aynı enstitü ve anabilim dalında " Endüstriyel Gruplarda Öğrenme Süreci ve Sektörel Yapının Oluşmasında Karaman Örneği" başlıklı tez çalışması ile Doktora derecesini almıştır(2004). 1999 Yılında Almanya 'da Katholische Universität Eichstätt da 9 aysüre ile dil öğrenme ve araştırma amacıyla bulunmuştur. 1995 yılında S.Ü. Karaman İktisadi ve idari Bilimler Fakültesi İktisat Bölümünde başladığı akademik hayatı 2006-2011 yıları arasında Karamanoğlu Mehmetbey Üniversitesi İktisadi ve İdari Bilimler Fakültesi İktisat Bölümü İktisat Teorisi Anabilim Dalında, 2011 yılından sonra ise akademik çalışmalarını Necmettin Erbakan Üniversitesi Sosyal ve Beşeri Bilimler Fakültesi İktisat Bölümde, devam eden Mercan 2011 yılında iktisat Teorisi Anabilim Dalında Doçent olmuştur. Halen aynı üniversitede Doç. Dr. olarak görev yapmaktadır. Akademik ilgi alanları bölgesel ekonomi, rekabet, inovasyondur.

**Yrd. Doç. Dr. Şerife ÖZŞAHİN**

Lisans eğitimini 2003 yılında Selçuk Üniversitesi İİBF İktisat bölümünde tamamladıktan sonra aynı yıl Selçuk Üniversitesi Sosyal Bilimler Enstitüsü'nde Araştırma görevlisi olarak göreve başlamıştır. 2011 yılında Selçuk Üniversitesi Sosyal Bilimler Enstitüsü İktisat anabilim dalında "Türkiye Ekonomisinde Finansal Liberalizasyon ve Ekonomik Büyüme Etkileşimi Üzerine Ekonometrik Bir Analiz" başlıklı doktora tez çalışması ile doktor ünvanına sahip olmuştur. 2013 yılına kadar aynı üniversitesinin İİBF İktisat bölümünde öğretim üyesi olarak görev yapmıştır. Halen Necmettin Erbakan Üniversitesi Siyasal Bilgiler Fakültesi İktisat bölümünde yardımcı doçent olarak akademik çalışmalarına devam etmektedir.

**Yrd. Doç. Dr. Arif IĞDELİ**

Orta Doğu Teknik Üniversitesi Eğitim Fakültesi İlköğretim Matematik Bölümünden 2009 yılında mezun olmuştur. 2013 yılında yüksek lisansını, 2017 yılında doktorasını Aksaray Üniversitesi Sosyal Bilimler Enstitüsü Anabilim dalında tamamlamıştır. Enflasyon hedeflemesi, belirsizlik, gelir dağılı ve politik şok konularında çalışmaları bulunan Arif IĞDELİ halen Aksaray Üniversitesi İktisadi ve İdari Bilimler Fakültesi İktisat Bölümü'nde öğretim üyesi olarak çalışmaktadır.

**Arş. Gör. Mustafa GÖMLEKSİZ**

Yazar 2009 yılında Gaziosmanpaşa Üniversitesi İktisat Lisans ve Anadolu Üniversitesi Dış Ticaret Önlisans programlarını bitirdi. 2012 yılında Selçuk Üniversitesi Sosyal Bilimler Enstitüsü İktisat Anabilim Dalında Yüksek Lisans derecesini aldı. 2012 yılından bu yana İktisat Doktora programında öğrenimine devam eden yazarın çalışma alanları teknoloji ve yenilik iktisadı, bölgesel ekonomik büyüme, girişimcilik, ekonomik performans ve rekabet edebilirliktir. Yazar halen Necmettin Erbakan Üniversitesi Siyasal Bilgiler Fakültesi, İktisat Bölümü, İktisat Teorisi Anabilim Dalında Araştırma Görevlisi olarak görev yapmaktadır.